Librairie de **JULES RENOUARD ET C**ⁱᵉ, rue de Tournon, n. 6.

TRAITÉ

DES

DROITS D'AUTEURS,

DANS LA LITTÉRATURE,

LES SCIENCES ET LES BEAUX-ARTS,

PAR

AUGUSTIN-CHARLES RENOUARD,

MEMBRE DE LA CHAMBRE DES DÉPUTÉS, CONSEILLER A LA COUR DE CASSATION.

2 VOL. IN-8.

PRIX 15 FR.

Cet ouvrage n'est point une œuvre hâtive, c'est le fruit de longues et laborieuses recherches. L'auteur, pendant son exercice de la profession d'avocat, a eu de fréquentes occasions de discuter soit en plaidoiries, soit en consultations des questions de librairie, sur lesquelles ses relations de famille lui avaient naturellement donné de bonne heure des notions pratiques. L'impression de son ouvrage était commencée en 1830. Appelé à cette époque à entrer dans les affaires publiques, M. Ch. Renouard ne put continuer ses travaux sur les parties de son ouvrage qui n'étaient pas encore terminées. Il dut faire le sacrifice des feuilles imprimées alors. Il a depuis refait et complété son *Traité des droits d'Auteurs*.

Un extrait de la table des matières du premier volume, fera connaître l'importance de l'ouvrage que nous annonçons.

INTRODUCTION. — PREMIÈRE PARTIE. — HISTOIRE DES DROITS D'AUTEURS. — *Des droits d'auteurs et du commerce de livres antérieurement aux privilèges de librairie.* — *Des approbations et de la censure; police de la librairie.* — *De anciens privilèges en librairie.* — *Histoire des droits des auteurs dramatiques.* — *Coup-d'œil sur les législations étrangères en ce qui concerne les droits d'auteurs : Angleterre, États-Unis, Pays-Bas, Allemagne, etc.* — DEUXIÈME PARTIE. — LÉGISLATION FRANÇAISE SUR LES DROITS D'AUTEURS. — Cette deuxième partie contient dans l'ordre chronologique le texte de tous les décrets et de toutes les lois et ordonnances sur la matière, avec les exposés des motifs, les projets, les discussions qui les ont précédés, et comprend ainsi la législation complète des droits d'auteurs jusqu'à ce jour. — TROISIÈME PARTIE. — THÉORIE DU DROIT DES AUTEURS. — Dans cette troisième partie l'auteur, avec cette logique claire et serrée qui lui est propre, expose dans une série de paragraphes, tout ce qui est relatif *aux droits des auteurs.* — *Leur droit de profiter du produit de leurs ouvrages.* — *Les droits de la société sur l'usage des ouvrages publiés.* — *Le système d'une propriété perpétuelle et celui d'une propriété temporaire.* — *La nécessité d'une loi générale.*

Le second volume contient l'exposé complet de la jurisprudence et traite toutes les questions qui peuvent se présenter dans l'exercice des droits accordés par la loi aux auteurs. Il est terminé par l'analyse raisonnée de la discussion qui a eu lieu en 1839 à la chambre des pairs, et le projet de loi que cette chambre a adopté.

Cet ouvrage renferme ainsi tout ce qui a été dit en histoire, en théorie, en législation et en jurisprudence sur les droits des auteurs. Les hommes de lettres y trouveront tout ce qu'il leur est si utile de connaître pour disposer de leurs productions, soit dès à présent, soit dans l'avenir. Les légistes auront en un seul ouvrage la solution de toutes les questions auxquelles les droits d'auteurs peuvent donner lieu.

On trouve à la même librairie :

TRAITÉ DES BREVETS D'INVENTIONS, DE PERFECTIONNEMENT ET D'IMPORTATION; *par le même auteur.* 1 fort volume in-8. Prix 7 fr.

Imprimé chez Paul Renouard, rue Garancière, n. 5.

TRAITÉ

DES

DROITS D'AUTEURS,

DANS LA LITTÉRATURE

LES SCIENCES ET LES BEAUX - ARTS.

I.

On trouve à la même Librairie :

TRAITÉ DES BREVETS D'INVENTION, DE PERFECTIONNEMENT ET D'IMPORTATION, par le même auteur.

Un fort volume in-8. Prix : 7 fr.

IMPRIMÉ CHEZ PAUL RENOUARD, RUE GARANCIÈRE, N. 5.

TRAITÉ

DES

DROITS D'AUTEURS,

DANS LA LITTÉRATURE,
LES SCIENCES ET LES BEAUX-ARTS,

PAR

AUGUSTIN-CHARLES RENOUARD,

CONSEILLER A LA COUR DE CASSATION.

TOME PREMIER.

A PARIS,

CHEZ JULES RENOUARD ET Cⁱᵉ, LIBRAIRES,

RUE DE TOURNON, N. 6.

1838.

Cet ouvrage se compose de deux volumes. Le premier comprend l'histoire du droit des auteurs, expose l'état des législations française et étrangères, et la théorie philosophique de ce droit. Le second volume est consacré à l'examen des questions pratiques et de la jurisprudence.

Des travaux législatifs sur les droits d'auteurs sont, en ce moment, entrepris en France, en Angleterre, en Allemagne. Cette circonstance a décidé l'auteur à publier le premier volume de cet ouvrage, sans attendre l'impression du second, qui le suivra de près. Ce second volume, si la loi française annoncée en précédait la publication, contiendrait, avec le texte de cette loi, un compte détaillé des débats auxquels elle donnerait lieu. Si, au contraire, l'auteur, ainsi qu'il est porté à le croire, ne se trouve point gagné de vitesse par le législateur, son second volume se terminera par l'exposé des travaux préparatoires entrepris jusqu'à ce jour, et par la proposition des dispositions législatives qu'il lui paraît utile d'admettre.

TRAITÉ

DES

DROITS D'AUTEURS,

DANS LA LITTÉRATURE,

LES SCIENCES ET LES BEAUX-ARTS.

INTRODUCTION.

Lorsque, à l'aide de la parole, de l'écriture, de l'imprimerie, de la gravure, ou de tout moyen quelconque de communication avec les autres hommes, l'auteur d'une idée, ou d'une série d'idées, a revêtu d'un corps matériel la conception de son intelligence, quels droits résultent, pour cet auteur, de la création de son œuvre?

La connaissance de cet ordre de droits n'intéresse pas seulement les écrivains, les savans, les artistes; elle touche aux plus chères jouissances de la société toute entière, et se lie à ses progrès.

Cette grave matière n'a point occupé encore dans notre législation la place due à son importance. Au sérieux inconvénient de laisser indécises la plupart des difficultés qu'elle présente, le peu de dispositions qui la règlent joignent le tort en-core plus fâcheux d'être mal d'accord entre elles, et de por-ter visiblement l'empreinte des systèmes contradictoires sous l'influence desquels elles ont été rédigées.

L'objet de ce traité est de soumettre les principes de cette partie de notre législation à un examen approfondi, en les éclairant par l'histoire et par les applications journalières de la jurisprudence.

Je ne me suis pas proposé d'examiner, soit dans sa nature, soit dans ses conséquences législatives ou juridiques, le droit qui appartient à l'auteur d'une pensée de la manifester au-de-hors ; droit auquel se rattache tout ce qui intéresse la liberté de la parole, de l'écriture, de la presse, du culte, de l'ensei-gnement, de l'industrie; droit sacré, air vital sans lequel la dignité humaine ne respire pas; droit dont l'exercice de la part de chaque individu trouve sa limite légitime dans la né-cessité même de le respecter en tous.

Si j'eusse étendu mon plan jusque-là, cet ouvrage se serait divisé en trois parties : ce qui concerne le fait de publication aurait formé la première; dans la seconde serait venue se pla-cer la législation pénale, répressive des crimes et délits com-mis par des publications; les droits civils que les publications confèrent à ceux qui en sont les auteurs et qui les créent par leurs travaux, auraient fourni la matière d'une troisième partie.

Chacune de ces trois parties est, à elle seule, susceptible de former un tout. La troisième se lie par une relation intime à une matière que j'ai tâché d'approfondir dans un précédent ouvrage, où j'ai exposé les droits que les inventions industriel-les donnent à leurs auteurs, en vertu de nos lois sur les *Bre-vets d'Invention*. La partie de la science du droit que j'entre-prends de traiter aujourd'hui a reçu de l'usage un nom qui la désigne et lui appartient, ce qui prouve qu'elle forme une spécialité nette et bien arrêtée. Ce nom est celui de *propriété littéraire*. Je dirai par crainte de quelles erreurs j'évite de m'en servir, quelque commode que soit l'emploi des dénominations acceptées par l'usage.

En bornant cet ouvrage à l'examen des droits civils que la publication des produits de l'intelligence dans la littérature, les sciences et les beaux-arts, fait naître pour les auteurs, le champ à parcourir reste encore assez vaste. Mon principal effort a été de ramener à un petit nombre de règles fondamentales la solution de cette multitude infinie de cas que la pratique journalière soulève. Je tiens pour avéré que les théories générales sont les meilleurs de tous les secours pratiques, quelque peine qu'elles aient à trouver grâce devant une foule d'esprits dont l'ambition est de passer pour positifs; comme si l'on pouvait tirer parti des faits sans les classer, et comme si toute classification ne supposait pas une théorie. On dépouille la jurisprudence de toute grandeur scientifique et de toute influence profonde, lorsqu'on la réduit à n'être qu'un recueil de décisions, assemblées au hasard suivant la chance des cas particuliers. Il faut énergiquement protester contre cette paresseuse routine qui, à notre époque de travail facile et de jouissances hâtives, tend à usurper la place de la science. Le défaut de foi dans les principes généraux passe pour habileté auprès de ces esprits à étroites proportions qui se piquent de scepticisme tout en faisant office de casuistes, et qui, de peur de se soumettre aux larges considérations d'une justice élevée, subissent toutes les impressions occasionnelles que des faits variables leur apportent. Ils ne comprennent ni la beauté ni la force de la règle, et ils tirent vanité de cette ignorance, en disant qu'ils se méfient des abstractions. Sans nul doute, il faut se défier de toute préoccupation, théorique ou autre, qui nuirait à l'observation exacte des faits; mais, une fois les faits constatés, plus est haute la généralité des principes de droit qu'on leur reconnaît applicables, plus est facile et sûre la solution pratique des difficultés qu'ils présentent.

Avant d'exposer les principes, et comme pour leur préparer les voies, j'ai tâché de reconnaître quels ont été les droits

des auteurs à des époques diverses ; et, après être remonté
aux principes par l'histoire, je suis descendu, avec leur aide,
dans la discussion des cas spéciaux.

La recherche des vicissitudes que les droits des auteurs
ont éprouvées n'est pas un des côtés les moins curieux de
l'histoire de l'esprit humain. L'embarras même où je me suis
trouvé, à ce sujet, par l'absence de guide, m'a fait penser que
mes ébauches pourraient être de quelque secours à d'autres;
et je me suis senti encouragé à les publier par l'espérance de
ne pas demeurer inutile si jamais de sérieux travaux viennent
à être entrepris sur cette matière jusqu'à présent négligée. Je
passe d'avance condamnation sur le reproche que l'on me fera peut-être d'avoir étendu mon exposé historique au-delà des
bornes exactes de mon sujet; mais j'espère que mes lecteurs
ne me sauront pas mauvais gré de leur avoir communiqué
beaucoup de documens mal connus que l'étude des sources
de la législation sur l'ancienne librairie française m'a conduit
à rassembler.

PREMIÈRE PARTIE.

HISTOIRE DES DROITS D'AUTEURS.

Observations préliminaires.

Le privilège de jouissance exclusive que notre législation actuelle garantit aux auteurs pendant leur vie, et qu'elle conserve, après leur mort, à leurs représentans pendant un temps qu'elle détermine, diffère essentiellement des privilèges de librairie accordés sous l'ancienne législation française.

Le privilège actuel existe de plein droit, au profit des auteurs qui ne le tiennent que de leur travail et de la loi : il est en harmonie avec le principe de liberté en vertu duquel chacun peut publier sa pensée sans la permission de personne, et avec le principe de sociabilité qui veut que tout travail obtienne son salaire. Les privilèges anciens étaient des concessions individuelles, conférées, dans leur origine, à titre de faveur, et nées de l'opinion qu'il n'existait de droits que ceux qui étaient octroyés, et de publications légitimes qu'après une permission préalable.

L'étude de l'ancienne législation sur les privilèges de librairie, ne valût-elle que par ses rapports intimes avec l'his-

toire littéraire, mériterait, à ce seul titre, de ne pas être
laissée dans l'oubli; mais elle se recommande aussi par
d'autres considérations. Ignoré d'abord, se faisant ensuite
reconnaître, mais apparaissant comme un étranger au milieu
d'une société où sa place se trouvait prise, parce qu'il avait
convenu aux inquiétudes du pouvoir et aux habitudes du monopole d'élever là des barrières, le droit des auteurs parvint
à se conquérir une position après avoir long-temps combattu, ayant tantôt pour alliés, tantôt pour ennemis, le gouvernement central, le clergé, les tribunaux, les imprimeurs,
les libraires, les comédiens. Ce spectacle d'un droit se faisant jour à travers les agitations de la vie sociale et les obstacles de la législation n'est pas un objet de curiosité vaine ; il
rend sensible, par un exemple, une des lois fondamentales
de la perfectibilité humaine, la loi qui veut que chaque idée
vraie arrive, tôt ou tard, à régir les affaires, et passe de la
théorie dans la pratique, quand elle est parvenue à entrer
dans les lieux communs du bon sens.

Notre législation sur les produits intellectuels est incohé-
rente et surtout incomplète; mais, du moins, elle est enfin
assise sur une base stable, et l'établissement des privilèges
temporaires a résolu le problème qui consistait à concilier
les droits des auteurs avec ceux de la société. Nous n'avons
pas tellement rompu avec les conséquences de la législation
ancienne, que nous puissions la rejeter hors de nos études :
beaucoup de dispositions et d'usages dont la logique toute
seule ne rendrait pas raison s'expliquent par le passé. Et
d'ailleurs, tout en sachant critiquer nos lois pour arriver à
les améliorer, il faut demeurer équitable envers elles et apprécier les progrès dont elles nous ont mis en possession; or,
on ne saurait point le faire si l'on néglige de les comparer
avec celles dont elles ont pris la place. Un peuple qui se
soucierait peu de conserver de la mémoire risquerait de
n'avoir ni science, ni prudence, ni justice.

J'ai essayé, ainsi que je l'avais fait à la suite de mon Traité des Brevets d'invention, de faire connaître quelques documens de législations étrangères. A mesure que la civilisation générale s'améliore et que les communications entre les peuples gagnent en étendue, en sûreté, en rapidité, l'utilité de l'étude des législations comparées devient plus sensible. Les différences, encore profondes, qui séparent les nationalités diverses, tendent à s'effacer de jour en jour; et les emprunts fréquens que se font les législateurs de tous les pays doivent amener tôt ou tard, non sans doute l'unité des législations, mais du moins quelque homogénéité dans la reconnaissance des principes fondamentaux conformes à la condition de l'humanité et à l'éternelle justice. La législation sur les droits d'auteurs est l'une des matières sur lesquelles il serait le plus utile que les lois des divers pays parvinssent à se rapprocher; car, si l'on a raison de souhaiter, à cet égard, l'établissement d'un droit international, on ne peut l'espérer qu'entre des pays qui soumettront leur droit privé à l'empire de principes communs.

CHAPITRE PREMIER.

---

*Des droits d'auteurs et du commerce de livres anté-
rieurement aux privilèges de librairie.*

Avant la découverte de l'imprimerie, le commerce des manuscrits se faisait par les copistes, sinon avec une liberté
complète, du moins sans entraves spéciales, et sans autres
gênes que celles qui pesaient sur les diverses branches de
trafic et d'industrie.

Les reproductions lentes et coûteuses des livres par des
copies manuscrites différaient trop de la multiplication facile
qu'en donne l'imprimerie, pour que les auteurs pussent toujours tirer de leurs ouvrages les profits pécuniaires qu'ils en
ont recueillis par la suite. Quelques passages de plusieurs
écrivains de l'antiquité attestent que souvent les productions
littéraires étaient payées à leurs auteurs de même qu'à un
artiste ses travaux; mais nulle part on ne trouve de trace
d'un droit exclusif qui ait privativement attribué aux auteurs la faculté de reproduire seuls des copies de leurs ouvrages.

Les pièces de théâtre que l'on représentait dans les fêtes
publiques étaient achetées à leurs auteurs. A Rome, les
édiles étaient chargés de ce soin. Un passage du prologue de
l'*Eunuque* de Térence (vers 22) nous apprend que la pièce

se jouait en particulier devant le magistrat avant la représentation publique. Suétone (1) rapporte que l'*Eunuque* fut
payé plus cher que ne l'avait encore été aucune comédie,
et fut joué deux fois en un jour.

Tantôt les copistes écrivains faisaient le commerce des
livres qu'eux-mêmes avaient copiés pour leur propre compte,
tantôt ils étaient payés, ou par les auteurs qui les employaient, ou par les bibliopoles. Souvent on formait des esclaves à ce travail, soit pour réserver leurs services à son
usage personnel, soit pour se faire rapporter les profits que
ce genre d'industrie procurait (2), soit enfin pour revendre
ces esclaves avec bénéfice après les avoir instruits. Outre
ces copistes, que l'on appelait *librarii*, nom que Cicéron leur
donne, il y avait d'autres écrivains, plus particulièrement
chargés d'écrire sous la dictée, de recueillir les paroles des
orateurs, les dépositions des témoins, les procédures judiciaires, les délibérations des assemblées, les actes publics;
et comme ces secrétaires se servaient fréquemment de caractères abrégés, *notæ*, on les nommait *notarii*. Tel était Tiron, affranchi de Cicéron, qui en avait fait son ami. On a
appelé *notes de Tiron, notes tironiennes*, un système d'a-
bréviations fort en usage dans les anciens manuscrits et dont
on n'a pas de traces certaines antérieures à lui. Origène, qui
vivait au commencement du troisième siècle, occupait, dit
l'abbé Fleury (3), plus de sept notaires, toujours prêts à
écrire ce qu'il dictait; il n'avait pas moins de libraires,
aussi appelés *antiquaires*, pour mettre les notes au net, et

---

(1) *Eunuchus quidem bis die acta est, meruitque pretium quantum nulla
antea cujusquam comœdia, id est octo millia nummûm; propterea summa
quoque titulo adscribitur.* Vita Terent. c. 2. La remarque de Suétone, que le
prix payé pour cette comédie fut inscrit sur son titre, prouve que le titre de
l'*Eunuque* ne nous est pas parvenu intégralement.

(2) *Quodcumque per servum adquiritur, id domino adquiri.* Institut. lib. 1,
tit. VIII, § 3.

(3) *Histoire ecclésiastique*, liv. V, année 229.

même des filles, exercées à bien écrire, travaillaient à transcrire ses ouvrages.

En tête des *Institutions oratoires* de Quintilien, on lit une lettre qu'il adressait au bibliopole Tryphon. Après avoir expliqué pourquoi il a tardé de livrer ses *Institutions* au public, « si toutefois, ajoute-t-il (1), on les demande autant que vous le dites, livrons les voiles aux vents, et faisons les vœux du départ. Songez bien qu'il dépend beaucoup de votre scrupule et de votre diligence que l'ouvrage arrive dans les mains du public avec la plus grande correction possible. »

Pline le jeune parle de bibliopoles établis à Lyon, et se félicite du débit qu'y obtenaient ses ouvrages (2). Martial est, de tous les auteurs de l'antiquité, celui qui fournit sur cette matière le plus de documens. On rencontre dans ses épigrammes de fréquentes allusions à la vente de ses ouvrages, au commerce qu'en faisaient les libraires ou copistes et les bibliopoles, aux profits qu'ils en tiraient. On voit en même temps qu'il les vendait aussi lui-même. Horace dédaignait ce profit (3), mais il livrait sa muse à Mécène.

« Le bruit court, Fidentinus, que jamais tu ne récites mes vers autrement qu'en les donnant comme de toi. Veux-tu qu'ils soient à moi, je te les enverrai gratis : Tiens-tu à ce qu'on les dise à toi, achète-les; ils ne m'appartiendront plus. » (4)

(1) *Sed si tantopere efflagitantur quam tu affirmas, permittamus vela ventis, et oram solventibus bene precemur. Multum autem in tua quoque fide ac diligentia positum est ut in manus hominum quam emendatissimi veniant.*

(2) *Bibliopolas Lugduni esse non putabam, ac tanto libentius ex litteris tuis cognovi venditari libellos meos, quibus peregre manere gratiam quam in urbe collegerint, delector. Incipio enim satis absolutum existimare, de quo, tanta diversitate regionum, discreta hominum judicia consentiant.* (Lib. ix, ep. 11.)

(3) Hor. de Arte poet. 345 — *Serm.* lib. i, sat. 4, v. 71.

(4) *Fama refert nostros te, Fidentine, libellos
Non aliter populo quàm recitare tuos.*

Dans la troisième épigramme de son premier livre, Martial donne le nom et l'adresse de l'affranchi *Secundus* chez lequel il annonce que l'on trouve à acheter ses œuvres. Dans deux autres épigrammes, il parle de ce même Tryphon auquel écrivait Quintilien.

« Vous exigez, Quintus, que je vous fasse cadeau de mes écrits. Je n'en ai point d'exemplaire; mais Tryphon le bibliopole en a. — Moi, donner de l'argent contre ces babioles! Moi, dans mon bon sens, acheter vos vers! non, dites-vous, je n'en ferai pas la folie. — Eh! ni moi non plus. (1)

» Dans ce mince volume, lecteur, la troupe entière de mes *Xenia* vous coûtera quatre écus. — Quatre, c'est trop. Il pourra n'en coûter que deux, et le bibliopole Tryphon y gagnera. — Ces distiques vous serviront à faire des cadeaux, si votre bourse est aussi peu garnie que la mienne. » (2)

Ailleurs, il fait mention d'Atrectus, autre bibliopole, et donne quelques détails sur sa boutique.

« Chaque fois que vous me rencontrez, Lupercus, permettez, dites-vous, que je vous envoie mon esclave, afin que

> *Si mea vis dici, gratis tibi carmina mittam;*
> *Si dici tua vis, hæc eme, ne mea sint.*
> (Mart. l. 1, ep. 30.)

(1) *Exigis ut donem nostros tibi, Quinte, libellos.*
Non habeo; sed habet bibliopola Tryphon.
Æs dabo pro nugis? et emam tua carmina sanus?
Non, inquis, faciam tuam fatue. Nec ego.
> (L. iv, ep. 72.)

(2) Ad lectorem.
Omnis in hoc gracili Xeniorum turba libello
Constabit nummis quatuor empta tibi.
Quatuor est nimium. Poterit constare duobus,
Et faciet lucrum bibliopola Tryphon.
Hæc licet hospitibus pro munere disticha mittas,
Si tibi tam rarus quam mihi nummus erit.
> (L. xiii, ep. 3.)

vous lui remettiez votre volume d'épigrammes : je vous le rendrai dès que je l'aurai lu. — Ne fatiguez pas votre esclave, Lupercus. Il y a loin pour venir jusque dans mon quartier, et j'habite à un troisième étage, des plus hauts. Ce que vous demandez, vous pourrez le trouver plus près de vous. Souvent vous allez dans le quartier d'Argiletum. Il y a, près de la place de César, une boutique dont les portes, dans toute leur longueur, sont, des deux côtés, couvertes de noms de poètes dont vous pouvez, d'un coup-d'œil, parcourir la liste. Entrez là me demander; sans se faire prier, Atrectus, le maître de la boutique, de son premier ou de son second rayon tirera un Martial bien poli, embelli d'ornemens de pourpre; et il vous le donnera contre cinq deniers. — Eh! dites-vous, vous ne les valez pas. — C'est sagement répondu, Lupercus. » (1)

Juvénal a pris pour sujet de sa septième satire la pauvreté des gens de lettres. Il se plaint que l'empereur seul leur reste pour appui, et qu'ils n'obtiennent des riches et des grands

(1) *Occurris quoties, Luperce, nobis :*
Vis mittam puerum, subindè dicis,
Cui tradam epigrammaton libellum,
Lectum quem tibi protinus remittam?
Non est quod puerum, Luperce, vexes :
Longum est, si velit ad Pyrum venire,
Et scalis habito tribus, sed altis.
Quod quæris propius petas licebit :
Argi nempe soles subire letum.
Contra Cæsaris est forum taberna
Scriptis postibus hinc inde totis
Omnes ut cito perlegas poetas.
Illuc me pete; ne roges Atrectum,
Hoc nomen dominus gerit tabernæ;
De primo dabit, alterove nido
Rasum pumice, purpuraque cultum,
Denariis tibi quinque Martialem.
Tanti non es, ais! sapis, Luperce.

(L. 1, ep. 118.)

qu'une stérile protection. Les poètes qui récitent leurs vers,
les historiens, les avocats, les rhéteurs, chargés d'instruire
la jeunesse, passent chacun à leur tour en revue devant lui,
et leur condition excite la compassion de sa muse irritable.
On trouve dans cette pièce des détails sur les lectures publiques que faisaient les poètes (1). Maculonus vous prêtera
son palais; il vous fournira´ des affranchis et des amis pour
vous applaudir; mais, parmi toutes ces puissances, personne
ne vous fournira de quoi payer ni les bancs du parterre, ni
le loyer des gradins de l'amphithéâtre et des sièges de l'orchestre. Plus loin (2) c'est Stace qui fait une lecture de sa
Thébaïde : toute la ville accourt; on est transporté; on ap-
plaudit à tout rompre; mais Stace mourra de faim s'il ne vend
à Pàris les prémices de sa tragédie d'Agave. Pàris distribue

(1)   *Si, dulcedine famæ*
   Successus, recites, Maculonus commodat ædes;
    Ac longe ferrata demus servire jubetur,
    In qua sollicitas imitatur janua portas.
    Scit dare libertos extrema in parte sedentes
    Ordinis, et magnas comitum disponere voces.
    Nemo dabit regum quanti subsellia constent,
    Et quæ conducto pendent anabathra tigillo,
    Quæque reportandis posita est orchestra cathedris.
                    (V. 39 – 47.)

(2) *Curritur ad vocem jucundam et carmen amicæ*
   Thebaïdos, lætam fecit cum Statius urbem,
   Promisitque diem : tanta dulcedine captos
   Afficit ille animos, tantaque libidine vulgi
   Auditur! sed cum fregit subsellia versu,
   Esurit, intactam Paridi nisi vendat Agaven!
   Ille et militiæ multis largitur honorem,
   Semestri vatum digitos circumligat auro.
   Quod non dant proceres, dabit histrio : tu Camerinos,
   Et Bareas, tu nobilium magna atria curas!
   Præfectos Pelopæa facit, Philomela tribunos.
   Haud tamen invideas vati quem pulpita pascunt :
   Quis tibi Mæcenas? etc.
                  (V. 82—94.)

les honneurs militaires, et met au doigt des poètes l'anneau
de chevalier. Ce que les grands ne donnent pas, un histrion
en dispose. Puis allez faire votre cour aux nobles! aux Camé-
rinus, aux Baréa! la fille de Pélops fait des gouverneurs;
Philomèle des tribuns! après tout, pourquoi en voudrait-on
au poète qui vit du théâtre... ?

L'auteur du dialogue sur la décadence de l'art oratoire, attribué à Tacite, fait mention aussi de ces lectures publiques,
et de ce qu'elles coûtaient à un certain Bassus, en frais de
loyer, de construction, de programmes, et en démarches
pour amener des auditeurs (1). Quant à l'usage dont parle
Juvénal d'aposter des gens pour applaudir, il était en pleine
vigueur à Rome : les témoignages sont nombreux à cet égard.
On peut notamment lire dans Pline le jeune (2), comment
les avocats de son temps travaillaient leurs succès : « Hier
on m'a enlevé mes deux nomenclateurs, mis, pour trois deniers, en réquisition d'applaudir; c'est ce qu'il en coûte pour
l'éloquence de premier degré. A ce prix les sièges, si nombreux qu'ils soient, se trouvent garnis; à ce prix on rassem-
ble la foule autour d'eux; à ce prix de longues acclamations
sont poussées lorsque le coryphée a donné le signal. Car il
faut un signal pour des gens qui ne comprennent pas, qui n'é-
coutent même pas : non vraiment, ils n'écoutent pas, pour
la plupart; et ce sont ceux-là qui applaudissent le plus haut. »
Ne croirait-on pas lire la relation d'une des représentations
de nos théâtres?

Les écrivains de l'antiquité ne témoignent nulle part qu'un

---

(1) *Rogare ultro et ambire cogitur ut sint qui dignentur audire; et id ne
quidem gratis. Nam et domum mutuatur, et auditorium exstruit, et subsellia
conducit et libellos dispergit.* (Cap. IX.)

(2) *Heri duo nomenclatores mei ternis denariis ad laudandum trahebantur:
tanti constat ut sis disertissimus. Hoc pretio, quamlibet numerosa, subsellia
implentur : hoc ingens corona colligitur : hoc infiniti clamores commoventur
cum μεσοχορος dedit signum. Opus est enim signo apud non intelligentes, ne*

droit exclusif de copie ait appartenu aux auteurs sur leurs
ouvrages ; mais ils élèvent des plaintes fréquentes contre ces
hommes qui dans tous les temps ont cherché à se faire honneur des œuvres d'autrui. Il existe des plagiaires depuis qu'il
y a des auteurs : le geai d'Esope paré des plumes du paon, le
sic vos non vobis de Virgile en sont deux exemples fameux
entre mille. Aucun texte de loi ne prononçait de peine contre
ce genre de larcin. Un assez grand nombre d'érudits, que l'on
désigne quelquefois sous le nom de *plagiaristes* (1), ont écrit
des dissertations sur cette matière ; et tous leurs efforts n'ont
pu découvrir dans le vaste corps de droit, qui, sur tant de sujets divers, contient les décisions des lois et des jurisconsultes
de Rome, autre chose que des analogies plus ou moins éloi-
gnées.

La loi juive a, il est vrai, puni de mort non-seulement les
prophètes qui rapportaient de fausses paroles, mais aussi les
prophètes plagiaires qui donnaient comme inspirées à eux-
mêmes les paroles dictées à d'autres (2). Mais il est facile de
comprendre que la sévérité de la loi juive a voulu frapper le
délit religieux et non le délit littéraire, le sacrilège et non le
plagiat. Ce fut également le crime religieux qui fut puni dans
la personne du duumvir Attilius qui, chargé de la garde des
livres sybillins, subit la peine des parricides pour en avoir
laissé prendre une copie à Petronius Sabinus.

---

audientes quidem : nam plerique non audiunt, nec ulli magis laudant. Lib. ii,
ep. 14.

(1) M. Nodier, dans ses *Questions de littérature légale*, 2ᵉ édition, 1828,
p. 224, indique les noms et les ouvrages de quinze principaux plagiaristes,
qui, tous, ont écrit en latin : *Duaren, Thomasius, Reinelius, Decker, Jansson
Alme loveen, Abercrombius, Fabricius, Scellier, Schwartz, Crenius, Leyser,
Giardina, Menckenius, Schlichter, Salden.*

(2) *Vates mendax qui vaticinatur ea quæ non audivit, et quæ ipsi non sunt
dicta, ab hominibus est occidendus* (Sanhedr. c. xiv, 5). Voici comment ce
passage, *quæ ipsi non sunt dicta*, est expliqué par Maimonide : *Is hoc facit
qui afflatum alterius sibi assumit et dicit : me Deus hoc docuit ; quod tamen
Deus ipsum non docuit, sed alium quemdam.* A l'appui, vient ce verset de

On a cité souvent une anecdote rapportée par Vitruve dans le préambule de son septième livre. Un des Ptolémées avait fondé, à Alexandrie, des jeux littéraires en l'honneur des Muses et d'Apollon. Lorsqu'il fallut décerner le prix, Aristophane, l'un des juges du concours, opina en faveur d'un des athlètes que ses rivaux, au dire de tout le monde, avaient laissé loin derrière eux. Sommé de motiver son vote, Aristophane alla chercher les volumes où les prétendus poètes avaient pillé leurs vers. Le roi les renvoya ignominieusement et les fit poursuivre comme voleurs. Il mit Aristophane à la tête de la bibliothèque d'Alexandrie.

C'est dit-on, Martial qui a créé l'acception actuelle du mot *plagiaire*. En droit romain, *plagium* est le crime qui consiste à voler un homme : *plagiarius* était celui qui dérobait un enfant, un esclave, qui vendait ou achetait comme esclave un homme libre, etc. On peut voir à ce sujet le Digeste (lib. XLVIII, tit. 15), et le code (lib. IX, tit. 20). Or, Martial dans une de ses épigrammes (lib. I, ep. 53), compare ses vers à ses enfans, leur voleur est un *plagiaire*. Cette énergique allégorie est devenue ensuite, pour employer les termes de l'école, une simple catachrèse ; c'est-à-dire que l'usage a effacé la métaphore, et que le mot s'emploie maintenant sans que l'on garde le souvenir de la figure hardie qu'il a d'abord représentée.

Les législations anciennes, qui gardaient le silence sur les droits des auteurs, ne s'occupaient pas, non plus, d'une police spéciale sur les livres. C'était en vertu des dispositions générales des lois criminelles qu'il était défendu d'écrire sur certaines matières, et que les auteurs, les éditeurs, souvent même aussi les détenteurs d'ouvrages regardés comme injurieux pour les particuliers, ou comme attentatoires aux lois et à la sûreté des états, ont été exposés à des peines qui ont va-

Jérémie (c. XVIII, v. 30) : *Propterea ecce ego ad prophetas, ait dominus, qui furantur verba mea unusquisque a proximo suo.*

rié selon les temps (1). Les exemples de ces rigueurs sont nombreux dans l'antiquité. Plusieurs philosophes grecs ont payé de leur vie la hardiesse de leurs écrits ou de leurs leçons. La loi des Douze Tables condamnait à périr sous le bâton les auteurs d'écrits diffamatoires. *Si qui pipulo occentassit, carmenve condissit quod infamiam faxit flagitumve alteri, fuste ferito.* Le premier chapitre des Machabées raconte que du temps de la persécution des Hébreux sous Antiochus, la possession des livres de la loi était punie de mort (2). Plusieurs lois des empereurs plaçaient les libelles au rang des crimes de lèse-majesté. Les exemples d'écrivains condamnés à la mort, au bannissement ou à d'autres peines, et de livres condamnés à être brûlés publiquement, marquent toutes les époques de l'histoire.

Quelques débris de l'ancienne civilisation furent rassemblés par Charlemagne : l'un des titres de ce grand homme à la gloire, est d'avoir distinctement entrevu que la dévotion, unie aux lumières, devait éveiller des sentimens de dignité morale dans les barbares au milieu desquels il vivait. Il encouragea l'instruction, recommanda au clergé de donner le plus grand soin à la calligraphie; il provoqua la surveillance des comtes, des évêques et des abbés sur les notaires chargés de rédiger les actes publics, sur les clercs qui faisaient métier de transcrire les offices ecclésiastiques, et enfin sur les moines dont le soin était de conserver à la postérité les auteurs sacrés et profanes.

Les *registres des métiers et marchandises de la ville de Paris*, d'Estienne Boileau (3), précieux document sur l'état

---

(1) Cod. IX, 36. *De famosis libellis.*

(2) *Libros legis Dei combusserunt igni, scindentes eos : et apud quemcumque inveniebantur libri testamenti Domini, et quicumque observabat legem Domini, secundum edictum regis trucidabant eum.*

(3) Cet ouvrage a été publié pour la première fois en entier par M. Depping, dans la *Collection des documens inédits de l'histoire de France.* — Voir aussi mon *Traité des brevets d'invention*, p. 67 et suiv.

de l'industrie parisienne sous saint Louis, ne contiennent rien sur les écrivains ni sur les libraires.

Le rôle de la taille imposée sur les habitans de Paris en 1292 (1), comprend 24 escrivains, 8 libraires, 17 liéeurs, relieurs, 13 enluminéeurs, pour les manuscrits et images, 1 encrière, fabricante d'encre, 1 vallet escrivain. M. Géraud (2) fait remarquer qu'il se faisait dans les cloîtres des travaux plus considérables; que les abbayes de Sainte-Geneviève, de Saint-Germain-des-Prés, et surtout l'abbaye de Saint-Victor si riche en manuscrits précieux, devaient chacune avoir dans son sein bien plus d'écrivains à elle seule que n'en comptait, dans l'état laïque, la ville de Paris. Le même auteur pense que ce serait exagérer que de porter à cinq cents le nombre des écrivains tant religieux que laïques, existant à Paris à la fin du XIIIᵉ siècle. La vente des livres écrits était assez peu importante, pour que ceux qui s'en occupaient, sous le nom de libraires, n'en fissent souvent qu'un métier accessoire, et exerçassent en même temps d'autres états. (3)

Quand l'université de Paris fut fondée, les copistes et vendeurs de livres relevèrent d'elle. Les libraires, *librarii*, étaient aussi appelés *stationarii*, parce qu'habituellement ils exposaient ou étalaient les livres qu'ils avaient à vendre (4). Les copistes-écrivains, les vendeurs de livres, les relieurs, enlumineurs, parcheminiers, formaient à Paris le corps de la librairie, qui, soumis à la juridiction de l'université, jouissait des privilèges, franchises et exemptions accor-

(1) Cette pièce a été publiée dans le volume intitulé : *Paris sous Philippe-le-Bel*, par M. Géraud, faisant partie de la même collection.

(2) Page 506.

(3) Depping, *Introduction aux registres des métiers*, p. lxxviij.

(4) On voit par les statuts du 6 décembre 1275 que la dénomination de *stationarii* était la plus générale et la plus ancienne : *stationarii qui vulgo librarii appellantur*. Elle s'est conservée en Angleterre où *stationer* désigne encore un libraire, un papetier.

dés aux maîtres et écoliers. Il avait le pas sur le corps des marchands, au nombre desquels ses membres n'étaient point classés. Parmi les statuts donnés au corps de la librairie par l'université, les plus anciens qui aient été conservés sont des années 1275, 1316, 1323, 1342, 1403.

L'université approuvait les livres, veillait à leur correction, et en taxait le prix. Les libraires étaient obligés d'habiter le quartier de l'université. Ils étaient punis quand ils débitaient des livres trop chers ou incorrects : ils ne pouvaient se dispenser de louer leurs livres, soit pour être lus, soit pour être copiés, le tout conformément au tarif. Les prix étaient mis par quatre libraires qui avaient le titre de *magni librarii*, et qui étaient chargés, sous l'autorité de l'université, de surveiller le corps. Les autres libraires-jurés étaient appelés *parvi librarii*. Leur nombre, après avoir varié plusieurs fois, a été limité par l'édit de Chinon de mars 1488, à vingt-quatre libraires, deux enlumineurs, deux relieurs, deux écrivains de livres. Quant aux libraires non jurés, dont le nombre était indéterminé, ils ne jouissaient pas des franchises et immunités universitaires. Les statuts de 1323 ne leur permettent que la vente, en plein air, de livres de modique valeur : c'est ce qui résulte de la disposition suivante, souvent invoquée en faveur des libraires dans leurs interminables querelles contre les bouquinistes : *Item, nullus non juratus habeat aliquem librum venalem ultra valorem decem solidorum, nec sub tecto sedeat.*

L'édit qu'on va lire pourra donner une idée de ce qu'était en France le commerce de livres au commencement du quinzième siècle :

Charles (VI) par la grâce de Dieu roi de France, au prévôt de Paris, ou à son lieutenant, salut. De la partie de notre très chère et très amée fille, l'université de Paris, nous a été exposé en complaignant que, jaçoit que, par les privilèges par nos prédécesseurs et nous à notredite fille donnés et octroyés et autrement dûment, à icelle notre fille et non à autre compète et appartient de mettre

et instituer tous les libraires vendans et achetans livres, soit en
français ou en latin, en notredite ville de Paris, et d'iceux libraires
recevoir le serment en tel cas accoutumé; et, après ledit serment
ainsi reçu, iceux libraires ainsi jurés, examinés et approuvés, et
non autres, peuvent acheter tous livres tant en français qu'en latin,
et les vendre, et sont tenus de les mettre avant et porter par trois
jours de fêtes en trois sermons publics de notredite fille, afin que
chacun les puisse voir et aviser : pour obvier à plusieurs inconvéniens qui y sont advenus au temps passé, et adviennent de jour en
jour par le fait et coulpe de plusieurs mauvaises personnes, qui, en
plusieurs églises et autres lieux de notre royaume, ou autre part,
ont plusieurs fois, autrement que dûment, pris et emporté plusieurs
livres, desquels les aucuns qui sont venus ès mains desdits libraires
jurés, et par eux mis en vente publiquement par la forme et manière
dessus déclarée, ont été trouvés et recouvrés par ceux qui perdus
les avaient, et les malfaiteurs qui les avaient emblés ou indûment
pris ont été punis; et les autres livres qui, par aventure, ont été
vendus clandestinement, et ne sont point venus ès mains desdits libraires jurés, ont été et sont perdus à ceux de qui ils étaient, et est
en aventure que jamais ne viennent à leur connaissance : pour lesquels et plusieurs autres inconvéniens eschiver, et que, si autres
personnes que lesdits libraires jurés avaient loi d'acheter livres et les
revendre à leur plaisir, plusieurs en achèteraient, sans enquérir ne
savoir de quel lieu ils viendraient, ne s'ils seraient bien ou mal pris,
et les revendraient clandestinement et en tapinage; que jamais ne
viendraient à la connaissance de ceux qui perdus les auraient, dont
plusieurs grands inconvéniens s'en pourraient ensuivre, et si serait
contre le bien de la chose publique; fut jà pieça ordonné et advisé
que nuls autres que ceux qui par notrediture fille auraient été et seraient examinés, approuvés et jurés, par la manière que dit est, pussent ne dussent acheter livres aucuns, fussent en français ou en latin, pour les revendre. Et néanmoins il est venu à la connaissance
de notredite fille que plusieurs personnes de ladite ville de Paris, ou
d'ailleurs, non jurés ne approuvés par icelle notredite fille, ne connais-
sant audit fait de libraires, les aucuns fripiers, les autres ferrons,
merciers, pelletiers, et aussi plusieurs jeunes venderesses de plusieurs
denrées, en venant formellement contre lesdits privilèges et attentant
follement contre iceux, se sont efforcés et efforcent de jour en jour

d'acheter et revendre plusieurs livres tant en français qu'en latin,
et de eux mêler dudit fait de libraires, et iceux livres, dont ils ont
souventefois grand marché pour ce que ceux qui leur vendent les
peuvent avoir soustraits, emblés, ou indûment pris, comme il est
advenu et advient souvent, ils vendent clandestinement, sans les
porter ne mettre à vente èsdits sermons, ne ès autres places et lieux
publics et ordonnés en notredite ville de Paris ; dont plusieurs personnes ont été déçues et grandement endommagées ; et plusieurs
grandes plaintes en sont venues à notredite fille, et lesdits libraires
jurés en ont plusieurs fois été mécrus de avoir eu la connaissance
desdits livres ainsi perdus et adirés, jaçoit ce qu'il n'en fût rien.
Lesquelles choses ont été et sont faites contre raison, la forme et teneur desdits privilèges octroyés à notredite fille, et autrement en
son très grand préjudice et dommage et de la chose publique, et seraient encore plus, se par nous n'y était pourvu de remède convenable, si comme notredite fille dit requérant humblement icelui.
Pour ce est-il que nous, les choses dessusdites attendues et considérées, voulant à notre pouvoir observer et garder les privilèges,
franchises et libertés par nosdits prédécesseurs et nous octroyés à
notredite fille, et obvier aux dessusdits inconvéniens et autres semblables, vous mandons, et étroitement enjoignons, et, pour ce que
vous êtes députés conservateurs de par nous desdits privilèges, franchises et libertés octroyés à notredite fille et aux suppôts d'icelle,
et si êtes notre plus prochain juge desdites parties, commettons, si
métier est, que vous faites ou faites faire tantôt et sans délai inhibitions et défenses de par nous, publiquement et solennellement, par
les lieux et places publiques de notredite ville de Paris et partout
ailleurs où il appartiendra, sur certaines et grosses peines à appliquer à nous, auxdits fripiers, merciers, ferrons, pelletiers, vendeurs
et venderesses de quelconques autres denrées, et généralement à tous
autres à qui il appartiendra et dont par notre fille vous serez requis ;
que nul ne soit si osé ne si hardi que, dudit fait de libraire, ne de
vendre ne acheter pour revendre livres aucuns, soit en français ou en
latin, ils ne aucun d'eux se entremettent ou entremette aucunement dorénavant, sur peine d'amende volontaire à nous et de perdre
lesdits livres qui trouvés seront en leur puissance, senon premièrement et avant toute œuvre ils aient été ou soient dûment examinés
et approuvés par notredite fille l'université de Paris et jurés en

icelle, et que de ce faire ils aient de notredite fille lettres de congé et licence. Ne vous souffrez ces choses être autrement faites ; mais se aucuns sont trouvés faisant le contraire corrigez-les et punissez selon l'exigence des cas si et par telle manière que ce soit exemple à tous autres. Car ainsi le voulons et nous plaît être fait, et à notredite fille l'avons octroyé et octroyons de grâce spéciale par ces présentes nonobstant quelconques lettres subrepticement impétrées ou à impétrer au contraire. Mandons et commandons à tous nos justiciers, officiers et sujets, que à vous et à vos commis et députés en ce faisant obéissent et entendent diligemment. Donné à Paris le vingtième jour de juin l'an de grâce 1411 et de notre règne le trente-et-unième. Par le roi en son conseil et plus bas Jébunel avec paraphe, et scellé de cire jaune. »

On voit par cet édit que l'on donnait peu d'attention, à cette époque, à l'approbation préalable des livres. L'université étendait sa police intérieure à l'examen du contenu des livres, comme à la vérification de leur correction, et à la taxation de leur prix : mais il n'existait encore rien d'analogue à l'établissement de la censure comme institution publique.

Un édit de Charles VII, du 27 mars 1445, enregistré au parlement le 2 mai 1446, attribue au parlement la connaissance de toutes les causes, querelles, négoces, actions et pétitions quelconques, tant en demandant qu'en défendant, de l'université et de ses suppôts. Cet édit fut provoqué par la prétention de l'université de se faire remettre un maître ès-arts, et autres écoliers mis prisonniers en la prévôté de Paris, puis renvoyés en cour de parlement, de laquelle ceux de l'université disaient n'être en rien sujets ; et ne pouvoir être jugés que par le roi en personne.

Plusieurs bibliographes ont conservé quelques-uns des tarifs que l'université rédigeait. Ils sont curieux à étudier par ceux qui veulent connaître quel était le prix des livres, et quels ouvrages circulaient le plus.

On peut, notamment, voir Chevillier, pages 315 et suivantes. Voici les quatre premiers articles d'un tarif de l'année 1303.

Bruno in Mathœum. Volume de 57 pages taxé 1 sol.

Item in Marcum. 20 pages; 17 deniers.

Item in Lucam. 47 pages; 3 sols, 6 deniers.

Item in Joannem. 40 pages; 2 sols, 10 deniers, *etc., etc.*

M. Daunou (1) estime qu'en général le prix moyen d'un volume in-folio au treizième siècle, équivalait à celui des choses qui coûteraient aujourd'hui quatre ou cinq cents francs; beaucoup de livres représentaient des valeurs énormes. Dans le nombre d'anecdotes qui ont cours à ce sujet, citons-en quelques-unes.

On lit dans les *Annales bénédictines* (tome IV, page 475), qu'Agnès femme de Geoffroi, comte d'Anjou, acheta au onzième siècle, d'un évêque nommé Martin, un précieux recueil d'homélies; qu'elle donna, dans un premier paiement, cent brebis; dans un second un muid de froment, un muid de millet et un muid de seigle; dans un troisième cent autres brebis; dans un quatrième quelques peaux de martre; dans un cinquième enfin quatre livres en argent.

Jacques Du Breul, auteur du *Théâtre des Antiquités de Paris*, s'exprime ainsi, livre deuxième, p. 608 : «Or ces li braires n'étaient des ignorans, mais fort savans en toutes sortes de sciences, comme le titre qu'ils portaient de *clercs librai-res* le témoigne.» Puis il cite en preuve un contrat passé par-devant notaires en 1332, dans lequel cette qualité est donnée à Geoffroy de Saint-Liger, qui reconnaît et confesse avoir vendu, cédé, quitté, transporté, sous hypothèque de tous et chacun de ses biens, et garantie de son corps même, un livre intitulé *Speculum historiale in consuetudines parisienses*, divisé et relié en quatre tomes de cuir rouge, à noble homme messire Gérard de Montagu, avocat du roi au parlement, moyennant 40 livres parisis.

César Nostradamus, en sa *Chronique de Provence*, raconte que, vers 1392, Alazacie de Blévis, dame de Romolles, femme

---

(1) *Histoire littéraire de la France*, tome XVI, p. 35.

du magnifique Boniface de Castellane, baron d'Allemagne, faisant son dernier testament, laissa à sa fille une certaine quantité de livres où était écrit tout le corps de droit, formé et peint en belles lettres de main sur parchemin; l'enchargeant que, au cas où elle vînt à se marier, elle eût à prendre un homme de robe longue, docteur, jurisconsulte, et qu'à ces fins, elle lui laissait ce beau et riche trésor, ces exquis et précieux volumes, en diminution de son dot.

Le 2 novembre 1447, Lantimer, de Gisors, passa dans cette ville un contrat en forme avec Guillaume Tuleu, procureur de l'Hôtel-Dieu de Paris, par lequel il donne audit hôpital *le Pélerinage de la vie humaine,* composé vers 1358, par Guilleville, religieux Bernardin de Chaalis : « afin d'avoir pardon de ses péchés, que le S. P. le Pape a promis dans ses bulles octroyées audit Hôtel-Dieu, pour la somme nécessaire à son entretien... Et en intention que lui, sa femme et enfans, son père, mère, amis, bienfaiteurs présens, défunts et à venir, et en spécial son parrain, feu maître Nicole Ducar, jadis chirurgien du roi Charles, que Dieu absolve, qui lui délaissa ce livre, soient accompagnés et participans ès bons pardons... »

Alphonse V, roi d'Aragon, de Naples et de Sicile, écrivit de Florence à Antoine Pecatelli de Palerme pour lui mander que Pogge avait à vendre un beau Tite-Live, au prix de 120 écus d'or. En 1455, le marché se conclut, Antoine de Palerme vendit une métairie pour acheter le manuscrit, et Pogge acheta, avec le prix qu'il en eut, une propriété auprès de Florence.

Louis XI, ayant su que la faculté de médecine de Paris possédait un manuscrit de Rhasès, médecin arabe du dixième siècle, ordonna au président Jean de la Driesche de donner sa vaisselle d'argent pour gage, afin d'en avoir communication et de le transcrire; marché qui fut exécuté le 29 novembre 1471.

Louis XI avait beaucoup de goût pour les livres; il fit réunir à ceux du Louvre les manuscrits que ses prédécesseurs avaient placés à Fontainebleau et ailleurs : ce fut l'origine de la Bibliothèque royale. Déjà Charles V, auquel le roi Jean, son père, n'avait laissé qu'une dizaine de volumes, était parvenu à en rassembler environ neuf cents, qu'il plaça au Louvre dans une tour que l'on nomma *Tour de la Librairie*. L'inventaire fut fait sous Charles VI, en 1418, par le bibliothécaire Garnier de Saint-Yon, l'un des échevins de la ville de Paris; à l'époque de la domination des Anglais dans Paris, le duc de Bedford exigea que Garnier de Saint-Yon les lui donnât contre son reçu, et il les acheta pour son compte moyennant 1200 livres qui furent remises à l'entrepreneur du mausolée de Charles VI et de la reine Isabeau. Ce fut là le noyau de la bibliothèque de l'Université d'Oxford. Au treizième siècle, saint Louis avait rassemblé quelques livres à la Sainte-Chapelle de Paris; mais il décomposa par son testament cette modique collection, en la distribuant entre les cordeliers, l'abbaye de Royaumont et les Jacobins tant de Paris que de Compiègne.

Dans le siècle qui précéda l'invention de l'imprimerie, le nombre des copistes avait pris un accroissement considérable. Au moment où cette découverte vint changer la face du monde, l'art de l'écriture occupait, si l'on en croit Villaret, plus de dix mille écrivains dans les seules villes de Paris et d'Orléans.

Les imprimeurs prirent d'abord dans la société la place que les copistes y tenaient. En peu de temps, la multiplicité des copies imprimées diminua notablement le prix des livres, en centupla la consommation, éleva les imprimeurs bien au-dessus de ce qu'avaient été les copistes, et prépara, pour les auteurs, cet accroissement de considération qui, de progrès en progrès, devait placer dans leurs mains la part principale d'influence sur le gouvernement des sociétés.

L'université de Paris, alors très prospère, car elle possédait dix-huit collèges où l'on comptait dix ou douze mille écoliers, se montra zélée pour la propagation de l'art nouveau, tandis que le parlement ne le voyait qu'avec inquiétude, et qu'il autorisait les copistes à exercer des saisies. Fust s'attira plu-

sieurs procès pour avoir vendu à haut prix, et proportionnel-
lement à la valeur qu'avaient alors les manuscrits, des exemplaires imprimés d'une bible, dont il vendait ensuite beaucoup moins cher d'autres exemplaires, si miraculeusement
pareils aux premiers, que chacun, les croyant manuscrits, en
demeurait stupéfait. On a prétendu que des accusations de
sorcellerie furent intentées contre les premiers facteurs de livres imprimés ; on ajoute même que Louis XI arrêta ces poursuites en les évoquant à son conseil ; mais rien n'a été suffisamment prouvé sur ce point. Ce qui est certain c'est que
l'imprimerie trouva dans Louis XI un protecteur. On a conservé des lettres-patentes du 14 février 1474, par lequel il accorde aux premiers imprimeurs établis à Paris droit de transmettre leurs biens et d'en disposer tout ainsi que si eux ou leurs
hoirs étaient natifs du royaume. Ces lettres commencent ainsi :
« Loys... Savoir faisons... nous avoir reçu l'humble supplica-
« tion de nos bien-amés Michel Friburgier, Uldaric Quering,
« et Martin Grantz, natifs du pays d'Allemagne, contenant :
« que ils sont venus demourer en notre royaume, puis aucun
« temps en ça, pour exercice de leurs arts et métiers de faire
« livres de plusieurs manières d'écritures, en moslé et autre-
« ment, et de les vendre en cette notre ville de Paris, etc... » (1)
Par autres lettres patentes du 21 avril 1475, Louis XI renonce
au droit d'aubaine en faveur de Conrart Hanequis et Pierre
Scheffre, marchands bourgeois de la cité de Mayence, dont
le facteur à Paris était décédé sans lettres de naturalisation.
Le montant de la succession était de 2425 écus et 3 sols tournois dont le roi ordonne à son receveur général des finances
de faire restitution, à raison de 800 livres par an. Au nombre
des motifs exprimés dans les lettres, on lit le suivant : « Ayant

---

(1) Les lettres-patentes de 1474 sont rapportées dans les *Études sur la
Typographie*, par M. Crapelet, p. 16. Le même ouvrage rapporte aussi les
lettres de 1475, déjà données par plusieurs recueils, notamment par la *Collection du Louvre*, tome XVIII, p. 114.

aussi considération à la peine et labeur que lesdits exposans ont pris pour ledit art et industrie de l'impression, et au profit et utilité qui en vient et peut venir à toute la chose publique, tant pour l'augmentation de la science que autrement. »

Ce fut à la demande de deux savans docteurs de Sorbonne, Guillaume Fichet, et Jean Heynlin, de Bâle, dit Jean de la Pierre, qu'en 1469 Ulric Gering (1), natif de Constance, vint en France accompagné de Martin Grantz et de Michel Friburger, avec l'aide desquels il fonda la première imprimerie qui ait existé à Paris. Ils commencèrent à imprimer au commencement de 1470 dans une des salles de la maison de Sorbonne. La seconde imprimerie établie à Paris le fut en 1473 par deux autres Allemands, Pierre Cæsaris et Jean Stoll, que Gering et ses associés avaient formés. A la mort d'Ulric Gering, qui décéda à Paris le 23 août 1510, laissant une fortune considérable qu'il partagea entre les collèges de Sorbonne et de Montaigu, on comptait dans cette ville plus de cinquante imprimeries ; car l'on n'avait point encore songé à en limiter le nombre. (2)

Les imprimeurs, en succédant aux copistes, se trouvèrent d'abord, comme l'avaient été ceux-ci, libres de reproduire tels manuscrits que bon leur semblait. Mais cette liberté n'existait pour les copistes que parce qu'elle était inaperçue ; elle ne ressemblait en rien à la liberté telle que nous la comprenons aujourd'hui, et qui est due au sentiment réfléchi du droit de chacun à publier ce qu'il pense. Quand se manifesta

---

(1) On trouve ce nom écrit : *Quering, Gering, Guernich, Gueringg,* enfin *Guérin.*

(2) Voir ci-après le règlement de 1618, qui prépara une réduction dans le nombre des imprimeurs de Paris, et celui de 1686 qui réduit à trente-six les imprimeries de cette ville. Le décret du 5 février 1810 réduisit à soixante les imprimeries de Paris, dont le nombre, illimité depuis la révolution, s'élevait alors à environ quatre cents : ce nombre a été porté à quatre-vingts, le 11 février 1811. Quant à la fixation du nombre des imprimeries dans les autres villes de France, on peut consulter des documens fort complets recueillis par M. Peignot, dans son *Essai historique sur la liberté d'écrire,* p. 116 à 144.

la puissance de l'imprimerie, les entraves naquirent pour la police de cet art nouveau.

L'imprimerie, toutefois, demeura libre encore sous Louis XII. Ce prince confirma et étendit par une déclaration du 9 avril 1513 les immunités acquises aux libraires (1), comme suppôts et officiers élus par tout le corps de l'université; ces immunités étaient déjà confirmées pour la plupart dans les édits de Charles VIII d'avril 1485 et de mars 1488. Ce qu'il y a de remarquable dans l'édit de 1513, c'est l'admiration avec laquelle Louis XII parle de l'imprimerie.

« Pour la considération, dit-il, du grand bien qui est advenu en notre royaume au moyen de l'art et science d'impression, l'invention de laquelle semble être plus divine que humaine; laquelle, grâce à Dieu, a été inventée et trouvée de notre temps par le moyen et industrie desdits libraires; par laquelle notre sainte foi catholique a été grandement augmentée et corroborée, la justice mieux entendue et administrée, et le divin service plus honorablement et curieusement fait, dit et célébré : et au moyen de quoi tant de bonnes et salutaires doctrines ont été manifestées, communiquées et publiées à tout chacun, au moyen de quoi notre royaume précède tous autres; et autres innumérables biens qui en sont procédés et procèdent encore chaque jour à l'honneur de Dieu et augmentation de notredite foi catholique, comme dit est. »

Louis XII voulut que les représentations de théâtre fussent libres, malgré les sarcasmes et les satires qui y étaient dirigés contre sa personne. Une lettre datée de Blois et donnée par lui en mandement à l'université de Paris, le 19 février 1512, est fort remarquable. Dans cette lettre, Louis XII invite l'université à examiner un livre adressé par le concile de Pise comme contenant des erreurs et hérésies; mais au

---

(1) Les imprimeurs ne sont pas nommés dans cette déclaration, qui ne parle que de vingt-quatre libraires, deux relieurs, deux enlumineurs et deux écrivains jurés, nombre antérieurement fixé par l'édit de 1488. *Voir p. 19.*

lieu de prendre des mesures de rigueur et de colère, il demande une réfutation : « A cette cause nous vous prions très à certes que vous, reçu ledit livret, le visitiez et examiniez diligemment, et le confutez par raisons ès points et articles èsquels il vous semblera être contre vérité. Si n'y veuilliez faire faute, et vous nous ferez un service très agréable en ce faisant. »

Il n'était pas possible que l'on se renfermât long-temps dans cette modération. François Iᵉʳ aimait les lettres et venait volontiers en aide aux savans ; mais ses velléités de tolérance étaient facilement vaincues par l'ardeur de poursuites qui animait le clergé et le parlement ; puis, lorsque la colère l'emportait, elle l'entraînait plus loin que ceux-là même que d'abord il avait voulu retenir. Son époque était plus forte que lui, et l'on serait déraisonnable de croire que les institutions publiques pussent protéger alors le libre développement de la pensée. Il a été dans la destinée de l'imprimerie d'apparaître dans le monde à l'époque où la réforme ébranlait le genre humain par une des plus violentes agitations d'idées qui l'aient jamais travaillé. L'art nouveau venait donner des voix et des ailes à la pensée au moment où la pensée c'était la guerre, et lorsque les opinions, aux prises, étaient tout à-la-fois le théâtre et l'objet des combats. On brûlait ceux qui pensaient mal, et les questions religieuses avaient assez de puissance pour ranger en bataille les nations les unes contre les autres. Laisser tranquillement exposer dans les livres les doctrines que l'on poursuivait jusque dans les plus intimes replis de la pensée, c'eût été plus qu'une inconséquence, c'était une impossibilité.

La constitution intérieure des sociétés n'était pas plus compatible que les passions générales avec un régime libre. Le monopole était une nécessité. Des lignes de démarcation, très prononcées, séparaient les professions. Chaque branche de commerce ou d'industrie avait ses attributions à part, desquelles il n'était pas permis de sortir, mais où d'autres, non plus, ne pouvaient pas pénétrer. Cette classification jalouse, assez profondément enracinée dans les habitudes nationales pour qu'il en reste encore aujourd'hui parmi nous de nombreux vestiges, servait au maintien de l'ordre; elle secourait les marchands et artisans qu'elle aidait à se coaliser contre les exactions et les persécutions de toute espèce, et en même temps elle protégeait l'ignorance du public contre bien des fraudes, grâce au point d'honneur qui, par intérêt et par amour-propre, porte une compagnie à exercer une action de police sur la moralité de ses membres. La librairie et l'imprimerie, car un même corps réunissait les imprimeurs et les libraires, ne pouvaient pas échapper à la condition commune. Il était inévitable que cette profession eût, comme les autres, son domaine marqué, dans lequel elle se tînt enfermée, mais où elle seule eût des droits. Les querelles des libraires, soit avec les auteurs qui voulaient eux-mêmes exploiter leurs livres, soit avec les communautés religieuses qui élevaient la prétention d'avoir des presses à elle, soit contre les merciers et les fripiers pour les contraindre à ne vendre que des almanachs et des abécédaires, leur guerre active contre les étaleurs et bouquinistes, n'ont rien qui doive surprendre. Les tailleurs plaidaient de même contre les fripiers, les marchands de drap contre les tailleurs, les cordonniers contre les savetiers; toutes les corporations, enfin, contre quiconque paraissait empiéter sur leurs monopoles. Dans tous les temps, et par la nature même des choses, les procès et les monopoles seront toujours inséparables.

CHAPITRE II.

Des approbations et de la censure; et police de la librairie.

Les approbations et les privilèges, quoique nés en même temps et souvent confondus ensemble dans l'usage, et même par la législation, n'ont cependant ni une même origine ni une même histoire. C'est à l'étude de ce qui concerne les privilèges que l'objet de cet ouvrage nous appelle.

L'histoire des approbations, qui n'est autre que celle de la censure, serait pleine d'un haut intérêt, et exigerait un ouvrage à part. Je ne puis, toutefois, me défendre d'en faire connaître les origines. L'histoire des privilèges y est intimement liée et en sera mieux comprise. En recherchant les sources de l'une, celles de l'autre se sont offertes à moi à chaque pas. Je ne m'arrêterai, d'ailleurs, à cette digression qu'autant qu'il le faudra pour expliquer la marche de la législation sur la librairie et l'imprimerie. Quoique quatre siècles ne se soient pas accomplis depuis que la découverte de l'imprimerie a donné naissance à une législation spéciale, on remplirait déjà plusieurs volumes du texte des statuts de corporation, des édits, ordonnances, arrêts du parlement ou du conseil, intervenus à cette occasion : masse immense de dispositions qui se confirment, se modifient ou s'abrogent, et dont la rapide succession se lie, par des rapports intimes, aux vicissitudes de l'histoire générale.

La censure est née sous François Ier. Au moment où elle a pris place dans la législation elle s'était déjà introduite par l'usage, et beaucoup d'approbations ou même de permissions avaient été octroyées antérieurement à l'époque où les ordonnances défendirent de publier aucun livre sans qu'il eût été vu et approuvé. De ces permissions et approbations, un petit nombre seulement étaient intervenues comme conditions imposées aux auteurs et aux éditeurs ; la plupart avaient été délivrées sur les demandes qu'eux-mêmes en avaient faites. On les sollicitait, tantôt par prudence, crainte ou scrupule, tantôt pour se donner crédit.

Suivant M. Peignot (1), le plus ancien livre imprimé que l'on connaisse comme contenant trace d'approbation est de 1475. Ce volume porte qu'il a été corrigé et approuvé par l'évêque de Ratisbonne.

La nécessité d'une approbation préalable avant l'impression apparaît pour la première fois sous la forme d'une loi générale dans une bulle de Léon X, du 4 mai 1515.

La juridiction que l'université avait sur les libraires avant la découverte de l'imprimerie se maintint assez long-temps après ; et quoiqu'elle ait toujours été en s'affaiblissant, il en restait encore des traces après 1789. L'université donnait des approbations et délivrait des privilèges. Elle appliquait aussi des peines.

Quelques libraires avaient imprimé l'ordre et la marche du convoi du roi Charles VIII, enterré à Saint-Denis : l'université avait tenu là gauche, le recteur marchant le dernier sur cette ligne, à côté des évêques qui avaient la d roite. La relation imprimée était inexacte *super modo incedendi* ; les libraires furent mandés devant les députés de l'université le 15 mai 1498 : et après qu'on les eut entendus en leur défense, on condamna leurs livres à être brûlés *in processionibus universitatis*.

Lors du concordat entre François I*er* et Léon X, l'usage

_____

(1) *Manuel du bibliophile,* tome I, p. 42. M. Peignot ne cite que de mémoire le titre de cet ouvrage, que je transcris exactement : *L. Petri Nigri tractatus contrà perfidos Judæos de condicionibus veri Messiæ, vel Christi, vel uncti, ex textibus hebraicis latinorum elementis utcumque figuratis. Conr. Fijner de Gerhuseren. Eslingen,* 1475, in-fol. C'est le premier livre où l'on ait imprimé des mots entiers en caractères hébraïques. Voir le *Supplément* de l'abbé de Saint-Léger à l'*Histoire de l'imprimerie* de Prosper Marchand, p. 69.

que l'université fit de son pouvoir, pour manifester son opposition à cet acte, mit ses prérogatives en péril. On avait affiché,
dans les carrefours et places publiques, des défenses à tous
libraires de l'imprimer, sous peine d'être privés des franchises,
exemptions et immunités de l'université. Le roi fut fort irrité.
Il écrivit d'Amboise, le 4 avril 1518, au parlement, qui, lui-
même était loin de se montrer favorable au concordat (1) :
« Nous avons été avertis que par les carrefours de notre ville de
« Paris ont été affichés écriteaux sous le nom du recteur et uni-
« versité de Paris par lesquels est inhibé à tous imprimeurs
« ne imprimer le concordat sur peine de privation des privilè-
« ges d'icelle université, qui est une entreprise de dangereuse
« et pernicieuse conséquence... Nous vous mandons et ex-
« pressément enjoignons que sachiez par qui, et de quelle
« autorité, juridiction et pouvoir, iceux écriteaux ont été
« faits et affichés : déclarez abusifs et nuls, et procédez à la
« punition de ceux que trouverez coupables, selon l'exigen-
« ce du cas. Et, du premier jour, baillez ledit concordat à
« quelques bons et diligens imprimeurs, pour icelui impri-
« mer le plus tôt que commodément faire se pourra, et nous
« en apportez un quand viendrez pardevant nous; au de-
« meurant pourvoyez que par ci-après tels tumultes de fait
« et de paroles cessent, en sorte que n'en oyons plus parler,
« car autrement y procéderons en façon qu'en sera mémoire
« perpétuelle; et avec ce, vous informerez bien diligemment
« desdits tumultes et entreprises; et icelle information nous
« apporterez, pour, icelle vue, y procéder ainsi que verrons
« par raison y appartenir, et gardez surtout, tant que crai-
« gnez à nous désobéir, n'y faire faute, et y procédez de sorte
« que connaissions que y ayez mis la main, et n'ayons cau-
« ses ne occasions d'y envoyer quelques autres pour ce
« faire. » Ces lettres furent apportées, le 20 avril, par mes-

(1) J'ai vérifié les extraits de ces citations sur les *Registres manuscrits du
conseil du parlement de Paris.*

sire Adam Fumée, chevalier, maître ordinaire des requêtes
de l'hôtel du roi, et messire Mellin de Saint-Gelais, aussi
chevalier et premier maître-d'hôtel dudit seigneur, qui s'ex-
primèrent en termes plus énergiques encore, même à l'é-
gard de la cour, que la lettre du roi. « .... Surquoi leur a
« été dit par ladite cour.... que c'était bien raison que le
« roi fût obéi comme le maître, et que la cour leur donnerait
« confort et aide en ce qu'elle pourrait ez choses dessus
« dites, mais qu'elle n'avait point su les dites et folles insolen-
« ces et entreprises faites par aucuns de l'université, et mê-
« mement par les prêcheurs, pour commouvoir le peuple à
« sédition, dont le roi leur écrit, car les officiers de ladite
« cour sont occupés à l'exercice de leurs offices, pourquoi
« ils ne vont guères aux sermons.... » Le 23 avril, la cour
manda les principaux des collèges et leur enjoignit « de con-
« tenir lesdits écoliers en leurs collèges tellement que ils ne
« fassent aucunes insolences, et qu'il n'en vienne aucun in-
« convénient, autrement la cour s'en prendra à eux. » Le
27 avril, furent présentées à la cour des lettres-patentes,
données à Amboise le 25, portant « défenses aux recteur,
« doyen et députés des facultés, procureurs des nations,
« principaux, régens, gradués et tous autres, de quelque état
« ou condition qu'ils soient, de l'université de Paris, que
« désormais ils aient à s'assembler pour raison et à cause
« des choses concernant le fait de l'état du roi, police et
« gouvernement de la chose publique, édits, ordonnances
« et décrets faits et approuvés par le roi, sur peine de pri-
« vation des privilèges d'icelle université autres y contenus.»
Le 28, la cour... « combien qu'elle entende bien que à ceux
« de l'université n'appartienne de eux mêler ne entendre des
« choses concernant l'état du roi, de la police et chose pu-
« blique de son royaume, toutefois ladite cour n'a été d'avis
« de faire publier ne enregistrer lesdites lettres d'édits, ainsi
« qu'elles sont, pour aucunes causes et raisons qu'on lui dira
« et écrira quand son bon plaisir sera le commander, lui

« suppliant sur ce faire savoir son vouloir. » On voit que, dans toute la suite de cette affaire, ce fut l'usage que l'université avait fait de son autorité qui excita le mécontentement du roi ; mais que cette autorité elle-même, notamment en tant qu'elle s'exerçait sur les imprimeurs, n'était pas mise en question ; on voit aussi que la supériorité de l'autorité du parlement était admise sans contestation.

Les registres de l'université mentionnent, à la date du 13 juin 1521, la lecture d'une défense du roi aux libraires et imprimeurs de rien vendre ou publier sans autorisation de l'université et de la Faculté de Théologie, et sans visite préalable : *Lectum est quoddam regis mandatum prohibitorium ne librarii aut typographi venderent aut ederent aliquid, nisi auctoritate Universitatis et Facultatis Theologiæ, et visitatione factâ.* Il paraît que cette ordonnance est la première qui ait établi formellement en France la censure. Un édit de Charles-Quint, du 8 mai de la même année 1521, avait prescrit des dispositions semblables pour les pays de sa domination, à peine contre les contrevenans d'être poursuivis pour crime de lèse-majesté.

Le parlement usait de son autorité souveraine, non-seulement pour condamner des livres, droit de juridiction dont il avait toujours usé même avant la découverte de l'imprimerie, et qui continua à lui appartenir, mais aussi pour porter des prohibitions préventives avec ou sans conditions.

Ainsi, par arrêt du 5 février 1525, dont il ordonna la publication à son de trompe, et au milieu de beaucoup d'autres dispositions contre les hérésies qui pullulaient dans le royaume, il enjoignit à toutes personnes qui auraient en leur possession des livres faisant partie du vieil et nouveau Testament, de nouvel translatés de latin en français, de les apporter aux greffes, et fit « inhibitions et défenses à tous imprimeurs, do-
« rénavant, de non imprimer aucuns des livres dessusdits en
« français, et si aucuns en ont, ne les exposer en vente, mais
« les apporter èsdits greffes, sur peine de confiscation de leurs

3.

« biens et bannissement de ce royaume. » Ces défenses ont
été renouvelées le 28 août 1527. Par arrêt du 5 novembre
1542, le parlement fit défenses d'exposer ni mettre en vente,
jusqu'à ce qu'il en fût autrement ordonné les ordonnances et
édits faits par les rois de France.

Souvent aussi le parlement, tout en se réservant le pouvoir
de statuer, jugeait à propos de s'éclairer par l'avis de l'université. Conrad Resch, libraire juré, ayant demandé au parlement la permission d'imprimer les paraphrases d'Erasme
sur saint Marc et saint Luc, un arrêt du 15 janvier 1523 ordonna que le livre fût montré et communiqué aux recteur,
doyen et faculté de théologie de l'université *pour, eux, ouïs,
en ordonner comme de raison*. La faculté, à laquelle le
parlement demandait ainsi un rapport, censura les paraphrases.

Le 13 mai 1523, le parlement fit saisir les livres de Louis
de Berquin, et ordonna qu'ils seraient communiqués à la faculté de théologie, pour avoir son avis. La faculté, après avoir
porté sa censure sur chaque livre en particulier, conclut
qu'on les devait tous jeter au feu ; que Berquin s'étant fait le
défenseur des hérésies luthériennes, on devait l'obliger à une
abjuration publique, et lui défendre de composer à l'avenir
aucun livre, ni faire aucune traduction préjudiciable à la foi.
La cause évoquée au conseil, Berquin ne fut condamné par
le chancelier qu'à abjurer quelques-unes de ses propositions.
Fort de ce succès, il osa accuser ses accusateurs ; mais il fut
poursuivi de nouveau comme hérétique et relaps. Le parlement donna commission à l'évêque d'Amiens, le 8 janvier
1525, de le faire prendre au corps, quelque part qu'il pût être
trouvé, *etiam in loco sacro*. La procédure fut suivie, malgré
plusieurs ordres formels du roi, qui enfin le fit enlever de la
Conciergerie, le 19 novembre 1526, et conduire prisonnier au
château du Louvre. Le matin du même jour, la cour, après
délibération, avait décidé « qu'elle ne délivrera pas ledit Ber-
« quin au prévôt de Paris ; mais, vu le temps tel qu'il est, il

« lui sera dit qu'il fasse ce qui est en lui ; » ce qui fut dit au
prévôt, mandé à cet effet. Le roi qui avait, d'autorité, enlevé
au parlement son prisonnier, ou ne put pas, ou cessa de vouloir, le sauver. Berquin fut brûlé en place de Grève en avril
1529.

Il existe un grand nombre d'arrêts par lesquels le parlement s'en rapportait à l'université pour la délivrance des autorisations préalables qui devaient plus tard cesser entièrement d'appartenir aux cours de justice. Deux arrêts, des 18
mars et 5 novembre 1521, défendent, sous peine de bannissement et de 500 livres d'amende, d'imprimer en français ou en
latin aucun livre sur la foi chrétienne, ou sur l'interprétation
de la Sainte-Écriture, sans le visa de la faculté de théologie
ou de ses députés. Un arrêt du 2 mars 1535 défend d'imprimer aucun livre de médecine qu'il n'ait été premièrement vu et visité par trois bons et notables docteurs de la faculté de médecine en l'université de Paris ; le même arrêt défend de publier des livres de pronostications et almanachs,
sous peine de dix marcs d'argent, de prison et d'amende arbitraire. Un arrêt du 1er juillet 1542 défend d'exposer aucun
livre en vente sans la visite de commis et députés de chacune
des facultés, qui seront suivant les cas, des maîtres ès-arts,
des docteurs en théologie, en droit civil et canon, en médecine....... « lesquels, s'ils trouvent aucun livre où il y ait
« quelque apparence ou suspicion notable de quelque doc-
« trine suspecte en la foi, laquelle bien souvent on a accou-
« tumé de mêler parmi les livres de grammaire, logique, rhé-
« torique et lettres humaines, seront tenus les communi-
« quer aux députés de la faculté de théologie, qui en parleront
« à ladite faculté, s'ils voient que besoin soit. » En les villes
où il n'y avait pas d'université, ces visites étaient confiées à
l'official ou vicaire de l'évêque, ou à des docteurs en théologie, assistant avec eux l'un des officiers du roi.

C'était au parlement que le roi s'adressait lorsqu'il voulait
réprimer l'université ou ses entreprises sur les livres, comme

sur le reste. On vient d'en voir un exemple dans l'affaire du
concordat ; mais il rencontrait souvent dans le parlement les
mêmes difficultés et la même ardeur.

Le 12 novembre 1525, François Ier écrivit de sa captivité
de Madrid en Castille, au parlement de Paris, de s . . oir,
et tenir en suspens les procédures faites « à l'enco˝ re de
« MM. Jacques Fabri, Pierre Carroli et Girard Rulli, per-
« sonnages de grand savoir et doctrine, en la persuasion et
« instigation des théologiens de notre université de Paris,
« quoi que soit d'aucuns d'eux qu'on dit être grandement
« leurs malveillants ; lequel, comme pouvez être records, fut
« naguères, nous étant à Saint-Germain-en-Laye, par aucuns
« d'eux calomnié à grand tort, mis en pareille peine : sur
« quoi, pour obvier aux inconvéniens que notoirement l'on
« voit advenir, furent dès-lors par nous ordonnés et commis
« plusieurs grands et notables prélats de notre royaume, pour
« appeler avec eux tel nombre de docteurs en faculté de théo-
« logie que bon leur semblerait, voir, visiter et entendre les
« œuvres, propositions et choses dont lesdits théologiens se
« chargèrent ; lesquels par nous députés, après diligente et
« due inquisition ; nous firent dudit Fabri tel et si entier rap-
« port que, tant au moyen d'icelui que de la grande et bonne
« renommée en fait de science et sainte vie, que depuis avons
« su icelui Fabri avoir èz pays d'Italie et d'Espagne, l'avons
« eu en telle estime et opinion, que ne voudrions pour rien
« souffrir qu'il fût calomnié, molesté ne travaillé à tort en
« notre royaume, pays et seigneuries....... pour tant que plus
« que jamais avons délibéré y faire régner justice, et y main-
« tenir, entretenir et favorablement traiter les personnages
« et gens de lettre et bon savoir qui le méritent, etc......... »
Le parlement ne s'arrêta pas à ces lettres ; il y répondit le 5
décembre, par des remontrances adressées à la reine-mère
régente ; puis, consulté par les commissaires apostoliques dé-
légués par le pape, il leur répondit le 20 février suivant :
« qu'ils savent bien que la cour pour lettres missives ne su-

« seoit pas ; et, quand encore il y a lettres patentes du roi, il
« est mis en délibération si on doit surseoir ou non ; qu'ils
« sont gens savants et expérimentés, et entendent bien ce
« qu'ils en doivent faire ; que la cour, en tout ce qu'il lui a
« été possible, les a favorisés et fera ; et semble qu'ils doivent
« passer outre en en suivant la commission et déléga-
« tion, sans s'arrêter ne cesser pour lesdites lettres mis-
« sives. »

L'autre fait eut des conséquences plus graves contre l'université. Il se passa à l'occasion des ouvrages écrits par le
fougueux docteur Noël Beda, tant contre Fabri que contre
Erasme, et des censures de la faculté de théologie. Le roi
écrivit d'Amboise au parlement, le 9 avril 1526. Il se plaint
d'abord de l'affaire Fabri, et ordonne de prohiber la vente des
livres imprimés par la faculté à ce sujet. Il ajoute : « et pour
« ce que sommes dûment acertainés qu'indifféremment ladite
« faculté et leurs suppots écrivent contre un chacun en déni-
« grant leur honneur, état et renommée, comme ont fait cón-
« tre Erasme, et pourraient s'efforcer à faire le semblable
« contre autres, nous vous commandons que mandiez incon-
« tinent ceux de ladite faculté ou leurs députés, et leur défen-
« dez, sur tant qu'ils craignent nous désobéir, et sur telles
« peines que vous ordonnerez, qu'ils n'aient en général et
« particulier, à écrire, ni composer, ni imprimer et faire
« imprimer, en notre ville de Paris, ni ailleurs, choses quel-
« conques qu'elles n'aient premièrement été vues et ap-
« prouvées par vous ou vos commis, et en pleine cour déli-
« bérées. »

Bayle, qui rapporte ces faits (1), y ajoute la réflexion suivante. « Ces règlemens-là ne durèrent guère, quoiqu'ils sem-
blent dignes d'un établissement général et perpétuel. » Che
villier dit au même sujet : « Mais le bon roi François fut

(1) Bayle, art. de Beda, note B. — Chevillier, p. 174 et 180. — *Registres
du conseil du parlement de Paris.*

désabusé dans la suite. Il vit bien qu'on avait été trop facile et trop indulgent, et que la trop grande douceur dont on avait usé à l'égard des personnes suspectes d'hérésie, n'avait servi qu'à augmenter le mal....... Il reconnut enfin l'innocence de la faculté, et le juste procédé de cette compagnie si catholique, chargée alors du poids de la religion, et qui n'était devenue si odieuse que parce qu'elle s'opposait fortement à tous ceux qui voulaient innover dans la créance de l'église. Il se défit de sa prévention pour Erasme...... Josse Bade obtint de lui un privilège pour imprimer l'ouvrage du comte de Carpi Albert Pie, qui consiste en 24 livres, contre Erasme. Il l'imprima l'année 1531 : *adstipulante nobis, et quasi manum è sublimi porrigente christianissimo francorum rege Francisco primo*, dit ce libraire. »

Au plus fort des troubles religieux, des lettres-patentes du 13 janvier 1534, avaient défendu à tous les imprimeurs généralement d'imprimer aucune chose, sur peine de la hart. Ces lettres, adressées au parlement en la forme ordinaire, n'y furent point enregistrées, et le parlement fit des remontrances. Le 26 février, Jacques Cappel, avocat du roi, apporta à la cour de nouvelles lettres-patentes données le 3 février, à St-Germain-en-Laye, par lesquelles il était ordonné que les premières demeureraient en suspens et surséance, jusqu'à ce qu'il y eût été autrement pourvu. « Et cependant nous man-
« dons et ordonnons à vous, gens de notre dite cour de parle-
« ment de Paris, que incontinent vous ayez à élire vingt-
« quatre personnages bien qualifiés et cautionnés, desquels
« nous en choisirons et prendrons douze qui, seuls et non au-
« tres, imprimeront dedans notre ville de Paris, et non ail-
« leurs, livres approuvés et nécessaires pour le bien de la
« chose publique, sans imprimer aucune composition nou-
« velle, sur peine d'être châtiés et punis comme transgres-
« seurs de nos ordonnances, par peine arbitraire; les noms
« desquels vingt-quatre personnages nous seront par vous,
« gens de notre dite cour, envoyés par écrit, ensemble votre

« avis sur la forme et manière qu'il vous semblera que lesdits
« douze personnages, ainsi choisis et élus desdits vingt-qua-
« tre, auront à tenir au fait desdites impressions pour en or-
« donner ainsi que verrons et connaîtrons être à faire ; et jus-
« ques à ce qu'il nous ait été satisfait à ce que dessus, et que
« lesdits noms et avis nous aient été envoyés pour faire décla-
« ration de notre vouloir et plaisir, nous avons de rechef pro-
« hibé et défendu, prohibons et défendons à tous imprimeurs
« généralement, de quelque qualité et condition qu'ils soient,
« qu'ils n'aient à imprimer aucune chose, sur peine de la hart ;
« le tout par manière de provision, et jusques à ce que nous
« ayons plus amplement été informé sur les remontrances qui
« nous ont été faites quant au fait desdites impressions, et
« que nous ayons arrêté si nous voudrons faire recorriger les-
« dites lettres d'ordonnances, prohibitions et défenses par
« nous, comme dit est, sur ce décernées, ou non. »

Ces nouvelles lettres ne furent pas non plus enregistrées (1) ;
il ne paraît pas qu'elles aient reçu exécution.

Deux ordonnances de 1537, importantes pour l'histoire de
la presse, et incompatibles avec le maintien absolu des lettres
patentes de 1534, qui paraissent avoir, dès-lors, été réduites
à la défense d'imprimer sans permission, sont mentionnées
dans un petit nombre de recueils seulement (2). Je n'en ai
trouvé nulle part le texte imprimé, ce qui m'engage à le donner
ici, d'après le troisième volume manuscrit des *Bannières du
Châtelet de Paris* conservées au dépôt des archives judiciaires. La première de ces ordonnances prescrit la formalité du

---

(1) L'existence de ces lettres avait été niée par plusieurs écrivains. Elles
existent dans les *Registres du conseil du parlement de Paris*, d'après lesquels
M. Taillandier en a le premier donné le texte dans un *Mémoire sur l'imprimerie de Paris*, lu à la Société royale des antiquaires (vol. de 1837). Voir aussi
les *Études typographiques*, par M. Crapelet, p. 31 et suiv.

(2) Saugrain, *Code de la librairie*, p. 415, mentionne la première seulement
de ces ordonnances, avec la date du 8 décembre 1536. L'année commençait
alors à Pâques ; ce fut à partir de 1565 qu'elle commença au 1er janvier.

dépôt et ordonne un examen préalable des livres imprimés à l'étranger ; elle est datée de Montpellier, le 8 décembre 1537, et a été lue et publiée au Châtelet le 7 mars suivant de la même année 1537.

FRANÇOIS, etc., Comme, depuis notre avènement à la couronne, nous ayons singulièrement sur toutes autres choses desiré la restauration des bonnes lettres, qui, par longue intervalle de temps, ont été absentes, ou bien la connaissance d'icelles si empêchée et couverte des ténèbres d'ignorance qu'elle ne se pouvait avoir ni recouvrer pour l'édification, nourriture et contentement des bons et sains esprits qui, par ce, nous sont durant ce temps demeurés inutiles, abâtardis et éloignés de leurs bonnes et naturelles inclinations, prenant vice pour vertu ; mais, grâces à notre Seigneur, nous avons tant fait et si bien et soigneusement travaillé que la pristine force, lumière et clarté desdits bonnes lettres a été en son entier restituée et réduite en notredit royaume, lequel se peut aujourd'hui dire sur tous les autres, de quelque règne qu'ils aient été, le plus décoré et fleurissant en toutes sciences et vertueuses disciplines, dont nouveaux livres et monumens sont chacun jour mis et rédigés par écrit, et les anciens illustrés, lesquelles œuvres, étant vues après nous, feront véritables preuves de cette tant digne et louable restitution des lettres advenue de notre temps par les diligence, cure et labeur que y avons mis et mettons. Pourquoi, et à ce que nos successeurs rois de France à l'avenir en sentent et prennent à fruit profit et utilité si bon leur semble, ou bien que à cette occasion ils soient induits et persuadés d'entretenir et continuer durant leur règne la nourriture desdites bonnes lettres et les professeurs d'icelles, nous avons délibéré de faire retirer, mettre et assembler en notre librairie toutes les œuvres dignes d'être vues qui ont été et seront faites, compilées, amplifiées, corrigées et amendées de notredit temps, pour avoir recours auxdits livres si de fortune ils étaient ici après perdus de la mémoire des hommes, ou aucunement immués ou variés de leur vraie et première publication. A ces causes, avons très expressément défendu à tous imprimeurs et libraires des villes, universités, lieux et endroits de notre royaume et pays de notre obéissance, que nul d'entre eux ne soit si osé ni hardi de mettre ni exposer en vente en notredit royaume, soit en public ni en secret, ni envoyer ailleurs pour ce faire, aucun livre nouvellement imprimé par deçà, soit en langue latine, grecque, hébraïque, arabique, chaldée, italienne, espagnole, française, allemande ou autre, soit de ancien ou de moderne auteur, de nouveau imprimé en quelque caractère que ce soit, illustré de annotations, corrections ou autres choses profitables à voir, en grand ou petit volume, que premièrement ils n'aient baillé un desdits livres volumes ou cahiers, de quelque science ou profession qu'il soit, ès-mains de notre amé et féal conseiller et aumônier ordinaire l'abbé de Reclus Mellin de Saint-Gelais ayant la charge et garde de notredite librairie étant en notre château de Blois, ou autre personnage qui par ci-après pourra avoir en son lieu ladite charge et garde, ou de son commis et député qu'il aura pour cet effet en chacune des bonnes villes et universités de notredit royaume, dont et de la délivrance duquel livre ledit libraire ou imprimeur sera tenu prendre certification dudit garde ou de son commis, pour justifier, quand au besoin sera; le tout sur peine de confiscation de tous et chacun des livres et d'amende arbitraire à nous à appliquer. Semblablement voulons, ordonnons et nous plaît que nul desdits libraires ou imprimeurs de notredit royaume ou d'ailleurs puissent par ci-devant vendre aucuns livres imprimés hors notredit royaume de quelque qualité, quantité ou discipline qu'il soit, que premièrement il n'en baille la communication à icelui garde de notredite librairie ou à son commis, pour, si besoin est, en faire son rapport à notre conseil et aux gens de la justice de dessus les lieux, pour savoir si sera tolérable d'être vu afin d'obvier aux méchantes erreurs qui se sont par ci-devant imprimées en pays étrangers et apportées de par-deçà; et si lesdits livres sont trouvés dignes d'être mis en notredite librairie et publiés par notredit royaume, lesdits vendeurs d'iceux seront tenus de prendre certification de notre garde ou de son commis, et si bon lui semble en achetera pour nous au prix des autres. Si donnons en mandement à notre prévôt de Paris, sénéchaux de Lyon, Toulouse, Guienne, Poitou, etc. » (1)

(1) L'arrêt du conseil du 16 avril 1785, en ordonnant le dépôt de neuf exemplaires, cite une longue série d'édits, d'ordonnances et d'arrêts rendus à ce sujet, mais ne remonte que jusqu'à la déclaration d'août 1617. De là,

L'ordonnance qui suit a été rendue en exécution de la précédente. Elle prouve qu'il existait antérieurement des défenses générales d'imprimer aucun livre nouveau sans permission; elle indique les vues de surveillance et de police dans lesquelles l'obligation du dépôt a été créée par l'ordonnance précédente, dont le langage ne semblait annoncer que des intentions de conservation littéraire.

« FRANÇOIS, etc., Comme, par tous les moyens que possible a été, nous avons obvié et empêché que les erreurs et infidèles interprétations déviant de notre sainte foi et religion chrétienne ne aient été reçues en notre royaume, ayons, entres autres choses, outre les exemplaires punitions que avons fait faire, interdit et défendu à tous imprimeurs, libraires et autres quelconques, de imprimer, vendre, acheter, avoir et tenir livres et œuvres quelconques, sans que premier aient été vues et qu'ils aient permission de nous ou de justice de les imprimer, exposer en vente, les avoir et tenir, soit en public ou en privé, et, pour mieux faire entretenir nosdites ordonnances, inhibitions et défenses, ayons naguère ordonné et défendu à tous imprimeurs et libraires de notre royaume et obéissance de exposer en vente, en public ne secret, en aucune manière, livres nouvellement imprimés, que premièrement baillé n'aient un desdits livres ès-mains de notre amé et féal conseiller et aumônier ordi-

---

une notice, insérée dans les *Mémoires de l'Académie des inscriptions et belles-lettres* (tome XXIII, p. 271 à 277), attribue la première pensée du dépôt aux arrêts et ordonnances imaginaires publiés dans l'ouvrage intitulé : *Diccarchiæ Henrici regis christianissimi progymnasmata,* et auxquels l'auteur Raoul Spifame, mort en 1563, donne la date de 1556. Le texte de l'ordonnance de 1537 démontre l'erreur de cette supposition, répétée par plusieurs auteurs, et notamment dans la *Bibliothèque de droit* de Camus continuée par M. Dupin (5ᵉ édition, n° 1030). D'un autre côté, plusieurs ouvrages citent à tort, comme réellement rendue en 1556, l'ordonnance imaginaire de Spifame, portant que, pour l'accroissement des bonnes lettres, ceux qui auront obtenu un privilège pour l'impression d'un livre, ne le pourront mettre en vente qu'après en avoir présenté au roi un exemplaire en parchemin vélin, relié et couvert, comme il appartient lui être présenté, pour être mis en sa bibliothèque et librairie.

naire, Mellin de Saint-Gelais, abbé du Reclus, pour être mis en notre librairie, étant en notre chastel de Blois ; ayons aussi défendu à
tous libraires, imprimeurs et autres de exposer en vente aucuns livres imprimés hors notre royaume, sans premièrement bailler audit
de Saint-Gelais ou son commis un volume desdits livres pour savoir
et entendre si ils sont dignes d'être mis en notredite librairie, ainsi
que à plein contenu est ès-lettres qui sur ce en ont été expédiées le
huitième jour de décembre dernier passé, et combien que par icelles
soit seulement ordonné de bailler audit de Saint-Gelais les cahiers et
volumes desdits livres avant que les mettre en évidence et exposer en
vente, et non à lui commise l'approbation ou rejet d'iceux, et que
notredite ordonnance et défense d'imprimer sans permission et congé demeure en son entier et ne soit aucunement immuée par nosdites
lettres dudit 8 de décembre dernier passé ; ce néanmoins, pour ôter
la difficulté que aucuns ont fait ou pourraient faire ci-après, ainsi
que avons été avertis, avons bien voulu sur ce déclarer notre vouloir et intention. Savoir faisons que nous, qui voulons faire entretenir nosdites ordonnances et défenses de imprimer et que à l'exécution d'icelles soit procédé sans aucun doute ou difficulté, avons dit
et déclaré, disons et déclarons par ces présentes, que, par nosdites
lettres du 8 de décembre dernier passé, n'a été aucunement préju-
dicié à nosdites défenses ; ains avons toujours entendu, voulons et
nous plaît que aucuns livres nouveaux ne soient imprimés sans permission de nous ou de justice, et où il se trouvera aucune difficulté
ou soupçon tant sur ceux qui sont jà imprimés que ceux que on
voudrait imprimer ci-après, l'approbation ou réprobation s'en fera,
ainsi qu'il a été fait par ci-devant, de l'avis et délibération d'iceux
qui en peuvent avoir connaissance et intelligence, ainsi que contenu
est en nosdites ordonnances et défenses ; si donnons en mandement, etc. Donné à Varennes le 17 jour de mars 1537, lu et publié
au Châtelet le 20 mars 1537. »

Une ordonnance du 17 janvier 1538 (1) nomme Conrad
Néobar imprimeur du roi pour le grec, aux conditions sui-

---

(1) Le texte de cette ordonnance est en langue latine. *Bibliothèque Maza-
rine*, n° 16029. Voir le *Catalogue de la bibliothèque d'un amateur*, par A. A.
Renouard, tome I, p. 45, et les *Études sur la typographie*, p. 88 et suiv.

vantes : 1º défenses lui sont faites de rien imprimer ni publier sans approbation préalable des professeurs de belle-lettres pour les ouvrages profanes, et des professeurs de théologie pour les ouvrages concernant la religion ; 2º un exemplaire sera donné à la bibliothèque du roi, afin que, si quelque calamité publique vient à affliger les lettres, la postérité puisse trouver là une ressource qui permette de réparer en partie une perte des livres ; 3º tous les livres que Néobar imprimera porteront en épigraphe qu'il est imprimeur du roi et que son imprimerie grecque a été fondée avec la protection royale, « afin « que non-seulement ce siècle, mais aussi la postérité, com- « prenne avec quel zèle et quelle bienveillance nous avons traité « la littérature, et que la postérité, avertie par notre exemple, « croie devoir faire de même pour constituer et encourager « les études. » De plus, afin que Conrad Néobar puisse se livrer à ses travaux, sans compromettre sa fortune, le roi lui donne 100 écus d'or au soleil de gages annuels, l'exemption d'impôts et la jouissance des autres privilèges précédemment accordés à l'université. En outre défenses sont faites aux autres imprimeurs et libraires du royaume d'imprimer ou de vendre les ouvrages publiés par Néobar, et ce durant cinq ans pour ceux qu'il aura publiés le premier, et pendant deux ans pour ceux qu'il aura réimprimés plus correctement, soit d'après d'anciens manuscrits, soit d'après le travail des savans.

La fureur des guerres civiles et des dissensions religieuses donna aux lois sur l'imprimerie et la librairie un degré de violence qui n'arrêtait pas les débordemens de la licence la plus déréglée. Lorsque les édits de Henri II, donnés à Fontainebleau le 11 décembre 1547 et à Châteaubriand le 27 juin 1551, prononcèrent contre les imprimeurs et libraires qui imprimeraient, publieraient ou vendraient des livres concernant la Sainte-Écriture, sans que premièrement ils eussent été vus, visités et examinés par la faculté de théologie de Paris, la confiscation de corps et de biens, déjà les cruautés

de la jurisprudence avaient précédé celle de la législation.
Pour prendre deux exemples, la table des archives de la
chambre syndicale de la librairie contient, à la date de 1545, la
note suivante : « Le parlement s'applique à détruire les mau-
« vais livres : il use de sévérité contre le nommé Etienne Pol-
« liot, qui fut condamné à porter une charge de livres qu'il
« avait fait venir, et qui furent consumés avec lui dans un
« même bûcher. » Le 3 août 1546, le libraire Etienne Dolet,
auteur d'un grand nombre d'ouvrages latins et français, en
prose et en vers, fut brûlé, place Maubert, pour son obsti-
nation en l'hérésie de Calvin (1). Dolet, sur le bûcher, pro-
nonça, dit-on, le vers suivant :

Non dolet ipse Dolet, sed pia turba dolet.

A quoi l'on ajoute qu'il fut sur-le-champ riposté par le lieutenant criminel :

Non pia turba dolet, sed dolet ipse Dolet.

Les ordonnances du 24 juillet 1557 et de mai 1560 punissaient
de mort et comme criminels de lèse-majesté les auteurs, imprimeurs, vendeurs, distributeurs de livres réprouvés et de libelles. La déclaration du 17 janvier 1561 comdamne à la peine du
fouet pour la première fois, et pour la seconde à celle de la vie,
tous imprimeurs, semeurs et vendeurs de placards et libelles
diffamatoires. Des lettres-patentes du 10 septembre 1563 défendent d'imprimer aucun livre sans permission du roi, sous
peine d'être pendu et étranglé. L'ordonnance de Moulins, de

---

(1) Calvin ne plaçait pas Dolet au nombre des siens, car voici comment il
en parle : *Agrippam, Villanopanum, Doletum et similes vulgo notum est tan-
quam Cyclopas quospiam Evangelium semper fastuose sprevisse. Tandem eo
prolapsi sunt amentiæ et furoris ut non modo in filium Dei execrabiles blasphe-
mias evomerent, sed, quantum ad animæ vitam attinet, nihil a canibus et porcis
putarent se differre.* Tract. de Scandalis.

février 1566, renouvelle les mêmes défenses, confirmées encore en 1570, 1571, 1586, et plus tard. Cette ordonnance de Moulins confond dans une même disposition les privilèges et les permissions dans son art 78, ainsi conçu : « Défendons « aussi à toutes personnes que ce soit d'imprimer ou faire imprimer aucun livre ou traité sans notre congé et permission « et lettres de privilège expédiées sous notre grand scel, auquel cas aussi enjoignons à l'imprimeur d'y mettre et insérer « son nom et le lieu de sa demeurance, ensemble ledit congé « et privilège, et ce sur peine de perdition de biens et punition corporelle. »

M. Vitet (1) a publié sur la puissance de la presse à cette époque des réflexions desquelles j'aime à extraire ici un passage. « Le gouvernement de la Ligue se garda bien d'affranchir les presses parisiennes; mais, comme il ne leur interdisait que de servir ses ennemis, et que pour dire du bien de la sainte-union il leur laissait liberté absolue, comme, d'un autre côté, il y avait à Tours un gouvernement qui n'était hostile qu'aux écrits qui n'étaient pas royalistes, et qu'à Genève un autre gouvernement ne censurait que ce qui n'était pas protestant, de ces trois censures partielles naissaient trois fragmens de liberté, dont la réunion compose une liberté complète. En ce sens on peut donc dire que la Ligue affranchit momentanément la presse.

«C'est elle aussi qui lui révéla sa force en s'en servant comme de son arme favorite. Sans doute les protestans imprimaient beaucoup depuis trente ans et plus; leur mission était de prêcher en même temps que de combattre; la presse leur était donc aussi nécessaire que leurs mousquets, et ils s'en servaient également bien, témoins le *Tocsin contre les massacreurs*, le *Cabinet du roi de France* et autres pièces écrites avec éloquence et habileté; mais tant que la réforme ne

(1) *De la Presse au seizième siècle, et de son influence sur les études historiques* (Globe du 12 mai 1830).

fut combattue que par le pouvoir royal, comme le pouvoir, qui
de sa nature est assez taciturne, ne répondait guère aux écrits
de Genève que par de l'intrigue ou des levées d'hommes,
les protestans, réduits ainsi à ne faire que des monologues,
laissèrent plus d'une fois la presse inactive. Au contraire,
lorsque l'association catholique se fut érigée en troisième
pouvoir militant, elle entreprit, non-seulement d'extirper le
protestantisme, mais encore de parler plus souvent et plus haut
que lui ; or, comme rien n'est plus contagieux que la parole,
une fois que la Ligue se fut mise à faire ainsi gémir les presses,
on vit les protestans imprimer à redoublement, et enfin le
royalisme, sortant de sa majesté silencieuse, s'en vint brocher sur le tout, et finit par écrire encore plus que tous les
autres.

« C'est depuis 1583, et plus particulièrement depuis les Bar-
ricades, que les écrits ligueurs commencèrent à déborder.
On les voit surgir par douzaines. La mort des Guise donne
naissance à plus de cent relations sous ces divers titres :
*Martyre des deux frères, Cruautés sanguinaires, Discours
déplorable du meurtre de Blois, Portraits lamentables des
deux saints*, etc. Puis vient ensuite le feu croisé des trois
camps. A Paris on publie la *Trompette de l'union*, le *Mar-
tel en tête des catholiques français*, le *Bouclier de la foi*, le
Testament, la *Confession de Henri de Valois*, le vrai *Moyen
pour attraper ce faux hérétique et cauteleux grison de roi*,
la *Complainte du commun peuple à l'encontre des boulan-
giers qui font du petit pain et des taverniez qui brouillent
le bon vin, lesquels seront damnés au grand diable, s'ils
ne s'amendent ; avec la louange de ceux qui vivent bien et
la chanson des brouilleurs de vin*. A Tours ou à Genève on
lance en réponse le *Contre-avis*, le *Contre-devis*, le *Contre-
poison*, l'*Éponge pour effacer les mauvais bruits semés contre le roi*, ou bien on prend l'offensive avec la *Remontrance
aux vrais catholiques*, l'*Aiguillon aux Français*, les *Cruautés des ligués*, le *Fleau des zélés*, etc.

I.   4

« La grande mêlée, la crise de cette guerre de pamphlets ne dure guère que les deux années 1588-1589 : après quoi l'ardeur des combattans s'amortit peu-à-peu, jusqu'à ce qu'enfin, en 1594, les vainqueurs prenant encore une fois la parole terminent cette grande et laborieuse campagne par le roi des pamphlets de la Ligue, cette satire Ménippée qui, au dire d'un grave historien, ne fut guère moins utile à Henri IV que les batailles d'Arques et d'Ivry. »

L'édit de Nantes, d'avril 1598, s'exprime ainsi en son article 21 : « Ne pourront les livres concernant ladite religion pré-« tendue réformée être réimprimés et vendus publiquement « qu'ès villes et lieux où l'exercice public de ladite religion « est permis ; et, pour les autres livres qui seront imprimés « ès autres villes, seront vus et visités tant par nos officiers « que théologiens, ainsi qu'il est porté par nos ordonnances. « Défendons très expressément l'impression, publication et « vente de tous livres, libelles et écrits diffamatoires, sous les « peines contenues en nos ordonnances, enjoignant à tous « nos juges et officiers d'y tenir la main ». Des édits, ordonnances et arrêts ont, par la suite, fréquemment renouvelé les peines contre les libelles et écrits diffamatoires. On peut voir notamment l'édit de pacification de mai 1616, art. 42, le règlement de 1618, l'édit de 1686, la déclaration du 12 mai 1717, le règlement de 1723, la déclaration du 10 mai 1728, l'ordonnance de police du 8 juin 1735.

On ne se formerait qu'une idée fort imparfaite des rapports de la presse avec le pouvoir et avec la société, si l'attention s'arrêtait exclusivement sur la législation pénale. La police et la discipline de l'imprimerie et de la librairie ne sont pas moins importantes à étudier. Les dispositions qui y sont relatives furent réunies en statuts généraux par le règlement de 1618. Antérieurement à cette époque, elles se trouvent éparses dans un grand nombre d'édits, d'ordonnances et d'arrêts dont nous avons déjà fait connaître quelques-uns, et dont nous devons examiner d'autres plus particulièrement lorsque nous nous occuperons spécialement des privilèges.

Le dernier août 1539, des règlemens de police, en dix-huit articles, avaient été donnés à l'imprimerie de Paris; ils étaient surtout relatifs aux devoirs réciproques des maîtres, compagnons et apprentis, et destinés à réprimer les monopoles, assemblées illicites, forces, violences et ports d'armes des compagnons. Ils furent confirmés par lettres-patentes du 19 décembre 1541, enregistrées le 9 janvier, au Châtelet. L'article 16 est ainsi conçu : « *Item*, ne pourront prendre, les « maîtres imprimeurs et libraires, les marques les uns des « autres, ains chacun en aura une à part soi, différentes les « unes des autres, en manière que les acheteurs des livres « puissent facilement connaître en quelle officine les livres « auront été imprimés, et lesquels livres se vendront aux-« dites officines et non ailleurs. »

Le 28 décembre 1541 de semblables règlemens, en dix-huit articles, furent portés concernant l'imprimerie de Lyon; ils étaient « tirés et extraits de mot à mot, mué ce qui faisait « à muer, des lettres-patentes sur ce octroyées et concédées « à ceux de Paris ».

Les compagnons imprimeurs formèrent opposition à ces règlemens; mais le procès, évoqué au conseil, fut jugé contre eux par arrêt du 11 septembre 1544. (1)

Ces règlemens furent renouvelés, presque dans les mêmes termes, par édit donné à Gaillon, en mai 1571. Les articles 23 et 24 sont ainsi conçus :

« Art. 23. Que les maîtres imprimeurs, qui sont de présent en ville de Paris, éliront par chacun an deux d'entre eux, avec deux des vingt-quatre maîtres libraires jurés pour ladite année, l'office desquels sera de regarder qu'il ne s'imprime aucun livre ou libelle diffamatoire ou hérétique, et que les impressions qui se feront en chacune ville soient bien et convenablement faites, c'est à savoir correctement et en bon papier et bons caractères ne qui soient pas

____

(1) Voyez *Fontanon*, tome IV, p. 467 *et suiv.*

4.

trop usés. Et où lesdits jurés trouveront quelques fautes qui méritent répréhension, soit en ladite impression, ou que les présens
articles ne soient observés, ils en feront leur rapport pour y être
pourvu par le juge ordinaire, civil ou criminel, selon l'exigence du
cas. Autant en feront ceux de Lyon.

« Art. 24. *Item*, ne pourront lesdits libraires vendre la feuille des
livres de classe, latin de grosses lettres, sans commentaires ne grec,
plus de trois deniers tournois, le grec plus de six, et autres livres
de menue lettre, ou plus grand papier que celui de classe, au pro-
rata. En sorte que advenant que lesdits libraires aient meilleur marché des journées et salaires des compagnons, seront tenus de diminuer le prix des livres, selon l'avis des recteur, doyens, maîtres et
vingt-quatre libraires jurés de ladite université. »

Sur l'opposition des compagnons, quelques modifications
furent apportées à ces règlemens par déclaration du 10 septembre 1572.

Quoique j'aie négligé d'indiquer les nombreuses ordonnances confirmatives des privilèges et immunités accordés aux
libraires et imprimeurs, néanmoins il n'est peut-être pas inutile de citer la déclaration du dernier avril 1583; elle déclare inapplicable à l'art de l'imprimerie l'édit de création
des métiers de décembre 1581. Au nombre des immunités,
dont jouissait la librairie, était l'exemption de tous subsides,
droits d'entrée, issue, péages et autres, sur les livres. Elle
fut confirmée par arrêt du conseil, du 22 septembre 1587,
rendu sur la plaidoirie de Marion (1). L'avocat reporte l'origine de cette immunité à l'édit de Louis XII, de 1513 : « Or-
• donnance, dit-il, digne d'être écrite en lettres dorées de-
• dans l'émail du ciel, si la plume des hommes y pouvait at-
• teindre. »

(1) Simon Marion, baron de Druy, né à Nevers, mourut à Paris, le 15
février 1605, à soixante-cinq ans. Avocat pendant trente-cinq ans, il devint
ensuite président aux enquêtes, conseiller d'état, avocat-général. Ses plaidoyers, écrits avec toutes les digressions et toute l'emphase érudite de ce
temps, ont été plusieurs fois réimprimés de 1594 à 1629. Bayle raconte

Le 20 novembre 1610, il fut rendu un règlement de police, en vingt-quatre articles, portant pour titre : *Règlement en exécution des édits, arrêts et ordonnances pour la réformation des désordres, abus et malversations des marchands libraires, imprimeurs, colporteurs et autres personnes, en l'impression, vente et exposition de toutes sortes de livres prohibés et défendus, libelles diffamatoires et séditieux, au préjudice du repos public.* (1)

En 1617, les syndic et gardes de la communauté des libraires, imprimeurs et relieurs, présentèrent requête au prévôt de Paris, pour être autorisés à élire six libraires jurés, six non jurés, et six imprimeurs, à l'effet d'aviser aux affaires de la librairie. Cette commission à laquelle s'adjoignirent le syndic et les quatre gardes rédigea les statuts qui furent approuvés par lettres-patentes du 1er juin 1618, et enregistrés le 9 juillet 1618, sous condition de quelques modifications fort légères.

(art. Arnauld) étant avocat-général, que Marion, fut un jour si satisfait d'avoir entendu plaider Antoine Arnauld, qu'il le prit dans son carrosse, l'emmena dîner, et fit mettre sa fille aînée, Catherine Marion, auprès de lui. Après le dîner, il le tira à l'écart et lui demanda ce qu'il pensait de sa fille ; et, ayant su qu'elle lui semblait d'un grand mérite, il la lui donna en mariage.

L'édition de 1629 contient quinze plaidoyers, dont les quatre premiers sont relatifs à des affaires de librairie :

1. Pour l'Université de Paris, sur l'impression du *Droit canon,* réformé de l'autorité de notre saint-père Grégoire XIV.

2. Pour Jacques Dupuys et Gilles Beys, libraires, sur l'impression des *OEuvres de Sénèque,* revues et annotées par Marc-Antoine de Muret.

3. Pour cinq libraires, sur l'impression des messels, bréviaires, heures et journaux, réformés selon le concile de Trente.

4. Pour l'Université de Paris, contre le fermier-général des cinq grandes fermes unies, sur l'immunité des livres.

(1) C'est à partir de 1614 que les registres des délibérations de la chambre syndicale des libraires et imprimeurs de Paris, ont été conservés. La première pièce qui y est indiquée est du 23 mars 1614. Le premier registre est incomplet et mal en ordre. Ces registres, au nombre de sept, existent au dépôt es manuscrits de la bibliothèque du roi. La pièce qui les termine est du 18 mars 1791, et a pour objet la procession du recteur.

Voici le commencement des lettres-patentes :

« Louis, etc. C'est chose assez notoire que la licence, qui s'est
glissée entre nos sujets pendant les guerres qui ont eu cours en ces-
tuy notre royaume, tant du règne du défunt roi Henry-le-Grand,
notre très honoré seigneur et père, qu'à l'occasion des mouvemens
derniers, a apporté un tel désordre en tous les états, offices, arts et
métiers, que de tous les règlemens auparavant établis entre eux
avec une singulière discrétion et prudence, il n'en restait plus
qu'une ombre par la malice de ceux qui, suivant le temps, s'étaient
peu-à-peu dispensés de l'observation d'iceux.

« Mais Dieu nous ayant fait la grâce d'affermir cet état par une
profonde paix qu'il lui a plu nous donner, pour ne demeurer ingrats
envers lui de tant de bienfaits, notre principal soin a été de réformer
toutes choses en mieux, chasser les abus et les désordres qui se sont
rencontrés en chacune vacation, étant d'autant plus émus à la continuation de cette réformation, que les fruits de ce qui avait été par
nous bien commencé ont été au grand profit et soulagement de nos
sujets. Et d'autant que, parmi le bruit et insolence des armes, ceux
qui font profession des bonnes lettres ont été les plus oppressés et
comme réduits à néant, nous avons, en ensuivant les anciens vestiges de nos prédécesseurs, apporté tout le soin à nous possible de les
rétablir en leur première splendeur, principalement en ce qui regarde
notre fille aînée, l'université de notre bonne ville de Paris; ayant
trouvé les recteur et suppôts d'icelle disposés entièrement à contribuer au retranchement des abus, désordres et mépris des anciens
statuts et règlemens, que l'incivilité des guerres passées y avaient
introduits, et une démonstration particulière de leur bonne volonté.

« Les libraires, imprimeurs et relieurs de ladite université nous
ont très humblement remontré qu'à cause de l'honneur et excellence
de leur profession, ils ont de tout temps été, non-seulement distingués des arts mécaniques, mais favorisés de beaux privilèges et immunités à eux concédés par nos prédécesseurs rois, en la jouissance
desquels ils ont été confirmés de temps en temps. Et si l'ordre établi
entre eux s'est quelquefois trouvé perverti par la malice des temps
et des personnes, la réformation s'en est ensuivie à la première oc-
currence, comme il se voit par celle que le roi Charles IX y apporta
par son édit de l'an 1571; lettres-patentes de déclaration sur icelui,

et par l'arrêt de notre cour de parlement du 27 juin 1577 contenant plusieurs beaux réglemens entre lesdits libraires, imprimeurs et relieurs, touchant la vente et débit des livres, tant imprimés en ce royaume qu'apportés des pays étrangers, visitation d'iceux par les syndic et adjoints de la librairie et imprimerie et autres affaires concernant ladite vacation. Lesquels néanmoins, par succession de temps, mauvaise intelligence desdits libraires, imprimeurs et relieurs, contumace et rébellion d'aucuns d'iceux, ont été négligés; en sorte qu'il est besoin d'y interposer notre autorité pour les faire vivre en une bonne règle qui soit stable et perdurable à l'avenir.

« Et à cette fin, nous ont lesdits libraires, imprimeurs et relieurs fait présenter certains articles en forme de statuts, lesquels... etc. »

Ces statuts contiennent trente-huit articles.

L'art. 1er consacre les franchises et immunités du corps des libraires, imprimeurs et relieurs.

Les articles 2 à 11 ont pour objet l'apprentissage, la réception des compagnons et des maîtres, l'obligation d'avoir deux presses garnies, les droits des veuves, etc.

Art. 15. « Sera enjoint à tous libraires et imprimeurs, chacun séparément ou associés, d'imprimer les livres en beaux caractères et bon papier, et bien corrects, avec le nom du libraire et sa marque, comme aussi insérer le privilège et permission qui lui sera octroyé à la fin ou au commencement de chaque exemplaire, si aucun il en a obtenu, le tout à peine de confiscation desdits livres, et autres peines s'il y échet. »

L'article 13 déclare les imprimeurs, libraires ou relieurs qui imprimeront ou feront imprimer livres ou libelles diffamatoires, déchus de leurs privilèges ou immunités et incapables de pouvoir exercer jamais l'art d'imprimerie ou librairie. (1)

(1) Il n'était point dérogé, par cet article, aux dispositions de la législation pénale. En cette même année 1618, un poète, nommé Durand, convaincu d'avoir composé un libelle contre le roi Louis XIII, fut condamné à être rompu vif sur la place de Grève, et ensuite brûlé. Deux frères de la maison des Patrices, à Florence, furent exécutés avec lui pour avoir transcrit cet ouvrage et

Art. 14. « Les auteurs des livres ou correcteurs ne pourront avoir d'imprimerie ni presses, en leurs maisons ni ailleurs, pour imprimer ou faire imprimer leurs livres, ni les vendre, ni faire afficher, sous leurs noms ou autres; ains leur sera permis les faire imprimer pour être vendus par des libraires, imprimeurs et relieurs, et non par autres, à peine de confiscation et d'amende aux contrevenans. »

L'art. 15 fixe à quatre copies le nombre que les imprimeurs et leurs compagnons sont autorisés à retenir. Il ordonne le dépôt à la bibliothèque royale de deux exemplaires de tous livres imprimés avec privilège; un troisième exemplaire devra être déposé entre les mains des syndic et adjoints.

L'art. 16 défend de recevoir à l'avenir plus d'un libraire, d'un imprimeur et d'un relieur par an, enfin d'arriver à une réduction de nombre.

L'art. 17 a pour objet l'élection annuelle du syndic et de deux des quatre adjoints.

Les articles 18 et suivans ont pour objet les visites syndicales, les restrictions au commerce des libraires forains, les colporteurs, les prisées, inventaires, ventes des livres. L'article 19 ordonne la saisie des livres contrefaits venant du dehors.

L'art. 30 défend d'avoir plus d'une boutique et imprimerie, lesquelles seront en l'université et au-dedans du palais et non ailleurs. L'article 31 défend les étalages et boutiques portatives. Les prohibitions contenues en ces deux articles ont été expressément renouvelées par déclaration du 21 décembre 1630, dirigée en même temps contre les imprimeries que plusieurs personnes de qualité s'ingéraient de tenir en leurs maisons particulières, et enregistrée au parlement par arrêt du 6 septembre 1631.

L'article 32 défend, à peine de confiscation et de 3000 livres d'amende, de faire imprimer un livre hors du royaume,

l'avoir traduit en italien : l'un fut pendu et l'autre roué. Peignot, *Essai sur la liberté d'écrire*, p. 71.

et de supposer ou déguiser le nom, la marque ou le lieu d'impression.

L'art. 33 est relatif aux contrefaçons et aux prolongations de privilèges.

Les articles 34 et suivans contiennent des dispositions de police. L'article 38 dit que chaque libraire, imprimeur ou relieur, prêtera serment entre les mains du prévôt de Paris, ou de son lieutenant civil, en présence du procureur du roi au Châtelet.

Le motif qui a présidé à la rédaction du règlement de 1618 résulte clairement du texte des lettres-patentes et des dispositions des statuts. Il s'agissait principalement d'augmenter et de rendre plus efficaces les précautions de police. L'annonce d'une future limitation de nombre, la prohibition de recevoir plus d'un libraire, d'un imprimeur et d'un relieur par an, le transport au prévôt de Paris d'une partie des attributions placées auparavant dans la juridiction de l'université, sont les innovations vraiment importantes que contient ce règlement.

Déjà depuis quelque temps le gouvernement s'efforçait de ramener à lui la police de la presse. Même depuis les édits qui défendaient de rien imprimer sans la permission du roi, le parlement avait rendu des arrêts portant défenses de rien imprimer sans la permission du roi ou du parlement. Une déclaration du 11 mai 1612, après avoir fait défenses d'imprimer quoi que ce pût être sans y mettre le nom de l'auteur et de l'imprimeur et sans permission préalable par lettres-patentes scellées du grand sceau, ajoute cette disposition remarquable : « Défendant très expressément à nos amés et « nos féaux conseillers, maîtres des requêtes, et gardes-des-« sceaux de nos chancelleries, lès nos cours de parlement, « donner aucune permission d'imprimer livres ou écrits, sur « mêmes peines que dessus contre les imprimeurs ou librai-« res qui auraient obtenu telles permissions ». La seule part faite aux parlemens et tribunaux était celle de l'art. 2. « Pour

« le regard des arrêts de nos cours de parlement, chambre des
« comptes, cour des aides, sentences et jugemens de nos ju-
« ges, commissions, règlemens, publications d'affiches et au-
« tres actes pour l'exécution des mandemens de justice, pu-
« blications des fermes et levées de nos deniers, ils pourront
« être imprimés en vertu des ordonnances desdites cours et
« juges desquels ils seront émanés ». Le règlement de 1618
garde le silence sur la délivrance des permissions, et s'en
rapporte, à ce sujet, à la législation antérieure. Ces défenses
de rien imprimer sans lettres de permission scellées du
grand sceau, renouvelées par déclaration de janvier 1626,
et par l'art. 52 de l'ordonnance de janvier 1629, ont très fréquemment été reproduites depuis.

Le règlement de 1618 provoqua des réclamations. On proposa d'y ajouter plusieurs articles. Puis, en 1620, on imprima de nouveaux statuts en quatre-vingt-quatre articles qui
contenaient ces additions, et qui souvent ensuite ont été cités
comme faisant partie du règlement de 1618. Laurent Bouchel (1) auteur, dit-on, de ce travail, en a donné une conférence avec les ordonnances, édits et règlemens antérieurs,
article par article; mais il ne paraît pas que ces statuts de
1620 aient été suivis de lettres-patentes, ni homologués en
aucune juridiction.

La création des censeurs royaux est un fait de telle importance dans l'histoire de la presse que, sans doute, on verra
avec intérêt le texte des lettres-patentes qui les ont établis,
en 1624.

« Louis, etc. Le feu roi Charles IX, notre prédécesseur, que Dieu
absolve, par édit de l'année 1563, aurait fait défenses à tous libraires,
imprimeurs et autres, d'imprimer ou faire imprimer aucun livre sans
permission scellée en notre grande chancellerie. Mais icelui règlement
n'ayant été exactement gardé, à cause que les gardes-des-sceaux et

---

(1) Laurent Bouchel, avocat au parlement de Paris, mort en 1629, à
soixante-dix ans.

officiers de chancellerie de nos cours souveraines se sont dispensés, durant les troubles, de donner icelles permissions, pendant lesquels plusieurs ont pris liberté de faire imprimer ce que bon leur a semblé, tant pour la doctrine et mœurs que affaires de notre état, avec un tel débordement que nous avons jugé nécessaire d'y remédier, et empêcher tels désordres et confusions, ce qui ne se peut que par des personnes capables pour les voir, corriger et y prendre soigneusement garde. Et pour cet effet avons, de grâce spéciale, pleine puissance et autorité royale, par ces présentes pour ce signées de notre main, créé et érigé et établi, créons et érigeons et établissons quatre censeurs et examinateurs, qui seront pris du corps et faculté de la théologie de notre université de Paris, pour dorénavant voir, lire et examiner toutes sortes de livres nouveaux concernant la théologie, dévotion et bonnes mœurs, qui dorénavant s'imprimeront en ce royaume; et, en cas qu'ils les trouvent dignes d'être mis en lumière et donnés au public, seront tenus d'en bailler leur attestation et approbation; seront expédiées en notre grande chancellerie, et non ailleurs, permissions de les imprimer; faisant très expresses inhibitions et défenses aux officiers des chancelleries d'icelles cours souveraines d'accorder iceux privilèges, et à tous imprimeurs d'imprimer aucuns livres en conséquence d'icelles, et aux libraires de les exposer en vente, à peine de confiscation et de 3000 liv. d'amende pour chacun contrevenant. Et, afin qu'en iceux livres approuvés par lesdits examinateurs, il ne se puisse rien altérer ni falsifier, voulons que ceux qui présenteront des livres pour examiner soient obligés d'en bailler deux copies, l'une desquelles demeurera pardevers lesdits examinateurs, signée de l'auteur et paraphée de lui en tous les feuillets, et l'autre lui sera rendue signée et paraphée de cesdits examinateurs. Les deux plus anciens desquels quatre examinateurs par nous nommés feront, l'un en l'absence de l'autre, la distribution des livres nouveaux qui leur seront présentés. Et, après que celui qui aura été chargé d'un livre l'aura vu et examiné, il en conférera avec les autres, pour le moins avec l'un des deux anciens, afin qu'ils en donnent ensemble leur avis. Et sera l'approbation d'iceux livres signée de celui qui les aura vus, et par l'un de ces deux anciens, si lui-même n'en est l'un. Et, afin de décorer cesdits examinateurs de quelque honneur et profit, ensemble en considération de leurs peines et travaux ès choses tant importantes à notre service et au public, voulons et nous plaît que lesdits quatre docteurs par nous nommés et leurs successeurs èsdites charges jouissent des mêmes honneurs, privilèges, immunités, franchises, exemptions et prérogatives dont jouissent nos aumôniers ordinaires et autres nos domestiques et commensaux, ainsi que s'ils étaient ici par le menu spécifiés. Auxquels quatre censeurs nous avons attribué par chacun an, à compter du premier jour de janvier dernier, 2000 livres de gages et pension, pour être distribués entre eux, à savoir, à chacun des deux plus anciens 600 livres, et aux deux autres chacun 400 livres...... Et, d'autant qu'il est nécessaire de faire le plus promptement qu'il nous sera possible icelui établissement, sur le bon témoignage qui nous a été rendu de la probité, piété, doctrine, espérience et affection à notre service et au bien public de nos chers et bien-amés maîtres, André Duval, Pierre Quedarne, Jaques Messier et François de Saint-Père, docteurs en théologie de la faculté de Paris, nous les avons pour cette première fois choisis et nommés par ces présentes pour tenir lesdites quatre places de censeurs et examinateurs desdits livres nouveaux èsquels il sera traité de théologie, religion, piété et bonnes mœurs : et avenant vacation de l'une desdites quatre places, par mort ou démission volontaire, celui des quatre qui sera le plus proche en l'ordre et grade de docteur succédera et occupera ladite place et jouira des gages affectés à icelle, et ainsi de degré en degré, sans que, pour cela, il soit besoin d'aucunes lettres ou déclaration de nous, ni pour être payés desdits gages affectés à ladite place, sinon de l'acte de certification des autres ses collègues. Et, quant à la quatrième et dernière place, laquelle sera vacante en toutes les mutations et changemens, nous voulons que les docteurs de la société de Sorbonne, étant lors en la maison et collège de Sorbonne et en notredite ville de Paris, s'assemblent audit collège, ayant appelé avec eux deux des docteurs en théologie de notre collège de Navarre, procèdent sincèrement et sans brigue à l'élection d'un docteur de ladite faculté qu'ils jugeront en leur loyauté et conscience capable de remplir ladite place ; et ladite élection faite par voix et suffrages secrets, sera, par le greffier ou bedeau de l'assemblée, délivré un acte en bonne forme à celui qui aura été élu, sur lequel, et sur les lettres de confirmation de l'élection qu'il sera obligé d'obtenir du proviseur de ladite société et maison de Sorbonne au cas qu'il n'eût été présent à l'élection, seront audit docteur élu octroyées lettres de confir-

mation scellées en notre grande chancellerie, nonobstant tous brevets ou lettres que nous pourrions avoir accordées à autres par im-
portunité, surprise ou autrement, lesquelles, dès à présent comme
pour lors, nous avons déclarées nulles et de nul effet et valeur. Si
donnons en mandement, etc. A Saint-Germain-en-Laye, au mois
d'août l'an de grâce 1624, et de notre règne le quinzième. Ainsi
signé Louis. Et sur le repli : De Loménie. Et à côté risa. Et scellé
du grand sceau de cire verte, sur lacs de soie. »

La faculté de théologie se sentit blessée par cette nouvelle
diminution des prérogatives dont elle était en possession. Des
remontrances furent adressées au roi, et les quatre docteurs
nommés renoncèrent publiquement à leur nomination en
pleine assemblée de la faculté, tenue le 1er décembre 1626.

L'opposition de la Sorbonne ne retarda que pour peu de
temps la création des censeurs. Ils reparurent dans l'art. 52
de l'ordonnance du 15 janvier 1629 (1). D'après cette ordonnance, aucuns livres ou écrits ne pouvaient être imprimés ou
vendus sans une permission, ni aucune permission délivrée
sans un examen préalable du manuscrit. Les censeurs n'é-
taient pas nommés d'avance ; ils étaient spécialement désignés pour chaque ouvrage par le chancelier ou le garde des
sceaux. Cet état de choses dura jusqu'en 1658, époque où le
chancelier Séguier désigna trois lecteurs fixes. Malgré l'édit
de 1629, la faculté de théologie continua à revendiquer le droit
d'examen des livres écrits sur des matières religieuses, droit
qu'elle exerça concurremment avec les censeurs commis, et
qui lui fut conservé dans la suite par plusieurs ordonnances
et arrêts.

L'ordonnance de 1629, après avoir exigé deux copies du
manuscrit à censurer, l'une pour être laissée au chancelier ou
garde des sceaux, l'autre pour être remise au libraire ou à

(1) Cette ordonnance est souvent désignée sous le nom de Code Michau,
om qui provient, dit-on, de ce que le garde-des-sceaux Michel de Marillac
n'était le rédacteur.

l'imprimeur, ajoute : « Remettant néanmoins à la discrétion
« et prudence de nosdits chancelier et garde des sceaux
« de dispenser de cette observation ceux qu'ils verront devoir
« faire, soit par le mérite et dignité des auteurs ou autres
« considérations. » Un écrivain dont il est nécessaire de relever l'erreur parce qu'il est de ceux dont la haute et con-
sciencieuse érudition engage facilement à ne pas vérifier
leurs assertions, Raynouard (1) a vu à tort une dispense de
censure dans cette disposition, qui se bornait à exempter,
dans certains cas, de l'obligation de livrer un double manuscrit ; et il s'est ainsi trouvé conduit à assigner à l'établissement général de la censure préalable une date beaucoup trop
récente, puisqu'il place de 1699 à 1723 l'époque où cette censure a été étendue aux ouvrages de tous genres.

C'est probablement d'après cette autorité que M. Jules Ma-
reschal (2) a renouvelé la même erreur, rendue beaucoup plus
grave par la réflexion suivante : « Il est honorable pour le
« *corps littéraire* de voir que la première trace de l'*affran-*
« *chissement* de la presse par la *générosité* de nos rois, soit
« due à l'impression produite par le génie des grands écri-
« vains. »

On tendait, en 1629, non pas à affranchir la presse, mais à
en régulariser l'asservissement. On remplaçait par des dispositions plus générales et plus fortes les mesures fort peu gé-
néreuses déjà décrétées souvent contre la liberté, mais imparfaitement et inégalement exécutées. On établissait de l'ordre dans l'administration, mais en égalisant les entraves ; on

(1) Rapport à la chambre des députés, au nom de la commission qui con-
cluait au rejet du projet devenu la loi du 21 octobre 1814. Raynouard, né à
Brignolles le 17 septembre 1761, est mort à Passy, près Paris, le 27 octobre
1836.

(2) Rapport lu le 12 décembre 1825 à la commission de la propriété littéraire. Procès-verbaux, in-4°, p. 19. La première partie de ce rapport, d'où
ce passage est extrait, a pour titre : *Recherches sur la propriété littéraire en
France, et sur la législation dont elle a été l'objet.*

sortait d'un despotisme anarchique, nécessairement capricieux, parce qu'en tous lieux et en toute occasion il rencontrait des limites à sa puissance, et l'on passait sous un despotisme régulièrement organisé, qui travaillait à courber sous son niveau les têtes les plus hautes. Ce caractère est celui de toutes les mesures législatives de quelque importance prises à cette époque sur quelque matière que ce soit.

La création des censeurs royaux se rattache à la concentration des pouvoirs qui s'effectuait alors dans la main de l'autorité royale. La juridiction de l'université sur les livres devait être entraînée dans le mouvement d'attraction qui faisait succéder une autorité absolue, mais unique, à mille autorités absolues aussi, mais divergentes. La littérature commençait à acquérir de la force et de l'influence. Le pouvoir royal sentait le besoin de la faire dépendre de lui.

C'est vers le même temps qu'a été fondée l'Académie française. On peut reconnaître une communauté d'origine entre l'Académie et les censeurs royaux. La même intelligence de l'accroissement d'influence qui arrivait aux gens de lettres, le même pressentiment de leur agrandissement futur, ont présidé à la naissance des deux institutions. Mettre la littérature sous la main de l'autorité royale par la censure, se l'attacher par les caresses et les faveurs, c'était alors une grande pensée digne d'être conçue par Richelieu et continuée par Louis XIV.

On expliquerait mal cette pensée, si l'on y voyait un pur amour du despotisme. Il s'y mêlait de la bienveillance pour les lettres. On ne créait ni n'aggravait la censure; car l'idée ne venait à personne que la presse pût être libre; on déplaçait la censure en l'ôtant au pouvoir secondaire de l'université, pour la transporter au pouvoir royal : on ne formait pas de propos délibéré le projet de corrompre les auteurs ; mais, habitué que tout le monde était à voir les gens de lettres vivre par les faveurs des princes, on trouvait profit pour la littérature et pour la royauté à augmenter tout à-la-fois le bien-être, la considération sociale et la dépendance des écrivains.

Il y a sous ce point de vue de l'instruction à recueillir dans l'histoire de l'Académie française par Pellisson. L'humilité des gens de lettres vis-à-vis du pouvoir s'y peint avec naïveté; mais on y voit aussi que la tendance politique de la fondation de l'Académie n'échappa point aux habiles du parlement.

L'édit de fondation est de janvier 1635. De simples conférences amicales, établies vers 1629 et tenues d'abord dans le secret de l'intimité, puis portées à la connaissance de Richelieu par l'abbé de Boisrobert, l'un de ses familiers, furent le berceau de l'Académie. Le parlement résista deux ans et demi à l'enregistrement de l'édit. Pellisson, malgré son extrême réserve, en dit assez sur cette opposition pour en faire comprendre les motifs : « J'estime, dit-il, qu'il pouvait y avoir trois partis dans le parlement sur ce sujet. Le premier et le moindre, de ceux qui, jugeant sainement les choses, ne voyaient rien à blâmer ni à mépriser dans ce dessein. Le second de ceux qui, pour être ou animés contre le cardinal ou trop attachés à la seule étude du palais et des affaires civiles, se moquaient de cette institution comme d'une chose puérile, et de ceux-là il y en eut un (1) (à ce que j'ai appris) qui opinant sur la vérification des lettres, dit « que cette rencontre lui re-« mettait en mémoire ce qu'avait fait autrefois un empereur, « qui, après avoir ôté au sénat la connaissance des affaires « publiques, l'avait consulté sur la sauce qu'il devait faire à un « grand turbot qu'on lui avait apporté de bien loin. » Je crois enfin qu'il y avait un troisième et dernier parti, qui peut-être n'était pas le moins puissant, de ceux qui, tenant tout pour suspect, appréhendaient aussi bien que le vulgaire, quelque dangereuse conséquence de cette institution. J'en ai deux preuves presque convaincantes, la première dans cette lettre du cardinal où vous voyez qu'il assure le premier président

---

(1) Scarron, père du poète. Ce conseiller fut, dans la suite, exilé par le cardinal de Richelieu, qui supprima sa charge en 1641.

que les académiciens ont un dessein tout autre que celui qu'on avait pu lui faire croire ; la seconde, cette clause de l'arrêt de vérification : que l'Académie ne pourra connaître que de la langue française et des livres qu'elle aura faits ou qu'on exposera à son jugement ; comme s'il y eût eu quelque danger qu'elle s'attribuât d'autres fonctions, et qu'elle entreprit de plus grandes choses. Et c'est là, comme je pense, la cause des obstacles qu'on apporta durant deux ans à la vérification de ces lettres. »

Enfin le 10 juillet 1637, après lettres de jussion et lettres de cachet, l'enregistrement fut accordé, mais avec cette restriction remarquable : « A la charge que ceux de ladite assem- « blée et académie ne connaîtront que de l'ornement, embel- « lissement et augmentation de la langue française et des li- « vres qui seront par eux faits et par autres personnes qui le « desireront et voudront. »

De nouveaux statuts pour la librairie, rédigés en 1649, à l'époque où les innombrables pamphlets de la Fronde débordaient avec le plus de licence, reproduisirent dans la plupart de leurs dispositions, tant pour le fond que pour la forme, les règlemens de 1618. Ils contenaient, relativement aux privilèges, de notables innovations qui, ainsi que nous le verrons, donnèrent lieu à de vifs débats, auxquels l'université prit une grande part.

Un arrêt du conseil du 27 février 1632 ordonna d'exécuter à Lyon les ordonnances, arrêts et règlemens sur l'imprimerie et la librairie. L'arrêt défend d'imprimer, vendre et débiter aucun livre sans privilège scellé du grand sceau, ni aucun livret ou feuille volante sans la permission expresse du lieutenant-général de la ville. Il s'occupe des privilèges, des visites et ordonne qu'avant d'imprimer un livre on fera présenter au chancelier le manuscrit, sur lequel le chancelier commettra des docteurs, ou autres personnes capables, résidantes à Lyon, qui procéderont à l'examen préalable.

Un règlement général, fort important, fut donné en 1686 et enregistré au parlement de Paris le 21 août. Ce règlement,

contenant 69 articles divisés en quinze titres, existait depuis
1683 ; il avait servi d'occasion, suivant l'usage, à des plaintes
assez nombreuses , et des réclamations avaient même été présentées au parlement et au conseil.

Le titre 1er concerne les franchises, exemptions et immunités des imprimeurs et libraires de Paris.

Titre 2. *Des imprimeurs et libraires en général.* Sous ce titre sont les articles qui obligent tout imprimeur à avoir deux
presses ; à insérer à la fin ou au commencement des livres les
privilèges ou extraits des privilèges et des permissions qu'ils
auront obtenus; à ne point imprimer hors du royaume les livres
de privilège ; à habiter le quartier de l'université ; à déposer
trois exemplaires des livres avec privilège. Le même titre fait à
toutes personnes, même aux auteurs, défenses d'imprimer ni
vendre aucun livre; et à tous imprimeurs et libraires d'imprimer
ou faire imprimer aucun livre de privilège hors du royaume.

Les titres 3 à 12 sont relatifs aux fondeurs en caractères;
aux apprentis imprimeurs et libraires; aux compagnons; à
la réception des maîtres; aux veuves; aux correcteurs; aux
colporteurs; aux libraires forains; à l'élection des syndics et
adjoints; et à la suppression des maîtres de confrairies.

Un article fort important est le 43, placé sous le titre 6, qui
ordonne qu'il ne sera reçu aucun imprimeur, jusqu'à ce qu'ils
soient réduits à trente-six ; le même article ajoute : « Ceux
« des libraires qui sont actuellement imprimeurs ne pourront
« ci-après en faire la profession, tenir aucune imprimerie, ni
« même se présenter pour remplir les places des imprimeurs
« qui seront vacantes, lesquelles seront seulement remplies
« par les fils des imprimeurs, s'ils se trouvent avoir les quali-
« tés requises, ou par ceux qui auront fait apprentissage chez
« les maîtres imprimeurs conformément aux articles précé-
« dens. » Un arrêt du conseil du 21 juillet 1704 a réglé le
nombre des imprimeurs dans toutes les villes du royaume.

Le titre 12 a pour objet la visite des imprimeries et librairies, et celle des livres venant de dehors, en la chambre syn-

dicale. L'article 58 se termine par la disposition suivante :
« Où il se trouverait des livres ou libelles diffamatoires con-
« tre l'honneur de Dieu, bien et repos de notre état, ou im-
« primés sans nom d'auteur, du libraire et de la ville où ils
« auront été imprimés, des livres contrefaits sur ceux qui au-
« ront été imprimés avec privilège ou continuation de privi-
« lège, lesdits syndics et adjoints seront tenus d'arrêter tous
« lesdits livres, et ceux qui y seront joints, même les marchan-
« dises, s'il y en a, qui se trouveront avoir servi de couverture
« ou de prétexte pour faire passer lesdits livres. »

Le titre 13e confirme les dispositions des précédentes
ordonnances contre les libelles diffamatoires et autres livres
prohibés et défendus.

Le titre 14e s'occupe des privilèges. (*Voyez le chapitre
suivant.*)

Le 15e et dernier titre est relatif aux inventaires, prisées
et ventes d'imprimeries et de librairies.

Cet édit fut suivi d'un autre, donné en août 1686, et enregistré au parlement le 7 septembre, qui sépara les relieurs et
doreurs de livres de la communauté des libraires et imprimeurs, leur conféra le droit exclusif de relier et dorer les livres, mais leur fit défense de s'immiscer dans la profession de
librairie et d'imprimerie.

On a imprimé, en 1687, en une brochure in-4°, l'édit sur
l'imprimerie et la librairie, en l'accompagnant d'une conférence des anciennes ordonnances, et des statuts, arrêts et règlemens. Cet ouvrage, qui ne porte pas de nom d'auteur, est
de Jean de la Caille, libraire à Paris, auteur d'une *Histoire
de l'imprimerie et de la librairie* publiée en 1689.

L'université vit les nouveaux règlemens avec un vif déplai-
sir, et se plaignit, ainsi qu'elle l'avait fait déjà en 1618 et en
1649, qu'ils eussent été rédigés sans sa participation. Elle
obtint, le 6 juin 1689, un arrêt du conseil qui forma, pour
recevoir ses mémoires et entendre ses griefs, une commission
composée des conseillers d'état Pussort, Courtin, de Fieubet,

de Marillac et de Harlay, rapporteur. Mais ce dernier effort
d'une puissance expirante demeura inutile ; le règlement ne
fut pas changé ; et de ses anciennes attributions l'université
ne conserva que les certificats de réception, l'approbation des
livres de classe, quelques distinctions honorifiques, et l'obligation pour les imprimeurs et libraires d'habiter le quartier
de l'université.

Ce fut pour appuyer les réclamations de l'université que
Chevillier, docteur et bibliothécaire de la maison de Sorbonne, a composé la quatrième partie de son *Origine de l'imprimerie de Paris.* Cet ouvrage, qui a paru en 1694, renferme de très utiles documens. La quatrième partie a pour but
de faire valoir les droits que l'université a eus sur la librairie
de Paris, avant et depuis la découverte de l'imprimerie.

La délivrance des permissions, différente pour les livres et
pour les livrets, leurs effets, les droits à payer, furent réglés
par des lettres-patentes données à Fontainebleau, le 2 octobre
1701, en conformité d'un arrêt du conseil du 7 septembre précédent. Elles sont ainsi conçues :

« 1. Aucuns libraires, imprimeurs ou autres, ne pourront faire imprimer ou réimprimer dans toute l'étendue du royaume aucun livre
sans en avoir préalablement obtenu la permission par lettres scellées
du grand sceau. »

2. Aucuns imprimeurs, libraires ou autres ne pourront faire imprimer ou réimprimer, en aucun lieu du royaume, aucun livret sans
en avoir obtenu permission des juges de police des lieux, et sans une
approbation de personnes capables et choisies par lesdits juges pour
l'examen desdits livrets ; sous lequel nom de livrets ne pourront être
compris que les ouvrages dont l'impression n'excédera pas la valeur
de deux feuilles en caractères dit *Cicero.*

3. Quand les permissions portées par lettres scellées du grand sceau
contiendront un privilège général, ou défenses à tous autres qu'aux
impétrans d'imprimer ou réimprimer les ouvrages par eux proposés
en aucun lieu du royaume, il sera payé pour lesdites lettres les sommes accoutumées et portées par les tarifs des droits du sceau ; en
vertu desquelles lettres ils pourront associer pour l'impression et

débit des ouvrages tels autres imprimeurs ou libraires demeurant dans le royaume qu'il leur plaira choisir, nonobstant toutes dispositions précédentes à ce contraires auxquelles nous avons dérogé à cet égard.

4. Si lesdites lettres ne portent qu'un privilège local, ou d'imprimer ou de réimprimer les ouvrages dans le lieu de la résidence de l'impétrant, il ne sera payé que le tiers desdites sommes.

5. Si lesdites permissions ne contiennent aucuns privilèges, ou défenses à aucun autre qu'aux impétrans d'imprimer ou réimprimer lesdits ouvrages, il ne sera payé pour lesdites lettres que la somme de 5 livres pour tous droits généralement, y compris le parchemin et l'écriture.

6. Aucuns livres ou livrets ne pourront être imprimés ou réimprimés sans y insérer au commencement ou à la fin des copies entières tant des permissions sur lesquelles ils auront été imprimés ou réimprimés, que du jugement de ceux qui les auront lus et approuvés avant l'obtention desdites permissions.

7. Si les ouvrages pour l'impression desquels on demande les permissions contiennent plusieurs traités, parties ou volumes, dont il n'y aura que les premiers d'achevés quand les permissions seront accordées, aucuns libraires, imprimeurs ou autres, ne pourront imprimer ou faire imprimer en vertu desdites permissions aucunes parties desdits ouvrages, que lesdites parties non examinées avant l'obtention desdites permissions n'aient été présentées pour être examinées, ce qui sera exécuté, même à l'égard des préfaces, avertissemens, épîtres dédicatoires, supplémens, tables, et autres, et que les imprimés seront conformes en tout aux exemplaires vus par les examinateurs. (1)

8. Tous les articles ci-dessus seront ponctuellement exécutés, à peine contre les contrevenans de demeurer déchus de tous les droits portés par les permissions, et d'être procédé contre eux par confiscation d'exemplaires, amendes, clôtures de boutiques, et autres plus grandes peines, s'il y échet. »

Les libraires de Lyon ayant réclamé contre ces lettres-patentes, voici en quels termes il leur fut répondu par lettre du chancelier Pontchartrain, le 6 décembre 1702 :

_____

(1) Ces défenses avaient déjà été faites par arrêts du conseil, du 22 mars 1732.

« ...... Vous n'avez point à vous plaindre de cet arrêt pendant que tous les autres reconnaissent qu'il leur est avantageux. Il faudrait au moins, pour vous faire écouter favorablement, que vous vous distinguassiez par une régularité singulière dans l'exécution de tous les anciens réglemens dont vous ne vous plaignez pas. Mais, bien loin de cela, il n'y a pas de ville dans le royaume où l'on commette plus de contraventions que dans la vôtre. J'en reçois tous les jours de nouvelles plaintes que vous ne pouvez ignorer. Travaillez à réparer sur cela votre réputation ; corrigez-vous des dérèglemens qui se sont glissés parmi vous dans ce genre ; et, quand vous aurez rétabli la règle et le bon ordre, et que j'aurai lieu d'être content de vous là-dessus, je modérerai quelque chose en votre faveur de la rigueur de la loi, et je trouverai moyen de vous donner satisfaction. »

Les privilèges généraux dont parlent les lettres-patentes de 1701, et qui s'entendaient de ceux qui avaient effet dans toute l'étendue du royaume, ne doivent pas être confondus avec ce que l'on appelait aussi privilèges généraux, et qui étaient ceux que l'on accordait soit à certains individus, soit à des corps ou des compagnies, tant pour des ouvrages déjà composés que pour les ouvrages qui seraient composés à l'avenir. Cette tolérance dispensait de privilège, mais non d'approbation préalable ; elle contrariait les vues d'unité qui présidaient au gouvernement et dirigeaient la législation. Un arrêt du conseil du 7 juin 1659, une déclaration du 4 juin 1674, un arrêt du conseil du 16 mai 1686, révoquèrent ces privilèges généraux. Toutefois on trouve encore un privilège de cette nature accordé, le 28 juin 1714, à l'académie royale de peinture et de sculpture, et aux académiciens.

Une lutte fort vive s'éleva, en 1702, entre le chancelier de Pontchartrain et le haut clergé, au sujet des privilèges généraux que l'autorité centrale tendait depuis long-temps à supprimer ; suppression que les évêques combattaient de toutes

leurs forces. Voici comment Saint-Simon raconte cette querelle : (1)

« Les évêques, en possession de faire imprimer leurs mandemens ordinaires, pour la conduite et le besoin de leurs diocèses, les livres d'église, quelques catéchismes courts à l'u-
sage des enfans, sans permission et de leur propre autorité,
voulurent profiter du double zèle du roi contre le jansénisme
et le quiétisme, et se donner peu-à-peu l'autorité de l'impression pour des livres de doctrine plus étendus, sans avoir besoin de permission ni de privilège. Le chancelier ne s'accom-
moda pas de ces prétentions. Ils se tiraillèrent quelque temps
là-dessus : les évêques alléguant qu'étant juges de la foi, ils
ne pouvaient être revus ni corrigés de personne dans leurs
ouvrages de doctrine, ni par conséquent avoir besoin de permission pour les faire imprimer : le chancelier maintenant
son ancien droit, et que, sans prétendre s'en arroger aucun
sur la doctrine, c'était à lui à empêcher que sous ce prétexte
les disputes ne s'échauffassent jusqu'à troubler l'état; qu'il ne
se glissât des sentimens qui, n'étant que particuliers, ne feraient que les aigrir; que la domination anciennement usurpée
par les évêques, et sagement réduite à des bornes tolérables,
ne vînt à se reproduire; enfin à veiller qu'il ne se glissât rien
dans ces ouvrages de contraire aux libertés de l'église gal-
licane.

« Cette fermentation dura jusqu'à ce que M. de Meaux et
M. de Chartres vinrent à y prendre une part personnelle pour
leurs ouvrages prêts à être publiés contre M. Simon, savant
inquiet, auteur d'une foule d'ouvrages ecclésiastiques, entre
autres d'une traduction du nouveau testament avec des remarques littérales et critiques que M. le cardinal de Noailles
et M. de Meaux condamnèrent par des instructions pastorales. Il se rebéqua par des remontrances. M. de Meaux et
M. de Chartres écrivirent contre lui; et ce furent ces ouvra-

(1) *Mémoires*, tome III, p. 509 à 513.

ges, qu'ils prétendirent soustraire à l'inspection et à l'autorité
du chancelier, qui firent l'éclat couvé depuis assez long-temps.
Avec cet appui, les évêques haussèrent de ton et prétendirent
que c'était à eux, chacun dans son diocèse, à donner la permission d'imprimer les livres sur la religion, et non à d'autres
à les examiner ni à en permettre ou défendre l'impression.
L'affaire s'échauffa. Madame de Maintenon, de longue main
assez peu contente du chancelier..., gouvernée d'ailleurs tout-
à -fait par M. de Chartres, et raccommodée avec M. de Meaux
par l'affaire de M. de Cambrai, se déclara pour eux contre
lui. Le roi, tout obsédé qu'il était par une partialité si puissante, et par les jésuites qui poussaient le père de La Chaise
contre le chancelier qu'ils regardaient comme leur ennemi,
parce qu'il aimait les règles, et qu'il était exact et délicat sur
toutes les matières de Rome, n'oubliant rien d'ailleurs pour
lui donner auprès du roi l'odieux vernis de jansénisme, le
roi, dis-je, ne laissait pas d'être embarrassé. Le chancelier lui
montrait la nouveauté de ces prétentions, et les prodigieux
abus qui s'en pourraient faire dès que ce livre de religion dé-
pendrait uniquement des évêques; le danger de l'ambition de
ceux qui tourneraient leurs vues du côté de Rome, danger qui
pourrait devenir très redoutable, et celui de tout livrer comme
autrefois à la religion pour la faire dominer indépendamment
sur tout. Le roi craignit donc de juger une question qu'il eût
tranchée d'un mot, mais qui aurait fâché les jésuites, et mis
Madame de Maintenon de mauvaise humeur. Il pria donc les
parties de tâcher de s'accommoder à l'amiable, et il espéra
qu'en les laissant à elles-mêmes, de guerre lasses enfin, elles
prendraient ce parti dont il les pressait toujours. En effet,
toutes deux désespérant d'une décision du roi, par conséquent
d'emporter tout ce qu'elles prétendaient, prêtèrent l'oreille
à un accommodement, dont le cardinal de Noailles et MM. de
Meaux et de Chartres, se mêlèrent uniquement pour leur
parti.

« Les évêques avaient peut-être étendu leurs prétentions

au-delà de leurs espérances pour tirer davantage, et le chancelier, peiné de fatiguer le roi, et d'en voir retomber le dégoût sur soi, par l'adresse des jésuites et le manège de Madame de Maintenon, prit aussi son parti de finir la querelle en y laissant le moins qu'il pourrait du sien. Il fut donc enfin convenu que les évêques abandonneraient la prétention aussi nouvelle que monstrueuse d'avoir l'autorité privative à toute autre de permettre l'impression des livres concernant la religion, mais qu'ils les pourraient censurer, ce qui ne leur était pas contesté, et qu'ils pourraient faire imprimer sans permission les livres de religion dont ils seraient les auteurs ; article qui fit après une queue : qu'à l'égard de leurs rituels, la matière des mariages serait soumise à l'examen et à l'autorité du chancelier, par rapport à l'état : en particulier sur les ouvrages contre M. Simon, qu'il y serait changé quelque chose que le chancelier n'approuvait pas.

« L'affaire finit ainsi, mais le venin demeura dans le cœur, les jésuites ni les évêques par des vues différentes, ni Madame de Maintenon à cause de son directeur, ne purent se consoler d'avoir manqué un si beau coup, ni le chancelier de leur voir emporter des choses si nouvelles et si dangereuses. C'est ce qui produisit depuis une lutte entre eux sur cet article des livres de religion que les évêques voudraient faire. Ils prétendaient que cette expression embrassait toute matière de doctrine. Le chancelier maintenait qu'elle se bornait à ce qu'on appelait livres de liturgie, missels, rituels et autres semblables. De décision, il n'y en eut point ; mais le chancelier qui n'avait rien à perdre du côté des jésuites, ni à regagner de celui de Madame de Maintenon, et qui était maître de la librairie, en vint à bout par les menus, et tint ferme à ne rien laisser imprimer que sous l'examen et l'autorité ordinaire. »

On trouve, dans les œuvres de Bossuet (1), cinq mémoires

(1) Édition de 1828, tome XXVI, p. 389 à 434.

au roi, et plusieurs lettres adressées notamment au cardinal
de Noailles et à madame de Maintenon, sur cette affaire.
Bossuet avait obtenu un privilège général le 26 février 1701.
« Cinq chanceliers consécutifs, dit-il, depuis M. Séguier jusqu'à celui qui remplit aujourd'hui cette grande charge, ne
m'ont jamais soumis à aucun examen pour obtenir leur privilège...... M. l'abbé Bignon, à quelque prix que se soit, veut
faire des difficultés à ceux qui sont en état de découvrir les
erreurs cachées de M. Simon, plus dangereuses encore que
celles qu'il débite à découvert...... Il est venu un ordre de
M. le chancelier, de porter le manuscrit à M. Pirot (docteur
en Sorbonne), pour en subir l'examen...... Il me sera bien
douloureux d'être le premier qu'on assujétisse à un traitement si rigoureux ; mais le plus grand mal est que ce ne sera
qu'un passage pour mettre les autres sous le joug...... Quand
on a dit à M. le chancelier qu'il était étrange d'assujétir les
évêques à ne pouvoir enseigner que dépendamment des prê-
tres, et à subir un examen sur la foi, il a répondu qu'il faudrait être attentif à ce qu'ils pourraient écrire contre l'état.
Mais les évêques sont gens connus, et, pour ainsi dire, bien
domiciliés ; et c'est une étrange oppression, sous prétexte
qu'il peut arriver qu'il y en ait quelques-uns qui manquent à
leur devoir pour le temporel (ce qui néanmoins est si rare et
n'arrive point), d'assujétir tous les autres, et de leur lier les
mains en ce qui regarde la foi, qui est l'essentiel de leur ministère et le fondement de l'église...... Quand nous disons
qu'il est dangereux d'exposer au public des versions de la
Sainte-Ecriture, sans la permission et l'approbation des évêques de France, nous ne faisons que répéter la maxime fondamentale qui a servi de base à l'arrêt solennel de 1667......
Mais peut-être qu'on blâmera les évêques d'alléguer le concile de Trente, même dans le cas où ce concile ne fait autre
chose que d'appuyer les coutumes inviolables du royaume. Il
n'y a qu'à voir les décrets du concile de Sens tenu à Paris, en
1528, sous les yeux d'un de nos rois, et par un archevêque

chancelier de France (1), pour y lire de mot en mot la défense de publier la traduction des saints livres, sans l'autorité de l'ordinaire...... On dit qu'il n'est point parlé dans l'ordonnance de Blois de cette permission...... Qu'avait-on besoin de confirmer, par une ordonnance expresse, ce qui était la règle publique de tout le royaume?..... Quand il en faudrait venir à l'ordonnance de Blois (2), on en connaît la disposition, dans l'art. 36, touchant l'église, où il est expressément défendu d'exposer en vente aucuns almanachs ou pronostications, que premièrement ils n'aient été vus et visités par l'archevêque, évêque, etc. Cette ordonnance n'a fait que répéter l'art. 26 de celle d'Orléans. Si le moindre rapport à la religion, tel qu'il peut être dans ces almanachs et pronostics, a obligé les rois à les renvoyer aux ordinaires par des ordonnances si authentiques, combien plus leur faut-il renvoyer la connaissance des versions, où il s'agit de conserver la substance même du testament de Jésus-Christ?..... Votre parlement de Paris, par son arrêt du 29 d'août 1685, rendu en exécution de vos ordres, à la requête de votre procureur général, invita l'archevêque de cette ville royale à dresser une liste des mauvais livres. Feu M. l'archevêque de Paris, en conformité de cet arrêt, en fit l'état dans son ordonnance du 1er septembre suivant; laquelle ayant été portée au parlement, il intervint un arrêt du 6 septembre de la même année; et les mauvais livres furent défendus par le concours unanime des deux puissances, après le jugement de l'église.

---

(1) Le cardinal Antoine Duprat, archevêque de Sens et chancelier de France, sous François Ier.

(2) L'art. 26 de l'ordonnance d'Orléans, de janvier 1560, ne contient en effet que cette défense; mais l'art. 36 de l'ordonnance de Blois, de mai 1579, en réitérant la défense d'imprimer ou exposer en vente aucun almanach ou pronostication, que, premièrement, n'aient été vus et visités par l'archevêque, évêque, ou ceux qu'ils auront députés expressément à cet effet, ajoute cette clause, importante ici à remarquer, *et qu'il n'y ait aussi permission de nous ou de nos juges ordinaires.*

Et maintenant on débite un livre flétri par une censure juridique! ce que l'auteur aurait évité en le soumettant dès l'o-
rigine au jugement de l'évêque diocésain...... Pour les mandemens, censures, et autres actes authentiques des évêques,
on convient qu'ils les peuvent faire indépendamment de la
puissance temporelle; à condition de les faire écrire à la
main; et ce n'est qu'à raison de l'impression qu'on les y
veut assujétir. Si cela est, il faut de deux choses l'une :
ou que l'église soit privée seule du secours et de la commodité de l'impression, ou qu'elle l'achète en assujétissant
ses décrets, ses catéchismes et tout ce que la religion a de
plus intime, à l'examen des magistrats, ce qui n'entre pas
dans la pensée. Chacun fait imprimer ses *factum* pour les
distribuer à ses juges : l'église ne pourra pas faire imprimer
ses instructions et ses prières, pour les distribuer à ses enfans et à ses ministres! »

Le quatrième mémoire au roi commence ainsi : « Il plut
au Roi, par sa grande bonté, de m'appeler dans son cabinet
samedi 18 de novembre 1702, pour me dire de sa propre bouche, en quoi consistait la difficulté que formait M. le chancelier sur l'ordonnance de M. le cardinal de Noailles, et sur la
mienne. Ce sage ministre prétend qu'il n'a innové en rien, et
que M. le cardinal de Noailles a innové en se servant des
termes dont M. de Péréfixe, archevêque de Paris, ne s'est jamais servi : à quoi il ajoutait, comme par maxime, qu'il ne
convenait aux évêques que d'examiner et d'approuver; mais
que tout ce qui s'appelait *permission* ou *permettre*, était une
appartenance de l'autorité royale : et c'est à quoi Sa Majesté,
avec sa justesse et sa précision ordinaires, réduisait la prétention de M. le chancelier. »

Bossuet dénie ces deux points, et invoque des faits et des
précédens. « C'est sans fondement, ajoute-t-il, qu'on dit que
les permissions n'appartiennent qu'à la seule autorité royale.
Qui peut défendre peut permettre. Tout est plein dans leur
secrétariat de permissions à tel et tel d'exercer telle et telle

fonction, de lire les livres défendus, de passer outre aux mariages, nonobstant les temps prohibés, et autres choses dé-
pendantes du ministère ecclésiastique. Ces permissions n'ont
rien de commun avec celles que donnent les rois. Les évêques
lèvent des empêchemens qui proviennent de la religion,
comme le prince dispense de ceux qui dépendent de l'ordre
public et de la police : cette distinction est claire et reçue de
tout le monde. »

Le cinquième mémoire est spécialement consacré à répondre aux objections que le chancelier tirait des règlemens de
l'imprimerie : « On objecte aux évêques les règlemens faits
sur l'imprimerie, et notamment celui qui fut fait à Fontainebleau le second jour d'octobre 1701, qui ordonne que tous
les livres à imprimer, même de ceux qui ont des privilèges
généraux, seront portés à M. le chancelier, pour être mis entre les mains d'un censeur, qui les examinera et en portera
son jugement, lequel sera imprimé et mis à la tête du livre
avec le privilège. On dit que les évêques étant soumis à la police du royaume, ils doivent pareillement être soumis à cette
loi générale.

« Mais il est vrai sans doute qu'elle souffre beaucoup d'exceptions. Il faut d'abord excepter les catéchismes publiés
par l'autorité des évêques, pour ne pas tomber dans l'inconvénient de faire dépendre de leurs inférieurs la doctrine
qu'ils proposen authentiquement à leurs peuples, et de la
soumettre à l'examen de M. le chancelier. Pour la même raison, il faut excepter de la même règle les mandemens, ordonnances, censures, statuts synodaux et autres actes juridiques qui n'ont jamais été sujets à l'examen, et ne le peuvent
être sans soumettre la doctrine de la foi et toute la discipline
ecclésiastique à la puissance séculière. Il faut, à plus forte
raison, excepter de cette règle les bréviaires, missels, pro-
cessionnels, rituels, et autres livres contenant les prières publiques de l'église et les formules d'administrer les sacremens. Autrement, tout le service de l'église sera à la

puissance d'un prêtre commis par M. le chancelier, et la religion ne sera plus qu'une politique. Cette exception doit s'étendre à tous les livres de doctrine qui seront publiés par les évêques, parce qu'ils sont toujours censés écrire pour l'instruction de leur troupeau, et qu'il y aurait un inconvénient manifeste de les soumettre à leurs inférieurs de droit divin, et quelque chose de scandaleux et de mal édifiant de leur faire cette injure à la face de tout le royaume et de toute la chrétienté.

« Aussi est-il vrai que cette règle ne fut jamais faite pour eux, ni exécutée à leur égard......

« On ne laisse pas d'obtenir des privilèges pour ces impressions; mais ces privilèges se donnent sans examen, et on les demande pour trois raisons : premièrement, afin que les actes des évêques demeurent toujours éclairés par la puissance publique; secondement, pour faire foi qu'il n'y a aucune falsification, et que ces ouvrages sont véritablement des évêques; troisièmement, pour empêcher qu'ils ne soient contrefaits et en danger d'être altérés: ce qui regarde aussi la sûreté des libraires et la commodité du débit.

« On dit, et c'est ici la grande objection, que les évêques ont déjà trop de pouvoir, et qu'il est bon de les tenir dans la dépendance. Mais, premièrement, si leur pouvoir est grand pour les affaires du ciel, ils n'en ont aucun pour les affaires de la terre qui ne soit emprunté des rois, et entièrement soumis à leur puissance. En second lieu, le pouvoir qu'ils ont d'enseigner la foi, et de faire les autres fonctions de leur ministère, leur étant donné de Jésus-Christ, on ne peut le leur ôter, ni le diminuer, sans leur faire injure, et sans mettre en sujétion la doctrine de la foi.

« La dispense qu'on leur offre serait une acceptation de la loi et un assujétissement de la religion et de l'église. »

À la suite de ces pièces on lit la note suivante :

« Le roi, touché des raisons de Bossuet, donna enfin à ce « prélat la juste satisfaction qu'il sollicitait; et ses deux in-

structions parurent successivement, sans être munies de
l'approbation d'aucun censeur royal. »

Quant à l'évêque de Chartres, Godet-Desmarets, un privilège de dix ans lui fut accordé, le 2 septembre 1703, pour
tous les bréviaires, missels, diurnaux, antiphonaires, graduels, processionnaux, épistoliers, psautiers, demi-psau-
tiers, heures, catéchismes, ordonnances, mandemens, statuts synodaux, lettres pastorales et instructions, à l'usage de
son diocèse. Ces lettres ne font mention d'aucune dispense
d'approbation.

Une déclaration du roi, du 23 octobre 1713, en dix articles, introduisit quelques modifications dans la police intérieure de la communauté. L'article 6 devint un objet de dis-
sentiment entre les libraires et les imprimeurs : il donnait à
ces derniers, par suite de la réduction de leur nombre, une
élection seulement contre trois qui étaient attribuées aux libraires. Les imprimeurs se plaignirent. Par ordre du 12 décembre 1714, le chancelier ordonna au syndic d'assembler
une commission de trois libraires et trois imprimeurs pour
conférer, tant sur leurs différends relativement à cette déclaration, que sur l'exécution de l'édit de 1686.

Cette commission, à laquelle se joignirent le syndic et les
quatre adjoints en charge, tint ses séances du 14 février au 9
mai 1715, et rédigea cent douze articles de statuts qui ont depuis, avec quelques modifications, formé le règlement de
1723. Sur un petit nombre de dispositions, principalement
en ce qui regardait les apprentissages, la réception des maîtres imprimeurs, l'élection des syndics adjoints, et la réimpression des livres de privilège, l'on ne s'accorda pas; les libraires et les imprimeurs présentèrent, chacun de leur côté,
leur projet de rédaction pour ces articles qui étaient au nombre de douze.

Les conférences furent reprises en juillet 1717, en vertu
d'un ordre du chancelier. Les mêmes députés s'assemblèrent
avec le syndic et les adjoints alors en charge, et s'entendi-

rent sur la rédaction des articles qui avaient divisé les imprimeurs et les libraires.

Ces statuts furent promulgués comme règlement par déclaration du 10 décembre 1720, laquelle fut retirée, puis reparut définitivement en 1723 avec quelques changemens dans le règlement général du 28 février.

Une longue jurisprudence de la cour de cassation avait, jusqu'à ces derniers temps, regardé plusieurs des dispositions de ce règlement de 1723, comme demeurant encore en vigueur; et une ordonnance royale du 1er septembre 1827, croyant pouvoir statuer par voie d'interprétation, avait émis la même opinion. Cette jurisprudence, quoique rapportée, oblige de donner une attention particulière à ce règlement qui lie la législation ancienne avec nos lois actuelles. (1)

(1) Le décret du 5 février 1810 et la loi du 21 octobre 1814, ordonnent que nul ne sera imprimeur ni libraire, s'il n'est breveté par le roi et assermenté; mais, pour trouver une clause pénale contre l'infraction à cette disposition, infraction sur la punition de laquelle le décret et la loi gardent le silence, il avait fallu remonter jusqu'à l'art. 4 du règlement de 1723, qui prononçait 500 livres d'amende. Un très grand nombre d'arrêts de la Cour de cassation avaient déclaré cet article applicable; mais, comme la plupart des Cours royales persévéraient à lutter contre cette jurisprudence, une ordonnance royale du 1er septembre 1827, se saisissant du droit de statuer par voie interprétative, après avoir visé plusieurs des arrêts rendus en sens différens, l'art. 6 de l'édit d'août 1536, le règlement de 1723, et l'arrêt du conseil du 24 mars 1744, ainsi que les articles de lois ci-après cités, dispose comme il suit :

« Considérant que le règlement du 28 février 1723, sur la police de la librairie, publié et enregistré dans les formes propres aux règlemens de cette nature, a eu force de loi et a été exécuté dans toute l'étendue du royaume, aussi long-temps que l'exercice de la profession de libraire a été assujéti à l'obtention du brevet et à la prestation du serment; qu'aucune disposition de loi n'a prononcé l'abrogation de ce règlement; que, à la vérité, par la loi du 17 mars 1791, le commerce de la librairie a été assujéti seulement à la patente, et soumis, pour les contraventions à cette formalité, à un autre genre de dispositions pénales; mais que le décret du 5 février 1810 ayant rétabli, à partir du 1er janvier 1811, la double condition du brevet et du serment, ainsi qu'elle avait été prescrite par le règlement de 1723, les contre-

En voici le préambule :

« Le Roi s'étant fait représenter en son conseil sa déclaration du 10 décembre 1720, contenant règlement pour la librairie et imprimerie de Paris; Sa Majesté étant informée qu'encore que ce règlement eût été composé avec grand soin, cependant lorsqu'il fut porté

venans à ce décret se sont trouvés, jusqu'aux nouveaux réglemens qu'il annonçait, replacés sous l'empire des dispositions répressives du règlement de 1723; que l'art. 484 du Code pénal, promulgué postérieurement au décret du 5 février 1810, et rendu pareillement exécutoire à partir du 1er janvier 1811, a ordonné aux tribunaux de continuer d'observer les réglemens qui régissaient les matières non réglées par ce code; que le Code pénal n'a pas statué sur les contraventions aux réglemens de police de la librairie; que, depuis l'abrogation des anciennes ordonnances en matière criminelle, le droit public de la France n'a plus admis de peines arbitraires; qu'ainsi l'art. 484 du Code pénal a maintenu l'art. 4 du titre II du règlement du 28 février 1723, dans les seules dispositions qui punissent de 500 francs d'amende et de la confiscation des livres saisis, les personnes qui font le commerce de la librairie sans être brevetées et assermentées; considérant que les réglemens annoncés par le décret du 5 février 1810 n'ont pas été faits, et que la loi du 21 octobre 1814, en donnant une force nouvelle à ce décret, relativement au brevet et au serment des libraires, ne contient aucune disposition qui remplace la disposition pénale du règlement du 28 février 1723; que, néanmoins, l'art. 21 de cette loi, au titre II *de la police de la presse*, enjoint au ministère public de poursuivre devant les tribunaux de police correctionnelle toutes les contraventions, et que celle dont il s'agit est spécifiée dans ce titre; qu'en n'attachant point une pénalité nouvelle à cette contravention, la loi du 21 octobre 1814 a implicitement maintenu la pénalité existante; que, toutefois, l'art. 11 de cette loi, en déclarant que les exemplaires saisis pour contravention à ladite loi seront restitués après le paiement des amendes, a supprimé la peine de la confiscation des livres saisis.

« Notre Conseil d'état entendu, nous avons ordonné et ordonnons ce qui suit :

« La peine de la contravention à la disposition de l'art. 11 de la loi du 21 octobre 1814, en ce qui concerne le commerce de la librairie, est celle de l'amende de 500 francs portée en l'art. 4 du titre II » règlement du 28 février 1723. »

La Cour de cassation, par arrêt de la chambre criminelle rendu le 13 février 1836, au rapport de M. Rives, sur les conclusions conformes de M. le procureur-général Dupin, est revenue sur son ancienne jurisprudence. Voici cet arrêt :

en son parlement avec les lettres de cachet ordinaires pour y être
enregistré, il s'y trouva matière à plusieurs observations, qui ont
paru judicieuses et mériter qu'il fût apporté quelques changemens à
un grand nombre d'articles : que d'ailleurs quelques nouveaux abus
qui se sont introduits parmi ceux qui exercent l'art de la librairie et
imprimerie ayant exigé qu'on y insérât quelques nouveaux articles,
pour y remédier et prévenir ceux qui pourraient s'introduire à l'avenir,
Sa Majesté aurait jugé à propos de faire retirer sadite déclaration,
et de faire travailler à la réformation dudit règlement, lequel ayant
été de nouveau rapporté et approuvé en son conseil, il ne reste plus
qu'à le revêtir de son autorité pour lui donner une pleine exécution;
à quoi voulant pourvoir, ouï le rapport, Sa Majesté, étant en son conseil, a ordonné et ordonne ce qui ensuit :

Le règlement est composé de cent vingt-trois articles divisés en seize titres.

Le premier titre a pour objet les droits, franchises, im-

« En ce qui concerne le règlement du 28 février 1723 ; attendu que ce règlement, virtuellement abrogé par la loi des 2-17 mars 1791, n'a été remis
en vigueur ni par le décret du 5 février 1810, ni par la loi du 21 octobre 1814 ;
— en ce qui concerne l'ordonnance royale du 1ᵉʳ septembre 1837 ; attendu
qu'elle n'a été rendue que dans le but spécial et restrictif déterminé par l'avis
du Conseil d'état du 27 novembre 1823, approuvé le 17 décembre de la
même année ; — en ce qui concerne l'art. 11 de la loi du 21 octobre
1814 ; attendu que cet article ne contient point la sanction pénale de sa disposition ; d'où il suit que son infraction ne peut, dans l'état actuel de la législation, entraîner contre les contrevenans l'application d'aucune peine ; —
Rejette. »

Lorsque la jurisprudence déclarait en vigueur le règlement de 1723, elle
était obligée de reconnaître les exceptions contenues, soit dans ce règlement,
soit dans les actes postérieurs. C'est ainsi qu'un arrêt de rejet du 2 juin 1827 a
appliqué à une veuve non mariée, qui avait continué, sans brevet, le commerce de son mari, le bénéfice de l'art. 55. C'est ainsi qu'un arrêt du 26
juin 1814 a eu à discuter l'étendue à donner aux dispositions d'un arrêt du
Conseil du 11 mars 1730, qui, conformément à des édits antérieurs et au
règlement même de 1723, permettait aux marchands merciers la vente des A
B C, almanachs et petites heures. D'après le dernier état de la jurisprudence,
toutes les questions de cet ordre sont sorties du domaine de la pratique, et ne
conservent plus qu'un intérêt purement historique.

munités, prérogatives des imprimeurs et des libraires de
Paris.

« On n'a jamais expliqué, disait la communauté en présen-
« tant ce titre, ce que c'est que ces droits, franchises et pré-
« rogatives dont il est parlé dans cet article ; et il est arrivé et
« arrive encore tous les jours, nonobstant les arrêts et juge-
« mens confirmatifs, des contestations qui demandent l'expli-
« cation que l'on prend la liberté de proposer dans les trois
« premiers articles ci-contre : le tout dans les mêmes termes
« précisément exprimés dans les autorités rapportées sur cha-
« que article et sans aucune innovation. »

Le second titre traite des imprimeurs et des libraires en
général. Il comprend de l'article 4 à l'article 16. L'article 4
est celui dont la cour de cassation et l'ordonnance de 1827
avaient appliqué la pénalité.

En voici le texte :

« Défenses sont faites à toutes personnes de quelque qualité et
condition qu'elles soient, autres que les libraires et imprimeurs, de
faire le commerce de livres, en vendre et débiter aucuns, les faire afficher pour les vendre en leurs noms, soit qu'ils s'en disent les auteurs ou autrement ; tenir boutique ou magasin de livres ; acheter
pour revendre en gros et en détail, en chambre et autres lieux, même
sous prétexte de les vendre à l'encan, aucuns livres en blanc ou re-
liés, gros ou petits, neufs ou frippés, même de vieux papiers qu'on
appelle à la rame, et vieux parchemins, à peine de 500 livres d'a-
mende, de confiscation et de punition exemplaire. Défend aussi Sa
Majesté aux imprimeurs et aux afficheurs d'imprimer et de poser aucunes affiches portant indication de la vente des livres ailleurs que
chez les libraires et les imprimeurs, sous pareilles peines ; comme
aussi aux auteurs et à toutes personnes autres que lesdits imprimeurs
d'avoir et de tenir, en quelque lieu que ce soit, et sous quelque
prétexte que ce puisse être, aucune presse, caractères et ustensiles
d'imprimerie, à peine de punition exemplaire, de confiscation des
presses et caractères et de 3000 livres d'amende.

Art. 5. « Et d'autant que certains porteurs de balles et soi-disant
merciers, sous prétexte de vendre des heures et des petits livres, ont

souvent apporté, vendu et débité des libelles diffamatoires, mémoires contre l'état et la religion, et des livres défendus ou contrefaits, au préjudice des privilèges par nous accordés ; défenses sont faites auxdits porteurs de balles et prétendus merciers, ou autres qui ne sont reçus libraires, d'avoir, vendre, ni débiter aucuns livres imprimés de quelque nature et qualité qu'ils puissent être, à peine de punition corporelle et de confiscation desdits livres, et marchandises qui y seront jointes. N'entend néanmoins Sa Majesté empêcher les marchands merciers grossiers de la ville de Paris de vendre des A B C, almanachs, et petits livres d'heures et prières, imprimés dehors ladite ville, sans qu'ils puissent vendre aucuns autres livres, et en cas de contravention, permet Sa Majesté aux syndic et adjoints de les faire saisir en conséquence d'une permission du lieutenant-général de police. »

Les articles suivans s'occupent de la vente des papiers à la rame et vieux parchemins ; des défenses d'acheter des livres aux enfans, écoliers, domestiques ; des registres pour les achats de vieux livres ; de l'obligation d'imprimer en bons caractères et sur bon papier ; de celle de mettre le nom du libraire sans pouvoir supposer un autre nom, ni prêter le sien ; de celle de demeurer dans le quartier de l'université, à peine de confiscation des livres, presses, caractères et ustensiles servant à l'imprimerie, de privation de la maîtrise et de punitions corporelles en cas de récidive ; des déclarations de magasins ; écriteaux ; défenses d'avoir deux boutiques ; défenses d'étalages ; de l'observation des fêtes et dimanches.

Le titre III traite des souscriptions : les trois articles dont il se compose ne se trouvaient pas dans le projet de 1717, ni dans la déclaration de 1720. Ils sont ainsi conçus :

« Art. 17. Veut Sa Majesté qu'il ne puisse être proposé au public aucun ouvrage par souscription que par un libraire ou imprimeur, qui sera garant des souscriptions envers le public en son propre et privé nom ; et les deniers qui seront reçus pour les souscriptions ne pourront être remis en d'autres mains qu'en celles des libraires ou imprimeurs au nom desquels se feront les souscriptions, et ils en demeureront responsables envers les souscrivans.

« Art. 18. Ordonne qu'avant de proposer aucun ouvrage par souscription, le libraire ou imprimeur qui se charge de l'entreprise sera tenu de présenter à l'examen au moins la moitié de l'ouvrage, et d'obtenir la permission d'imprimer par lettres scellées du grand sceau.

« Art. 19. Veut que le libraire ou imprimeur ne puisse proposer aucune souscription qu'après en avoir préalablement obtenu l'agrément de M. le garde-des-sceaux, et qu'il distribue, avec le prospectus qu'il publiera, au moins une feuille d'impression de l'ouvrage qu'il proposera par souscription; laquelle feuille sera imprimée des mêmes forme, caractères et papier qu'il s'engagera d'employer dans l'exécution de l'ouvrage, qu'il sera tenu de livrer dans le temps porté par la souscription. »

Le titre IV concerne les apprentis imprimeurs et libraires; le V, les compagnons; le VI, la réception des maîtres; le VII, les veuves; le VIII, les correcteurs; le IX, les fondeurs de caractères d'imprimerie; le X, les colporteurs et afficheurs; le nombre des colporteurs, fixé à vingt-quatre par l'article 49 du règlement de 1686, est porté à cent vingt; le XI, les libraires forains; le XII, les syndics et adjoints et les administrateurs de confréries; le XIII, la visite des imprimeries et librairies, et celle des livres venant de dehors en la chambre syndicale; le XIV se compose de deux articles ainsi conçus :

« Art. 99. Ceux qui imprimeront ou feront imprimer, vendront, exposeront, distribueront ou colporteront des livres ou libelles contre la religion, le service du roi, le bien de l'état, la pureté des mœurs, l'honneur et la réputation des familles et des particuliers, seront punis suivant la rigueur des ordonnances. Et à l'égard des imprimeurs, libraires, relieurs ou colporteurs, il seront en outre privés et déchus de leurs privilèges et immunités, et déclarés incapables d'exercer leur profession sans pouvoir y être jamais rétablis.

« Art. 100. Les apprentis et compagnons ne pourront vendre et négocier aucuns livres pour leur compte particulier, à peine de confiscation des livres et de 500 liv. d'amende pour la première fois, et en cas de récidive, d'être déclarés incapables de parvenir à la maîtrise, même de punition exemplaire. »

Le titre xv est intitulé : *Des privilèges et continuation d'iceux pour l'impression des livres.* Nous le rapporterons textuellement dans le chapitre suivant.

Le titre xvi et dernier est relatif aux ventes, inventaires et prisées des bibliothèques, des imprimeries et des fonds de librairies.

Le règlement est ainsi terminé :

« Veut Sa Majesté que le présent arrêt soit exécuté selon sa forme et teneur, nonobstant tous règlemens précédens, auxquels Sa Majesté a dérogé et déroge en tant que besoin ; et si aucunes oppositions ou empêchemens étaient formés au présent règlement, Sa Majesté s'en réserve la connaissance ; et icelle interdit à toutes ses cours et autres juges, etc. »

Cette disposition finale est, de beaucoup, la partie la plus importante du règlement de 1723 ; elle transporte du parlement au conseil privé le jugement souverain de toutes les contestations sur la matière, en sorte qu'approbations, permissions, privilèges, se sont trouvés, dès ce moment, placés sous l'entière dépendance du chancelier. Les autres changemens ne sont pas considérables ; ils portent principalement sur des modifications de discipline intérieure. L'ordre des précédens statuts est conservé, ainsi que la plupart de leurs dispositions, coordonnées avec le dernier état de la jurisprudence.

Plusieurs arrêts subséquens du conseil d'état, en confirmant ce règlement de 1723, ont attribué au lieutenant général de police la connaissance de tout ce qui en concernait l'exécution, sauf appel au conseil.

Par arrêt du conseil d'état du 4 mars 1744 le règlement de 1723, rendu spécialement pour Paris, a été déclaré exécutoire pour toutes les villes du royaume où il se fait un commerce de livres, et pour celles où il y a des imprimeries établies.

La même année, Saugrain père, alors syndic du corps de la

librairie et de l'imprimerie, a publié, sous le titre de *Code de la librairie et de l'imprimerie de Paris*, une conférence du règlement de 1723 avec les anciennes ordonnances, édits, déclarations, arrêts, règlemens et jugemens rendus depuis 1332 jusqu'à 1744.

Ce code forme un fort volume in-12. A la suite du texte de chacun des cent vingt-trois articles est placée la conférence, d'après le plan que Laurent Bouchel avait suivi pour le règlement de 1618, et J. de la Caille pour l'édit de 1686. Cet ouvrage, très utile à consulter, a été rédigé avec une grande exactitude sur la riche collection de pièces qui se trouvait rassemblée aux archives de la chambre syndicale. (1) -

L'art. 105 du règlement de 1723, en prononçant en termes généraux, dans le cas de violation des règles qu'il prescrit pour la délivrance des permissions et privilèges, la confiscation d'exemplaires, l'amende, la clôture de boutique, et autres plus grandes peines s'il y échoit, semble laisser de côté

(1) Toutes mes recherches pour découvrir le sort de cette précieuse collection sont demeurées infructueuses, et j'ai même quelque lieu de croire qu'elles ont été, dans les premiers temps de la révolution, dispersées en des mains particulières. La bibliothèque du roi possède les registres de la communauté (*Voir* pour les registres des délibérations, p. 53; pour ceux des permissions tacites, p. 93; pour ceux des privilèges, au chapitre suivant). A défaut des pièces qui composaient les archives, j'en ai eu entre les mains une table par ordre chronologique, de 1275 à 1777, dont un exemplaire appartient à M. A.-A. Renouard, et un autre aux manuscrits de la bibliothèque du roi. A la première inspection de cette table, on pourrait se demander si elle correspondait à un dépôt réel, ou si elle contenait seulement une indication de pièces existant en divers lieux; mais la lecture de l'épître dédicatoire et de l'avertissement, que Saugrain a placés à la tête de son Code, lève tous les doutes à cet égard, et atteste l'existence du riche trésor de pièces légué, dès cette époque, à la chambre syndicale par ses anciens, et qui n'a pu manquer d'être accru depuis par la continuation des mêmes soins. Je souhaite vivement provoquer, par la présente note, la recherche de tout ou partie d'un dépôt que Saugrain appelait un trésor caché, enfoui, ignoré, et dont la découverte rendrait à l'histoire de la librairie et de la littérature des matériaux qui étaient surtout inappréciables par leur réunion.

les dispositions, toutes récentes cependant, et beaucoup plus
précises, d'une déclaration du 12 mai 1717, enregistrée le 25
mai au parlement, qui confirme les défenses faites par les
lois antérieures de rien imprimer, vendre, débiter ni distribuer qu'en vertu de privilèges généraux ou particuliers
obtenus du roi, ou de permission des officiers de police, dans
les cas où il leur est permis d'en accorder, suivant les lettres-
patentes du 2 octobre 1701; « à peine contre les libraires ou
imprimeurs d'interdiction pour un temps, ou de privation de
leur maîtrise pour toujours, et, tant contre eux que contre
les colporteurs, distributeurs et autres, de confiscation des
exemplaires, mille livres d'amende pour chaque contravention, dont la moitié appartiendra au dénonciateur et l'autre
moitié aux hôpitaux des lieux, ou aux hôpitaux les plus pro-
ches s'il n'y en a point dans le lieu, et d'être appliqués au
carcan, même d'être condamnés à plus grande peine suivant
l'exigence des cas. »

La législation pénale en matière de librairie fut réglée
d'une manière plus générale par une autre déclaration, du
10 mai 1728, enregistrée le 29 au parlement. Quoique cette
déclaration confirme la législation antérieure dans tous les
points auxquels elle ne déroge pas, et quoiqu'elle prononce
des pénalités sévères, appuyées sur un système de responsabilité des plus rigoureux, on lui a néanmoins attribué le mérite d'avoir adouci la législation existante, et d'y avoir notamment dérogé en ne parlant plus de la peine capitale. Si telles
avaient été les intentions de cette déclaration, elle n'aurait
pas manqué de s'en prévaloir dans son préambule, écrit, au
contraire, d'un style comminatoire. Le silence gardé sur la
peine capitale et les dispositions des art. 2 et 4 contre les cas
les plus graves, ceux de récidive, peuvent sans doute faire
induire l'abolition implicite de cette peine, malgré la généralité des articles 1 et 2, et surtout de l'article 5; mais il me
paraît plus vrai de faire honneur de ce silence à l'adoucisse-
ment des mœurs. La meilleure explication de la déclaration

de 1728 est dans sa date ; elle intervint au milieu des embarras suscités au gouvernement par les interminables querelles sur la bulle *Unigenitus.*

Je crois devoir donner le texte de cette déclaration, parce qu'elle a été la loi en vigueur jusqu'à la révolution française. On trouvera une sorte de résumé de la législation dans les citations de l'article premier.

« Louis, etc., L'impression et la vente des livres ont toujours été l'un des principaux objets de l'attention des rois nos prédécesseurs. Persuadés de la nécessité d'empêcher le cours d'ouvrages capables de donner atteinte à la tranquillité de l'état, à la pureté des mœurs et à la sainteté de la religion, ils ont, en différens temps, expliqué leurs intentions, et même prononcé des peines rigoureuses contre ceux qui contreviendraient à ce qu'ils avaient ordonné. C'est par les mêmes motifs que nous avons fait publier notre déclaration du 12 mai 1717. Et nous avions lieu d'espérer que la connaissance de ces sages règlemens, si souvent renouvelés, et la crainte des peines qui y sont établies, suffiraient pour réprimer les abus qui avaient donné lieu de faire cette déclaration ; mais l'expérience nous a fait connaître que, nonobstant l'attention et la vigilance des magistrats, plusieurs imprimeurs ont porté la licence jusqu'à imprimer sans privilège ni permission des ouvrages tendant à corrompre les mœurs de nos sujets, ou à répandre des maximes également contraires à la religion et à l'ordre public. Nous avons été informés d'ailleurs que les différens règlemens intervenus sur cette matière pouvaient laisser quelques doutes à ceux de nos juges à qui appartient la connaissance des contraventions, et faire espérer aux coupables de se soustraire à la rigueur des lois, sous prétexte que la disposition n'en était pas encore assez claire et assez précise pour mettre la justice en droit et en état de les condamner. A ces causes, etc.

« 1. Voulons que les édits, ordonnances, déclarations et règlemens rendus sur le fait de l'imprimerie, notamment les ordonnance et édit du roi Henri II des années 1547 et 1551, l'ordonnance de Charles IX de 1563, celle de Moulins de 1566, les lettres-patentes en forme de déclaration données en 1571, la déclaration donnée sur icelles en 1572, l'édit du mois d'août 1686, les lettres-patentes du mois d'octobre 1701, notre déclaration du 12 mai 1717, ensemble les arrêts de règlement de notre cour de parlement de Paris des 17 janvier 1645, 3 décembre 1705, 4 janvier 1706, 26 août 1711, 3 février 1712, 21 février 1715, 4 avril et 11 mai 1716, soient exécutés selon leur forme et teneur dans tous les points auxquels il ne sera pas dérogé par ces présentes ; défendons à tous imprimeurs, libraires, colporteurs, et autres, d'y contrevenir sous les peines qui y sont contenues.

« 2. Voulons que tous imprimeurs qui seront convaincus d'avoir imprimé, sous quelque titre que ce puisse être, des mémoires, lettres, relations, nouvelles ecclésiastiques, ou autres dénominations, des ouvrages ou écrits non revêtus de privilège, ni permission, sur des disputes nées ou à naître en matière de religion, et notamment ceux qui seraient contraires aux bulles reçues dans notre royaume, au respect dû à notre Saint-Père le Pape, aux évêques, et à notre autorité, soient condamnés pour la première fois à être appliqués au carcan, même à plus grande peine s'il y échoit, sans que ladite peine du carcan puisse être modérée sous quelque prétexte que ce soit ; et, en cas de récidive, ordonnons que lesdits imprimeurs soient en outre condamnés aux galères pour cinq ans, laquelle peine ne pourra pareillement être remise ni modérée.

« 3. La disposition de l'article précédent aura lieu pareillement à l'égard des imprimeurs qui seront convaincus d'avoir imprimé des ouvrages ou écrits tendants à troubler la tranquillité de l'état, ou à corrompre les mœurs de nos sujets, et qui par cette raison n'auraient pu être revêtus de privilège ni de permission.

« 4. Voulons que ceux qui seront convaincus d'avoir composé et fait imprimer des ouvrages ou écrits de la qualité marquée dans l'un ou dans l'autre des deux précédens articles soient condamnés comme perturbateurs du repos public : pour la première fois au bannissement à temps hors du ressort du parlement où ils seront jugés; et en cas de récidive au bannissement à perpétuité hors de notre royaume.

« 5. À l'égard des autres ouvrages ou écrits qui, n'étant de la qualité et sur les matières ci-dessus marquées, auront été imprimés sans privilège ni permission, laissons à la prudence et à la religion de nos juges, par rapport auxdits ouvrages seulement, de prononcer contre les imprimeurs et auteurs telle peine qu'ils jugeront convenable suivant l'exigence des cas; leur enjoignant néanmoins de tenir sévèrement la main à ce que tous ceux qui auront eu part à la composition, impression ou distribution de tons libelles, de quelque nature qu'ils puissent être, soient punis suivant la rigueur de nos ordonnances.

« 6. Déclarons sujets aux peines portées par les art. 2, 3 et 5 de notre présente déclaration, dans les différens cas qui y sont énoncés, tous imprimeurs qui se trouveront saisis de formes composées pour imprimer des ouvrages non revêtus de privilège ni de permission, et ce encore qu'il n'y en eût aucune épreuve ni feuille tirée.

« 7. Défendons très expressément à tous imprimeurs de travailler ou faire travailler ailleurs que dans les maisons où ils demeurent, ou dans celles à la porte desquelles sera posée une enseigne publique d'imprimerie : ordonnons que, conformément aux anciens règlemens, la porte de leur imprimerie ne sera fermée, pendant tout le temps de leur travail, que par un simple loquet; comme aussi leur faisons très expresses inhibitions et défenses d'avoir dans leurs maisons, ou autres lieux où ils imprimeront, aucunes portes de derrière par lesquelles ils puissent faire sortir clandestinement aucuns imprimés; le tout à peine d'interdiction pendant six mois et de 500 livres d'amende qui ne pourra être remise ni modérée par nos juges, même de déchéance de la maîtrise, ou autre plus grande punition en cas de récidive.

« 8. Défendons à tous imprimeurs de se servir pour leurs imprimeries de rouleaux, à peine d'interdiction pendant six mois, et de 500 livres d'amende, même de déchéance de la maîtrise, et autre plus grande punition en cas de récidive.

« 9. Enjoignons à tous imprimeurs de marquer au bas de leurs ouvrages le nom de la ville dans laquelle il les auront imprimés, et la date de l'année où l'impression en aura été faite, à peine de 500 livres d'amende pour chaque contravention; leur faisons très expresses inhibitions et défenses de supposer le nom d'une autre ville, ni aucunes dates fausses, à peine d'être poursuivis extraordinairement, et punis comme faussaires.

« 10. Toutes les peines portées par les art. 2, 3, 5, 6, 7, 8, et 9 de notre présente déclaration contre les imprimeurs, auront également lieu, suivant les différens cas, contre les protes, correcteurs et compositeurs, ensemble contre les distributeurs et colporteurs de libelles, dans ce qui peut les regarder.

« 11. Et afin que tous les protes, correcteurs ou compositeurs des imprimeries ne puissent excuser leurs contraventions sous prétexte qu'ils ont présumé que l'imprimeur pour lequel ils travaillent avait obtenu un privilège ou une permission, et qu'on ne peut leur imputer leur ignorance sur un fait dont ils ne sont pas chargés, ordonnons qu'à l'avenir sur la copie du livre ou ouvrage qu'il s'agira d'imprimer, les imprimeurs seront tenus de transcrire en entier le privilège ou la permission par eux obtenus, et de signer la copie qu'ils en auront écrite sur celle dudit livre ou ouvrage. Défendons auxdits protes, correcteurs ou compositeurs de travailler à l'impression d'aucun livre ou ouvrage sur la copie duquel ledit privilège ou permission n'auront pas été transcrits et signés par l'imprimeur ; et, en cas de contravention, voulons qu'ils soient sujets aux mêmes peines que lesdits imprimeurs, conformément à l'article précédent.

« 12. Défendons très expressément à toutes personnes, de quelque état et condition qu'elles soient, et à toutes communautés ecclésiastiques et laïques, séculières ou régulières, d'avoir dans leurs maisons, à la ville ou à la campagne, des imprimeries privées, soit avec presses, rouleaux ou autrement ; le tout à peine savoir : contre les particuliers de 3000 livres d'amende, dont les propriétaires, s'ils demeurent dans la maison, ou les principaux locataires des maisons, seront responsables ; et, contre les communautés, de la même peine de 3000 livres d'amende, et d'être en outre déchues de tous les privilèges et immunités à elles accordées tant par nous que par les rois nos prédécesseurs.

« Si donnons en mandement, etc.... »

L'étude des actes officiels, édits, ordonnances, déclarations, arrêts, ne donne qu'une idée très incomplète de la situation de la presse. Entre autres faits auxquels il est indispensable de recourir, ceux qui concernent les permissions tacites méritent une attention toute particulière.

Les mœurs d'un pays ne sont pas toujours en accord avec ses lois. De nos jours, nous avons des lois plus libérales que nos mœurs ; au dix-huitième siècle, on avait des mœurs très faciles avec une législation sévère. Le gouvernement et les censeurs osaient peu permettre, en même temps qu'ils osaient peu défendre. De là l'usage des permissions tacites, qui paraît remonter au temps de la régence, et par lesquelles on tolérait la circulation de livres, quelquefois fort immoraux, souvent fort inoffensifs, à l'égard desquels on craignait de se compromettre par une approbation officielle. La bibliothèque du roi possède, au dépôt des manuscrits, dix registres de ces permissions. Le premier commence en 1718, le dernier est interrompu au 3 juillet 1789.

Rien de plus curieux que l'examen de ces registres. Le premier est intitulé : « Registre des livres d'impression étrangère présentés à Monseigneur le Garde des Sceaux (d'Argenson), pour la permission de débiter : Mai 1718. » Il faut ne pas s'en rapporter à son titre, et le juger par son contenu. Souvent, sans doute, il y est question d'ouvrages d'impression étrangère, dont il s'agit d'autoriser la circulation en France ; mais, souvent aussi, il s'agit d'impressions à tolérer en France; et à mesure que le registre s'avance, cette intention est exprimée plus clairement, jusqu'à ce qu'enfin elle soit explicitement avouée, et qu'elle devienne une habitude, presque une règle, d'administration.

Les registres contiennent la liste des ouvrages pour lesquels ces permissions étaient demandées ; le nom du censeur chargé de l'examen; et la décision. Tantôt on approuvait, tantôt on réprouvait; quelquefois on permettait seulement le débit, quelquefois la réimpression ; souvent l'introduction était restreinte aux personnes connues, ou sans conditions, ou à la charge de donner leurs noms, ou même avec la précaution de prendre leurs reçus.

Ainsi, on voit *réprouver* en 1718 un tome des lettres de feu M. Nicolle, et les mémoires du cardinal de Retz ; en 1719, les annales des provinces-unies par Basnage ; en 1720, les œuvres spirituelles de feu M. l'archevêque de Cambrai. La même année, les Lettres persannes sont *réprouvées absolument*.

La première mention de permission tacite est de 1720, en faveur d'un livre imprimé en 1713 à Louvain : *Henrici à sancto Ignatio gratiæ per se efficacis defensio.* On voit, au 12 juillet 1722, permission tacite de réimprimer l'éloge de la folie par Erasme ; le 11 novembre 1722, permission tacite aux imprimeurs de Trévoux d'imprimer les œuvres d'Etienne et de Nicolas Pasquier ; le 31 mars 1723, permission tacite d'imprimer Rabelais, qu'un arrêt du parlement avait condamné le 1er mars 1551.

Le 24 juin 1720 un privilège fut refusé pour Robinson Crusoé ; on permit seulement de débiter les exemplaires venus d'Amsterdam ; le 30 juin 1721, le troisième volume fut *réprouvé absolument ;* le 31 janvier 1723, on donna permission tacite d'imprimer en se conformant aux corrections.

La décision, à la date de 1746, sur le recueil des ouvrages de M. de Fénelon, archevêque de Cambrai, explique très bien comment on procédait : « M. le chancelier a permis que « l'on travaillât à ce recueil ; il veut bien même accorder un « privilège sur l'approbation qui sera donnée par M. Millet. « Les pièces que l'on ne jugera pas à propos de faire paraître « avec le privilège *seront imprimées avec un frontispice* « *étranger,* après néanmoins qu'elles auront été approu- « vées. » On voit, par cette citation, que l'on connaîtrait mal la situation de la presse, si on la croyait régie par la législation alors en vigueur ; et si, par exemple, on se référait au texte de l'article 9 de la déclaration de 1728, qui punissait comme faussaires les imprimeurs qui supposeraient le nom d'une autre ville.

En tête de l'un des registres est transcrite la copie de la lettre suivante, du 5 janvier 1752 :

« Monsieur le Chancelier a appris, Messieurs, que malgré « les permissions tacites qu'il a accordées dans certains cas, « et les mesures qu'il a prises pour arrêter les impressions « clandestines, il s'en fait de temps en temps. Pour remédier « à ces abus si préjudiciables au bon ordre, vous manderez « tous les imprimeurs à votre chambre syndicale, vous leur « direz qu'avant de commencer l'impression d'aucun ouvrage

« pour lequel il y aura permission tacite, ils aillent vous en
« faire leur déclaration sur un registre que vous tiendrez à
« cet effet; l'intention de Monsieur le Chancelier est que,
« d'après cette précaution, vous saisissiez dans les visites que
« vous ferez, et que vous aurez soin de renouveler très fré-
« quemment, soit chez les libraires, soit chez les imprimeurs,
« tout ce qui ne vous aura pas été déclaré.

« Je suis très parfaitement, Messieurs, votre très humble,
« très obéissant serviteur,

DE LAMOIGNON DE MALESHERBES. »

Le registre porte ensuite les déclarations des imprimeurs
avec leurs signatures : l'une des premières est du 25 janvier
1752, pour l'impression de la satire Ménippée.

Un autre des registres est précédé de la note suivante :
« M. de Maupeou ayant été fait vice-chancelier et garde
des sceaux de France, M. de Sartine, maître des requêtes et
lieutenant général de police, fut chargé de la librairie, et
succéda aux fonctions de M. de Malesherbes. Il tint le premier bureau de la librairie, le 27 octobre 1763. Il confia les
détails du secrétariat au sieur Marin, de plusieurs académies, censeur royal et de la police, qui a fait le présent registre. »

Chacun sait, et l'établissement des permissions tacites suffirait, à lui seul, pour en porter témoignage, combien au dix-
huitième siècle le gouvernement pliait déjà devant l'immense
pouvoir que la presse avait conquis. Les démêlés des gens de
lettres avec le clergé, avec le parlement, avec le pouvoir royal
occupent une place importante dans l'histoire de cette époque.

D'utiles renseignemens sur l'état où se trouvait alors la
presse, existent dans cinq mémoires sur la librairie, qu'au
commencement de 1759, Lamoignon de Malesherbes, chargé
de la direction de la librairie depuis la fin de 1750, composa
à la sollicitation du dauphin, fils de Louis XV. Ils n'ont été
imprimés pour la première fois qu'en 1809, avec un mémoire

sur la liberté de la presse écrit en 1788 ; ce dernier mémoire, plein de faits curieux sur la censure et les censeurs, propose de substituer à la censure obligatoire une censure seulement facultative.

Le premier mémoire de 1759 a pour objet la nécessité de faire de nouveaux règlemens ou de réformer les anciens.

L'auteur s'y occupe beaucoup des poursuites exercées par le parlement contre l'Encyclopédie, le livre de l'Esprit, et plusieurs autres ouvrages qui tous avaient paru cependant avec privilège du roi et approbation d'un censeur. Il signale comme une entreprise nouvelle du parlement cette prétention au droit de poursuivre les ouvrages approuvés, fait ressortir le caractère d'hostilité de plusieurs des circonstances qui ont accompagné cette démarche, et remarque, dans l'arrêt sur l'Encyclopédie, qu'aux défenses d'imprimer, vendre ou débiter aucun ouvrage contraire aux bonnes mœurs, à la religion, etc., on a ajouté le mot *ni d'approuver ;* « ce qui, dit-il, ne se « trouve dans aucun ancien arrêt, et ce qui donne précisément « au parlement l'inspection sur les censeurs, c'est-à-dire, l'ad- « ministration. » Tout en blâmant le parlement, il exprime le vœu que le principe de responsabilité des auteurs soit doré- navant établi, même après privilège et approbation.

Dans le second mémoire, il insiste de nouveau sur la néces- sité d'établir la responsabilité des auteurs, mais sans l'éten- dre aux imprimeurs et libraires qui lui paraissent devoir rester complètement à l'abri, lorsqu'une permission leur a été donnée.

Il propose d'user de rigueur envers les ouvrages imprimés sans permission, mais d'être très avare de refus. « Ce n'est « pas dans la rigueur, dit-il, qu'il faut chercher un remède; « je ne connais qu'un moyen pour faire exécuter les défenses, « c'est d'en faire fort peu. »

Enfin, il souhaite qu'on ne prescrive aux censeurs que des règles fixes et certaines, et s'oppose fortement à ce qu'ils soient responsables envers d'autres que le chancelier, de qui ils tiennent leur mission.

Le troisième mémoire contient des conseils sur la censure et sur les livres que l'on doit permettre ou tolérer.

Le quatrième mémoire est relatif aux règlemens à faire pour empêcher l'impression, le commerce et l'introduction des livres défendus. La faculté pour les auteurs de vendre leurs ouvrages y est réclamée dans le passage suivant :

« Les auteurs, suivant le droit naturel, devraient tirer tout le profit de leurs ouvrages en ayant la faculté de les vendre eux-mêmes. Le droit civil ne s'y oppose point; et malgré le droit exclusif de vendre de certaines marchandises, qui est réservé aux communautés de Paris et des autres villes, chacun a la liberté de vendre les fruits de sa terre. Ne doit-on pas regarder les ouvrages d'un auteur, qui sont les fruits de son génie, comme lui appartenant encore à plus juste titre, et comme le bien dont il serait le plus convenable qu'il eût la libre disposition? »

Réfutant l'objection tirée de la crainte que les auteurs n'abusent de cette permission, pour vendre des livres autres que les leurs, le mémoire considère cet inconvénient comme facile à prévenir à l'aide de quelques précautions qu'il indique.

Le cinquième mémoire est relatif aux permissions tacites. Le même sujet a été de nouveau traité dans le mémoire de 1788.

« Je ne sais pas avec certitude dans quel temps l'usage des permissions tacites s'est établi; il l'était depuis long-temps quand je fus chargé de la librairie. J'en parlai à M. d'Argenson, qui avait eu la même fonction dont on venait de me charger, et qui avait été, presque depuis sa naissance, dans tous les secrets de l'administration, puisqu'il avait été lieutenant de police dès le temps de la régence. Il me dit qu'il en avait toujours vu donner. Ainsi je crois qu'elles ont commencé à-peu-près dans le temps de la mort de Louis XIV. (1)

« Les permissions tacites, ainsi que les permissions publi-

(1) Tout ceci s'accorde avec les registres des permissions tacites commencés, ainsi qu'on l'a vu plus haut, en mai 1718. Il est même probable que l'on avait

ques, ne sont données que sur le rapport d'un censeur, qui
signe son approbation et paraphe le manuscrit ou un exemplaire imprimé, et la liste en est déposée à la chambre syndicale des libraires de Paris.

« Il n'y a donc de différence entre ces permissions illégales
et les autres, qu'en ce qu'elles ne passent pas au sceau, et que
le public ne voit pas le nom du censeur. »

Lamoignon de Malesherbes, dans son cinquième mémoire,
avait exprimé le désir que l'on rendît ces permissions légales,
en retranchant des réglemens la clause qui ordonne que la
permission et l'approbation soient imprimées. « Il n'y a, dit-il
à ce sujet, que les privilèges exclusifs qu'il faille absolument
imprimer, parce qu'il est nécessaire que celui qui a acquis un
droit exclusif sur un ouvrage en avertisse, par la voie de l'impression, ceux qui voudraient l'entreprendre concurremment
avec lui. »

Il avait demandé cette réforme quand il était à la tête de
l'administration de la librairie. « Mais, dit-il dans son mémoire de 1788, souvent en France on a pour les lois un respect d'un genre fort singulier. Quand on y voit des inconvéniens, on ne veut pas les changer et on aime mieux permettre qu'elles ne soient pas exécutées.

« On me répondit que la nécessité des permissions tacites
était reconnue par le gouvernement; qu'elle l'était même par
les parlemens, contradicteurs habituels de l'administration;
qu'ils savaient qu'elles existaient; que cependant ils ne pour-
suivraient jamais comme imprimés en fraude les livres permis dans cette forme, mais qu'ils ne consentiraient point à
enregistrer la loi que je leur proposais.

« Quoi qu'il en soit, on voit que ce fut le gouvernement qui
apprit lui-même aux libraires et imprimeurs qu'ils pouvaient
contrevenir à une loi précise. »

---

accordé de ces permissions avant de les transcrire sur les registres, qui, comme
va le dire Malesherbes, ne contenaient pas tout.

L'auteur ajoute qu'on ne s'en tint pas à ces permissions inscrites sur un registre. Il donne beaucoup de détails sur les permissions clandestines. «On prenait le parti de dire à un libraire qu'il pouvait entreprendre son édition, mais secrètement; que la police ferait semblant de l'ignorer et ne le ferait pas saisir; et comme on ne pouvait pas prévoir jusqu'à quel point le clergé et la justice s'en fâcheraient, on lui recommandait de se tenir toujours prêt à faire disparaître son édition dans le moment qu'on l'en avertirait, et on lui promettait de lui faire parvenir cet avis avant qu'il ne fût fait des recherches chez lui. Ce n'est pas le magistrat de la librairie qui donne cette assurance au libraire, c'est le lieutenant de police.

«Je ne sais pas bien quel nom donner à ce genre de permission dont l'usage est devenu commun. Ce ne sont proprement que des assurances d'impunité. »

Écoutons Diderot défendre, au contraire, les permissions tacites. De Sartine lui ayant demandé un mémoire sur la librairie, il composa, de concert avec Lebreton, ancien syndic, un mémoire, qui porte la date de juin 1767, et dont le manuscrit existe à la Bibliothèque royale : je le crois inédit.

L'écrit de Diderot a surtout pour objet la question des privilèges. Dans les considérations qui suivent cette partie principale, il s'efforce de démontrer qu'il faut toujours, quelque mauvais que puisse être un livre, en autoriser la publication par des permissions tacites, et cela par le motif qu'il ne circulera ni plus ni moins, et qu'on y gagnera qu'il se fabrique en France plutôt qu'à l'étranger.

«Si un éclat a lieu, ne livrez point votre auteur, ce serait une indignité; n'abandonnez point votre commerçant qui ne s'est engagé que sous votre bon plaisir; mais criez, tonnez plus haut que les autres; ordonnez les plus terribles perquisitions; qu'elles se fassent avec l'appareil le plus formidable; mettez en l'air l'exempt, le commissaire, les syndics, la garde; qu'ils aillent partout, le jour, aux yeux de tout le monde; et

7.

qu'ils ne trouvent jamais rien. Il faut que cela soit ainsi. On ne peut pas dire à certaines gens, et moins encore leur faire entendre, que vous n'avez tacitement permis ici la publication de cet ouvrage que parce qu'il vous était impossible de l'empêcher ailleurs ou ici, et qu'il ne vous restait que ce moyen sûr de mettre à couvert par votre connivence l'intérêt du commerce. »

Viennent ensuite quelques considérations sur la censure. Il dit à propos du choix des censeurs : «Si j'ai, dans la chaleur de l'âge, dans ce temps où pour ouvrir sa porte à la considération on fait sauter son bonheur par la fenêtre, commis quelques fautes, combien je les ai réparées! Je ne saurais dire le nombre de productions de toute espèce sur lesquelles j'ai été consulté, et que j'ai retenues dans le portefeuille des auteurs, en leur remontrant avec force les persécutions auxquelles ils allaient s'exposer, les obstacles qu'ils préparaient à leur avancement, les troubles dont toute leur vie se remplirait, les regrets amers qu'ils en auraient! Il est vrai que j'en parlais un peu par expérience. »

Plus loin il cite l'Angleterre : « La chose est, dit-il, tout-à-fait différente à Londres. Il n'y a point de privilèges ni de censeurs. Un auteur porte son ouvrage à l'imprimeur; on l'imprime; il paraît. Si l'ouvrage mérite par sa hardiesse l'animadversion publique, le magistrat s'adresse à l'imprimeur. Celui-ci tait ou nomme l'auteur. S'il le tait, on procède contre lui ; s'il le nomme , on procède contre l'auteur. Je serais bien fâché que cette police s'établît ici ; bientôt elle nous rendrait trop sages. »

Ce mémoire, qui contient des faits et des déclamations, des vérités et des erreurs, et où nous verrons, dans la section suivante, que les contradictions abondent, se termine par une sortie contre les colporteurs, et par le conseil d'affranchir, non pas les imprimeurs, mais les libraires, de l'obligation de demeurer dans le quartier de l'université ou dans le Palais.

A mesure que l'on avance dans l'histoire de la législation

sur la librairie et l'imprimerie, on voit les droits des auteurs devenir l'objet d'une attention plus sérieuse et d'une plus vive sollicitude. De nouveaux règlemens furent donnés par six arrêts du conseil d'état du 30 août 1777. De ces six arrêts, les plus importans, de beaucoup, sont ceux qui concernent, l'un la durée des privilèges, l'autre les contrefaçons. Un troisième établissait annuellement deux ventes publiques à la chambre syndicale de Paris, pour les fonds et parties de fonds, les privilèges et portions de privilèges.

Des trois autres arrêts, l'un concernait les chambres syndicales, déterminait le mode d'élection de leurs officiers, leurs attributions, leurs droits de visite et de police; et par la suppression de trois des anciennes chambres et la création de cinq nouvelles, en fixait le nombre à vingt, établies dans les villes suivantes : Amiens, Angers, Besançon, Bordeaux, Caen, Châlons-sur-Marne, Dijon, Lille, Lyon, Marseille, Montpellier, Nancy, Nantes, Orléans, Paris, Poitiers, Reims, Rouen, Strasbourg et Toulouse. Un autre de ces arrêts portait règlement de discipline pour les compagnons imprimeurs et remplaçait le titre v du règlement de 1723 ; le dernier arrêt remplaçait le titre vi, et réglait les formalités à observer pour la réception des libraires et imprimeurs.

Un arrêt du conseil, du 16 avril 1785, en quatorze articles, prescrit des mesures pour les dépôts d'exemplaires à la chambre syndicale et pour les annonces d'ouvrages. (1)

« Art. 1. Les édits de 1617, 1618 et 1686; les arrêts du conseil des 21 octobre 1618, 29 mars 1656, 17 mai 1672, 1er mai 1676, 31 janvier 1685, 17 octobre 1704, 9 mai 1707, 16 décembre 1715 et notamment les articles 101 et 108 du règlement de la librairie du 28 février 1723, seront exécutés selon leur forme et teneur ; en conséquence, tous les auteurs, libraires, imprimeurs, graveurs, marchands d'estampes et de cartes, compositeurs, ou éditeurs et marchands de musique, et autres personnes de quelque qualité et condition qu'elles

(1) Voir ci-dessus, la note de la page 43.

soient, même les archevêques et évêques pour les usages de leurs
diocèses, ensemble les académies, corps et communautés, maisons
religieuses et autres, qui obtiendront des privilèges, permissions du
sceau, ou des juges de police, et autres de quelque espèce qu'elles
puissent être, pour l'impression ou réimpression ou gravure des livres, estampes, musique, cartes, etc., remettront ou feront remettre
à la chambre syndicale de Paris *neuf* exemplaires brochés et complets desdits livres, estampes, musique, cartes, etc., pour lesquels
ils auront obtenu privilège ou une permission quelconque.

« Art. 2. Lesdits neuf exemplaires, dont trois pour la bibliothèque
du roi, un pour celle de M. le chancelier, un pour celle de M. le
garde-des-sceaux, un autre pour le censeur qui aura examiné l'ouvrage, et les trois autres pour la chambre syndicale, seront mis sans
frais à ladite chambre, huit jours après l'impression finie, à peine
de déchéance du privilège ou de la permission, de confiscation de
l'édition entière, et de 1,500 livres d'amende. Annulle Sa Majesté
tous privilèges et toutes permissions dans lesquels se trouveraient
quelques dispositions à ce contraires.

« Art. 11. Pour faciliter et multiplier aux libraires et marchands
d'estampes, de musique, cartes, etc., ainsi qu'aux auteurs, directeurs
et rédacteurs de gazettes, journaux et autres feuilles périodiques,
les moyens d'être assurés qu'un ouvrage est permis et que la fourniture des exemplaires en a été faite, il sera, à compter du 1ᵉ juillet prochain, formé sur le registre prescrit par l'art. 7, tous les mardi et vendredi de chaque semaine, par les officiers de la chambre syndicale de
Paris, un état, avec deux copies contenant les indications et renseignemens mentionnés aux art. 3 et 7 ci-dessus, de tous les ouvrages imprimés ou gravés qui auront été permis, et pour lesquels il aura été satisfait à cette obligation ; lequel état, dûment signé et certifié, sera par
eux remis au magistrat chargé par M. le chancelier ou garde-des-sceaux
de la direction générale de la librairie ; et les deux copies, également
signées et certifiées, seront envoyés, savoir : l'une à l'inspecteur
chargé par M. le chancelier ou garde-des-sceaux du recouvrement
desdits neuf exemplaires, et l'autre au propriétaire du *Journal des
Savans*. Et seront lesdits propriétaires du *Journal des Savans*
tenus de publier sur-le-champ ledit état, à peine de déchéance de
leur privilège, par la voie dudit journal, et subsidiairement par
celle du *Journal de Paris ;* ce dont, et en aucun cas, ils ne pour-

ront se dispenser, si ce n'est du consentement des auteurs, éditeurs, ou autres ayant-droit à la propriété de l'ouvrage non annoncé.

« Art. 12. Et en même temps, Sa Majesté, voulant d'autant mieux assurer la remise desdits neuf exemplaires, et en outre prévenir, plus efficacement que par le passé, la publicité des ouvrages prohibés ou non permis, a défendu et défend à tous auteurs et éditeurs, directeurs et rédacteurs de gazettes, journaux, affiches, feuilles périodiques et autres papiers publics, tant à Paris que dans les provinces, même de ceux étrangers dont la distribution est permise dans le royaume, d'annoncer, sous quelque prétexte que ce puisse être, aucun ouvrage imprimé ou gravé, national ou étranger, si ce n'est après qu'il aura été annoncé par le *Journal des Savans*, ou subsidairement par celui de *Paris*, à peine d'être tenus, en leurs propres et privés noms, d'acquitter ladite fourniture, et, en outre, de 100 livres d'amende pour la première contravention, de 300 livres pour la seconde, et d'amende arbitraire ainsi que de déchéance de leur privilège ou permission, pour la troisième ; même de telle autre peine qu'il appartiendra s'il s'agissait d'ouvrages non permis ou prohibés. »

Le lendemain de l'ouverture des États-généraux, le 6 mai 1789, l'autorité expirante du conseil cherchait encore à maintenir les anciens règlemens, faible digue qui allait disparaître dans la tempête. Voici cet arrêt qui clôt l'ancienne législation sur la librairie :

« Le Roi étant informé qu'on distribue dans le public plusieurs prospectus d'ouvrages périodiques pour lesquels il n'a été accordé aucunes permissions, a résolu de réprimer un abus aussi contraire au bon ordre qu'aux règlemens de la librairie, dont Sa Majesté entend maintenir l'exécution, jusqu'à ce que, d'après les observations qui lui seront présentées par les États-généraux, elle ait fait connaître ses intentions sur les modifications dont ces règlemens peuvent être susceptibles. A quoi voulant pourvoir ; oui le rapport, le Roi étant en son conseil, de l'avis de M. le garde-des-sceaux (de Barentin), a ordonné et ordonne que les règlemens rendus sur la police de la librairie seront exécutés selon leur forme et teneur jusqu'à ce que, par Sa Majesté, il en ait été autrement ordonné. Fait, en conséquence, Sa Majesté très expresses inhibitions et défenses à tous imprimeurs, libraires, ou autres, d'imprimer, publier, distribuer aucun prospectus, journal ou autre feuille périodique, sous quelque dénomination que ce soit, à moins qu'ils n'en aient obtenu une permission expresse de Sa Majesté. Défend pareillement Sa Majesté à tous imprimeurs et libraires de recevoir aucune souscription pour lesdits ouvrages périodiques publiés sans permission, sous peine d'interdiction de leur état, et même de plus grande peine s'il y échoit. Enjoint Sa Majesté au sieur lieutenant-général de police à Paris, et aux sieurs intendans et commissaires départis dans les provinces, de tenir la main chacun en droit soi, à l'exécution du présent arrêt, lequel sera imprimé, publié et affiché partout où besoin sera, et transcrit sur les registres de toutes les chambres syndicales du royaume. Fait au conseil-d'état du roi, Sa Majesté y étant, tenu à Versailles le 6 mai 1789. Signé Laurent de Villedeuil. »

J'ai parcouru les phases diverses de la législation sur l'imprimerie et la librairie jusqu'à la révolution française. J'aurais pu donner une plus grande part aux considérations générales, et rattacher cette législation spéciale aux évènemens de notre histoire, de plus près encore que je ne l'ai fait. Ce travail aurait été plus facile pour moi, et plus agréable aux lecteurs. J'ai cru plus utile de m'attacher surtout à reproduire des textes et à enregistrer des faits.

Pour raconter les vicissitudes de la liberté de la presse depuis qu'elle a été, en 1788, réclamée par le parlement de Paris, et décrétée, en 1789, par l'assemblée constituante, il faudrait presque écrire l'histoire de tout ce demi-siècle. Proclamée dès les premiers jours de la révolution, noyée dans le sang sous la terreur, la liberté de la presse ne renaquit, après le 9 thermidor (1) et sous le directoire, que pour alarmer les pouvoirs publics sur leur durée, et pour être déportée au 18 fructidor. Elle fut domptée par le consulat, garrottée par l'empire, et prit des forces sous la restauration, au milieu de ses

---

(1) Les journées de thermidor an II correspondent aux 27, 28 et 29 juillet de l'année 1794. — Le 18 fructidor an v est le 4 septembre 1797.

combats avec la censure , dans les lois les plus progressives de cette époque. La Charte de 1830 lui a fait irrévocablement prendre son rang parmi les principales institutions de notre pays , dont les mœurs l'avaient énergiquement adoptée.

Après cet exposé sur l'ancienne législation de la presse, il est temps d'arriver plus spécialement à l'histoire des anciens privilèges en librairie, et des droits des auteurs.

CHAPITRE III.

Des anciens privilèges en librairie.

Les privilèges avaient pour objet, non-seulement de maintenir au profit du corps de la librairie la fabrication et la vente exclusive des livres, en protégeant cette industrie et ce commerce contre l'invasion des personnes qui y étaient étrangères, mais aussi de garantir les membres même de ce corps contre leurs propres confrères.

Dans les premiers temps de l'imprimerie, on publiait peu de livres nouveaux, et beaucoup d'ouvrages anciens. Il y eut, de la part des imprimeurs, des travaux admirables pour mettre au jour les manuscrits, en comparer, en discuter, en corriger les textes. Mais il arrivait que des imitateurs, profitant des publications de leurs devanciers, reproduisaient dans des réimpressions, avec moins de science, de peines, de dépenses, de risques, les textes publiés sur les manuscrits. L'équité naturelle était blessée par cette usurpation du travail d'autrui ; et aucune disposition légale n'établissait de plein droit un avantage quelconque au profit des auteurs ou des premiers éditeurs. Des réclamations s'élevaient de toutes parts ; mais au lieu d'invoquer la protection d'une règle générale qui consacrât, à titre de droit, l'indemnité due aux auteurs et éditeurs, on sollicitait des garanties privées ; et il s'établissait ainsi des privilèges individuels au profit de telle édition ou de tel éditeur. On lit dans la correspondance d'Erasme une lettre du 27 janvier 1522, dans laquelle il se plaint à Pirckeimer que les travaux de Jean Froben, savant imprimeur de Bâle, soient indignement pillés par les éditeurs subséquens, et engage à solliciter de l'empereur un privilège exclusif de deux ans pour tous les ouvrages qui sortiront des presses de Froben.

Ces demandes et concessions de privilèges étaient conformes à l'esprit du temps. La liberté des travaux individuels n'était point comprise ; on ne songeait point à agir en vertu de son droit, et l'on cherchait à le protéger sous l'abri des autorisations par octroi. La maxime alors n'était pas : Tout ce qui n'est pas défendu est permis ; c'était, au contraire : Tout ce qui n'est pas permis est défendu.

Chacun des États de l'Europe accordait ainsi des privilèges. Pütter (1) cite comme le premier privilège connu celui que la république de Venise a accordé en 1494 à Hermann Lichtenstein pour l'impression du *Speculum historiale* de Vincent de Beauvais, à peine de 10 ducats pour le débit de chaque exemplaire contrefait.

Il cite, en 1495, un privilège de L.   Sforze, duc de Milan, à Michel Ferner et Eustache Si   les œuvres de Campanus; en 1496, un privilège du sénat de Nuremberg.

Le premier ouvrage avec date, imprimé par Alde l'ancien, la grammaire de Lascaris, commencée en 1494 et terminée en 1495, ne porte point de privilège; mais les volumes publiés après celui-là, en 1495, le *Théodore Gaza*, le recueil renfermant Théocrite, Hésiode et autres poètes, contiennent des privilèges du sénat de Venise. L'Aristote grec, dont le premier volume a paru en cette année 1495, fait même mention d'un privilège général de la nature de celui qu'Érasme, qui avait travaillé chez Alde, conseillait de demander pour Froben : « *Concessum est eidem Aldo inventori, ab illustrissimo senatu Veneto, ne quis queat imprimere neque hunc librum, neque cæteros quos is ipse impresserit, neque ejus uti invento : sub pœna ut in gratia.* »

Le même Alde l'ancien, inventeur du caractère italique

(1) Jean-Étienne Pütter, dans une dissertation contre les contrefaçons publiée à Gœttingue, en 1774.

qui long-temps fut nommé *aldino*, obtint, pour l'usage exclusif de ce caractère, des privilèges fort analogues à nos brevets d'invention. Le premier de ses livres qui en fasse mention est l'*Horace* de 1501, second des volumes imprimés avec ce caractère. M. A.-A. Renouard (1) rapporte le texte de plusieurs de ces privilèges donnés pour dix ans en 1502 par le sénat de Venise et le pape Alexandre VI, et en 1513, pour quinze ans, par les papes Jules II et Léon X.

Chevillier (2) cite les plus anciens privilèges qu'il ait remarqués sur les livres de la bibliothèque de Sorbonne; les deux premiers sont les suivans :

En 1507, privilège de Louis-XII à Antoine Vérard, savant libraire, pour l'impression des épîtres de saint Paul, glosées en français par un docteur de la faculté de théologie.

12 janvier 1508, privilège pour saint Bruno, accordé par arrêt du parlement de Paris à Bartholde de Remboldt, qui avait été associé d'Ulric Géring. Avant ce privilège, le parlement en avait déjà concédé d'autres, car on lit dans l'arrêt : Vu aussi aucuns arrêts de ladite cour donnés en pareils cas. »

M. Peignot (3) cite un passage d'un privilège donné à Lyon par Louis XII, le 30 juillet 1509, qui prouve qu'aucune règle obligatoire n'existait encore : « De la partie de notre bien-« aimé maître Jehan Le Maire de Belges, nous a exposé qu'il « a l'intention de brief faire imprimer un certain livre des « *Singularités de Troye et Illustrations de Gaule*, etc.; mais « il doute qu'il ne pût ou osât ce faire sans nos congié et li-« cence, et à cette cause nous a icelui exposant fait sup-« plier, etc.... »

Dans un privilège accordé par le parlement de Paris, pour deux ans, le 26 janvier 1516, à la requête de Josse Bade, libraire-juré de l'Université, pour les *Institutions oratoires* de Quintilien, et qui se trouve dans les registres du conseil, on lit

---

(1). *Annales de l'imprimerie des Alde*, troisième édition, p. 504 *et suiv.*
(2) *Origine de l'imprimerie de Paris*, p. 395.
(3) *Essai historique sur la liberté d'écrire*, p. 59.

la condition de ne pas vendre l'ouvrage plus haut de seize sols.

Pendant long-temps, les privilèges furent indistinctement accordés par le roi, par le parlement, par l'université et par le prévôt de Paris, avec ou sans conditions. Aucune règle, non plus, n'était observée pour la durée des privilèges; ils étaient concédés quelquefois à perpétuité, quelquefois pour un temps très court : non-seulement aucune règle, mais même aucun usage tant soit peu fixe, n'existait à cet égard.

Les privilèges n'étaient ordinairement octroyés qu'après que les approbations avaient été obtenues. Ils ne s'accordaient pas seulement aux libraires. Nous venons de citer un privilège accordé en 1509 à un auteur. Chevillier en mentionne un donné le 25 juin 1517, par le prévôt de Paris, à un régent de philosophie au collège de Sainte-Barbe, nommé Jean de Célaya, pour son livre *Insolubilia*, imprimé par Edme Lefèvre. Mais il est à remarquer que plus on remonte à une date ancienne, plus le nombre des privilèges accordés directement aux auteurs est petit, comparativement à ceux qui étaient concédés à des libraires ou imprimeurs. Le privilège accordé à un auteur ne lui donnait pas le droit de fabriquer ses ouvrages, ni même la faculté de les vendre lui-même, ce qui eût porté atteinte au monopole de fabrication et de vente dont le corps de la librairie jouissait exclusivement. Plus tard, les discussions qui s'élevèrent entre les libraires et les auteurs, ont apporté certaines modifications à cet état de choses; mais, pendant fort long-temps, l'auteur qui obtenait un privilège n'avait d'autre ressource pour l'exploiter que d'en faire cession entière à des libraires.

Pendant long-temps, des privilèges généraux furent accordés, soit à des auteurs, soit à des corps ou compagnies, soit à des imprimeurs et libraires. Nous avons déjà cité (1) le privilège de deux et de cinq ans accordé en 1538, à Conrad Néobar, par François Ier. En 1553, Henri II octroya à Vasco-

(1) *Voyez* page 56.

san, imprimeur à Paris, un privilège général de dix ans, pour toutes les éditions qu'il publierait. Les exemples de ce genre sont nombreux.

Il n'était pas rare que des privilèges fussent donnés, en cadeaux, à des individus qui n'étaient ni libraires ni auteurs. Par exemple, un privilège perpétuel pour les œuvres de Ronsard fut concédé, le 16 janvier 1597, à Me Jean Galandius, professeur du collège de Roncourt, « auquel, disent les let-« tres-patentes vérifiées et enregistrées en parlement, Sadite « Majesté, en considération des fidèles et agréables services « qu'elle a reçus de lui, a donné cette grâce spéciale et par-« ticulier pouvoir. »

Des contestations fort graves s'élevèrent sur les prolonga-tions de privilèges, et sur la distinction entre les privilèges d'ouvrages anciens et ceux d'ouvrages nouveaux.

On comprend sans peine les motifs d'équité qui légitimaient, au profit des ouvrages nouveaux, un privilège de jouissance exclusive, afin d'empêcher les contrefacteurs de s'approprier les bénéfices du travail des auteurs. Les mêmes considéra-tions existaient en faveur des publications d'ouvrages anciens qui avaient exigé de l'éditeur des soins particuliers. Mais, pour les ouvrages anciens qui ne demandaient aucun travail spécial, et qu'un imprimeur n'avait pas même le mérite d'avoir donnés le premier et de s'être ainsi appropriés comme par un droit de première occupation, les privilèges ne se re-commandaient par aucun motif de justice, et n'étaient, en réalité, que des cadeaux faits aux dépens du public. La lutte fut longue et vive; ce ne fut qu'à force de discussions que l'on comprit la possibilité d'un partage entre les élémens de jus-tice et les élémens d'usurpation sur lesquels l'établissement des privilèges reposait, et que l'on consentit à la double né-cessité de n'enrichir personne aux dépens du public, et de n'enrichir le public aux dépens de personne.

Le parlement s'efforça de poser cette distinction. Sa juris-prudence était de n'autoriser ni les privilèges pour des livres anciens, ni les renouvellemens de privilèges pour les livres nouveaux.

Un arrêt du 18 avril 1578 défend d'obtenir des prolongations de privilèges, s'il n'y a augmentation.

On lit dans un volume intitulé *Recueil de plaidoyers notables,* etc., imprimé à Paris en 1612 (1), la relation d'un procès jugé le 3 août 1579, entre Jeanne Joncty de Lyon, qui appartenait à la famille des Giunti, célèbres imprimeurs de Florence et de Venise, et un libraire de Lyon, Philippe Tinghi. L'un des chefs du procès était relatif à la marque que la maison des Giunti était en possession d'apposer sur ses éditions, et que Jeanne Joncty reprochait à Tinghi d'avoir usurpée. L'autre chef est ainsi exposé par Aubert, avocat de Tinghi, appelant : « Ayant l'appelant obtenu privilège du roi pour faire imprimer plusieurs livres (ouvrage de dépens incroyable), vérifié céans avec Nivelle, imprimeur en cette ville, aux charges portées par l'arrêt, l'intimée en a aussi obtenu un autre pour faire imprimer les mêmes livres ; sur quoi les parties sont entrées en différend, sur lequel elles ont été renvoyées à l'audience, et ont présenté requête à fin d'évocation du principal. »

Brisson (2), pour le procureur général du roi, dit « qu'il est nécessaire que la cour règle les parties, parce que les privilèges obtenus de part et d'autre y ont été vérifiés ; et cette concurrence apporte une division entre elles, qui est l'un de leurs différends, et l'autre pour la marque et enseigne de leurs impressions. » Il s'exprime ensuite sur les privilèges d'une façon fort remarquable : « Au regard des privilèges pour faire imprimer les livres y mentionnés, privativement

(1) J'ai acquis la preuve que l'auteur anonyme de ce recueil est Laurent Bouchel, par un renvoi que, dans sa *Bibliothèque* ou *Trésor du droit français,* au mot *imprimeur,* il fait à ce même plaidoyer. En 1614, ce recueil fut publié de nouveau ; c'est l'édition de 1612, avec un changement de date et quelques additions. *Voir* la note de la page 58.

(2) Barnabé Brisson, alors avocat-général, depuis président au parlement, pendu par les ligueurs le 16 novembre 1591.

les uns aux autres, ce sont vrais monopoles, et de grande
importance contre la liberté publique; spécialement pour
imprimer de nouveau les livres jà imprimés par ci-devant, ce
qui doit demeurer en la liberté d'un chacun. Bien s'ils ont
acheté quelques copies, ou par leur art ils aient recouvert
quelque nouveau livre, il est raisonnable qu'ils jouissent de
leurs privilèges; mais non des livres anciens pour l'impression desquels il faut ouvrir la porte à chacun; car autrement
ce serait y mettre la cherté. »

La cour rendit son arrêt ainsi qu'il suit : « Pour le regard
de la marque et enseigne, ordonne qu'elle demeurera aux
Joncty comme l'ayant premièrement occupée. Et quant aux
privilèges, après avoir ouï le procureur général du roi, ordonne que l'on n'y aura aucun égard, sinon pour les livres
qui n'ont encore été (publiés) par ci-devant. Et pour le regard
des autres jà imprimés, ils seront imprimés par tous les imprimeurs qui les pourront et voudront imprimer, en pleine liberté. Et à la requête du procureur général, fait inhibitions et
défenses à tous les imprimeurs de faire imprimer aucuns livres
hors ce royaume, sur peine de confiscation et de 4000 écus d'a-
mende : et aura ledit procureur général commission pour informer à l'encontre de ceux que l'on prétend avoir fait imprimer
livres hors ce royaume ; pour, l'information faite et apportée,
décréter contre les coupables ainsi qu'elle verra être à faire
par raison. »

La même doctrine a été consacrée par un arrêt du parlement, du 15 mars 1586, qui annulle le privilège accordé pour
les œuvres de Sénèque, revues et annotées par Muret. La
demande en nullité avait été plaidée par Marion (1). Après
quelques déclamations fort pompeuses sur l'ancienne et la nouvelle Rome, sur Sénèque, sur Muret, l'avocat s'exprime ainsi :

« Ses amis de Rome (les amis de Muret), depuis son décès, y ont fait imprimer le *Sénèque* annoté par lui, sans avoir

(1) *Voyez* la note de la page 52.

obtenu privilège du roi, ce qui l'a rendu purement public et
de libre impression en ce royaume, où il ne peut plus être
privilégié, vu que l'état d'un livre se doit mesurer par la
condition en laquelle il se trouve sortant des mains privées de
son possesseur, pour entrer par son bénéfice en la lumière
publique des hommes : tellement que si cette origine est as-
treinte à la loi d'un privilège, il la doit endurer ; mais, s'il est
né libre, on ne le peut après asservir. La raison en est que
les hommes, les uns envers les autres, par un commun in-
stinct, reconnaissent tant chacun d'eux, en son particulier,
être seigneur de ce qu'il fait, invente et compose ; que même,
parlant humainement de la grandeur de Dieu et de sa puissance sur les choses créées, ils disent le ciel et la terre lui appartenir, parce qu'ils sont l'œuvre de sa parole ; le jour et la
nuit être vraiment siens, parce qu'il a fait l'aurore et le soleil. De manière qu'à cet exemple l'auteur d'un livre en est du
tout maître, et comme tel en peut librement disposer, même
le posséder toujours sous sa main privée, ainsi qu'un esclave,
ou l'émanciper, en lui concédant la liberté commune, et la
lui accorder, ou pure et simple sans y rien retenir, ou bien à
la réservation, par une espèce de droit de patronage, qu'autre
que lui ne pourra l'imprimer qu'après quelque temps. Qui
est, en effet, un contrat exempt de nom propre, et obligation
de çà et de là, parce qu'il a sa cause également juste de
chacun côté ; l'un ne voulant donner au public ce qui lui appartient en particulier, si, en récompense, le public ne lui
donne cette prérogative : et ainsi au contraire. Ce qui rend
nulles les lettres impétrées du roi, et vérifiées sur simple requête, par lesquelles il est permis pendant six ans au défendeur seul d'imprimer le Sénèque annoté par Muret. D'autant
qu'on ne peut restreindre en sa faveur privé la liberté publique de l'imprimerie, puisque de sa part il ne donne au public
rien de singulier, étant jà l'exemplaire qu'il veut représenter
de commerce libre. Ceux-là donc qui l'ont divulgué, sans aucun privilège, le lui ayant donné, le m'ayant donné, ensemble

I.   S à tous autres qui en voudront user, soit pour le lire, soit pour l'imprimer, il serait trop inique que son ambition, non contente de participer à ce bénéfice, en pût priver et moi et les autres, et le rendre, de commun qu'il est et diffus en tous ceux qui s'en voudront servir, propre et solidaire à son seul usage; mais plutôt cette arrogance l'en rendrait lui-même totalement privable. Car la loi civile, voyant la peine de l'ingratitude référée seulement à Dieu et à la haine publique des hommes être venue en trop grand mépris, y a ajouté sa censure, par la révocation de la chose donnée des mains de celui qui s'en rend indigne : et c'est ingratitude de contrevenir à la loi du bienfait, et le vouloir ravir du sein du public, auquel il appartient par la munificence de ceux qui l'ont produit, pour se l'arroger en particulier : c'est ingratitude envers celui qui, par jeûnes et veilles, s'est avancé à la mort pour revivre en son livre d'une ère immortelle, de vouloir éteindre, par un privilège, l'honnête émulation entre les imprimeurs, à qui l'embellira à l'envi l'un de l'autre : finalement, c'est ingratitude d'envier au livre sa célébrité, de vouloir retrancher la multiplication de ses exemplaires, et le renchérir aux hommes studieux, ainsi qu'il adviendrait, parce que l'affluence est notoirement mère de vilité, et la cherté fille du monopole. Tellement que le défendeur, en tant de sortes ingrat et indigne de la grâce commune faite à tous les libraires, en pourrait à bon droit être du tout exclus, même afin que la juste rigueur d'un si utile exemple déterrât à jamais et lui et les autres de telle entreprise. Toutefois, à ce qu'il ne semble que, lui fermant le pas qu'il nous a voulu clore, nous en avons poursuivi l'ouverture pour y demeurer seuls, et convertir sa peine aux effets de sa faute à notre avantage, nous nous contenterons de conclure à ce qu'il soit dit : que l'impression du livre demeurera libre, sans avoir égard aux lettres contraires; de l'effet desquelles il sera débouté. »

Le seigneur d'Urfé, auteur d'Astrée, avait publié les deux

premières parties de son célèbre roman. Les libraires Devarennes et Dubray avaient traité avec lui pour l'impression de la troisième partie, et avaient obtenu une continuation de privilège pour la réimpression des deux premières. Les libraires de Paris se rendirent opposans. Un arrêt des requêtes de l'hôtel, du 5 mai 1617, tout en permettant à Devarennes et Dubray l'impression des trois premières parties, leur défendit de poursuivre la continuation du privilège de la première et de la seconde; que tous les libraires furent déclarés libres d'imprimer. En 1624, un arrêt du parlement, en déboutant d'Urfé de l'entérinement des lettres de privilège par lui cédées, déclare injurieuse et déraisonnable la saisie faite par lui sur trois libraires.

En 1617, le 19 août, un arrêt du parlement, rendu sur la requête de quarante-sept imprimeurs ou libraires, accorda à la veuve Langelier, qui avait obtenu une continuation de privilège pour l'impression de Sénèque, un délai de six mois, afin que son édition pût s'écouler; après lequel délai, l'arrêt permettait à tout libraire d'imprimer, vendre et débiter ledit livre de Sénèque concurremment.

On voit, par les exemples précédens, que le parlement validait ou annulait les privilèges du roi; et ce, même après les avoir enregistrés. Un arrêt rendu en 1608 par le parlement de Rouen juge en termes exprès que les privilèges n'ont de force que s'ils ont été vérifiés et enregistrés au parlement.

Un arrêt du même parlement du 23 mars 1609 ordonne qu'il sera fait un registre, lequel sera mis ès-mains de l'ancien garde des libraires de Rouen, par chacun an, et auquel registre tous ceux qui dorénavant voudraient imprimer aucun livre non encore imprimé en ladite ville seront tenus, avant commencer l'impression, d'enregistrer le titre et le nom dudit livre, sans que l'impression en pût être discontinuée ni interrompue. Ce règlement a été confirmé par un autre arrêt du 22 décembre 1644.

La jurisprudence du parlement de Rouen sur les privilèges

s'était formée dans le même esprit que celle du parlement de Paris. Ainsi par arrêt rendu entre Olivier de Serres, sieur de Pradel, et les maîtres et gardes des libraires de Rouen, le 9 juillet 1610, permission fut donnée audit Pradel « d'user de « son privilège pour le regard de la dernière édition revue et « corrigée, sans préjudice de la première édition de laquelle le « privilège est expiré, laquelle lesdits imprimeurs et libraires « pourront imprimer, vendre et distribuer. » Un autre arrêt rendu entre les maîtres et gardes des libraires et imprimeurs de Rouen et Mᵉ Nicolas Renouard, le 19 septembre 1615, « per- « met auxdits maîtres et gardes des libraires et imprimeurs « d'imprimer, vendre et débiter le livre en question (1)

---

(1) J'extrais la citation de cet arrêt du préambule d'un arrêt du conseil, du 27 février 1665, dans lequel il est visé. J'ai fait rechercher cet arrêt de 1615 aux archives du parlement de Rouen ; il n'a point été trouvé à la date indiquée ; il y a dans les registres secrets une lacune du 4 septembre à la Saint-Martin suivante.

Nicolas Renouard était avocat au conseil ; voici la liste de ceux de ses ou-vrages qui sont venus à ma connaissance :

Le Deuil de la France à la mort du grand Henri IVᵉ du nom. Paris, 1611, in-8°. Cet écrit a été réimprimé à la suite de plusieurs des éditions d'Ovide.

La Doctrine de l'antiquité touchant les principaux points controversés de la religion ; recueillie en divers traités des SS. Pères, fidèlement traduits en français, par lesquels se justifie la conformité de l'ancienne créance avec celle de l'église catholique. Paris, 1613, in-4°.

Les Fleurs de l'éloquence française, extraites des épîtres héroïques d'Ovide, tant par les sieurs du Perron et de Renouard, qu'autres des plus relevés esprits de ce temps. Paris, 1615, in-12.

Traduction en prose française des *Métamorphoses d'Ovide.* Cet ouvrage a été fréquemment réimprimé ; il en existe à la bibliothèque du roi six éditions ; quatre de Paris, et deux de Rouen. A la suite des *Métamorphoses* ont été im-primées diverses pièces, et notamment *quinze discours sur Ovide,* contenant l'explication morale des fables, qui ont aussi été publiées séparément. Ces discours sont dédiés par l'auteur à son cousin, du même nom que lui, con-seiller, notaire et secrétaire du roi, maison et couronne de France et de ses finances, contrôleur général des ligues de Suisses et Grisons, et commis à l'au-dience de France.

Il existe un très médiocre ouvrage imprimé à Lyon, en 1599, sous ce

« suivant la première copie et exemplaire dont le privilège
« était expiré. »

La jurisprudence du conseil était moins favorable au domaine public que celle du parlement. Il existe néanmoins
quelques décisions de cette époque rendues par le conseil
dans le sens de la restriction des privilèges. C'est ainsi, par
exemple, que, sur la plaidoirie de Marion, un arrêt du 14
mars 1583 a jugé qu'un recueil de droit canon, précédemment imprimé à Rome, pourrait être réimprimé par tous les
libraires de l'université, sans avoir égard aux privilèges prétendus au contraire.

Le privilège des usages romains donna lieu à des débats
qui durèrent cent ans et plus. Un arrêt du parlement, de 1573,
avait décidé que Kerver jouirait du privilège d'impression
exclusive, dont il avait obtenu la concession par le pape et la
confirmation par le roi, et qui devait expirer en 1575; mais défenses lui étaient faites d'en obtenir autre prorogation. Nonobstant l'arrêt, plusieurs prorogations furent octroyées, et même
enregistrées au parlement. Sur l'opposition des libraires, auxquels s'était jointe l'université, qui, dès l'origine de ces débats, avait constamment réclamé la concurrence entre tous les
libraires, il y eut procès devant le conseil. Marion plaida en
faveur du privilège. Voici la note qui est imprimée à la suite
de son plaidoyer :

« Cette cause ayant été plaidée au conseil d'état, où le roi
(Henri III) n'était pas, sitôt qu'il le sut, il se fit apporter le
plaidoyer rédigé par écrit afin de lire ce qu'il avait ouï, et
estima la matière digne d'être décidée en sa présence, voire

---

titre : *Le thrésor d'amour, avec un discours du parfait amant, et une nuit en-
nuyeuse,* par Renouard. Cet ouvrage paraît être d'un auteur autre que le traducteur d'Ovide, qu'il ne faut pas non plus confondre avec Jean-Jacques
Renouard, sieur de Villayer, reçu le 14 juin 1632 conseiller au parlement de
Paris, de l'Académie française en 1659, mort doyen du conseil d'état en 1691.
Je ne connais de ce dernier aucun ouvrage, bien qu'il ait été de l'Académie :
il a eu Fontenelle pour successeur.

par lui-même. Et, de vérité, puisqu'il a plu à Dieu instruire son église en ses prières par la bouche d'un roi qui a composé le psautier admirable inscrit sous son nom, tous les bons rois, successeurs de sa foi luisant en son ouvrage tout royal et divin, même ceux qui règnent en cet âge de grâce par l'accomplissement de ses prophéties, et plus encore ceux qu'on peut dire rois entre les rois, ainsi que la prunelle est l'œil de l'œil, pour être honorés par précellence par dessus tous les autres du titre incomparable de rois très chrétiens, doivent réserver à eux-mêmes et à leur royauté le jugement de tout ce qui concerne, en fait de police commise à leur charge, une chose si sainte et si royale. Le roi donc ayant fait rapporter la cause devant lui, et pesé les mérites de chacun côté, prit pour raison suprême celle qui tend à conserver ces livres en leur pureté ; comme, de vérité, c'est en ce sujet la raison des raisons, puisqu'elle fait pour la religion. Et ainsi, Sa Majesté, étant en son conseil, par son arrêt du 18 avril 1586, ordonna : que les privilèges tant du défunt Kerver que des demandeurs tiendront et auront lieu à leur profit pour le temps qui en reste. »

Au contraire, deux autres arrêts du conseil, du 2 juin 1603 et du 23 décembre 1611, firent inhibitions et défenses à tous les libraires, imprimeurs et autres de poursuivre à l'avenir aucune prolongation ou nouveau privilège d'imprimer les missels, bréviaires et diurnaux, pour aucunes corrections et augmentations qui s'en pourrait faire ci-après. Mais, d'un autre côté, le parlement, après plusieurs arrêts contraires à ces privilèges, en rendit un, le 29 juillet 1634, après intervention des libraires de Paris, de Lyon et de Rouen et de l'université, par lequel il accorda un privilège de neuf ans à des libraires pour les bréviaires, missels et autres usages pour le service divin, nouvellement réformés et corrigés. On voit, par ces exemples contradictoires, quelle était l'instabilité de la jurisprudence, tant sur les privilèges de tous les livres en général, que sur ceux des livres d'église, qui ont toujours soulevé des questions spéciales.

Un arrêt du conseil, rendu en 1592, mérite d'être rapporté (1). Il prouve que les garanties de jouissance exclusive accordées par les priviléges étaient exposées, comme bien d'autres droits, à être enfreintes lorsque la raison d'état, ou des considérations d'utilité publique, en conseillaient la violation. Cet arrêt autorise, dans l'intérêt de la publicité, l'infraction d'un privilége qu'il eût été sage de ne pas accorder, mais dont le maintien se liait au respect pour les droits acquis. Quand une législation est vicieuse, il n'est pas rare de voir ainsi violer les droits privés, dans la vue de rendre hommage aux droits de tous.

«Sur les remontrances faites par le procureur du roi, de ce que par plusieurs de nos ordonnances a été permis à tous marchands libraires faire imprimer livres servans à piété et dévotion, nonobstant priviléges obtenus pour quelques-uns desdits livres par les libraires de Paris ou ailleurs; et ce, à cause qu'il est impossible en ce temps d'en faire venir de Paris ou autres lieux : laquelle permission devait aussi être faite pour les livres d'humanité et jurisprudence qui ont cours, et desquels ne se trouvent à présent, en cette ville, aucuns exemplaires : même le Code Henri, et autres semblables de droit et d'humanités, desquels il est impossible en recouvrer; et serait requis, à cette occasion, d'inviter les marchands libraires de cette ville faire imprimer lesdits livres, à ce que le public et les personnes de lettres en puissent avoir commodité;

«Le conseil, ayant égard à la requête du procureur du roi, nécessité des temps, et en conséquence des ordonnances ci-devant faites, a permis et enjoint aux frères de Gabiano, imprimeurs, en faire imprimer ledit Code Henri pour en aider et accommoder le public et gens de lettres, sans que les priviléges, desquels aucuns libraires de Paris se pourraient aider, leur puissent nuire ni préjudicier. Et ce par provision, et jusque autrement en ait été ordonné. Fait au conseil le 24 janvier 1592.»

_____

(1) Voir cet arrêt en tête du *Code Henri*, édition de Lyon de 1593.

L'art. 22 du règlement de police du 20 novembre 1610 est ainsi conçu :

« En visitant les marchandises des libraires, ce qui se trou-
« vera imprimé ou contrefait au préjudice des privilèges
« obtenus par les libraires et imprimeurs de cette ville sera
« arrêté et saisi par les syndic et maîtres et gardes. Séques-
« treront iceux, avertiront la partie intéressée et en feront
« rapport. »

L'art. 19 des statuts de 1618, renouvelle cette disposition. L'art. 33 règle ce qui concerne les contrefaçons et les prolongations de privilèges, qui jusqu'alors n'avaient été régies que par la jurisprudence : « Sera défendu à tous libraires, im-
« primeurs et relieurs de contrefaire les livres desquels il y
« aura privilège obtenu de Votre Majesté, même d'en acheter
« aucuns ainsi contrefaits des marchands forains, ni d'en faire
« venir en aucune forme et manière que ce soit, sur les pei-
« nes portées par les privilèges qui en auraient été obtenus ;
« comme aussi il sera défendu à tous libraires, imprimeurs et
« relieurs de cette ville de Paris d'obtenir aucune prolonga-
« tion des privilèges par lesdits libraires pour l'impression
« des livres, s'il n'y a augmentation aux livres desquels les
« privilèges sont expirés. »

Ce règlement de 1618, en laissant dans le domaine public les livres anciens, et en restreignant, conformément à la jurisprudence du parlement, les prolongations de privilèges aux cas seulement où il y aurait augmentation, consacrait, dans l'intérêt de la concurrence, le principe alors adopté généralement, et qui, souvent encore contesté depuis, a cependant fini par prévaloir dans les règlemens de 1777.

Quant aux privilèges d'ouvrages nouveaux, la concession n'en était point régularisée : ils restaient, tant à l'égard des droits à leur obtention que relativement à leur durée, abandonnés aux déterminations arbitraires du bon plaisir.

Un arrêt du parlement de Rouen, du 17 janvier 1646, déclare que le temps de l'expiration des privilèges sera compté du jour et date que les livres auront été achevés d'imprimer pour la première fois, et non du jour et date de l'obtention des privilèges.

L'autorité centrale, en ramenant sous son action immédiate les approbations et la censure, étendit aussi la main sur la distribution des privilèges commerciaux. La confusion entre les permissions et les privilèges devint plus grande que jamais. Peu-à-peu la faculté de publier librement les livres anciens disparut ; et l'on résolut d'exiger indistinctement, pour les livres de toute sorte, des privilèges dont le pouvoir central se réservait à lui seul la délivrance.

Cette entreprise se trouva assez avancée en 1647 pour que le chancelier Séguier mandât les syndic et adjoints de la librairie, et leur déclarât que la volonté du roi était que désormais aucun livre, de quelque grosseur et qualité qu'il fût, ne s'imprimât sans qu'au préalable des lettres de privilège eussent été obtenues. Le 14 février 1647, les syndic et adjoints firent part à leurs confrères de cet ordre verbal du chancelier. La communauté arrêta que des réclamations lui seraient adressées, et qu'il serait supplié d'exempter des privilèges au moins les livres anciens. Mais, le 7 mars 1647, les députés rapportèrent pour réponse : « Monseigneur a dit que la vo- « lonté du roi est qu'on prenne des privilèges des anciens « livres. »

Ainsi les dispositions du règlement de 1618, favorables à la libre concurrence, et provoquées par la jurisprudence du parlement, se trouvaient abrogées par le fait.

Au mois de décembre 1649, de nouveaux statuts pour la librairie furent rédigés. A la même époque, le 20 décembre, il fut rendu un arrêt du conseil, portant déclaration sur les privilèges, dont voici le texte :

« Louis, etc. Sur ce qui nous a été remontré par nos chers et bien aimés les syndic et adjoints de la communauté des marchands libraires, imprimeurs et relieurs de notre bonne ville de Paris, qu'obéissant au commandement qui leur a été fait de notre très cher et féal le sieur Séguier, chevalier, chancelier de France, de ne rien imprimer à l'avenir, tant des auteurs anciens que modernes, même des livres venant des pays étrangers, sans avoir obtenu sur ce nos lettres de permission, plusieurs desdits libraires, tant de notredite ville de Paris qu'autres de notre obéissance, les auraient demandées et obtenues, et en vertu d'icelles auraient, avec de très grands frais et dépenses, fait imprimer ou réimprimer plusieurs livres, tant anciens que modernes ou venant de dehors ; lesquels ne seraient pas plutôt sortis au jour, qu'au mépris de nosdits privilèges à iceux accordés de les imprimer ou réimprimer, il se serait trouvé plusieurs autres libraires, tant de Rouen, Lyon, Toulouse, Bourdeaux et autres lieux de notre obéissance, qui les auraient aussitôt fait contrefaire et imprimer par personnes de néant et mal entendues en cet art, sur de mauvais papier, de méchante impression, et de petites lettres mal formées, afin de les pouvoir donner à vil prix, et par là ruiner et l'imprimerie et leurs confrères : ce qui fait qu'à présent on néglige d'imprimer les livres curieusement, comme anciennement l'on faisait, attendu qu'il ne serait pas possible d'en pouvoir retirer la dépense, vu lesdites concurrences qui causent plusieurs procès, et la perte totale de ceux qui les premiers ont fait imprimer en vertu de nos lettres : pour à quoi obvier, mettre règlement et police, couper la racine auxdits procès, concurrences, et donner moyen auxdits marchands libraires, tant de notredite ville de Paris qu'autres lieux de notre obéissance, de vivre et négocier en paix et en concorde ; de l'avis et délibération de notre conseil, déclarons, statuons, ordonnons, voulons et nous plaît, que tous marchands libraires et imprimeurs, tant de notredite ville de Paris que de Lyon, Rouen, Bourdeaux, Toulouse et autres lieux de notre obéissance, qui ont obtenu lesdites permissions d'imprimer ou réimprimer, en jouissent suivant et conformément auxdites lettres à eux par nous accordées ; faisons très expresses inhibitions et défenses à toutes personnes de quelque qualité et condition qu'elles soient, de les troubler en la jouissance d'icelles, en quelque façon et manière que ce soit, à peine de 500 livres d'amende, applicables une moitié au dénonciateur, et l'autre aux pauvres de l'Hôtel-Dieu de notre ville de Paris, outre les peines portées par lesdites lettres de permission. Et, parce que telles concurrences se font d'ordinaire par personnes accommodées, lesquelles se servent et prennent le nom de gens de néant pour

exécuter leurs mauvaises entreprises et se mettre par ce moyen à
couvert des peines et amendes qu'ils encourent, portées par nos
lettres, nous voulons que les communautés des marchands libraires,
imprimeurs et relieurs des lieux où les livres auront été contrefaits,
soient responsables des peines et amendes portées par nosdites permissions, sauf auxdites communautés à se pouvoir pour le remboursement des frais, dépens, dommages et autres sommes à quoi elles
pourront être condamnées, contre les particuliers qui auront fait
lesdites concurrences et contrefait lesdits livres. Et, pour ce que
plusieurs pourraient être en même dessein et avoir obtenu deux ou
plusieurs lettres de permission d'imprimer ou de réimprimer un
même livre, nous voulons que celles qui sont de plus ancienne date
soient préférées, et que celui au nom duquel elles seront accordées
en jouisse par préférence à tous autres Et pour empêcher tels inconvéniens et rencontres, nous enjoignons à tous marchands libraires et imprimeurs, tant de notre ville de Paris, que de Rouen,
Lyon, Toulouse, Bourdeaux et autres lieux de notre obéissance qui
obtiendront les susdites lettres de permission, de les faire signifier
au syndic des libraires de notre ville de Paris, lequel sera tenu en
tenir registre particulier, afin que chacun y ait recours, et qu'il ne
se trouve aucune concurrence en l'obtention d'une même permission;
lequel registre ledit syndic sera tenu de communiquer à la première
demande qu'on lui en fera. Voulons qu'en mettant au commencement ou à la fin desdits livres copie desdites lettres de permission,
elles soient tenues pour bien et dûment signifiées. Et afin d'empêcher que ceux qui obtiendront lesdites lettres ne diffèrent de faire
imprimer les livres mentionnés auxdites permissions, nous commandons à tous ceux qui en auront obtenu de faire travailler à l'impression desdits livres un mois après l'obtention d'icelles, sans aucune discontinuation, à peine de nullité desdites lettres. Ne pourront les lettres de continuation ou de réimprimer être obtenues
qu'après que les premières seront expirées, et non plus tôt, par autres que ceux auxquels elles ont été accordées la première fois, et par
iceux quand ils aviseront bon être. Enjoignons audit syndic des libraires de Paris de faire signifier les présentes aux syndics des
lieux où il y a communauté, lesquels seront obligés de le faire savoir aux libraires de leurs villes. Si vous mandons que de tout le
contenu en ces présentes vous fassiez et souffriez user et jouir pleine-

ment et paisiblement tous lesdits libraires ayant de nous lettres de permission, ou les autres ayant pouvoir d'iceux, sans souffrir qu'il leur soit fait ou donné aucun trouble ou empêchement : mandons au premier notre huissier ou sergent sur ce requis, de faire, pour l'exécution desdites présentes, tous actes, saisies et exploits nécessaires, sans demander autre permission, nonobstant opposition ou appellation, clameur de haro, chartre normande, et toutes autres lettres à ce contraires; car tel est notre bon plaisir. Donné à Paris le vingtième jour du mois de décembre, l'an de grâce 1649, et de notre règne le huitième. Par le roi en son conseil. *Signé* MABOULE. »

Les statuts de la librairie, rédigés à la même époque, furent présentés à l'enregistrement du parlement. En la plupart de leurs dispositions, ils reproduisaient, tant pour le fond que pour la forme, les règlemens de 1618. Les articles 26, 27, 28 et 29 relatifs aux privilèges contenaient de notables innovations et donnèrent lieu à beaucoup de débats. Ils étaient ainsi conçus :

« Art. 26. Pour donner courage à ceux d'entre les libraires et imprimeurs qui voudront réimprimer quelques-uns des pères de l'église, grecs ou latins, ou autres œuvres de bons auteurs de l'antiquité en quelque langue qu'ils soient, leur donner aussi le moyen de retirer leurs frais et continuer de bien en mieux, nous voulons qu'ils puissent en obtenir le privilège de notre grand sceau pour tel temps que nous jugerons raisonnable selon le mérite de l'auteur; et ce, en une sorte de volume seulement, savoir : *in-folio, in-quarto, in-octavo* ou autres; permettant aux autres libraires, et imprimeurs ou relieurs, d'obtenir nos lettres de privilège pour les imprimer en une autre sorte de volume, sans que, pendant ledit temps qui leur sera par nous accordé, aucun autre imprimeur ou libraire le puisse contrefaire, imprimer, ni vendre dans nos royaumes, sous prétexte que la copie vient des pays étrangers, qu'il n'y ait jamais eu de privilège, ou qu'y en ayant eu, il soit de long-temps expiré, nonobstant toutes les lettres et règlemens à ce contraires, sur les peines portées par ledit privilège, à la charge que ledit livre sera imprimé sur de bon papier, de bonnes lettres, et qu'il sera bien correct; dont seront données deux épreuves pour voir le caractère et la lettre; l'une des-

quelles épreuves demeurera par devers notre chancelier, et l'autre
sera attachée sous notre contre-scel pour y avoir recours au cas
qu'on imprimât autrement ledit livre ; faute de quoi le privilège sera
nul. Excepté toutefois les vies de saints, si elles ne sont de nouvelles
invention ou traduction ; tous les usages romains réformés ou non
réformés, comme missels, bréviaires, diurnaux, psautiers, graduels,
antiphonaires ou autres ; les prières et catéchismes ; qui pourront
être imprimés par tous les libraires ou imprimeurs, à la charge
qu'ils seront faits sur de bon papier, de bonne lettre, et corrects ; et
en outre qu'ils prendront approbation à chacune impression qu'ils en
feront, avec un certificat comme il n'y aura point de faute importante, et qui puisse gâter le sens et l'intention de l'église. Les anciens Despautères, les dictionnaires, les grammaires, et les autres
petits livres des basses classes pourront aussi être imprimés par tous
les libraires et imprimeurs, pourvu que le recteur de l'université,
ou quelqu'un des régens commis par lui, donne certificat que lesdits
livres sont bien et correctement imprimés ; faute de laquelle approbation pour les uns, et certificat pour les autres, insérés dans lesdits
livres, nous les avons dès à présent déclarés confisqués au profit des
pauvres de leur communauté. Pour les almanachs, ils pourront être
imprimés tout de même, à la charge qu'il n'y aura pronostication,
conformément à ce que nous avons déjà ordonné, sur peine de punition corporelle.

« 27. Afin qu'il n'y puisse avoir de surprise, et que tous libraires
et imprimeurs sachent de quels livres on aura demandé le privilège,
celui qui en aura obtenu quelqu'un sera tenu d'en faire donner copie
par un officier de justice au syndic, ou à l'un des adjoints, qui seront aussi obligés de l'inscrire sur le livre de la communauté (1),
lequel livre sera communiqué à ceux qui le voudront voir, afin qu'il
n'arrive plus de concurrence, et que deux libraires ou imprimeurs
ne se rencontrent pas à demander privilège d'un même livre.

« 28. Comme notre dessein est de donner moyen aux libraires et
imprimeurs de vivre honnêtement de leur trafic, aussi est-il princi-

(1) Les registres spéciaux de privilèges tenus à la chambre syndicale de
Paris, commencent au 22 mars 1653. Ces registres, qui sont aux manuscrits
de la bibliothèque du roi, n'indiquent les privilèges que par extraits, jusqu'à 1707 : ils sont au nombre de cinq, de 1653 à 1703.

palement de faire que ceux qui s'adonnent aux lettres aient des livres bien imprimés, bien corrects, et à prix raisonnable. Pour cet
effet, nous défendons aux imprimeurs et aux libraires de vendre
plus chèrement les vieux auteurs qu'ils réimprimeront, sous prétexte de la grâce et privilège qu'ils obtiendront de nous; ainsi leur
enjoignons de les bailler selon le prix des autres livres.

« 29. Et pour ne rien omettre de ce que nous estimons nécessaire,
et faire que personne n'abuse de notre grâce, et que ceux qui ont
plus de commodité que les autres n'entreprennent pas plusieurs
livres à-la-fois, au préjudice des pauvres auxquels nous voulons
aussi donner moyen de gagner leur vie en travaillant, nous voulons
que les imprimeurs ou libraires qui auront obtenu privilège d'aucun
des anciens livres de la qualité ci-dessus, soient obligés de commencer à l'imprimer trois mois après qu'ils auront obtenu, et le continuer sans intermission, à peine de nullité dudit privilège, le temps
duquel courra du jour qu'il sera expédié. »

L'apparition des statuts de 1649 excita de très vives dissensions. Un grand nombre de libraires, d'imprimeurs et relieurs formèrent devant le parlement opposition à leur enregistrement et vérification. Les uns profitèrent de l'occasion
pour réclamer la liberté de se loger en tels rues et endroits
que bon leur semblerait ; d'autres demandaient que défenses
fussent faites aux syndic et adjoints de faire assemblées nouvelles pour entreprendre contre la liberté publique, soit pour
les privilèges, réimpressions des anciens livres, logemens,
ventes et marchandises, nominations de syndics et adjoints.
Les compagnons doreurs réclamaient contre le mode de leur
réception à la maîtrise; les compagnons imprimeurs contre
les obligations à eux imposées.

Après un premier arrêt interlocutoire, du 12 mars 1650,
les syndic et adjoints assemblèrent la communauté, et, le 17
mars, on prit une délibération en vertu de laquelle dix nouveaux articles furent présentés au parlement, avec supplique
de les ajouter aux statuts. Ces articles étaient relatifs aux
brevets d'apprentissage, à la nécessité d'imprimer à Paris,
aux visites des livres que les particuliers ou marchands

feraient venir du dehors de Paris, aux exemplaires à donner à la communauté, à l'élection des syndics. Voici le texte de quelques-uns de ces articles :

« Art. 3. Ne pourront lesdites libraires, imprimeurs ou relieurs, et autres de quelques qualité et condition qu'ils soient, demeurans en cette ville, faire imprimer hors de cette ville de Paris, à peine de confiscation des livres qu'ils auront fait imprimer dehors, et de 500 livres d'amende.

« 4. Défenses seront pareillement faites à tous libraires ou relieurs de cette ville, d'acheter des marchands forains, ou particuliers étant en cette ville de Paris, aucuns livres, lesquels ils auraient fait venir de dehors, qu'ils ne sachent avoir été visités par les syndic ou adjoints, à peine de confiscation desdits livres et de 200 livres d'amende, sauf leur recours contre lesdits marchands forains ou particuliers.

« 5. Comme aussi, défenses seront faites à tous marchands libraires, imprimeurs et relieurs, de prêter leur nom, soit aux marchands forains ou particuliers auteurs qui auront fait imprimer leurs œuvres, pour afficher ou faire adresse de la vente desdits livres, à peine de 500 livres d'amende, de confiscation desdits livres qui se trouveront chez eux, et ne pourront lesdits auteurs mettre au bas de la première page, ou autre endroit dudit livre, autre chose que : à Paris, de l'imprimerie d'un tel, aux dépens de l'auteur, sans aucune autre adresse, sur les mêmes peines.

« 6. Et d'autant que l'exemplaire que l'on donne à la communauté de chacun livre qui s'imprime ne suffit pas, à beaucoup près, pour subvenir aux affaires d'icelle, et aussi qu'il n'y a autre fonds pour faire quelque charité aux pauvres maîtres qui sont tombés en nécessité; que tous marchands libraires, imprimeurs ou relieurs, seront obligés à l'avenir de donner et mettre ès-mains du syndic, qui en tiendra compte, au lieu dudit exemplaire, savoir: de tous les volumes in-4° qui s'imprimeront deux exemplaires, quatre des volumes in-8°, et six des autres livres de diverses grandeurs, tant usages romains que particuliers.

« 7. Tout particulier, auteur, ou autre non libraire, qui fera imprimer un livre à ses dépens, sera obligé d'en donner une douzaine d'exemplaires à ladite communauté, de quelque grandeur

et marge qu'il puisse être ; et pour cet effet, tous libraires, imprimeurs et relieurs qui feront imprimer, ou imprimeront, pour lesdits
auteurs ou particuliers, seront obligés de retenir lesdits douze
exemplaires, pour être mis entre les mains du syndic qui en tiendra
compte, desquels douze exemplaires ils seront responsables en leur
propre et privé nom ; et seront tenus d'en donner avis auxdits auteurs ou particuliers avant que de procéder auxdites impressions, à
peine d'en répondre comme dessus ; et seront lesdits exemplaires,
tant desdits marchands libraires, imprimeurs et relieurs, que des
particuliers, délivrés audit syndic avant que d'être mis en vente à
peine de payer le double.

« 10. Que tous libraires, imprimeurs ou relieurs, qui obtiendront prolongation de privilège, ou privilège d'un ancien livre,
même des livres qui auront été imprimés hors le royaume, seront
tenus de donner pour subvenir aux affaires de la communauté et à
la nécessité des pauvres d'icelle, six exemplaires de chacun volume
in-fol., douze des in-4°, et vingt-cinq de toutes les autres grandeurs, lesquels exemplaires ils mettront ès-mains du syndic qui en
tiendra compte et desquels il sera fait registre : ce qui sera exécuté
avant de les exposer en vente, à peine de payer le double, et ce pour
une fois seulement à chacune obtention ou prolongation du privilège
susdit ; sans que pour ce on soit dispensé de fournir à la communauté
les exemplaires que l'on doit fournir à chacune réimpression suivant
l'article ci-devant. »

De leur côté les libraires, imprimeurs et relieurs opposans
qui étaient au nombre de trois cents, demandaient le maintien du règlement de 1618, auquel ils présentaient seize articles additionnels. L'article 7, relatif aux privilèges, était
ainsi conçu :

« Que tous les privilèges obtenus des vieux livres, de ceux
« imprimés aux pays étrangers, et de ceux dont les privilèges
« sont expirés, seront révoqués, avec défense à tous impé-
« trans de s'en servir, ni aider, sur peine de 10,000 livres
« d'amende. »

Dans leur mémoire, ils s'étendent longuement sur les privilèges des livres d'église, et citent les deux faits suivans :

« En 1614, vingt particuliers, libraires, imprimeurs et fondeurs de caractères, offrirent au roi d'imprimer à leurs dépens la grand'Bible de Plantin, les conciles généraux, grecs, latins, avec trente volumes des pères grecs, à la charge que S. M. leur accorderait le privilège des usages des conciles de Trente pour trente années. Sur lesdites offres, le roi donna commission à feu M. le cardinal du Perron, M. l'évêque d'Orléans de l'Aubespine, M. le président de Thou, M. de Marillac depuis garde des sceaux de France, et M. le président de Mesmes lors lieutenant civil, avec les agens généraux du clergé de France, pour passer contrat, et traiter avec lesdits libraires, promettant ratifier le tout, et en conséquence d'en faire expédier le privilège nécessaire. Ce qu'ayant été fait, et dont le syndic de ladite communauté ayant eu avis s'y serait opposé, et aurait remontré que l'impression desdits usages appartenait au public, suivant les règlemens vérifiés au parlement. Sur cette contestation, après plusieurs remontrances faites à la jeune reine régente pour la liberté publique, conservation des anciens règlemens, et le renvoi de l'opposition à ladite cour, tous lesdits différends, par l'avis de feu M. le chancelier de Sillery, furent renvoyés en icelledite cour ; laquelle, sans avoir égard à tant de belles impressions glorieuses au public et à l'éminence de si célèbres et de si désintéressés commissaires qui avaient apporté dans ledit contrat toutes les précautions nécessaires, néanmoins, après les notables plaidoyers des sieurs de la Martillière et Galand, par lesquels il fut reconnu que lesdits privilèges particuliers étaient une innovation sans exemple et contraire à tous les arrêts, ensemble une augmentation de moitié du prix sur les livres, et une imposition faite sur le public pour empêcher la liberté des impressions, ladite cour cassa et révoqua lesdits commission, contrat et privilège, avec défense aux impétrans de s'en servir ni aider ; n'ayant point voulu altérer ni déroger à tant de célèbres règlemens et arrêts, donnés pour la liberté publique, et pour l'aliment d'un nombre infini de peuple qui ne pourraient subsister autrement, mais deviendraient esclaves de quelques particuliers qui leur auraient ravi ce que les lois, leur naissance et leur apprentissage leur ont acquis de tout temps. Et il faut s'étonner comment les syndics, qui n'offrent rien pour le public, osent demander davantage que ceux qui ont offert de si belles choses, et qui néanmoins en ont été exclus par un arrêt si célèbre et donné avec si grande connaissance de cause. En voici encore un autre fort notable. Feu M. le cardinal de Richelieu ayant obtenu en l'année 1632 pouvoir de disposer d'un privilège des usages en faveur de quelques particuliers, à cause des hymnes nouvelles composées par feu sa sainteté Urbain VIII, le syndic s'y étant opposé et demandé renvoi de son opposition au parlement, le roi défunt, après que six cents, tant libraires, imprimeurs que relieurs, se furent jetés à ses pieds, à Saint-Germain-en-Laye, et après avoir été bien informé de l'intérêt public, renvoya encore la décision de tout le différend au parlement avec ordre de maintenir lesdits statuts de la communauté. Ce qui fut ainsi fait au rapport de feu M. Fradet, rapporteur de ladite instance. »

Les opposans concluaient ainsi : « Il plaira donc à la cour considérer : que par l'exécution du règlement vérifié en 1618, avec les articles ci-dessus énoncés, les anciens statuts, et cent arrêts notables de la cour donnés en conséquence, seront maintenus ; la liberté publique, et le prix raisonnable des livres conservé ; neuf cents familles préservées de la mendicité avec conservation de leur droit légitime ; les belles impressions rétablies ; et les libelles entièrement éteints et supprimés dans Paris par la profession même qui a regret à présent de les avoir enfantés. Ou, au contraire, le règlement dernier de décembre 1649, non vérifié, ne peut avoir aucun lieu, sans casser et révoquer les anciens statuts et nombre d'arrêts célèbres de la cour donnés avec grande connaissance de cause ; sans ruiner la liberté publique et augmenter le prix des livres au préjudice du public ; ôter le droit légitime

à neuf cents familles et les jeter dans la mendicité pour enrichir de leur bien quelques particuliers qui recherchent leur
oppression; empêcher les belles impressions en ôtant l'é-
mulation; et, pour dernier article, empêcher que le roi et
la cour n'aient cette satisfaction de voir dans Paris les libelles
éteints et supprimés. Cet article dernier pour les libelles est
bien considérable; car si les privilèges des vieux livres et autres
ci-dessus spécifiés avaient lieu, au préjudice du règlement
de 1618, en faveur de particuliers, à l'exclusion publique,
ce qu'il ne faut attendre de l'équité de la cour, la communauté desdits imprimeurs serait aussi contrainte de révoquer ses offres de répondre par elle-même desdits libelles,
puisque, par cette innovation et moyen, il lui ôterait ses
forces, son exercice, son aliment, et le droit légitime que
les lois ont donné à sa profession, que sa naissance et son
apprentissage lui ont fait acquérir. Partant, en cette rencontre, l'intérêt du roi se trouve inséparable de celui des
opposans. »

Le 7 septembre 1650, le parlement rendit l'arrêt suivant :
« Dit a été que ladite cour a ordonné et ordonne que douze
« personnes notables, de littérature et expérience, au fait
« de librairie et imprimerie, qui seront nommées d'office par
« le procureur général, seront ouïes par-devant le conseil-
« ler-rapporteur du présent arrêt, pour donner leur avis sur
« la commodité ou incommodité que le public peut recevoir
« de l'exécution du contenu auxdits art. 26, 27, 28 et 29 dudit
« édit, concernant les nouveaux privilèges pour faire réim-
« primer les anciens livres ci-devant imprimés, ensemble
« sur ladite déclaration du 20 décembre 1649, et nouveaux
« articles du 17 mars dernier; dont sera dressé procès-
« verbal, pour, ce fait et rapporté et communiqué au pro-
« cureur général, ordonner ce que de raison; et, sans s'ar-
« rêter auxdites oppositions, le surplus des autres articles et
« statuts contenus audit édit sera gardé et observé; enjoint à
« tous libraires et imprimeurs de les garder et observer et

9.

« auxdits syndic et adjoints d'y tenir la main. Et à l'égard
« desdits Sauvage et consorts, doreurs, ordonne que l'arrêt
« du 26 janvier 1647 sera exécuté ; ce faisant, lesdits doreurs
« seront admis à la maîtrise suivant leurs brevets d'appren-
« tissage, sans néanmoins qu'ils puissent faire aucune fonc-
« tion de la librairie ou imprimerie qu'ils n'en aient fait
« due expérience par-devant lesdits syndic et adjoints qui
« seront tenus les recevoir à faire ladite expérience. Et
« sur l'intervention desdits compagnons imprimeurs, ordonne
« que leur labeur sera remis à raison de 2500 feuilles par
« jour des livres qui seront imprimés tout noir, et 2200 des
« livres qui seront imprimés rouge et noir, sans toutefois
« aucune diminution de leurs gages et prix de leurs journées ;
« à la charge que lesdits compagnons imprimeurs seront
« tenus de commencer leur journée à cinq heures du matin
« jusqu'à huit heures du soir, et qu'ils ne pourront sortir
« pour prendre leur repas et qu'ils seront tenus d'achever
« les ouvrages commencés à présent, et qui sont sous la
« presse, au même nombre qu'ils ont été commencés. Le
« tout sans dépens. »

L'université n'est point partie dans cet arrêt. De même
qu'elle avait toujours protesté contre les règlemens de 1618,
elle avait formé opposition tant à l'enregistrement des statuts
de 1649 qu'aux nouveaux articles proposés par la communauté des libraires. Plusieurs mémoires furent fournis par
elle, tant devant le parlement que devant les douze commissaires nommés en vertu de l'arrêt de 1650.

Dans ces mémoires et conclusions, l'université prétendait
être depuis plusieurs siècles en possession de donner les approbations des livres ; que ce droit devait appartenir à elle
et à ses facultés, et non pas seulement aux docteurs députés
par le chancelier ; elle réclamait, dans l'intérêt de la correction des livres, que tout pouvoir lui appartînt sur l'ad-
mission des libraires, des imprimeurs et des correcteurs
dont elle proposait que les noms fussent mis avec celui de

l'imprimeur à la fin du livre, selon l'ancienne coutume; elle demandait la liberté pour les marchands forains, afin d'empêcher l'avarice et la négligence des libraires de Paris de triompher au mépris des lettres; elle revendiquait le droit de visite sur les livres et de taxation des prix; elle se plaignait qu'on eût remplacé par des syndic et adjoints les quatre principaux libraires-jurés désignés par elle; elle demandait pour les auteurs le droit et la liberté de faire imprimer leurs ouvrages par tel imprimeur et en telle ville qu'il leur plairait. « Les libraires de Paris, disait-elle, veulent que tous les auteurs de la France, pour l'impression et la vente de leurs ouvrages, passent par leurs mains afin que, n'ayant la liberté de faire débiter leurs livres, ils puissent plus facilement remporter tout le gain. Et déjà leur pratique est que, les auteurs leur ayant donné leurs livres à vendre, ils les gardent longtemps, et leur font entendre qu'ils n'en peuvent avoir le débit; et enfin ils les contraignent de leur laisser, et leur en faire telle composition qu'il leur plait. » Elle s'indignait de l'exigence qui portait la communauté à vouloir contraindre tous les auteurs à lui donner une douzaine d'exemplaires de leurs livres.

Je crois utile de donner copie de ce qui, dans les *Répliques de l'université* (1), concernait plus spécialement les privilèges.

« Sur l'art. 26, qui concerne l'obtention des privilèges du roi pour imprimer les livres des auteurs anciens et de ceux qui ont déjà été imprimés, les défendeurs ne disent autre chose aux raisons de l'université et aux arrêts du parlement, sinon que *d'autant plus qu'un livre est rare, d'autant plus il est cher;* à quoi l'université réplique que cette rareté des bons livres est causée en partie par l'artifice des libraires, qui ramassent avec grand soin ce qui reste des belles impressions pour les revendre excessivement, sous prétexte qu'ils

(1) Bibliothèque du roi, L. 890. — Collection de Saint-Genis, vol. de 1649.

sont rares. Et, pour avoir cette occasion de rançonner les personnes d'étude, nous voyons qu'ils ont l'adresse de mettre la rareté, même sur les impressions nouvelles, en célant les exemplaires, et faisant croire qu'il n'en reste que fort peu, ce qui est un désordre dont le public et les gens de lettres souffrent extrêmement, et lequel néanmoins ne sera pas ôté, mais plutôt augmenté, par l'obtention des privilèges, parce que, un seul ayant la liberté d'imprimer un livre, il le rendra aussi rare que bon lui semblera, et, si la première édition est presque débitée, il sera autant de temps sans le réimprimer qu'il voudra. Ainsi le public en sera privé durant ce temps-là, ou l'achetera autant qu'il plaira à l'avare libraire de le vendre, sous ce prétexte de rareté. Au lieu que, tous les imprimeurs ayant la faculté d'imprimer les bons livres, ils seront communs et bien imprimés, par l'intérêt qu'un chacun aura que son impression surpasse celle des autres, pour avoir plus de débit.

« A ce qu'ils disent : « qu'il n'est pas raisonnable que, quand « un libraire a réimprimé un auteur et employé une grande « somme d'argent pour la réimpression d'icelui, il soit loi- « sible à un autre de lui faire concurrence et de le faire im- « primer et contrefaire aussitôt, ce qui a causé la ruine de « plusieurs libraires »; l'université réplique :

« 1° Que la poursuite ardente des privilèges ne tend que pour enrichir quelques libraires qui la font, et les mettre en état d'opprimer leurs confrères qui ont moins de crédit qu'eux;

« 2° Que ce n'est que par le débit qu'ils recouvrent les sommes qu'ils ont employées aux frais de l'impression, et ce débit est d'autant plus grand que les livres sont plus corrects et mieux imprimés, et le privilège ne sert qu'à fomenter les désordres et les dérèglemens des imprimeurs et libraires, d'autant que, sur l'assurance qu'ils ont que, par le moyen de leurs privilèges, leurs livres ne peuvent être imprimés qu'a- près un long temps de dix, quinze ou vingt ans, ils n'apportent le soin et l'industrie de bien faire et surpasser leurs confrères.

« 3° Ils diminuent les grâces du prince et empêchent par leurs privilèges particuliers qu'elles n'aient toute leur étendue. C'est pourquoi Henri-le-Grand dit en termes formels *que l'intention de ses prédécesseurs a été de privilégier tous ceux qui feraient lesdits exercices dans le royaume, et non pas de restreindre leurs grâces aux personnes de cette vacation;*

« 4° Ces privilèges ôtent toute l'émulation qui est presque le seul moyen qui puisse rétablir l'art de l'imprimerie;

« 5° Par tels privilèges on éloigne plusieurs personnes qui pourraient s'adonner à l'imprimerie; on prive le royaume d'un grand nombre de livres très utiles qui se débiteraient tant aux étrangers qu'aux sujets du roi, comme il paraît par les lettres-patentes de Henri II, du 23 septembre 1553.....

« On peut encore ajouter contre ces privilèges plusieurs arrêts du conseil et du parlement par lesquels les privilèges sont rejetés comme étant très préjudiciables au bien public. Seulement ils les permettent pour les livres que l'on imprime pour la première fois, afin que l'imprimeur, qui a fait des frais extraordinaires, soit envers l'auteur ou traducteur qui a composé ou traduit un livre, soit envers quelque homme docte, lequel ait employé beaucoup de temps et de peine pour revoir un livre, l'enrichir d'annotations, et le faire imprimer avec plus de soin, d'exactitude, et plus correctement qu'il n'avait été imprimé auparavant.....

« Les défendeurs ne disent rien à ces raisons et à ces arrêts, sinon que la cour, pour s'instruire mieux de la commodité ou l'incommodité dudit article, a ordonné qu'il serait fait une assemblée de douze personnes de littérature, pour savoir d'eux leur sentiment là-dessus; mais l'université réplique que les libraires ont surpris la cour et ne l'ont pas voulu avertir du droit que l'université a toujours eu sur la direction des livres; car la cour aurait eu la bonté de renvoyer ce fait à l'université, puisqu'elle lui a toujours fait cet honneur de lui ren-

voyer les choses qui concernaient les livres, ou pour le moins
elle eût ordonné qu'elle serait appelée et ouïe. »

Voici un extrait des conclusions de l'université :

« Pour ces raisons et autres que la cour suppléera selon sa
prudence, l'université conclut à ce qu'il lui plaise la remettre
en tel état qu'elle était auparavant l'arrêt de vérification des
lettres-patentes obtenues par les prétendus syndic et libraires
en l'année 1618, débouter les soi-disans syndic, adjoints et
aucuns des libraires, de l'effet et vérification de la déclaration
du mois de décembre 1649; d'autre déclaration du 20 du même
mois et an; des articles dressés par lesdits prétendus syndic,
adjoints et libraires, le 17 mars 1650, et depuis par eux présentés à la cour; et, faisant droit sur les demandes, fins et
conclusions de ladite université, ordonner que les édits et
déclarations des rois....., arrêts du conseil..., arrêts de la
cour......, et règlemens d'icelle université......., seront exécutés et observés selon leur forme et teneur, et lesdits recteur
et université maintenus en l'intendance et direction de l'imprimerie et librairie.

« ..... Que les imprimeurs et libraires ne pourront obtenir
aucuns privilèges pour l'impression des livres imprimés hors
le royaume, ni de ceux dont les privilèges sont expirés, ni
aussi des livres anciens; mais toutes ces sortes de livres seront imprimées en pleine liberté par tous les imprimeurs qui
les pourront et voudront imprimer, conformément aux arrêts
du conseil du 14 mars 1583, 2 juin 1603, 23 décembre 1611,
et arrêts de la cour des 3 août 1579, 15 mars 1586, 7 février
1612, 19 août 1617 donné sur la requête de quarante-sept imprimeurs-libraires, à condition qu'ils les imprimeront avec
soin et fidélité, en imitant les exemplaires et les plus beaux et
les plus corrects, sur peine de confiscation de leurs ouvrages
qui se trouveront mal conditionnés, mal corrigés, de mauvais
papier ou de caractères usés.

« Que, pour remédier à l'abus pernicieux par lequel on imprime impunément toutes sortes de mauvais livres contre

Dieu et la religion, le service du roi et le repos de l'état, des livres lascifs et impudiques, et libelles diffamatoires, qui ne servent qu'à corrompre les mœurs de la jeunesse, et la porter à la débauche et au libertinage, il ne sera obtenu aucuns privilèges pour aucuns nouveaux livres, soit en vers, soit en prose, en quelque langue que ce soit, que lesdits livres n'aient été vus et approuvés par l'université ou par celle des facultés à laquelle appartient la matière dont les livres traitent, et seront tenus d'insérer l'approbation au commencement des livres; le tout conformément aux règlemens de 1323, du 6 octobre 1342; arrêts de la cour des 18 mars et 4 novembre 1521, 7 janvier 1523, 2 mai 1535, et plusieurs autres édits de Henri II du 11 décembre 1547, 27 juin 1551.

« Que, pour obvier aux fautes, corruptions et falsifications qui se commettent le plus souvent aux impressions de l'écriture sainte, bréviaires, heures et autres usages ecclésiastiques, que ceux qui sont déjà imprimés seront exactement revus et visités; et, en cas qu'il s'y trouve des fautes et des falsifications, que tels livres seront corrigés et imprimés de nouveau sur le modèle des exemplaires anciens et corrects.

« Que les imprimeurs et libraires ne pourront exposer aucun livre en vente, qu'auparavant le prix n'y ait été mis par les recteur, doyens des facultés et procureurs des nations de ladite université, appelés les quatre principaux jurés, avec l'imprimeur qui aura imprimé le livre et celui qui l'aura fait imprimer; le tout conformément à l'édit de Charles IX de 1571; règlemens de ladite université de 1275, 1323, 1342, 1403, 1567; et selon la coutume qui se voit par les catalogues contenant le prix des livres : lequel prix sera mis raisonnablement pour ne frustrer leur travail, et pour obvier à l'excès qui se commet dans la vente des livres au grand préjudice et oppression des gens de lettres et écoliers.

« .... Et d'autant que c'est un abus insupportable que des relieurs et libraires qui à peine savent lire prennent néanmoins la qualité d'imprimeurs, libraires et relieurs tout ensemble, qu'à l'avenir il sera fait défense aux relieurs et libraires de se dire imprimeurs, et pareillement de tenir imprimerie, selon l'ancienne coutume ; mais les relieurs seront seulement employés à relier les livres, et les libraires voulant faire imprimer seront obligés de se servir d'un maître-imprimeur reçu selon les formes prescrites, dont le nom , avec celui du libraire ou auteur pour qui il aura imprimé , sera mis à la fin du livre, pour demeurer responsable des défauts et manquemens.... »

L'opposition formé par l'université demeura sans solution ; Chevillier en donne pour raison (1) que les guerres civiles et étrangères, et la mort du conseiller rapporteur, empêchèrent de poursuivre le procès. Il ne parait pas non plus qu'à l'égard des autres parties en cause l'arrêt interlocutoire du 7 septembre ait jamais été suivi d'un arrêt définitif ; mais ce silence même était une victoire pour les opposans, car le règlement de 1649 ne se trouva ainsi enregistré au parlement que sans les quatre articles, relatifs aux privilèges, et sur la suppression desquels le principal effort des discussions avait porté. La Caille, dans la conférence du règlement de 1686 avec les règlemens et édits antérieurs, Saugrain, dans celle du règlement de 1723, ne rappellent point ces articles ; ils ne donnent même aucune explication sur cette omission , tant ils se regardaient comme autorisés à les tenir pour non avenus.

Antoine Estienne , imprimeur du roi, père du dernier des Estienne, avait été l'un des opposans à l'enregistrement des statuts. Élu syndic, il poursuivit et obtint plusieurs arrêts du parlement contre les continuations de privilèges, nonobstant la déclaration du conseil et les articles interloqués.

Par un autre arrêt , à la date du 7 septembre 1657, le parlement persista à défendre d'obtenir à l'avenir aucune continuation de privilège pour l'impression , à moins qu'il n'y eût

---

(1) *Origine de l'imprimerie de Paris*, p. 339. Le nom du conseiller rapporteur était Doujat.

augmentation dans l'ouvrage, et l'arrêt fixa au quart cette augmentation. Le même arrêt fait défenses aux libraires de Rouen d'achever l'impression par eux commencée du livre de *la Cour sainte*, pendant le privilège de Jean Du Bray, libraire à Paris.

Mais le conseil, de son côté, soutenait son ouvrage.

Un arrêt du conseil, du 2 décembre 1659, rendu au profit de Cramoisy et de Courbé, les maintient dans le privilège du livre intitulé : *Histoire de la décadence de l'empire grec*.

Un autre, du 18 juin 1660, maintient en faveur de Cramoisy son privilège de l'abrégé des *Annales de Baronius*.

Un arrêt des requêtes de l'hôtel, du 30 janvier 1662, confirme Courbé dans son privilège pour l'impression des *OEuvres de Tacite*.

Le 10 mai 1662, un arrêt du conseil, rendu contre Sébastien Martin, libraire à Paris, que soutenaient beaucoup de libraires intervenans, déclare confisquée au profit de Courbé une édition de l'*Histoire de la guerre de Flandre*, par Famianus Strada, traduite en français par Du Ryer, édition donnée par Martin, nonobstant la prorogation de privilège que Courbé avait obtenue, et dans laquelle celui-ci est confirmé.

Le 14 août 1663, à l'occasion de la continuation du privilège des *Usages romains*, source de contestations sans cesse renaissantes, un arrêt du conseil ordonna l'exécution de la prorogation que Sébastien Cramoisy avait obtenue pour trente années; et, statuant par voie de règlement, fit défenses à Ravaud et Huguetan, ainsi qu'à tous autres libraires et imprimeurs du royaume, de contrevenir à pareilles lettres de continuation de privilèges; « et le présent arrêt, est-il dit, « servira de règlement général, nonobstant tous autres règle- « mens et arrêts à ce contraires. »

Le 8 janvier 1665, M. Dormesson enjoignit à la communauté de proposer des moyens efficaces, si elle en connaissait, afin de terminer toutes les contestations occasionées par les privilèges et leurs continuations.

Un procès s'engagea entre Josse, libraire à Paris, et Malassis, libraire de Rouen, au sujet de la continuation du privilège des *Méditations chrétiennes et ecclésiastiques*, et autres livres de piété, par Beuvelet. Ce procès devint très grave par l'intervention des communautés de libraires de Rouen, de Paris et de Lyon. Parmi les nombreuses pièces visées dans l'arrêt, se trouve un certificat d'Antoine Estienne, du 23 octobre 1664, par lequel, se rendant à l'opinion contraire à celle que d'abord il avait soutenue, il déclare « que « les privilèges des vieux livres et la continuation des nou- « veaux sont nécessaires pour le public. » Dans l'arrêt est aussi visée une liasse contenant quatre-vingt-dix-sept copies imprimées de continuations de privilèges accordés par Louis XIII et Louis XIV à plusieurs libraires tant des villes de Paris, Rouen, Lyon, qu'autres du royaume, pour la réimpression des livres y mentionnés, depuis l'année 1641 jusqu'en 1665, avec défenses à tous autres libraires d'y contrevenir, à peine de confiscation, amende, dépens, dommages et intérêts.

L'arrêt du conseil fut rendu le 27 février 1665. Malassis fut condamné. Statuant par voie de règlement, l'arrêt ordonne que la déclaration du 20 décembre 1649 et l'arrêt du conseil du 14 août 1663 seront exécutés : et iceux interprétant confirme indistinctement toutes les lettres de permission et privilège d'imprimer ou réimprimer, précédemment obtenues par les libraires des différentes villes du royaume, à la charge de commencer l'impression des livres dans six mois pour tout délai, et de l'achever sans discontinuation. Pour l'avenir, l'arrêt enjoint de se pourvoir, en cas de demande de prorogation, un an avant l'expiration des privilèges. Quant aux privilèges d'auteurs anciens, sans adopter, en principe, la fixation au quart établie par l'arrêt du parlement de 1657, l'arrêt du conseil ne permet pas de les demander à moins qu'il y ait augmentation ou corrections considérables ; sans que pour ce sujet il soit défendu aux autres d'imprimer les an-

ciennes éditions non augmentées ni revues. Viennent ensuite
des mesures pour l'enregistrement des privilèges, et pour
leur publicité dans les principales villes du royaume. « Le
« présent arrêt, est-il dit, servira de règlement général,
« nonobstant l'arrêt du parlement de Paris du 7 septembre
« 1657 et tous autres règlemens et arrêts à ce contraires ; et,
« en cas de contravention, permet à Sa Majesté d'assi-
« gner les contrevenans au conseil, en vertu du présent
« arrêt. »

Le 11 septembre de la même année 1665, le conseil rendit
un autre arrêt, qui, en confirmant le précédent, permet aux
libraires et imprimeurs auxquels le roi aurait accordé des
privilèges, prorogations ou continuations d'iceux, de saisir
et enlever, et mettre en bonne et sûre garde, tous les exemplaires des livres contrefaits, avec les presses, caractères,
et autres choses servant à l'impression desdits livres contrefaits : et pour être fait droit les parties seront assignées au
conseil.

Le libraire Martin, ayant réimprimé les *OEuvres de saint
François de Sales*, prétendit que les dispositions des arrêts
du conseil relatives aux réimpressions d'auteurs anciens leur
étaient applicables. Mais, on pensa que cette dénomination
d'auteurs anciens s'appliquait seulement aux ouvrages d'auteurs morts avant la découverte de l'imprimerie, et Martin
fut condamné par l'arrêt du conseil des 12 mai et 19 juin
1671, ainsi que les syndic et adjoints des libraires de Paris,
Rouen, Toulouse et Bordeaux intervenus en sa faveur.

Le chancelier Séguier étant mort en 1672, les libraires
essayèrent, mais inutilement, de faire casser ces arrêts; le
conseil les confirma par un nouvel arrêt du 31 juillet 1673.

Un peu plus tard les libraires de Lyon recommencèrent à
demander la révocation des renouvellemens de privilèges et
l'exécution des lettres-patentes de 1618, à l'occasion de plusieurs continuations de privilèges accordés à Muguet, imprimeur et libraire à Paris, pour l'impression des *OEuvres de*

saint Augustin. Mais le conseil rejeta ' ur opposition par arrêt du 21 novembre 1678.

L'arrêt du conseil du 27 février 1682, spécial pour la ville de Lyon, contient des défenses d'imprimer ni contrefaire les livres qui auront été imprimés par d'autres libraires avec privilège, à peine de punition corporelle.

Dans le règlement général du 1686, le titre 14e, qui comprend les articles 64, 65, et 66, est intitulé : *Des privilèges et continuation d'iceux pour l'impression des livres.*

L'article 65 paraît destiné à obliger les juges d'ordonner l'exécution des privilèges et continuations, tels qu'ils sont délivrés, et sans s'ingérer dans leur examen, ni sans se permettre de les modifier. Il ne dit point dans quels cas les continuations seront accordées ou refusées.

« Défendons à tous imprimeurs et libraires de contrefaire
« les livres pour lesquels il aura été accordé des privilèges
« ou continuations de privilèges, de vendre et débiter ceux
« qui seront contrefaits, sous les peines portées par lesdits
« privilèges; lesquelles peines ne pourront être modérées
« ni diminuées par les juges ; et, en cas de récidive, les
« contrevenans seront punis corporellement, et seront dé-
« chus de la maîtrise, sans qu'ils puissent directement ni
« indirectement s'entremettre du fait de l'imprimerie et du
« commerce des livres. »

L'art. 66 ne fait pas confusion entre les permissions et les privilèges. Tout au contraire, sa disposition finale reconnaît qu'il y a des livres sans privilège, lesquels peuvent, par cela seul, être imprimés par tous les libraires.

« Art. 66. Aucun libraire ou imprimeur ne pourra impri-
« mer ou faire imprimer aucun livre sans lettres-patentes
« signées et scellées du grand sceau, lesquelles lettres ne
« pourront être demandées ni expédiées qu'après qu'il aura
« été remis à notre amé et féal chancelier de France une
« copie manuscrite du livre pour l'impression duquel lesdites
« lettres seront demandées, et sera fait mention desdites

« lettres au commencement ou à la fin desdits livres. Ne
« pourront lesdits livres être imprimés qu'au lieu de la rési-
« dence des libraires ou imprimeurs qui les auront obtenues,
« encore bien qu'ils eussent cédé et transporté le privilège; et
« en cas de contravention, lesdits livres imprimés hors du lieu
« de la résidence de ceux qui en auront obtenu lesdites lettres
« pourront être imprimés, vendus et débités par tous les autres
« libraires, comme s'il n'y avait aucun privilège accordé. »
L'art. 67 défend d'obtenir des privilèges pour les factums,
requêtes, billets d'enterrement, etc.

On voit que ce règlement continuait à soutenir la jurisprudence du conseil contre celle du parlement. Dans les articles qui concernent les privilèges comme dans les autres
dispositions, on reconnaît le caractère de l'époque, celui de
la concentration des pouvoirs. Nous avons vu (1) le même
esprit et les mêmes intentions amener la suppression des
privilèges généraux.

Il a été dit, dans la section précédente, que le règlement
de 1686 avait, suivant l'usage, donné lieu à des réclamations fort vives de la part de l'université. Elle avait présenté
seize griefs. Le onzième tendait à ce qu'il fût dit que le privilège exclusif n'aura point lieu pour les livres qui viennent des
pays étrangers. Ce grief se rapporte à l'article 6 dont le premier paragraphe était ainsi conçu: «Défenses sont faites à tous
« les imprimeurs et libraires d'imprimer ou faire imprimer
« aucun livre de privilège hors du royaume, à peine de confis-
« cation de tous les exemplaires qui se trouveront, et de 1500
« livres d'amende pour la première fois, applicables moitié à
« la communauté. » Quant aux articles 65 et 66, il ne sont
l'objet d'aucune observation spéciale dans les trois mémoires
imprimés que j'ai eus sous les yeux. (2)

Voici quelques passages du premier de ces mémoires, en
ce qui concerne les privilèges.

(1) Voyez page 70.
(2) Bibliothèque du roi, L. 590.

« L'art. 6 défend à tous imprimeurs et libraires de faire imprimer aucuns livres de privilège hors du royaume. Cela est captieux et dangereux, puisqu'il semble qu'il leur serait permis de faire imprimer hors le royaume tous les livres sans privilège. Pourquoi avoir ajouté *livres de privilège* ? Voici le dessein d'un imprimeur-libraire qui sent de loin son profit indubitable. Lorsqu'il saura un livre nouveau et de bon goût dans un pays étranger, il intriguera pour l'avoir, il obtiendra un privilège pour l'imprimer et le distribuer, avec défenses d'en faire venir des éditions étrangères ; ainsi, ayant de l'intrigue, de l'argent et de l'appui, il réduira à privilège tous les livres de négoce, et réduira toute la fabrique à son imprimerie, vendra les livres tel prix qu'il lui plaira, et ruinera les autres libraires et imprimeurs ; et les gens de lettres seront forcés de passer à son mot s'ils veulent avoir de ses livres.

« Ces privilèges exclusifs sont contraires à l'équité. On obtient tous les jours des privilèges pour des traductions de dictionnaires et d'autres ouvrages, portant défenses à tous autres de traduire le même livre ou d'en faire un de la même nature. D'où il arrive que si une traduction est mal faite, si un livre n'est pas assez ample ni correct, il n'est pas permis de mieux faire. Un méchant livre français empêche l'impression d'un très bon livre latin sur le même dessein ; par exemple, le privilège du *Dictionnaire historique* empêcha l'impression du *Lexicon historicum Hofmanni*, composé par un Allemand, et imprimé à Genève, lequel, sans contredit, est beaucoup meilleur que le *Dictionnaire historique*. »

Le même mémoire revient sur cette idée, à propos de l'article 58, et dit : « Les auteurs, les libraires et les imprimeurs du royaume doivent véritablement être maintenus par un privilège dans le droit qu'ils se sont acquis par leur génie, par leur industrie, par leur travail, et à leurs risques ; mais à l'égard des livres imprimés dans les pays étrangers, ils sont du droit public, et non pas du droit particulier ;

personne ne se les doit approprier par un privilège exclusif. »

Dans le second mémoire, imprimé comme addition au premier, il est dit à l'occasion de l'article 6 : « Les règlemens
cités pour autorités sur cet article disent tous qu'on n'imprimera aucun livre hors du royaume. Voilà la loi. Mais ils
ne parlent point de livres de privilège. Le mémoire de
l'université, page 7, fait voir l'adresse du législateur et les
mauvaises conséquences ; et page 13, elle a répondu à l'article 58...... Pourquoi tant finesser ? Pourquoi chercher
tant de détours ? Il faut s'en tenir au troisième article des
règlemens présentés à la cour par les libraires, imprimeurs
et relieurs le 17 mars 1650. » Cet article, après avoir
exigé copie de la facture des objets amenés du dehors,
ajoute : « Et où il se trouverait, en visitant lesdites balles,
« tonnes ou paquets, autres livres que ceux mentionnés
« en ladite facture par eux baillée, ils demeureront con-
« fisqués au profit de ladite communauté. » Le mémoire demande ensuite qu'à l'égard des livres de privilège on suive
l'article 26 des règlemens de 1649. On voit que, depuis 1649,
la question de liberté de concurrence avait beaucoup perdu,
car l'université se trouve réduite à revendiquer, pour le
domaine public, l'exécution d'un article qu'elle-même avait
alors combattu comme défavorable au domaine public.

En réclamant, dans l'intérêt des relieurs, contre leur exclusion du commerce de la librairie, réclamation entièrement contraire aux conclusions par lesquelles, en 1650
(*voyez* page 138), l'université provoquait elle-même cette
séparation, le premier mémoire effleure, transitoirement,
une question qui, plus tard, devint l'objet de protestations
très vives, celle du droit des auteurs à vendre eux-mêmes
leurs livres. Les anciennes défenses faites à ce sujet aux
auteurs, renouvelées dans le règlement de 1618, reparais-
saient dans celui de 1686, comme elle le firent encore dans les
règlemens postérieurs. « L'auteur, dit le mémoire, doit tirer

« récompense de son travail et de ses peines ; lorsqu'il fait
« imprimer son livre, on lui défend de le vendre lui-même,
« ce qui est désavantageux au public : il donnera donc à
« l'imprimeur ou au libraire partie des exemplaires pour
« certaine somme ; il en retiendra une partie qu'il voudra
« emporter pour faire des présens ; il donnera un nombre
« d'exemplaires au relieur pour paiement de ceux qu'il fera
« relier ; le libraire et l'imprimeur en donneront pareille-
« ment un autre nombre pour relier les autres. Que fera le
« relieur de tous ces exemplaires qu'on lui donne en paie-
« ment, s'il n'a pas la liberté de les vendre ? »

Les idées du temps favorisaient peu les réclamations que
plusieurs hommes de lettres se hasardaient parfois à élever.
Quelque chose d'humble, et qui sentait la roture, imprimait aux habitudes de négoce un caractère d'infériorité qui
ne laissait pas un écrivain sans rougeur lorsqu'il songeait à
vivre du produit de ses ouvrages. Boileau, tout en prenant,
dans des vers pleins de bon sens, le parti des auteurs qui
vivaient du produit de leurs œuvres, les défendait en disant
qu'il n'y avait de leur part *ni honte ni crime*, et l'admirable
exactitude de cet esprit si juste, habitué à la plus scrupuleuse exactitude d'expressions, ne se sentait point révolté
de cette hyperbole (1). Lui-même, à propos de son *Art
poétique* où étaient contenus ces vers, écrivait à Colbert
en 1674 :

« Je vois bien que c'est à vos bons offices que je suis re-
« devable du privilège que Sa Majesté veut bien avoir la
« bonté de m'accorder. J'étais tout consolé du refus qu'on

---

(1) Je sais qu'un noble esprit peut, sans honte et sans crime,
   Tirer de son travail un tribut légitime ;
   Mais je ne puis souffrir ces auteurs renommés,
   Qui, dégoûtés de gloire et d'argent affamés,
   Mettent leur Apollon aux gages d'un libraire,
   Et font, d'un art divin, un métier mercenaire.

                    (*Art poétique*, ch. IV, v. 126.)

« en avait fait à mon libraire; car c'était lui seul qui l'avait
« sollicité, étant très éveillé pour ses intérêts, et sachant
« fort bien que je n'étais point homme à tirer tribut de mes
« ouvrages, etc. »

Chevillier, dans l'ouvrage que souvent déjà nous avons cité,
s'exprime ainsi :

« La vérité néanmoins nous oblige de dire que ce n'est
point toujours le libraire qu'on doit accuser quand on achète
chèrement. Et ce n'est pas le seul marchand qui se laisse
aller à un esprit d'avarice. C'est aussi quelquefois celui qui
a le mieux écrit contre ce vice. Je veux dire que c'est quelquefois un auteur trop intéressé à qui on doit s'en prendre,
et qui, pour avoir tiré une somme considérable du libraire,
est cause qu'on ne peut avoir un livre à un prix raisonnable;
conduite, à mon avis, peu digne d'un homme de lettres, qui
ne doit être animé, quand il compose, que de la vue du
bien public. Le commerce qu'il fait de sa plume, et dans lequel il ne se propose que le gain, rabaisse sa qualité à celle
d'un négociant, et ce n'est plus qu'une âme commune, agitée
d'une basse idée de gagner de l'argent. On sait des preuves
de ce que je dis. Il est vrai que les libraires doivent agir honnêtement avec les auteurs qui leur ont mis en main de bonnes
copies, et qu'il est de leur devoir de donner des témoignages
de gratitude à ceux qui les ont enrichis par leur travail; mais
aussi les auteurs ne doivent point, par leurs exactions sor-
dides, rendre les libraires odieux, ni faire déclamer contre
eux dans le public. »

La fréquence des procès auxquels donnait lieu la prohibition faite aux auteurs de vendre eux-mêmes leurs livres,
prouve qu'elle était assez mal observée. Les peines portées
contre les contrevenans étaient souvent considérées comme
purement comminatoires. Ainsi, dans un procès que Lulli eut
à soutenir contre la communauté des libraires, et qui fut terminé par arrêt du conseil du 11 juin 1708, on se contenta de
lui faire défenses d'afficher, vendre, ni faire vendre ses opéras

par autres que par un imprimeur ou libraire, sous les peines portées par l'édit de 1686.

La défense de contrefaire tous les livres imprimés avec privilège ou continuation de privilège, contenue dans l'art. 65 du règlement de 1686, fut renouvelée dans les art. 58 et 59 du règlement donné en 1695 pour la librairie de Lyon, et enregistré au parlement le 7 février 1696.

Les lettres-patentes du 2 octobre 1701 (1), en réglant ce qui concerne les permissions, fixèrent les droits à payer, tant pour les privilèges qui s'étendaient à la généralité du royaume, que pour les privilèges qui n'avaient effet que dans certaines localités.

Un arrêt du conseil, du 13 août 1703, relatif aux lettres de permission, qu'il ne distingue pas des privilèges, ordonne, contrairement à l'arrêt du parlement de Rouen de 1646 (2), que le nombre d'années se comptera du jour de l'obtention des lettres, tant pour l'avenir que pour le passé; et que celles qui pourraient s'obtenir, ou qui ont été obtenues, sans porter un nombre d'années fixe et précis, seront nulles de plein droit. Le même arrêt ordonne d'enregistrer fidèlement et tout au long, sans interlignes ni ratures, sur les registres des communautés de libraires, toutes les lettres de permissions; et les cessions de privilèges, dans les trois mois de leur date, à peine à. nullité. Il ordonne, enfin, la communication des registres à toutes personnes, pour y faire telles recherches et tels extraits que chacun avisera. En vertu de cet arrêt, de nouveaux registres de privilèges furent ouverts à la chambre syndicale de Paris, et firent suite aux précédens registres, où les privilèges n'étaient indiqués que par extraits. (3)

Un pamphlet assez curieux parut vers 1720, sous le titre de

(1) *Voyez* page 68.
(2) *Voyez* page 121.
(3) *Voyez* page 125. Ces registres, au nombre de vingt-quatre, s'arrêtent au 27 juillet 1790 : ils sont conservés aux manuscrits de la bibliothèque du roi. *Voir* page 87 *en note.*

*Mémoire sur les vexations qu'exercent les libraires et impri-
meurs de Paris* (1). Il est divisé en trois articles : vexations
exercées sur le public; vexations contre les auteurs; vexations contre les compagnons imprimeurs. Quoique la viru-
lence de cet écrit ne permette pas d'y attacher beaucoup de
confiance, néanmoins j'en extrairai quelques passages qui ne
sont pas sans intérêt historique.

« ..... La condition la plus expressément marquée dans
les privilèges que le roi accorde pour l'impression des livres,
c'est qu'elle se fera en beau papier et en beaux caractères; et,
au mépris de cette clause, ce qui devrait rendre le privilège
nul, les imprimeurs et les libraires ont le front de débiter des
livres de conséquence, sur de mauvais papier avec des caractères usés, et sans correction; le tout pour éviter la dépense.
Le public en est témoin et s'en plaint, mais inutilement....
Cependant les privilèges qu'ils obtiennent, ou qu'ils extor-
quent, pour mieux dire, deviennent pour eux des patrimoines
considérables.... Feu Jean-Baptiste Coignard eut bien l'im-
pudence de demander une continuation de privilège pour les
Méditations de Buzée, attendu que le peu de débit ne répondait pas, disait-il, à la dépense qu'il avait faite pour la première édition, quoique, pendant le cours du privilège, il en
eût fait tant d'éditions, qu'il en était à la trente-sixième, ce
qu'il avait expressément marqué à la première page du livre.
M. Boucherat, pour lors chancelier, fut scandalisé d'une pareille effronterie. Pour remédier à cet inconvénient, les
imprimeurs et libraires de Paris, quand ils sont une fois en
possession des livres qui ont un grand cours, n'annoncent
plus le nombre des éditions qu'ils en fournissent. Au contraire,
par une ruse inique, Guillaume Desprez et Jean Desessarts
ne mettent plus l'année des ouvrages qu'ils impriment.

(1) In-folio de seize pages, sans date et sans nom d'auteur ni d'imprimeur.
Le dictionnaire de Moreri l'attribue à l'abbé Blondel (Pierre-Jacques), mort à
cinquante-six ans, en 1730. Il ne paraît pas que ce mémoire ait été suivi d'un
second, quoiqu'il soit terminé par ces mots : *Fin du premier mémoire.*

C'est ainsi qu'en donnant une dernière édition des *Essais de morale* de M. Nicole, ils y ont mis l'ancienne date pour ôter aux magistrats et au public la connaissance de la multitude des éditions qui les ont enrichis, et pour obtenir plus facilement des continuations de privilèges qu'ils ne méritent point. Feu Guillaume Desprez ayant obtenu un privilège de trente ans pour imprimer la Bible de Sacy, comme cette Bible contenait un grand nombre de volumes, le privilège, à cette considération, portait qu'il ne courrait qu'après l'impression du dernier volume. Il a laissé languir le public pendant plus de vingt-cinq ans avant de lui donner la satisfaction de voir cet ouvrage en entier....

« ..... Il n'y a point de risque à assurer que le privilège que le roi a accordé au sieur Colombat pour son almanach, lui rapporte tous les ans 24,000 livres de rente, et peut-être 25 ou 26,000 livres. Quel service important le sieur Colombat a-t-il donc rendu à Sa Majesté pour en obtenir une gratification si prodigieuse? En quoi a-t-il tant mérité de l'État et du public, pour imposer en sa faveur une taxe si considérable sur les almanachs....?

« On trouve les mêmes étoffes ou les mêmes denrées chez plus d'un marchand; ainsi on a la liberté de choisir les plus accommodans et qui font le meilleur marché. On ne trouve tel ou tel livre que chez un seul libraire; ainsi, il le vend ce qu'il veut : il n'a ni risque à courir, ni non-valeur à essuyer, du moins en fait d'almanachs; cependant on lui permet de vexer le public et de faire des gains exorbitans.

« Encore si le roi mettait des pensions sur les privilèges qu'il accorde aux libraires, pour récompenser de bons serviteurs de l'État, on supporterait ces vexations plus patiemment; mais le corps des libraires et imprimeurs est peut-être celui de tous les commerçans qui est le moins chargé. Ils briguent les honneurs du consulat qui est affecté aux six corps; et ils seraient bien fâchés d'être annexés à ces six corps, de peur d'en partager les charges....

« Mais laissons là ces bagatelles d'almanachs qui nous ont trop occupés. Parlons de ce grand ouvrage, du *Dictionnaire de Moreri*. Il y a certainement de la dépense à faire, et il faut en débiter beaucoup avant que de retirer ses frais ; cependant Coignard avoue, quoiqu'il partage le privilège avec Mariette, qu'il marie une de ses filles à chaque édition de ce dictionnaire. Voyons un peu s'il les marie richement.... Donc Coignard ne retire qu'environ deux cent mille livres de profit clair et net de leur édition. Certes, ces deux libraires doivent bien marier leurs filles, en eussent-ils autant qu'ils ont fait de semblables éditions....

« De toute autre marchandise il est permis aux particuliers d'en faire venir, pourvu que ce ne soit point pour en faire commerce, et qu'elle ne soit point de contrebande : en payant les droits à la douane, on en est quitte. Mais le corps des libraires, abusant de la protection des grands, a obtenu un arrêt qui défend à tous directeurs de douane, dans quelque ville du royaume que ce soit, de prendre aucune connaissance des ballots de livres qui arrivent dans leurs départemens, à peine de tous dépens, dommages et intérêts ; arrêt dont ils sont si fiers qu'ils ont pris soin de le mettre tout au long dans le *Journal du Palais*. »

Cet article est terminé par la demande de la création d'un tribunal spécial, ou chambre royale de librairie, en remplacement de la chambre syndicale des libraires.

Le second article, *vexations contre les auteurs*, s'occupe surtout de mettre en parallèle la pauvreté de certains auteurs avec l'opulence de certains libraires. Les conventions des auteurs avec les comédiens sont présentées comme établies avec beaucoup plus de justice que les traités avec les libraires. « De combien de bons ouvrages le public est-il privé, parce que les gens de lettres ne trouvent aucune ressource en s'appliquant à écrire ? Quelques-uns, pour se rédimer de la vexation des libraires, avaient pris le parti de faire les frais de l'impression et de vendre eux-mêmes leurs livres. Rien n'étai plus juste : l'imprimeur était d'abord payé de ses mises et de sa peine, et il n'était pas à craindre qu'il fît trop bon marché à l'auteur. Les libraires avaient aussi leur droit, puisque l'auteur, pour se procurer un débit plus prompt, en donnait à vendre à différens libraires. Si l'ouvrage n'avait pas de succès, l'auteur en supportait seul la perte. S'il méritait l'empressement du public, n'était-il pas bien juste que l'auteur moissonnât ce qu'il avait semé? Cependant les libraires n'ont pu le souffrir; ils ont envié aux auteurs la récompense de leurs travaux, qui leur était légitimement due, et qui ne les intéressait en rien, eux libraires, puisqu'ils n'y mettaient ni frais ni soins, si ce n'est que ces auteurs, se contentant d'un gain médiocre, pouvaient donner leurs livres au public à un prix raisonnable, qui, comparé avec le prix excessif que les libraires mettent aux leurs, révélait ainsi leur turpitude.

« Par la facilité qu'ils ont d'obtenir des arrêts sur requête, parce qu'ils sont eux seuls parties quand ils les présentent, et que les auteurs, ne faisant point corps comme ces vils artisans, n'ont pu ni dû y former opposition, ils eurent un arrêt qui défend à toute personne, de quelque qualité qu'elle soit, de faire imprimer aucun livre en son nom, et qu'ils ne pourront être vendus que par des libraires. Et, afin que cet arrêt soit notoire à tous les savans, ils ont affecté d'en faire mention dans les privilèges qu'ils obtiennent. Et, par un autre tour de subtilité, ils y ont fait insérer une clause qui ordonne que le privilège sera enregistré sur le registre de la communauté, afin de s'assurer si la clause qui exclut les auteurs de vendre leurs livres en leur nom y est bien exprimée à leur gré.

« Voilà donc les gens de lettres dans l'oppression : il faut, s'ils veulent travailler, qu'ils le fassent comme des forçats pour le compte des libraires. »

Le troisième article prend parti pour les ouvriers contre les maîtres. Le nombre des compagnons travaillant dans Paris à l'imprimerie y est évalué à six cents; et ce que gagne annuellement un habile ouvrier est estimé à 600 livres environ.

Le règlement de 1723 consacre un titre aux privilèges.

TITRE XV. *Des privilèges et continuations d'iceux pour l'impression des livres.*

« Art. 101. Aucuns libraires ou autres ne pourront faire imprimer ou réimprimer dans toute l'étendue du royaume aucuns livres sans en avoir préalablement obtenu la permission par lettres scellées du grand sceau : lesquelles ne pourront être demandées ni expédiées qu'après qu'il aura été remis à M. le chancelier ou garde-des-sceaux de France une copie manuscrite ou imprimée du livre pour l'impression duquel lesdites lettres seront demandées.

« Art. 102. Ne pourront lesdits libraires ou autres faire imprimer ou réimprimer aucuns livrets, ni même des feuilles volantes et fugitives sans en avoir obtenu la permission du lieutenant-général de police, et sans une approbation de personnes capables et choisies par lui pour l'examen ; et sous ledit nom de livrets ne pourront être compris que les ouvrages dont l'impression n'excédera pas la valeur de deux feuilles en caractère de cicéro.

« Art. 103. Aucuns livres ou livrets ne pourront être imprimés ou réimprimés sans y insérer au commencement ou à la fin des copies entières tant des privilèges et permissions, sur lesquels ils auront été imprimés ou réimprimés, que de l'approbation de ceux qui les auront lus et examinés avant l'obtention desdits privilèges et permissions.

« Art. 104. Si les ouvrages pour l'impression desquels on demande des privilèges et permissions contiennent plusieurs traités, parties ou volumes, dont il n'y aura que les premiers d'achevés quand les permissions seront accordées, aucuns libraires, imprimeurs ou autres ne pourront imprimer ou faire imprimer, en vertu desdites permissions, aucunes parties desdits ouvrages avant que lesdites parties qui n'ont pas été examinées avant l'obtention desdites permissions aient été examinées et approuvées ; ce qui sera exécuté même à l'égard des préfaces, avertissemens, épîtres dédicatoires, supplémens, tables et autres : les imprimés seront entièrement conformes aux exemplaires vus par les examinateurs, sans qu'on puisse rien changer, ajouter ou diminuer aux titres desdits livres ou livrets dans les affiches ou placards qui en seront mis aux lieux accoutumés ; et pour cet effet, les imprimeurs, libraires et autres, seront obligés,

après l'impression achevée, de remettre ès mains de M. le garde
des sceaux l'exemplaire manuscrit sur lequel elle aura été faite, ou
un exemplaire imprimé, paraphé par l'examinateur.

« Art. 105. Les quatre articles ci-dessus seront ponctuellement
exécutés, à peine contre les contrevenans de demeurer déchus de
tous les droits portés par les permissions ou privilèges, et d'être
procédé contre eux par confiscation d'exemplaires, amende, clôture
de boutique, et autres plus grandes peines s'il y échoit.

« Art. 106. Lesdites lettres de privilèges ou permissions seront
dans les trois mois du jour de leur obtention enregistrées sur le
registre de la communauté des imprimeurs et libraires de Paris,
fidèlement, tout au long, sans interlignes ni ratures, à peine de
nullité d'icelles ; et aucun livre ne pourra, sous la même peine, être
affiché ni exposé en vente qu'après ledit enregistrement. Les cessions desdites lettres seront pareillement registrées sur le même registre, au plus tard trois mois après la date desdites cessions, et tout
au long, à peine de nullité. Veut Sa Majesté que la même chose soit
observée à l'égard des permissions accordées pour l'impression des
livrets, avant qu'elle puisse avoir été commencée. Et sera ledit registre de la communauté des libraires et imprimeurs de Paris communiqué à toute personne pour y faire telles recherches et tels extraits que chacun avisera ; au moyen de quoi lesdites lettres seront
censées avoir été suffisamment signifiées nonobstant toutes dispositions à ce contraires, auxquelles Sa Majesté déroge expressément.

« Art. 107. Pourront les livres pour lesquels auront été obtenues
lettres de privilège ou permission, être imprimés dans l'étendue du
royaume. Défend Sa Majesté d'en faire imprimer aucun hors d'icelui, à peine de confiscation des exemplaires, et de quinze cents livres
applicables, moitié au profit de l'Hôtel-Dieu, et l'autre moitié au
profit de la communauté. »

A la place de cet article, les imprimeurs avaient demandé
le rétablissement de l'article 66 du règlement de 1686.

L'article 108 prescrit de fournir huit exemplaires, dont
deux pour la bibliothèque du roi, un pour le Louvre, un pour
le garde des sceaux, un pour la personne choisie pour l'examen, et enfin trois pour la chambre syndicale (1) , afin d'être

_____

(1) *Voir* ci-dessus, p. 127, les prétentions de la chambre syndicale sur ce

employés aux affaires et besoins de la communauté ; le tout à peine de nullité des privilèges ou permissions, et de confiscation des exemplaires et 1500 livres d'amende. Les mêmes obligations sont imposées pour les livrets et autres écrits imprimés avec permission des juges de police.

« Art. 109. Défend Sa Majesté à tous imprimeurs et libraires du royaume de contrefaire les livres pour lesquels il aura été accordé des privilèges ou continuations de privilèges, et de vendre et débiter ceux qui seront contrefaits, sous les peines portées par lesdits privilèges ou continuations de privilèges, qui ne pourront être modérées, ni diminuées par les juges : et en cas de récidive les contrevenans seront punis corporellement et déchus de la maîtrise, sans qu'ils puissent directement ni indirectement s'entremettre du fait de l'imprimerie et du commerce de livres.

« Art. 110. Ne pourront lesdits libraires et imprimeurs, ni autres, demander aucuns privilèges, pour l'impression des factums, mémoires, requêtes, placets, billets d'enterrement, pardons, indulgences, monitoires ; et seront lesdits ouvrages indifféremment imprimés par les imprimeurs dont les particuliers voudront se servir ; pourront les imprimeurs et les libraires imprimer ou faire imprimer les pardons, indulgences et autres ouvrages propres à chaque diocèse, sur les privilèges spéciaux qu'en auront obtenus les évêques.

« Art. 111. Veut néanmoins Sa Majesté que les factums, requêtes ou mémoires ne puissent être imprimés, si les copies qui seront remises entre les mains des imprimeurs ou libraires ne sont signées d'un avocat inscrit sur le tableau ou d'un procureur. Les arrêts de de la cour de parlement et de la cour des aides de Paris ne pourront être imprimés sans permission particulière desdites cours obtenue par arrêt sur requête présentée à cet effet ; à peine, contre les contrevenans, de 200 livres d'amende pour la première fois, et à l'égard des imprimeurs en cas de récidive d'être suspendus de leurs fonctions pendant trois mois ; à l'exception néanmoins des arrêts de

point, en 1650. Les réglemens de 1618 et de 1686, attribuent à la communauté un exemplaire. Le nombre fut porté à trois par déclaration du 11 septembre 1703, confirmée par plusieurs arrêts du conseil, cités par celui du 16 avril 1785. *Voyez* p. 101.

règlement, et de tous ceux qui concernent l'ordre et la discipline publique, qui doivent être imprimés par les soins des procureurs généraux de Sa Majesté, comme aussi des arrêts d'ordre et d'homologation des contrats pour être signifiés aux parties.

« Art. 112. Défend Sa Majesté à tous graveurs, imagers et dominotiers, d'imprimer ou faire imprimer, vendre et débiter aucunes cartes de géographie, et autres planches ni explication étant au bas d'icelles, sans privilèges du grand sceau, ou permissions du lieutenant-général de police qui seront enregistrés sur le livre de la communauté des libraires et imprimeurs de Paris, ainsi qu'il est prescrit par l'art. 108. »

Nous avons déjà remarqué que la disposition finale du règlement de 1723, transporte du parlement au conseil privé le jugement souverain de toutes les contestations sur la matière, en sorte qu'approbations, permissions, privilèges, se sont trouvés, dès ce moment, placés sous l'entière dépendance du chancelier.

Malgré la nouvelle législation, la querelle sur les continuations de privilèges n'était pas à son terme; trop d'intérêts s'y rattachaient.

La librairie des provinces était privée de toute faculté de fabrication, par la concentration des privilèges entre les mains des libraires de la capitale. Elle élevait des plaintes d'autant plus vives que les libraires de Paris refusaient de l'admettre aux ventes de privilèges et de parts de privilèges qui avaient lieu à la chambre syndicale.

On trouve dans les œuvres posthumes de Louis d'Héricourt (1), un mémoire pour les libraires de Paris contre ceux

_____

(1) 4 vol. in-4°, 1759, troisième vol., p. 54. Ce mémoire, qui a paru en 1725, portant pour unique signature celle de Mᵉ Boudier, avocat, irrita fort le garde des sceaux d'Armenonville. Jacques Vincent, qui l'avait imprimé, fut obligé de se cacher, et les syndic et adjoints qui le présentèrent, de donner leur démission, ainsi qu'il résulte de la mention, fort singulière dans ses termes, consignée sur les registres de la chambre syndicale :

« Cejourd'hui vendredi, 29 novembre 1726 du matin, nous soussignés
« Denis Mariette, syndic, Étienne Ganeau et Jean Mariette, adjoints, avons

de province. Ceux-ci demandaient qu'à l'expiration des privilèges le droit d'imprimer devint commun à tous les libraires de France. La requête fut rejetée et le règlement de 1723 maintenu.

D'Héricourt pose ainsi la question :

« S'il serait juste et équitable d'accorder aux libraires de « province la permission d'imprimer les livres qui appar- « tiennent aux libraires de Paris, par l'acquisition qu'ils « ont faite des manuscrits des auteurs. »

Comme première proposition il établit : « que ce ne sont point les privilèges que le roi accorde aux libraires qui les rendent propriétaires des ouvrages qu'ils impriment, mais uniquement l'acquisition du manuscrit, dont l'auteur leur transmet la propriété au moyen du prix qu'il en reçoit. » Deux observations lui paraissent démontrer cette proposition : 1° « Un manuscrit, qui ne contient rien de contraire à la religion, aux lois de l'état ou à l'intérêt des particuliers, est en la personne de l'auteur un bien qui lui est tellement propre, qu'il n'est pas plus permis de l'en dépouiller que de son argent, de ses meubles, ou même d'une terre, parce que c'est le fruit de son travail qui lui est personnel, dont il doit avoir la liberté de disposer à son gré pour se procurer, outre l'honneur qu'il en espère, un profit qui lui fournisse ses besoins, et même ceux des personnes qui lui sont unies par les liens du sang, de l'amitié, ou de la reconnaissance. 2° Si un auteur est constamment propriétaire, et par conséquent

- laissé entre les mains de monseigneur le garde des sceaux un écrit signé de
- nous, contenant notre démission desdites charges de syndic et adjoints,
- laquelle démission avons faite en vertu de la permission que nous lui avons
- demandée la veille, et qu'il a eu la bonté de nous accorder, après avoir eu
- l'honneur de lui présenter un mémoire imprimé contenant les représenta-
- tions de la communauté, au sujet des continuations de privilèges. La pré-
- sente déclaration par nous faite, afin qu'il puisse être procédé à l'élection
- d'autres officiers. »

Les trois démissionnaires furent remplacés, non par voie d'élection, mais par arrêt du conseil en date du 11 décembre 1726.

seul maître de son ouvrage, il n'y a que lui, ou ceux qui le représentent, qui puissent valablement le faire passer à un autre, et lui donner dessus le même droit que l'auteur y avait. Par conséquent le roi n'y ayant aucun droit, tant que l'auteur est vivant ou représenté par ses héritiers ou donataires, il ne peut le transmettre à personne, à la faveur d'un privilège, sans le consentement de celui à qui il se trouve appartenir. »

D'Héricourt conclut, sur cette première proposition, en réduisant les privilèges à n'être considérés « que comme des approbations authentiques, pour mettre, d'un côté, le libraire en sûreté et hors d'état d'être inquiété, supposé qu'il se trouvât par la suite dans un ouvrage quelque chose de contraire aux idées du gouvernement ; et, de l'autre, pour assurer le public qu'il peut s'en charger sans crainte, comme ne contenant rien de contraire à la religion, aux droits du roi, ni à ceux des particuliers. »

Voici la seconde proposition : « Les manuscrits que les libraires achètent des auteurs, aussi bien que les textes des livres qu'ils acquièrent en s'établissant dans ce genre de commerce, sont, en leurs personnes, de véritables possessions, de la même nature de celles qui tombent dans le commerce de la société civile ; et par conséquent on doit leur appliquer les lois qui assurent l'état de toutes celles qui se font entre les hommes, soit terres, maisons, meubles, ou autres choses de quelque espèce que ce puisse être. »

D'Héricourt appuie cette proposition sur le raisonnement suivant :

« Si les productions littéraires tiennent le premier rang entre toutes celles dont les hommes sont capables par rapport aux avantages qu'ils en tirent, elles doivent se communiquer pour l'intérêt commun. Si elles doivent se communiquer, il faut que les auteurs les puissent faire passer à d'autres par le canal de la vente ou de l'échange ; donc les productions littéraires sont du nombre des choses qui tombent dans le commerce, comme les autres productions de

l'industrie ; et, par une conséquence nécessaire, les lois du
royaume, auxquelles le commerce et l'industrie ont donné
lieu pour assurer l'état des conventions des citoyens, doivent
être singulièrement appliquées à celles qui se font entre les
auteurs et les libraires. Or, il n'est pas douteux que le propriétaire d'une chose, en la faisant passer à un autre par le
canal de la vente et de l'échange, transmet au nouveau possesseur les mêmes droits qu'il avait sur la chose dont il se dépouille... ; donc un libraire qui a acquis un manuscrit..., et
obtenu un privilège pour l'imprimer, doit demeurer perpétuellement propriétaire du texte de cet ouvrage, lui et ses
descendans, comme d'une terre ou d'une maison qu'il aurait acquise, parce que l'acquisition d'un héritage ne diffère en rien, par la nature de l'acquisition, de celle d'un manuscrit...

« Cependant, quoique ces deux différentes espèces d'ac-
quisitions soient de même nature dans l'ordre des conventions, et qu'il ne se soit encore jamais trouvé personne assez
visionnaire pour recourir à l'autorité du prince, afin de se
faire mettre en possession de la maison d'un autre, sous prétexte de la longue possession de celui qui en jouit, ou de
celle de ses auteurs, néanmoins les libraires de province
osent aujourd'hui, sous le prétexte d'une jouissance de
quelques années, venir demander les privilèges des livres
dont leurs confrères de Paris ont acquis la propriété à prix
d'argent, pour l'impression desquels ils ont fait des dépenses
considérables, et couru le risque de l'évènement, et qui,
enfin, composent le plus réel et le meilleur de leurs biens. »

Après s'être étendu sur le développement de cet argument,
d'Héricourt arrive à l'objection tirée de l'utilité publique.

Il réfute cette objection, d'abord par la nécessité publique
de maintenir les contrats, puis par des considérations sur la
nature particulière du commerce de la librairie.

« La raison et l'expérience nous découvrent qu'il est nécessaire que, dans toutes les communautés qui se trouvent dans

un état, il y ait une barrière contre laquelle viennent se briser les entreprises que les membres peuvent faire les uns sur les autres, pour les empêcher de se détruire mutuellement. C'est pourquoi nos rois ont donné à chacune des statuts revêtus d'une autorité capable de les contenir les uns envers les autres, et qui leur doivent servir de règles. Or, les statuts des libraires contiennent la prohibition précise de demander des priviléges pour l'impression des livres qui appartiennent à des confrères. Cette disposition est fondée sur deux motifs: 1° pour conserver à chacun la propriété des ouvrages qu'il acquiert, et pour entretenir une juste émulation pour les grosses entreprises; 2° pour empêcher que les libraires, par envie de profession, n'entreprennent les uns sur les autres et ne se ruinent mutuellement, et aussi qu'ils n'impriment en mauvais caractère, sur de méchant papier et avec précipitation. Si les textes sont rendus communs à l'expiration des priviléges, les libraires ne voudront plus acheter de manuscrits, les auteurs, ne pouvant plus vendre leurs ouvrages, se décourageront et ne travailleront plus : ce qui fera tomber les sciences et renaître ces siècles ténébreux qui ont précédé la naissance de l'imprimerie. »

On voit que, dans les argumens de d'Héricourt, les droits des auteurs occupent une grande place. Ce n'est point ici le lieu de discuter si d'Héricourt a donné la véritable explication de l'origine de ces droits, et s'il a raisonné juste lorsque, assimilant la propriété des ouvrages d'esprit à celle d'une terre ou d'une maison, il n'a examiné que la nature du contrat, sans faire attention à la nature du droit que le contrat a pour objet : cette discussion appartient à une autre partie de ce traité. Je me contente de signaler historiquement l'attention toujours croissante apportée à l'examen des droits des auteurs, dont la position sociale, progressivement améliorée, devenait considérable. Plus nous avancerons, plus nous les verrons redoubler d'efforts pour user et jouir de leurs droits; tantôt faisant cause commune avec les libraires, tantôt se mettant en guerre contre ceux-ci pour renverser leurs privilèges d'exploitation commerciale.

Un arrêt rendu par le conseil privé, le 21 mars 1749, au profit de Crébillon contre ses créanciers, offre un exemple remarquable des complaisances auxquelles on se croyait alors obligé envers les gens de lettres. La question était fort simple : Crébillon avait des dettes ; ses créanciers avaient formé des saisies-arrêts entre les mains des comédiens français, sur la part de l'auteur dans les recettes de la tragédie de *Catilina,* et entre celles de Prault fils, son libraire. L'arrêt du conseil fit main-levée des saisies. Un siècle plus tôt, on en avait usé avec moins de façons à l'égard de la succession de Vaugelas. Voici ce qu'on lit dans l'*Histoire de l'Académie* par Pellisson :

« Comme M. de Vaugelas avait eu moins de fortune que de mérite, après sa mort les cahiers du Dictionnaire, avec le reste de ses écrits, furent saisis, parmi d'autres choses, par ses créanciers, qui prétendaient d'en tirer une somme considérable de quelque imprimeur ; de sorte que l'Académie n'a pu retirer ce qui lui appartenait qu'en plaidant, et après une sentence du Châtelet du 17 mai 1651. »

Un arrêt du conseil, rendu le 14 septembre 1761, excita de vives alarmes dans la communauté des libraires. Cet arrêt, nonobstant l'opposition de la communauté, accordait aux petites-filles de Lafontaine le privilège des œuvres de leur aïeul, quoique Lafontaine, de son vivant, eût vendu ses œuvres à Barbin, libraire, qui lui-même les avait cédées à d'autres après une longue jouissance.

Toutes les querelles sur les prolongations de privilège renaissaient par cet arrêt, plus ardentes qu'elles ne l'avaient jamais été. Les libraires privilégiés, auxquels la jurisprudence du conseil d'État avait, jusqu'alors, été généralement favorable, voyaient avec effroi invalider leurs titres et détruire la perpétuité de jouissance dont ils se considéraient comme investis par les cessions à eux faites. Mais ils n'avaient plus pour uniques ennemis le domaine public et des rivalités de confrères; de nouveaux adversaires s'élevaient contre eux, c'étaient les auteurs et leurs familles, plus puissans de jour en jour.

Le mémoire de Diderot, composé en 1767, avec l'ancien syndic Lebreton, et dont nous avons parlé dans le chapitre précédent (1), est, à vrai dire, un plaidoyer en faveur des libraires de Paris. Diderot regarde comme fort justes les privilèges accordés aux premiers éditeurs de manuscrits anciens et appartenant au domaine commun. Il va plus loin, il approuve les prorogations de ces privilèges, même à perpétuité. Son argument principal est appuyé sur la lenteur avec laquelle se débitent la plus grande partie des éditions dont un fonds de librairie se compose.

Quant aux ouvrages nouveaux, Diderot déclare que la propriété complète, entière, absolue en appartient à l'auteur; et que, quand celui-ci en a disposé en faveur d'un libraire, les droits du cédant passent à son acquéreur. Raisonner autrement ce serait, suivant lui, bouleverser les propriétés.

Toute son argumentation sur cette partie de la question est la même que celle de d'Héricourt dont il cite le mémoire.

Diderot, en plaidant pour une corporation, se croit obligé à beaucoup de précautions oratoires : « Eh ! que m'importe, s'écrie-t-il, qu'il y ait une communauté de plus ou de moins, à moi qui suis un des plus zélés partisans de la liberté prise sous l'acception la plus étendue; qui souffre avec chagrin de voir le dernier des talens gêné dans son industrie, des bras donnés par la nature et liés par des conventions; qui ai de tout temps été convaincu que les corporations étaient injustes et funestes, et qui en regardais l'abolissement entier et absolu comme un pas vers un gouvernement plus sage. » Mais il ajoute que si l'on n'abolit pas toute communauté, si l'on ne donne pas liberté absolue d'industrie, si l'on ne rembourse pas aux communautés leurs dépenses, si on n'acquitte pas leurs

(1) Page 99.

dettes, il faut les soutenir, les aider à prospérer. Il veut la continuation indéfinie des privilèges au profit des mêmes individus, parce qu'il regarde l'existence des privilèges comme nécessaire à l'existence des libraires. Il combat la concurrence comme devant élever la production au-delà des besoins de la consommation, et comme une cause de mauvaise fabrication. Quant à l'exagération des prix, il pense que la concurrence avec l'étranger la préviendra.

Il blâme fort la concession de privilège faite aux demoiselles de Lafontaine.

Il conclut en demandant que les lois existantes sur la librairie soient *à jamais* raffermies ;

Que les privilèges soient regardés comme de pures et simples sauvegardes ; les ouvrages acquis comme des propriétés inattaquables ; et leurs impressions et réimpressions continuées exclusivement à ceux qui les ont acquis, à moins qu'il n'y ait dans l'ouvrage même une cause dérogatoire ;

Que la translation ou le partage ne s'en fasse jamais que dans le cas unique où le légitime possesseur les laisserait librement et sciemment en non-valeur ;

Que les privilèges et les permissions continuent à être portés sur le registre de la chambre syndicale de Paris ;

Que le syndic soit autorisé à suspendre l'enregistrement quand il sera fait opposition, ou qu'il connaîtra que le privilège présenté préjudicie aux droits d'un tiers, et ce, jusqu'à la décision du chancelier ;

Que les livres étrangers, susceptibles de privilèges et d'autorisation publique, appartiennent au premier occupant comme un bien propre, ou soient déclarés de droit commun, comme on le jugera plus raisonnable ;

Que les lois sur l'entrée des livres dans le royaume, notamment l'art. 92 du règlement de 1723, soient rigoureusement exécutées ; et qu'il n'en passe aucun qui ne soit déchargé dans les chambres syndicales où les ballots doivent s'arrêter ;

Qu'il soit pris à l'avenir toutes les précautions convenables

11.

pour que ces ballots ne soient pas divertis frauduleusement comme il est arrivé par le passé.

Enfin, il indique des précautions particulières à prendre contre les contrefacteurs d'Avignon.

Vient ensuite l'apologie des permissions tacites, que nous avons citée.

Un des principaux griefs des auteurs contre les règlemens de la librairie, grief qui, ainsi qu'on l'a vu (1), se trouve exposé dans le quatrième mémoire de Malesherbes, était l'interdiction de vendre eux-mêmes leurs ouvrages. L'application et les limites de l'art. 4 du règlement de 1723, article qui renouvelait cette fort ancienne prohibition, furent vivement débattues par suite d'une saisie faite sur Luneau de Boisjermain, le 31 août 1768, à la requête des syndic et adjoints des libraires et imprimeurs de Paris. Linguet a publié pour l'auteur contre les libraires plusieurs mémoires et qui se trouvent dans le tome III de ses mémoires et plaidoyers. Luneau de Boisjermain, auteur et éditeur d'un grand nombre d'ouvrages, les échangeait avec les libraires, soit de Paris, soit des provinces, contre d'autres livres qu'il revendait ensuite à des libraires de province auxquels il lui arrivait aussi de transmettre des livres qu'il achetait pour eux par commission. Sur ce procès intervint une sentence du 30 janvier 1770 qui, sans statuer sur le fond, condamne la communauté à des dommages et intérêts et aux frais de la saisie comme faite sans ordre, et renvoie les parties devant le roi pour savoir jusqu'à quel point on pouvait faire la commission.

Voici ce que Voltaire écrivait à ce sujet à Luneau de Boisjermain le 21 octobre 1769 :

«Je ne vois pas qu'on puisse rien ajouter ni répondre au « factum de M. Linguet. Il me paraît que les toiliers, les dro-« guistes, les vergettiers, les menuisiers, les doreurs, n'ont « jamais empêché un peintre de vendre son tableau, même

_____

(1) Page 97.

« avec la bordure. M. le doyen du parlement de Bourgogne
« veut bien me vendre tous les ans un peu de son bon vin,
« sans que les cabaretiers lui aient jamais fait de procès.
« Pour les gens de lettres, c'est une autre affaire ; il faut qu'ils
« soient écrasés, attendu qu'ils ne font point corps, et qu'ils
« ne sont que des membres très épars. »

Fenouillot de Falbaire, auteur de *l'Honnête-criminel*,
a publié sur ce procès, en 1770, un pamphlet anonyme, fort
déclamatoire, intitulé : *Avis aux gens de lettres*. Robert Estienne, libraire, qui prétendait appartenir à la famille des
grands imprimeurs de ce nom, prétention qui a été contestée, a répondu à ce pamphlet par une brochure intitulée : *Re-
merciment à l'auteur de l'Avis aux gens de lettres*.

Les contrefaçons étaient fréquentes à cette époque ; elles se
multipliaient avec une singulière effronterie. Une édition des
Pélopides, donnée à Toulon chez Mallard en 1772, est pré-
cédée de l'avis suivant, remarquable par sa naïveté ; Mallard
se fiait sans doute sur ce que la pièce dont il s'emparait si ou-
vertement avait été imprimée en Suisse.

« Tout ce qui sort de la plume M. de Voltaire est en droit
« d'intéresser le public. Il vient de paraître une tragédie nou-
« velle dans l'édition de tous ses ouvrages, qu'on imprime ac-
« tuellement à Lausanne, en Suisse, chez F. Grosset et com-
« pagnie ; j'ai cru devoir imprimer cette pièce séparément :
« comme souscripteur de cette grande et riche collection, j'es-
« père que M. de Voltaire ne me saura pas mauvais
« gré d'avoir mis ce nouveau drame à portée d'être admiré
« par un plus grand nombre de lecteurs. »

Un arrêt du conseil du 20 mars 1777, rendu au profit de la
famille de Fénelon, a jugé que les continuations de privilèges
ne pouvaient être accordés à des libraires qu'avec l'agrément
des héritiers de l'auteur. Le marquis de Fénelon avait obtenu,
en 1717, pour l'impression de plusieurs ouvrages trouvés
dans les papiers de son grand-oncle, et notamment du manuscrit complet de *Télémaque*, un privilège de quinze ans,

dont il fit cession à Dalaulne et Estienne, libraires à Paris. Ces libraires ayant obtenu deux renouvellemens de ce privilège, en leur propre nom et sans l'agrément de la famille, d'abord à l'expiration de privilège de 1717, puis en 1752 pour quarante ans, la famille de son côté obtint, pour toutes les œuvres de Fénelon, en 1753, un privilège dont elle fit cession au libraire Guérin. L'arrêt du 20 mars 1777 révoqua le renouvellement de privilège accordé le 1er mars 1752 à la veuve de Jacques Estienne et à Jacques Estienne fils aîné, voulant, dit l'arrêt, rendre à la famille de Fénelon un bien qui lui appartient légitimement. Il fut en même temps ordonné qu'un privilège serait expédié à cette famille pour toutes les œuvres du feu sieur de Fénelon, archevêque de Cambrai, pour en disposer ainsi qu'elle jugerait convenable. Depuis, et sur le vu du consentement donné par le marquis de Fénelon, un arrêt du conseil, du 2 juillet 1781, révoqua celui du 20 mars 1777, et confirma le privilège de 1752. *Télémaque* avait été imprimé pour la première fois en 1699, en vertu d'un privilège accordé pour huit ans, le 6 avril, à la veuve de Claude Barbin ; mais l'impression de cette édition fut interrompue, et ne fut jamais mise à fin. Dans aucune des nombreuses réimpressions antérieures à 1717 l'ouvrage n'est terminé, ni ne contient d'approbation de censeur.

Les fréquens débats sur les droits des auteurs, matière que l'on avait, dès-lors, pris l'habitude de désigner par les mots de *propriété littéraire*, avaient à plusieurs reprises, préparé les esprits aux nouveaux règlemens qui furent donnés à la librairie et à l'imprimerie par les six arrêts du conseil d'état du 30 août 1777. Ces règlemens, dont l'empire a immédiatement précédé la législation par laquelle nous sommes actuellement régis, méritent une attention particulière.

L'un de ces arrêts établissait annuellement deux ventes publiques à la chambre syndicale de Paris, pour les fonds et parties de fonds, les privilèges et portions de privilèges. A ces ventes devaient être admis les libraires et imprimeurs des provinces. L'intention de ces règlemens est expliquée dans son préambule, dont voici le texte :

« Le Roi s'étant fait rendre compte, en son conseil, de l'état actuel du commerce de la librairie, et des encouragemens qu'il serait utile d'accorder à ceux qui s'en occupent, Sa Majesté a reconnu que rien ne pouvait être plus avantageux aux progrès de ce commerce que l'établissement de deux ventes publiques, qui rendraient les échanges plus faciles, les communications plus actives, et qui, donnant aux fonds de librairie la juste valeur que procure toujours la concurrence, assureraient aux acheteurs un bénéfice plus considérable que celui qu'ils retirent des remises accordées dans les traités particuliers, sans laisser craindre aux vendeurs la perte considérable qu'ils ont éprouvée jusqu'à présent dans la vente de leurs fonds ; que cet établissement aurait encore l'avantage de diviser naturellement les privilèges dans les différentes provinces du royaume, et de faire de tous les acquéreurs autant de surveillans intéressés à s'opposer aux contrefaçons ; qu'enfin ce serait le seul moyen de faire cesser la rivalité qui divise la librairie de Paris et celle des provinces, de la faire tourner au profit de cette branche importante du commerce, et de former de tous les libraires une même famille, qui n'aura plus qu'un même intérêt, qui sera appelée aux mêmes négociations, et qui participera aux mêmes grâces. »

Il est nécessaire de rapporter textuellement, à raison de leur importance, les deux arrêts contenant règlement, l'un sur la durée des privilèges en librairie, l'autre sur les contrefaçons. Voici le premier :

Arrêt sur les privilèges.

« Le Roi s'étant fait rendre compte, en son conseil, des mémoires respectifs de plusieurs libraires tant de Paris que des provinces, sur la durée des privilèges et sur la propriété des ouvrages, Sa Majesté a reconnu que le privilège en librairie est une grâce fondée en justice et qui a pour objet, si elle est accordée à l'auteur de récompenser son travail, si elle est accordée au libraire de lui assurer le remboursement de ses avances et l'indemnité de ses frais : que cette différence dans les motifs qui déterminent les privilèges en doit produire une dans leur durée : que l'auteur a sans doute un droit plus assuré à une grâce plus étendue, tandis que le libraire ne peut se plaindre si la faveur qu'il obtient est proportionée au montant de ses avances et à l'importance de son entreprise : que la perfection de l'ouvrage exige cependant qu'on en laisse jouir le libraire pendant la vie de l'auteur avec lequel il a traité ; mais qu'accorder un plus long terme, ce serait transformer une jouissance de grâce en une propriété de droit, et perpétuer une faveur contre la teneur même du titre qui en fixe la durée ; ce serait consacrer le monopole en rendant un libraire le seul arbitre à toujours du prix d'un livre ; ce serait enfin laisser subsister la source des abus et des contrefaçons, en refusant aux imprimeurs de province un moyen légitime d'employer leurs presses. Sa Majesté a pensé qu'un règlement qui restreindrait le droit exclusif des libraires au temps qui sera porté dans le privilège serait leur avantage, parce qu'une jouissance limitée mais certaine est préférable à une jouissance indéfinie mais illusoire : qu'il ferait l'avantage du public qui doit en espérer que les livres tomberont à une valeur proportionnée aux facultés de ceux qui veulent se les procurer ; qu'il serait favorable aux gens de lettres qui pourront, après un temps donné, faire des notes et des commentaires sur un auteur sans que personne puisse leur contester le droit de faire imprimer le texte : qu'enfin ce règlement serait d'autant plus utile qu'il ne pourrait qu'augmenter l'activité du commerce et exciter entre tous les imprimeurs une émulation favorable aux progrès et à l'amélioration de leur art. A quoi voulant pourvoir, le roi, étant en son conseil, de l'avis de M. le garde-des-sceaux, a ordonné et ordonne ce qui suit :

« Art. 1er. Aucuns libraires ou imprimeurs ne pourront imprimer ou faire imprimer aucuns livres nouveaux, sans en avoir préalablement obtenu le privilège, ou lettres scellées du grand sceau.

« Art. 2. Défend Sa Majesté à tous libraires, imprimeurs ou autres, qui auront obtenu des lettres de privilège pour imprimer un livre nouveau, de solliciter aucune continuation de ce privilège, à moins qu'il n'y ait dans le livre augmentation au moins d'un quart, sans que, pour ce sujet, on puisse refuser aux autres la permission d'imprimer les anciennes éditions non augmentées.

« Art. 3. Les privilèges qui seront accordés à l'avenir pour imprimer des livres nouveaux ne pourront être d'une moindre durée que de dix années.

« Art. 4. Ceux qui auront obtenu des privilèges en jouiront, non-seulement pendant tout le temps qui y sera porté, mais encore pendant la vie des auteurs, en cas que ceux-ci survivent à l'expiration des privilèges.

« Art. 5. Tout auteur qui obtiendra en son nom le privilège de son ouvrage, aura droit de le vendre chez lui, sans qu'il puisse, sous aucun prétexte, vendre ou négocier d'autres livres; et jouira de son privilège pour lui et ses hoirs à perpétuité, pourvu qu'il ne le rétrocède à aucun libraire, auquel cas la durée du privilège sera, par le fait seul de la cession, réduite à celle de la vie de l'auteur.

« Art. 6. Tous libraires et imprimeurs pourront obtenir, après l'expiration du privilège d'un ouvrage et la mort de son auteur, une permission d'en faire une édition, sans que la même permission, accordée à un ou plusieurs, puisse empêcher aucun autre d'en obtenir une semblable.

« Art. 7. Les permissions portées en l'article précédent seront expédiées sur la simple signature de la personne à laquelle M. le chancelier ou garde-des-sceaux aura confié la direction générale de la librairie : et pour faciliter les spéculations de commerce, il sera donné à ceux qui solliciteront une permission de cette espèce, connaissance de toutes les permissions du même genre qui auront été données à d'autres pour ce même ouvrage, et du nombre d'exemplaires qu'il leur aura été permis d'en tirer.

« Art. 8. Sa Majesté, ne voulant pas permettre que l'obtention de ces permissions soit illusoire, et qu'on en obtienne sans l'intention de les réaliser, ordonne qu'elles ne seront accordées qu'à ceux qui auront acquitté le droit porté au tarif qui sera arrêté par M. le garde-des-sceaux.

« Art. 9. Les sommes auxquelles monteront ces droits seront payées entre les mains des syndic et adjoints de la chambre syndicale de Paris, ou de celui qu'ils commettront à ladite recette, sans qu'ils puissent se dessaisir de ces deniers que sur les ordres de M. le chancelier ou garde-des-sceaux, pour les émolumens des inspecteurs et autres personnes préposées à la manutention de la librairie.

« Art. 10. Lesdites permissions seront enregistrées dans le délai de deux mois, sur les registres de la chambre syndicale dans l'arrondissement de laquelle seront domiciliés ceux qui les auront obtenues, à peine de nullité.

« Art. 11. Sa Majesté, desirant traiter favorablement ceux qui ont obtenu antérieurement au présent arrêt des privilèges ou continuations d'iceux, veut qu'ils soient tenus de remettre, savoir : les libraires et imprimeurs de Paris dans deux mois, les libraires et imprimeurs de province dans trois mois, pour tout délai, les titres sur lesquels ils établissent leur propriété, entre les mains du sieur Lecamus de Néville, maître des requêtes, que Sa Majesté a commis et commet à cet effet, pour, sur le compte qu'il en rendra, leur être accordé par M. le chancelier ou garde-des-sceaux, s'il y échoit, un privilège dernier et définitif.

« Art. 12. Ledit délai de deux mois pour les libraires et imprimeurs de Paris, et de trois mois pour les libraires et imprimeurs de province, étant expiré, ceux qui n'auront pas représenté leurs titres ne pourront plus espérer aucune continuation de privilège.

« Art. 13. Les privilèges d'usages de diocèse et autres de cette espèce ne seront point compris dans le présent. Ordonne Sa Majesté que le présent arrêt sera enregistré dans toutes les chambres syndicales, imprimé, publié et affiché partout où besoin sera, etc. »

Arrêt sur les contrefaçons.

« Le Roi s'étant fait rendre compte en son conseil des mémoires de plusieurs libraires sur le tort que cause à leur commerce la multiplicité des contrefaçons faites au préjudice des privilèges qu'ils ont obtenus, Sa Majesté a reconnu que cet abus est destructif de la confiance qui est le lien du commerce, et contraire à la bonne foi qui lui sert de base : que les auteurs ne sont pas moins intéressés que les libraires à voir réprimer par la sévérité des peines la licence de ces contrefacteurs avides, qui ne prennent conseil que d'un intérêt momentané, et qui seraient d'autant moins excusables aujourd'hui qu'une loi favorable leur assure le droit d'imprimer chaque ouvrage après l'expiration de son privilège : qu'il est enfin indispensable de ramener tout le corps de la librairie à un plan de conduite dont la raison, la prudence et l'intérêt réciproque auraient dû lui faire sentir plus tôt la nécessité. Et comme on a représenté au roi qu'il existait un grand nombre de livres contrefaits antérieurement au présent arrêt, et que ces livres formaient la fortune d'une grande partie des libraires de province qui n'avaient que cette ressource pour satisfaire à leurs engagemens, Sa Majesté a pensé qu'il était de sa bonté de relever les possesseurs desdites contrefaçons de la rigueur des peines portées par les règlemens, et que cet acte d'indulgence à leur égard serait pour l'avenir le gage de leur circonspection. A quoi voulant pourvoir, le Roi, étant en son conseil, de l'avis de M. le garde-des-sceaux, a ordonné et ordonne ce qui suit :

« Art. 1. Défend Sa Majesté à tous imprimeurs-libraires du royaume de contrefaire les livres pour lesquels il aura été accordé des privilèges, pendant la durée desdits privilèges, ou même de les imprimer sans permission après leur expiration et le décès de l'auteur, à peine de six mille livres d'amende pour la pemière fois, de pareille amende et de déchéance d'état en cas de récidive.

« Art. 2. Les éditions faites en contravention à l'art. 1er seront saisissables sur le libraire qui les vendra, comme sur l'imprimeur qui les aura imprimées ; et le libraire qui en aura été trouvé saisi sera soumis aux mêmes peines.

« Art. 3. Les peines portées en l'article 1er n'empêcheront pas les possesseurs du privilège, au préjudice duquel une édition aura été faite, de former, tant contre l'imprimeur qui aura contrefait l'ouvrage, que contre le libraire qui aura été trouvé saisi d'exemplaires de ladite contrefaçon, la demande en dommages et intérêts et d'en obtenir de proportionnés au tort que ladite contrefaçon lui aura fait éprouver dans son commerce.

« Art. 4. Autorise Sa Majesté tout possesseur ou cessionnaire de privilèges, ou de portion d'iceux, à se faire assister, sans autre permission que le présent arrêt, d'un inspecteur de librairie, ou à son défaut d'un juge ou commissaire de police, pour visiter à ses risques, périls et fortunes, les imprimeries, boutiques ou magasins des imprimeurs, libraires ou colporteurs où il croirait trouver des exemplaires contrefaits des ouvrages dont il a le privilège ou partie ; à la charge cependant qu'avant de procéder à aucune visite, il exhibera à l'inspecteur, ou au juge ou commissaire de police, l'original du privilège ou son duplicata collationné. Autorise aussi Sa Majesté ceux chez qui on fera de semblables visites à se pourvoir en dommages-intérêts contre ceux qui les feront, s'ils ne trouvent pas de contrefaçons des ouvrages dont ils auront exhibé le privilège, encore qu'ils en eussent trouvé d'autres.

« Art. 5. Les exemplaires saisis, tant des éditions faites au préjudice d'un privilège que de celles faites sans permission, seront transportés à la chambre syndicale dans l'arrondissement de laquelle la saisie aura été faite, pour y être mis au pilon en présence de l'inspecteur.

« Art. 6. Quant aux contrefaçons antérieures au présent arrêt, Sa Majesté, voulant user d'indulgence, relève ceux qui s'en trouveront saisis des peines portées par les règlemens, en remplissant par eux les formalités prescrites par l'article suivant.

« Art. 7. Les possesseurs des contrefaçons antérieures au présent arrêt seront tenus de les représenter dans le délai de deux mois, à l'inspecteur et à l'un des adjoints de la chambre syndicale dans l'arrondissement de laquelle ils sont domiciliés, pour être, la première page de chaque exemplaire, estampillée par l'adjoint et signée par l'inspecteur.

« Art. 8. Le délai de ces deux mois de grâce commencera à courir contre les imprimeurs ou libraires domiciliés dans l'arrondissement des différentes chambres syndicales du royaume à compter du jour de l'enregistrement du présent arrêt dans chacune d'icelles.

« Art. 9. Ledit délai de deux mois expiré, l'inspecteur renverra à M. le garde-des-sceaux l'estampille qu'il en aura reçué, avec le procès-verbal de ses opérations; et dès ce moment, tous les livres contrefaits qui seront trouvés dénués de la signature de l'inspecteur et de la marque de l'estampille, seront regardés comme nouvelles contrefaçons, et ceux sur lesquels ils seront saisis, soumis aux peines portées par l'article 1er. Enjoint Sa Majesté au sieur Lenoir, conseiller d'état, lieutenant-général de police de la ville, prévôté et vicomté de Paris, et aux sous-intendans, commissaires départis pour l'exécution de ses ordres dans les différentes généralités du royaume, de tenir la main, chacun en droit soi, à l'exécution du présent arrêt, qui sera imprimé, publié et affiché par tout où besoin sera, enregistré dans toutes les chambres syndicales, et envoyé par les syndic et adjoints à chacune d'icelles, à tous les imprimeurs et libraires de leur arrondissement, etc. »

A peine ces règlemens eurent-ils paru qu'ils furent amère-
ment critiqués. Une très ardente polémique s'engagea. La librairie de Paris, blessée par l'obligation de vérification et de
renouvellement des privilèges, par la prohibition du droit de
cession, et par l'amnistie accordée aux contrefaçons anciennes,
donna tous les signes d'une profonde désolation. Les veuves
de libraires, en habits de deuil, allèrent à Fontainebleau solliciter du garde-des-sceaux le rapport des arrêts. On présenta
des mémoires aux diverses académies. L'université et l'académie française élevèrent des réclamations : les relieurs, les
papetiers, firent aussi les leurs. Guillaume Debure fils aîné,
l'un des adjoints en charge, ayant refusé de se rendre à Versailles pour y estampiller les livres contrefaits fut arrêté et
conduit à la Bastille le 23 janvier 1778. Mis en liberté après
six jours de détention, il reçut des remercîmens de sa communauté, ainsi que Dehansy, autre adjoint, qui avait tenu la
même conduite.

Linguet, qui avait publié, en 1774, au nom de la librairie
de Paris, un mémoire *sur les propriétés et privilèges exclusifs de la librairie,* se fit remarquer parmi les plus redouta-
bles adversaires des nouveaux règlemens, qu'il combattit sans
relâche dans ses *Annales.* En dirigeant contre les arrêts
du conseil ses traits acérés, il profita de l'occasion pour har-
celer, suivant son usage, les encyclopédistes. « Tandis que les
gens de lettres, dit-il, se courbent aux pieds de ce qu'il y a de
plus méprisable pour obtenir de chétives pensions, ils affec-
tent, au moins en public, de dédaigner le produit honnête,
légitime et glorieux que l'estime publique attache à la vente
d'un bon ouvrage. Jamais ils n'ont su faire de démarche soutenue pour obtenir du gouvernement de protéger leur possession en ce genre, et de réprimer les pirateries qui la violent.
Ce sont peut-être les hommes sans talent, parmi eux, qui ont
de tout temps fait prévaloir ce ridicule préjugé, et ce sont
aujourd'hui nos prétendus philosophes qui le soutiennent. Il
est, en effet, encore plus aisé de séduire la maîtresse d'un mi-

nistre, ou ses valets, que la nation ; et de surprendre à l'autorité, par la flatterie, des gages annuels sous le nom de *pensions* que de persuader au public d'acheter un mauvais livre. Aussi. les Boisrobert, les Chapelain étaient-ils, dans l'autre siècle, et les d'Alembert, les Marmontel sont-ils dans celui-ci:

> Les mieux rentés de tous les beaux-esprits.

« ... Ce qu'on appelle aujourd'hui les beaux esprits, c'est-à-dire la secte cabalante, écrivante, intrigante, dirigeante de l'encyclopédisme, ne peut se flatter, en littérature, d'aucun de ces succès solides auxquels l'estime universelle, ratifiée par l'aveu du gouvernement, attache une récompense utile!... Ils ne perdent rien au sacrifice des droits de la littérature. Au contraire, il leur importe qu'on la croie stérile... Ils profitent de l'oppression générale où elle semble languir. Étant à la source des grâces destinées à l'indemniser, ce sont eux qui se les approprient...

« Et ce manége leur est d'autant plus précieux qu'ils en tirent encore parti, lors même que, dans la réalité, ils ont su se dérober à la loi commune, qui fait d'une plume le plus chétif des patrimoines. Personne ne connaît mieux qu'eux l'art de rançonner les libraires ; il n'est rien tel qu'une main philosophique pour pressurer vigoureusement ces éponges. L'encyclopédie seule, par exemple, a valu à l'un de ses deux rédacteurs plus de deux cent mille livres d'argent comptant. Mais n'imaginez pas que ce soit tout : dans ce temps-là même, le manœuvre si richement soudoyé par ses entrepreneurs prétendait à la gloire de l'indigence littéraire et à ses ressources. Il allait de toutes parts, mendiant de la pitié et des secours. Il fatiguait le public de ses lamentations et les protecteurs de ses importunités. Pour hâter les largesses, il feignait d'être réduit à se défaire de sa bibliothèque.

« ...... La propriété littéraire, bien reconnue, sauverait aux hommes à talent cet opprobre ou ce dommage. Ne tenant rien que du public, de qui seul, après tout, il est honnête de recevoir, et de qui toutes les classes sociales reçoivent, sans exception, c'est uniquement à mériter sa gratitude qu'ils s'appliqueraient. »

Après ces observations préliminaires, Linguet s'arrête à exposer comment les privilèges en librairie n'ont rien de commun avec les privilèges exclusifs dans les arts et les manufactures. Il critique ensuite les définitions contenues dans le préambule de l'arrêt du conseil.

«Qu'est-ce un privilège en librairie ? c'est une reconnaissance faite par l'autorité publique de la propriété de l'auteur ou de ses cessionnaires. C'est, en littérature, l'équivalent des actes notariés ou des jugemens qui transmettent et assurent les droits des citoyens sur tout ce qui compose ce qu'on appelle des possessions civiles... Le privilège est le sceau, la garantie d'une jouissance paisible ; mais il n'est pas la source de cette jouissance... Le privilège ne donne rien à l'auteur : il ne fait que lui assurer la protection due par le gouvernement à toutes les classes de la hiérarchie sociale ; c'est une barrière contre les invasions, et non pas une libéralité. Ce principe une fois fixé, il est aisé de voir ce qu'est ce privilège à l'égard du libraire ; il ne change pas de nature en changeant d'application. Les droits du représentant ne peuvent pas être plus étendus, plus sacrés que ceux du propriétaire primitif ; mais aussi ils ne peuvent pas être plus restreints.

«Un privilège n'étant, en librairie, que la reconnaissance d'une propriété préexistante, il ne peut pas la borner. Si elle est certaine au moment où il commence, pourquoi cesserait-elle à celui où il expire ?.... Un privilège ne doit jamais s'éteindre ou doit toujours se renouveler, parce que la propriété qui le motive ne peut pas périr.

« La nouvelle loi rend un hommage authentique à cette vérité, dans la première partie de l'art. 5. — Rien de plus sage et de plus juste que cette disposition ; il y a cent ans que la raison et l'équité la sollicitaient : la France était le seul pays, de ceux du moins où les arts sont en honneur et leurs fruits nombreux, qui la méconnût. Mais la seconde partie de cet article ne contredit-elle pas la première?... Des deux parties de cet article, l'une ne donne rien aux gens de lettres, l'autre leur ôte tout.

« La première ne leur donne rien. Elle ne fait qu'étendre jusqu'à eux le droit commun, qui veut que tout propriétaire puisse disposer, par lui-même, comme il l'entend, des fruits de son fonds. Certainement, s'il y a une propriété sacrée, incontestable, c'est celle d'un auteur sur son ouvrage. Ce n'est pas un domaine acquis, comme les autres, par un échange, et dont la possession, soumise à des formalités, puisse être quelquefois douteuse ou même annulée ; la composition d'un livre, quel qu'il soit, est une véritable création : le manuscrit est une partie de sa substance que l'écrivain produit au dehors. C'était une bizarrerie bien inconséquente que celle qui l'astreignait à passer, malgré lui, par les mains d'un agent secondaire, quand il voulait se communiquer au public.

« Mais il y a deux manières de jouir de ses droits : l'une en les exerçant par soi-même ; l'autre en les aliénant, à un prix qui dédommage de la cession. Pourquoi, de ces deux méthodes, n'y en a-t-il qu'une d'accessible pour les gens de lettres?... Un traité entre un homme de lettres et un libraire est-il donc un délit?... Il est aisé de reconnaître dans cette disposition l'influence qu'ont eue les clameurs indiscrètes des gens de lettres contre cette classe d'hommes par qui ils se sont toujours plaints d'être tyrannisés, et dont cependant ils ne peuvent se passer...... Comme il y avait pour la littérature une législation particulière et absurde, il semblait qu'il y eût aussi une délicatesse, une probité, dans cette partie, qui ne ressemblât à rien de ce qui se pratique dans le reste du monde. On en était venu au point qu'à l'avilissement réciproque des deux classes, un homme de lettres croyait toujours voir, dans un libraire, de la disposition à la rapine, et un libraire dans un homme de lettres, de la pente à la mauvaise foi. Ces derniers parlant plus haut, et parlant mieux, quelques fortunes dans la librairie semblant justifier leurs imputations, ils séduisaient plus d'esprits ; depuis long-temps on était porté à regarder, en France, les libraires comme des espèces de vampires engraissés de toute la substance de la littérature......

« Qu'on y prenne garde, c'est aux libraires que l'on a cru ne pas devoir d'égards; mais c'est aux gens de lettres que l'on en manque...... Sans doute il est bon, sage, utile qu'ils aient le droit de distribuer, chez eux, leurs productions; c'est une sauve-garde contre la rapacité qui voudrait leur faire la loi;... mais, en même temps que cette liberté leur est nécessaire pour les garantir d'être trompés, il est nécessaire aussi qu'ils puissent n'en pas faire usage, pour recouvrer le loisir que les soins actifs du débit leur déroberaient...... D'un côté l'art. 2 défend aux libraires, après l'expiration d'un premier privi-lège, d'en solliciter un nouveau; de l'autre l'art. 5 restreint à la durée de la vie de l'auteur celle de la première concession. Ainsi, dans le cas où celui-ci vient à manquer, ce serait, d'a-près l'art. 2, une désobéissance, un crime au libraire d'es-sayer d'obtenir une continuation de ses droits; et, si ce cas arrive le lendemain du jour où il a commencé la vente de son édition, il en restera chargé, sans qu'il lui soit même permis de solliciter la compassion du gouvernement, pour obtenir la faculté de s'en défaire. Elle pourrira dans son magasin, tan-dis qu'il verra, de toutes parts, prospérer des éditions rivales, postérieures à la sienne, et dont tout le mérite sera d'avoir été infructueuses pour l'auteur. Il n'y aura jamais de libraire assez imprudent pour braver un pareil danger.

« ...... Une propriété dont on ne peut pas se défaire n'est qu'une charge. Cet article, en paraissant respecter celle des gens de lettres y porte donc une atteinte irréparable. C'est précisément parce qu'il la concentre dans leurs personnes qu'il l'anéantit. »

Linguet reproduit ensuite l'argument déjà développé par d'Héricourt : « Vous trouvez mauvais qu'un seul marchand puisse éternellement imprimer et vendre les contes enjoués d'Hamilton ou les drames sublimes de Corneille ; au bout de cinquante et de cent ans vous voulez que d'autres soient appelés à cette fonction lucrative : vous prétendez que celui qui l'a exercée jusque-là en a suffisamment profité, et qu'il faut que tout le monde ait part à ce bénéfice. Mais si votre père, ou vous, avez, il y a cinquante ans, acheté une maison vingt mille livres, qu'elle ait été louée pendant tout cet intervalle cent pistoles par an, vous avez assurément été remboursé de votre capital au double et plus ; que répondriez-vous à un homme qui n'ayant pas de maison, et n'en voulant pas acheter, viendrait vous dire : « Vous avez assez long-temps joui « de la vôtre ; je vais demander au gouvernement des lettres-« patentes pour en obtenir l'investiture ; il est temps que je « goûte aussi à mon tour du plaisir d'être propriétaire » ?....

« Encore si, en les réduisant à la qualité de simples usu-fruitiers de leurs ouvrages, c'était en faveur de leur postérité qu'on eût créé cette espèce de substitution ,... ils auraient peut-être moins à se plaindre. A la vérité, cette compassion pour la génération future serait toujours injuste et ruineuse ; elle excéderait toujours les bornes de l'autorité publique, qui n'est instituée que pour conserver, pour défendre les pro-priétés Les gens de lettres auraient également droit de récla-mer contre une tutelle d'office, qui les supposerait soumis à une minorité sans fin. Ils pourraient dire que le fonds subit, produit par la vente totale et actuelle du manuscrit, peut faire plus de bien dans une maison qu'un débit long et par-tiel pendant plusieurs années. Mais enfin, ce n'est pas une confiscation arbitraire qui disposerait de leurs ouvrages ; la loi, en les privant du droit commun des citoyens, qui est d'user en maîtres des fruits du travail et de l'industrie, leur laisserait au moins les consolations de la nature ; ils pour-raient penser que ce n'est pas pour des étrangers que leurs prérogatives sont enfreintes, et que les chaînes dont on les charge font le bien des personnes qui leur sont chères. Mais ils n'ont pas même ici cette illusion. A qui les sacrifie-t-on ?

à leurs lecteurs, et aux ouvriers qui n'existeraient pas sans eux. »

Trois *Lettres à un ami,* datées de novembre 1777, et de janvier et février 1778, firent aussi quelque sensation. Elles ont paru sans nom d'auteur, et sont de l'abbé Pluquet.

On peut encore consulter une *Lettre à M. de* *** (à M. de Néville), publiée sous la date de décembre 1778. Elle est écrite avec beaucoup d'amertume. L'auteur, anonyme, est un libraire nommé Leclerc.

Une *Lettre d'un libraire de Lyon*, du 1er mars 1779, prétend que les nouveaux arrêts ont été une source d'exactions dans les bureaux de la librairie, et cite à cette occasion quelques faits graves dont M. de Néville a de nouveau été accusé dans une brochure publiée l'année suivante, sous le titre ironique de *Justification du directeur de la librairie sur les reproches que lui font les libraires de Paris*. Deux lettres courtes et insignifiantes ayant pour titre : *Lettre de M* *** *à un libraire de ses amis*, et *seconde Lettre*, etc., ont pour date les 18 avril 1779 et 19 février 1780.

Les défenseurs des arrêts étaient placés sur un mauvais terrain. S'il ne s'était agi que de démontrer par des motifs de droit, et dans l'intérêt général, la nécessité de ne donner aux privilèges qu'une durée temporaire, les argumens n'auraient certainement pas manqué ; il en apparaît plusieurs dans deux brochures anonymes écrites avec talent en faveur des arrêts : l'une, de 1777, intitulée : *Discours impartial sur les affaires actuelles de la librairie*, a été attribuée à Suard ; l'autre, datée du 20 janvier 1778, et supérieure à la première, a pour titre : *Lettre à un magistrat, sur la contestation actuelle entre les libraires de Paris et ceux des provinces*. Mais les arrêts, tout en cherchant, par le fait, à limiter les privilèges, avaient eu le tort de reconnaître en principe, au profit des auteurs, un droit de propriété perpétuelle. Il y avait contradiction manifeste entre le principe que l'on concédait, et le soin que l'on mettait à en éviter les conséquences.

12.

C'était rendre la défense des arrêts insoutenable en bonne logique. Ils étaient d'ailleurs entachés d'un vice qui toujours suffit pour mettre en danger les réformes, même les plus sages : ils ne respectaient pas assez scrupuleusement les droits acquis.

Pour donner une sorte de satisfaction à quelques-unes des réclamations qui s'étaient élevées, l'arrêt suivant fut rendu par le conseil, à la date du 30 juillet 1778 :

« Le Roi s'étant fait rendre compte, en son conseil, des différentes représentations auxquelles ont donné lieu les règlemens du 30 août dernier, a distingué, parmi les mémoires remis à ce sujet à M. le garde-des-sceaux, les observations de son académie française. Sa Majesté a vu avec satisfaction que ces observations étaient principalement l'expression de la reconnaissance de son académie française, et que, s'il restait aux membres qui la composent quelques vœux à former, ils n'avaient pour objet, en rendant grâce à sa Majesté des soins qu'elle a bien voulu prendre en faveur des gens de lettres, que d'obtenir que les nouveaux avantages que leur assurent les règlemens du 30 août dernier deviennent encore plus stables et plus solides. Sa Majesté s'est déterminée d'autant plus volontiers à manifester plus particulièrement ses intentions à cet égard, qu'elle n'a vu dans la demande de l'académie que le développement et l'esprit des règlemens, ou les moyens d'en assurer l'exécution, et qu'en consacrant les demandes par son autorité, elle donne une nouvelle preuve de sa protection à ceux de ses sujets qui, par leurs travaux et leurs veilles, concourent aux progrès des lettres et des sciences.

« Art. 1er. Ceux qui obtiendront à l'avenir des privilèges pour imprimer des livres nouveaux, en jouiront pendant tout le temps que M. le chancelier ou garde-des-sceaux aura jugé à propos d'accorder, suivant le mérite et l'importance de l'ouvrage, sans qu'en aucun cas les privilèges puissent être d'une moindre durée que dix années.

« Art. 2. L'article 5 de l'arrêt du conseil du 30 août 1777 sera exécuté selon sa forme et teneur; en conséquence tout auteur qui aura obtenu en son nom le privilège de son ouvrage, non-seulement aura le droit de le faire vendre chez lui, mais il pourra encore, autant de fois qu'il le voudra, faire imprimer, pour son compte, son ourage par tel imprimeur, et le faire vendre ainsi pour son compte, par tel libraire qu'il aura choisi, sans que les traités ou conventions qu'il fera pour imprimer ou débiter une édition de son ouvrage puissent être réputés cession de son privilège. »

L'article 3 ordonne l'exécution des articles 109 du règlement de 1723 et 1 et 2 de l'arrêt de 1777 contre les contrefacteurs.

La légalité des arrêts du conseil fut mise en question dans plusieurs procès, dont l'un surtout fut discuté avec beaucoup d'éclat. Le sieur Paucton, auteur d'un ouvrage intitulé : *Métrologie*, ou *Traité des mesures, poids et monnaies de l'antiquité et d'aujourd'hui*, avait vendu son manuscrit à la veuve Desaint, libraire, pour toujours et sans aucune réserve. La veuve Desaint refusa d'imprimer, et se laissa assigner au Châtelet, où elle soutint que les nouveaux règlemens, en limitant à dix années la durée de son privilège, avaient changé la loi de son contrat, lequel devait être résilié. Dans ce procès, probablement intenté d'accord entre les deux parties, le sieur Paucton fut défendu par Agier (1). Ce savant jurisconsulte publia, en apparence contre la veuve Desaint, mais en réalité contre les arrêts de 1777, un mémoire qui contient beaucoup de recherches sur la matière. Le Châtelet, par sentence du 11 août 1778, ordonna l'exécution du traité; et en conséquence que, sans s'arrêter aux clauses et conditions insérées aux lettres de privilège obtenues par le sieur Paucton, dans les termes du nouvel arrêt du conseil, la veuve Desaint serait maintenue dans la propriété pleine et incommutable de l'ouvrage, et du droit exclusif de le faire imprimer et de le vendre, pour elle, ses hoirs et ayant-cause, conformément au traité fait double entre les parties. Un arrêt contradictoire rendu par le parlement, le 10 février 1779, confirma la sentence.

Cet arrêt ne fut pas le seul appui que les plaintes des auteurs et des libraires trouvèrent dans le parlement. Toutes les

(1) Pierre-Jean Agier, né à Paris, le 28 décembre 1748, mort à Paris, le 22 septembre 1823, président de chambre à la Cour royale.

chambres furent assemblées sur la provocation de d'Eprémes-
nil, qui déféra à la cour les six arrêts du conseil ; et un arrêt
du 23 avril 1779 ordonna qu'un compte serait rendu par les
gens du roi. L'avocat général, Antoine-Louis Séguier, rendit
ce compte dans un rapport qui dura trois audiences, les 10,
17 et 31 août. Il est divisé en trois parties ; la première, intitulée : *Nouveaux règlemens*, contient une analyse critique
des six arrêts ; la seconde, sous le titre de *Pièces annexées
aux six arrêts du conseil*, résume les mémoires et consultations produits par la communauté et par l'université. La troisième partie, *Anciens règlemens intervenus sur la librairie*, est un travail historique assez important, qui renferme
des documens précieux, mais en même temps de nombreuses
inexactitudes. Après des considérations générales sur la parole, l'écriture, les livres, et sur l'invention de l'imprimerie,
le rapport parcourt successivement trois époques : 1° depuis
l'origine de l'imprimerie jusque vers la fin du règne de
Henri II ; 2° jusqu'aux statuts de 1618 ; 3° jusqu'à la législation de 1777.

Voici comment l'avocat général expose en quoi les deux
arrêts sur les privilèges et sur les contrefaçons diffèrent de la
législation antérieure.

« C'est la première fois qu'il est parlé du droit des auteurs
et des droits de leur postérité. La propriété y est entièrement
reconnue, tant dans la personne de l'auteur que dans la personne de ses héritiers, et cette propriété paraît si évidente,
qu'on permet à l'auteur de vendre chez lui son ouvrage ; faculté qui dérive du droit naturel, faculté jusqu'alors inconnue
dans tous les règlemens publics. Après avoir ainsi reconnu le
droit sacré de la propriété, on le dénature, on l'affaiblit, on
le restreint, lorsque l'auteur juge à propos de céder son privilège : le cessionnaire d'un auteur ne pourra jouir que pendant dix années, et l'ouvrage deviendra commun à l'expiration du privilège. Aussitôt que le privilège sera expiré, tout
libraire, cent libraires, pourront obtenir la permission d'im-

primer le même ouvrage, même sans lettres-patentes, et cette permission aura lieu sur une simple signature du directeur de la librairie. Ce nouveau règlement est diamétralement opposé à tous ceux qui sont intervenus sur cette matière : toutes les ordonnances portent qu'on ne pourra imprimer ni réimprimer aucun ouvrage sans lettres-patentes scellées du grand sceau, sous les peines les plus considérables.

« Dans les anciens règlemens, les lettres-patentes doivent être enregistrées dans le registre de la chambre syndicale de Paris, où chacun pouvait avoir recours : suivant le nouveau règlement, les signatures particulières ne seront enregistrées que dans le registre de la chambre syndicale de celui qui aura obtenu la permission, et peu de personnes seront à portée d'aller consulter tous les registres du royaume.

« Suivant les anciens règlemens, les continuations de priviléges étaient adoptées comme une continuation de la propriété : d'après le nouveau, elles sont entièrement proscrites et les permissions sont exclusives de toute espèce de propriété. Suivant les anciens règlemens, la concurrence n'était tolérée que sur une espèce d'ouvrages ; elle était absolument défendue sur les autres, comme le fléau de la librairie : elle est favorisée et généralement admise par le nouveau ; et le même motif qui paraissait autrefois devoir anéantir tout le commerce de la librairie, paraît aujourd'hui devoir exciter l'émulation et donner de l'activité à toutes les presses du royaume.

« Enfin les anciens règlemens n'obligeaient de payer qu'une somme fixe déterminée pour l'obtention d'un privilége : et par le nouveau règlement le prix de la permission est évalué à raison du nombre de volumes et du format dans lequel on voudra faire imprimer chaque ouvrage.

« Le dernier des six arrêts a pour objet de faire grâce sur les contrefaçons qui avaient été multipliées avant ce règlement, tandis que tous les anciens règlemens prononcent les peines les plus graves, même la punition corporelle, contre ceux qui auraient entrepris de contrefaire un ouvrage. Les anciens règlemens déclaraient faussaires les contrefacteurs, prononçaient une amende, et autorisaient les porteurs de privilèges à demander des dommages-intérêts : le roi, par le nouveau règlement, remet généralement toutes les peines encourues. Sans doute que le roi peut faire grâce de la peine du faux; sans doute que le roi peut remettre la peine de l'amende ; mais le roi pouvait-il faire grâce des dommages-intérêts qui ne lui appartiennent point ? Et le motif qui détermine à légitimer, en quelque sorte, le fruit du dol et de la fraude et à en permettre la vente publique, c'est que ceux qui se sont rendus coupables des contrefaçons seraient entièrement ruinés ; en sorte que la multiplicité des délits en a fait prononcer l'abolition. »

L'avogat général Séguier, passant ensuite à l'examen des principes, adopte pleinement, quoique dans une discussion un peu confuse, la théorie des arrêts sur la nature des privilèges.

« Les lois anciennes ont toujours été muettes sur la question de propriété des auteurs........ Toutes les lois ont supposé cette propriété, mais aucune ne l'a consacrée ; cependant, vous avez vu que jusqu'à la fin du dernier règne on a accordé des continuations de privilège à tous ceux qui étaient propriétaires du manuscrit original de l'ouvrage imprimé. Les continuations de privilège n'étaient pas seulement de pure tolérance, elles étaient aussi de justice. Il est difficile en effet de se persuader qu'en imposant la nécessité d'obtenir un privilège ou une simple permission, nos rois aient entendu dépouiller un auteur de la propriété d'un ouvrage dont il était créateur.

« Cette propriété peut être envisagée sous deux aspects différens, ou dans la main de l'auteur, ou dans la main du libraire.

« Dans la main de l'auteur, elle est incontestable; elle n'est pas même contestée. Disons mieux: elle est reconnue, elle est

consacrée aujourd'hui, et l'auteur a droit de jouir de son ouvrage lui et toute sa descendance, ses héritiers et ayant-cause,
tant qu'ils ne se sont point dessaisis du manuscrit, et qu'ils
n'ont point cédé le privilège. »

Après avoir exposé les argumens sur lesquels les libraires
et les imprimeurs fondent leurs prétentions à la propriété perpétuelle des privilèges, l'avocat général donne, sur le système contraire, des développemens dont voici quelques extraits :

« Un auteur ne peut faire imprimer sans permission ; le privilège lui donne cette permission et lui garantit en même temps
sa propriété, par les défenses à tous autres d'imprimer, que
contient ce privilège. Jusque-là la propriété de l'auteur est
conservée ; il possède encore seul son manuscrit, il le multiplie
en le faisant imprimer, et, s'il conserve toutes les copies
qu'il en a fait tirer, sa propriété est entière.

« Les choses vont changer de face. L'auteur ne fait imprimer son ouvrage que pour le répandre et le donner au public. Dès ce moment, le public est associé à cette propriété ;
chaque acquéreur devient propriétaire des copies qu'il a
achetées. Quel est le droit de cet acquéreur ? c'est d'user de
sa chose à sa volonté, de la multiplier à son tour s'il
le juge à propos, et, si c'est un livre, d'en tirer des copies pour les revendre. On ne contestera point à l'acquéreur
d'un livre quelconque le droit d'en tirer des copies manu-
crites et d'en disposer à son gré ; mais, s'il veut faire imprimer l'ouvrage qu'il a acquis, il ne pourra le faire qu'en vertu
d'un privilège, parce que, sans privilège, on ne peut rien
imprimer. A qui ce privilège doit-il être accordé ? tant que
le premier subsiste, il serait de toute injustice d'en accorder
un second. L'auteur n'a donné son ouvrage au public que
pour se récompenser de son travail ; et comme rien n'est
plus facile que la contrefaçon, l'auteur n'a donné son ouvrage que sous la sauve-garde de la puissance royale, qui lui
a garanti l'exercice de sa propriété pendant la durée du pri-

vilège qu'elle lui a accordé. Oserait-on soutenir qu'il y a de l'injustice à refuser un nouveau privilège à l'expiration du premier ? Non sans doute. Comme l'auteur a la liberté de ne pas publier le fruit de son travail, le roi a, de même, la liberté de lui refuser la permission de l'imprimer ; mais, parce qu'il a accordé cette permission une première fois, s'ensuit-il qu'il doive toujours l'accorder ; et l'accorder exclusivement à la même personne ? Il est naturel, sans doute, de donner la préférence à l'auteur lorsqu'il ne s'est point dépouillé de la propriété de son manuscrit ; mais s'il a cessé d'être propriétaire du manuscrit original, s'il a transporté le privilège qu'il avait obtenu parce qu'il était auteur, quel droit l'acquéreur de ce privilège a-t-il plus que tout autre à une continuation de privilège ? Il a acquis le manuscrit de l'auteur, dira-t-on ; il exerce les droits de l'auteur. Mais n'est-il pas suffisamment dédommagé du prix qu'il a donné de ce manuscrit par le bénéfice des copies multipliées qu'il a vendues ?...

« C'est cette distinction entre l'auteur et son cessionnaire qui est adoptée par le nouveau règlement. Le privilège accordé à l'auteur est indéfini tant qu'il reste propriétaire, et ses héritiers jusqu'à la dernière génération jouiront du fruit de ses veilles et de la production de son génie ; mais cet auteur est moins favorisé s'il rétrocède son privilège ; en abdiquant la propriété de l'ouvrage pour en revêtir un libraire, il ne conserve que le titre d'auteur ; le privilège passe en d'autres mains ; le roi, dans ce cas, ne s'oblige point à le renouveler, et la restriction qu'il met à la durée de la grâce n'est point destructive de la propriété : cette grâce est assurée à toujours dans la personne de l'auteur ; elle n'est assurée que pour un temps dans la main du cessionnaire. C'est une modification de la grâce..... La propriété ne dépend pas du privilège, mais la sauve-garde de la propriété en dépend ; et lorsque le roi ne veut pas renouveler cette assurance, il n'enlève rien à l'acquéreur ; mais il lui donne moins qu'à l'auteur dont il a acheté le privilège et manuscrit. »

L'avocat général termine ainsi son compte rendu :

« Si le premier point de vue sous lequel nous avons fait envisager la librairie peut déterminer quelques esprits, le second paraîtra peut-être aussi favorable que le premier, et ne mérite pas moins d'attention. Nous ne pouvons cependant vous le dissimuler, l'usage contraire a prévalu, et la véracité de notre ministère nous oblige d'avouer que la transmission de la propriété de la main de l'auteur dans celle de l'imprimeur ou du libraire, est au moins reconnue depuis le milieu du siècle dernier. Par une suite de cette propriété reconnue, les manuscrits sont devenus des effets commerçables comme une terre, comme une rente, comme une maison. Ils sont passés des pères aux enfans, avec le privilège qui en était l'accessoire ; ils ont été donnés en dot ; ils ont été vendus, cédés, transportés. Tel est depuis long-temps l'usage du commerce de la librairie ; et les droits du dernier propriétaire ont été aussi sacrés que les droits du premier. La grande partie de ceux qui se sont adonnés à cette profession ont toujours pensé que le terme fixé à la durée du privilège ne pouvait être un terme à la durée de la propriété ; ils conviennent que le Roi peut refuser de renouveler son privilège, parce que c'est un objet de pure police dans l'état, parce que les circonstances peuvent s'y opposer, parce qu'il est sage et juste que la permission d'imprimer ne dépende que de la volonté du souverain ; mais ils soutiennent, en même temps, qu'il est de cette même sagesse, de cette même justice, de ne pas priver le propriétaire d'un manuscrit qui représente l'auteur de l'effet d'une grâce à laquelle il a des droits, pour l'accorder à un autre qui n'a que sa qualité de libraire ou d'imprimeur pour la demander ; ce serait alors morceler la propriété ; et, si elle n'est pas entière, elle est anéantie.

« C'est à vous, messieurs, à balancer ces grandes considérations ; la fortune d'une multitude de familles repose entre vos mains ; vous peserez leurs droits, et l'équité qui anime toutes vos délibérations vous fera aisément reconnaître le

parti qu'on doit adopter entre une liberté indéfinie et une propriété exclusive.

« Nous sera-t-il permis de proposer un genre d'établissement national qui préviendrait toutes les fraudes et lèverait
toutes les difficultés. Est-il impossible que l'administration se
charge elle-même de l'acquisition des manuscrits, qu'elle
traite avec les auteurs du prix de leurs ouvrages, sauf à se
faire rembourser d'une portion ou de la totalité de ce prix
par l'imprimeur qui se présenterait pour entreprendre l'édition? On lui accorderait un privilège exclusif plus ou moins
étendu, suivant l'importance de la somme et la difficulté du
débit ; à l'expiration de ce privilège, et lorsque la somme
avancée serait rentrée dans la caisse destinée à cet effet, le livre
deviendrait commun, et tout imprimeur pourrait obtenir la
permission de le réimprimer sans donner matière à aucune
contestation. Mais, en attendant, comme il est glorieux à l'humanité de n'opérer le bien qu'en faisant le moins de mal possible à ceux dont l'ancien état contrarie le bien qu'on veut
faire, il serait peut-être à desirer qu'on fît inventaire de tous
les livres de fonds de la librairie ; qu'on se fît représenter les
titres légaux pour le droit exclusif des livres qui sont actuellement dans les magasins, qu'on accordât une continuation de
privilège, pour donner le temps de vendre ce qui reste de livres, après l'expiration du privilège ou de la continuation de
privilège qui ont été obtenus jusqu'à présent ; en un mot, que
le nouveau règlement, en recevant à l'avenir son exécution,
n'eût point d'effet rétroactif pour les privilèges actuellement
existans, c'est-à-dire qu'on fixât un délai passé lequel tous les
privilèges anciens et les continuations de privilèges obtenues
jusqu'à ce jour, seraient absolument nuls et de nul effet. Cet
acte d'indulgence rétablirait le calme dans les esprits, et il
serait honorable aux magistrats chargés de veiller à la tranquillité publique, de le solliciter aux pieds du trône d'un mo-
narque bienfaisant. Ce sont nos vues personnelles que nous
vous présentons en ce moment; nous n'entreprendrons point

de donner un avis sur une matière aussi délicate. Cet avis doit être délibéré entre nous, et nous ne pouvons que vous porter le vœu de nos coopérateurs dans l'exercice du ministère public. »

Les règlemens de 1777 résistèrent à ces vives et nombreuses attaques et se maintinrent en vigueur jusqu'à la révolution. Plusieurs arrêts du conseil, rendus dans cet intervalle, statuèrent sur quelques questions de détails que leur application fit naître, ou règlementèrent en divers points, la librairie.

Ainsi un arrêt du conseil du 5 mai 1786, révoque le privilège d'un livre intitulé : *Le triomphe du nouveau monde*, imprimé en 1785 : « Sa Majesté, dit le préambule de l'arrêt, « aurait reconnu qu'il y a une double irrégularité en ce que, « dans la publication du privilège, le nom de celui à qui il « est accordé est omis ; et en ce que l'auteur, le sieur Brun, a « sollicité et obtenu le privilège d'auteur sous le nom supposé « de Leroux ; que d'ailleurs cet ouvrage a été publié sans « l'approbation et consentement des supérieurs de la congréga- « tion de l'oratoire à laquelle l'auteur était attaché ; et qu'enfin « l'ouvrage même annonce une doctrine contraire à l'esprit « de la religion, aux principes du gouvernement, et contient « des erreurs dangereuses qui ne permettent pas de laisser « subsister ledit privilège et de tolérer le débit et la distribu- « tion dudit livre. »

L'arrêt du 16 avril 1785, que nous avons cité, ordonna le dépôt de neuf exemplaires à peine de déchéance des privilèges.

Plusieurs arrêts intervinrent sur les journaux et ouvrages périodiques. L'arrêt suivant du 12 août 1785 en limite les privilèges à dix ans :

Le Roi s'étant fait représenter en son conseil un privilège de librairie obtenu par le sieur Cholet de Jetphort, avocat, le 30 août 1780, pour un ouvrage en forme d'almanach intitulé *Étrennes lyriques et anacréontiques ;* Sa Majesté a reconnu que, cet ouvrage, étant un recueil périodique de chansons, desquelles le sieur C. de J. n'était pas l'auteur mais seulement l'éditeur, le privilège lui en

avait mal-à-propos été expédié dans la forme de ceux qui s'accordent aux auteurs pour eux et pour leurs hoirs à perpétuité aux
termes des articles 4 et 5 de l'arrêt du conseil du 30 août 1777.... ce
qui était une erreur d'autant plus sensible qu'aucun privilège d'ouvrage périodique ne doit être perpétuel, l'effet de ce règlement ne
pouvant s'appliquer aux ouvrages de cette nature, quand bien même
ceux qui en obtiennent des privilèges prétendraient n'y insérer que
des objets de leur composition : Et Sa Majesté voulant réduire dans
les limites d'une durée convenable le privilège du sieur C. de J.,
ainsi que tous ceux que les auteurs, directeurs, rédacteurs et compilateurs de journaux, gazettes, almanachs et autres ouvrages périodiques pourraient avoir obtenu dans le même style, elle a résolu
de faire à ce sujet connaître ses intentions. A quoi voulant pourvoir,
ouï le rapport, le Roi, étant en son conseil, de l'avis de M. le garde-
des-sceaux, a ordonné et ordonne que les arrêts de son conseil des
30 août 1777, et 30 juillet 1778 seront exécutés selon leur forme et
teneur..... Et Sa Majesté, interprétant, en tant que de besoin, lesdits arrêts, relativement aux ouvrages périodiques, déclare que les
journaux, gazettes, almanachs, ni aucuns autres ouvrages du genre
périodique, sous quelques titres et dénominations qu'ils soient ou
puissent être, ne sont et ne pourront être censés compris dans la teneur desdits règlemens, en ce qui concerne la durée des privilèges ;
ordonne en conséquence que le privilège perpétuel accordé le 30 août
1780 au sieur C. de J. pour le recueil qu'il fait paraître tous les
ans sous le titre d'*Étrennes lyriques et anacréontiques,* sera et
demeurera réduit à un espace de dix années, lesquelles seront réputées avoir commencé le 1ᵉʳ janvier 1781. Veut pareillement Sa Majesté que tous autres privilèges d'almanachs, journaux, gazettes et
autres ouvrages périodiques, qui auraient été expédiés dans la forme
des privilèges d'auteurs, pour durer à perpétuité, soient et demeurent limités dès à présent en vertu du présent arrêt, et sans qu'il en
soit besoin d'autre, à un terme de dix années ; lesquelles seront censées avoir commencé du 1ᵉʳ janvier qui aura suivi l'expédition desdits privilèges, etc. »

La *Gazette de France,* qui existait depuis 1631, et dont
l'origine remonte à un privilège accordé, en 1629, à Théo-
phraste Renaudot, obtint que les arrêts des 16 avril et 12 août

1785 fussent modifiés en sa faveur par autre arrêt du 23 décembre de la même année :

« Le Roi...., en confirmant la disposition de l'arrêt de son conseil du 18 avril 1785, a subrogé et subroge, substitué et substitue la *Gazette de France* et le *Journal de la librairie* au *Journal des Savans* et au *Journal de Paris*, pour ce qui les y concerne, et sous les mêmes obligations ; dérogeant, pour ce seulement, aux articles 11 et 12 dudit arrêt. Et interprétant en tant que de besoin l'arrêt de son conseil du 12 août dernier....., Sa Majesté déclare qu'elle n'a point entendu y comprendre en aucune manière, ni limiter au terme de dix années, le privilège général de la *Gazette de France*, et des feuilles qui en dépendent ; lequel privilège continuera d'être régi et exploité, en tout ou en partie, conformément aux lettres-patentes du mois d'août 1781. »

Le respect pour la propriété des auteurs a servi de prétexte, ou, tout au moins, de passeport, à l'établissement de l'impôt sur l'impression de la musique, créé par arrêt du conseil du 15 septembre 1786 :

« Le Roi s'étant fait rendre compte en son conseil des mémoires présentés par les auteurs, compositeurs et marchands de musique, à l'effet d'arrêter le cours des contrefaçons qui nuisent aux droits des artistes et aux progrès de l'art, surtout depuis que les ouvrages de ce genre sont assez recherchés pour réveiller la cupidité et animer la fraude ; Sa Majesté ayant reconnu que, par ces abus, les droits de la propriété sont de jour en jour moins respectés, et que les talens sont dépouillés de leurs productions ; à quoi voulant pourvoir, le Roi, en son conseil, de l'avis de M. le garde-des-sceaux, a ordonné et ordonne ce qui suit. »

« Art. 1er. Les auteurs et éditeurs qui desireront faire graver des ouvrages de musique, avec paroles ou sans paroles, ne pourront le faire sans avoir obtenu de M. le garde-des-sceaux la permission ou privilège du sceau, conformément aux règlemens et ordonnances établis pour la librairie ; et il ne sera accordé, pour lesdits ouvrages, aucun privilège du sceau, ou aucune permission, aux marchands éditeurs, qu'en justifiant par eux de la cession qui leur en aura été faite par les auteurs ou propriétaires ; ou qu'autant qu'ils se présenteront les premiers, lorsqu'il s'agira de faire imprimer ou graver dans le royaume la musique, qui, sans être une contrefaçon, aura déjà été gravée ou imprimée en pays étrangers. »

Les articles suivans concernent le dépôt de neuf exemplaires ; la nécessité d'une permission préalable ou d'un privilège ; la déclaration préalable au bureau du timbre ; l'inscription des marchands de musique à la chambre syndicale de la librairie de l'arrondissement ; l'interdiction aux marchands de musique de faire le commerce de musique, le tout à peine de 500 livres d'amende ; l'établissement du bureau du timbre à l'école de déclamation et de chant à Paris, et la peine de 3000 livres d'amende contre toute vente et distribution de musique non timbrée ; la fixation du droit de timbre à deux sous pour livre sur le prix marchand, et, pour l'ancienne musique, ainsi que pour les journaux de musique, à un sou pour livre.

« Art. 19. Défend Sa Majesté à toute personne, à peine de 3000 livres, de contrefaire aucune pièce de musique ; défend pareillement d'en graver aucune avant d'avoir observé les formalités ci-dessus prescrites ; et en cas de contravention, veut Sa Majesté que la saisie soit faite sur simples exemplaires aussi bien que sur planche.

Les trois articles suivans sont relatifs à la musique venant de l'étranger et à la saisie des importations faites en fraude.

« Art. 23. Tout graveur qui voudra graver de la musique sera tenu de communiquer d'avance au bureau du timbre la marque distinctive qu'il veut employer pour reconnaître ses ouvrages. »

« Art. 24. Défend Sa Majesté de contrefaire les timbres, la marque du graveur, ou les signatures, à peine de faux, de 3000 livres d'amende, de confiscation et d'être poursuivi extraordinairement, et puni suivant l'exigence des cas.

« Art. 25 et dernier. Veut Sa Majesté que le produit du timbre ainsi que celui des amendes et confiscations ci-dessus ordonnées au profit du bureau du timbre, soient employés à l'entretien de l'école royale de déclamation et de chant, établie dans la ville de Paris. Enjoint, etc. »

Le dernier privilège inscrit sur les registres de la chambre syndicale de Paris est du 27 juillet 1790. C'est un privilège de dix ans accordé à Langlois père, libraire, pour un ouvrage intitulé : *Étrennes intéressantes des quatre parties du monde.*

De très vives controverses entre les auteurs dramatiques et les comédiens avaient, à diverses reprises, beaucoup occupé le public, et avaient attiré l'attention générale sur les droits des auteurs, plus encore que les débats excités par les règlemens de 1777. Une polémique spirituelle, et souvent amère, avait beaucoup éclairé ces questions lorsque la révolution française éclata.

Il m'a paru nécessaire de ne pas mêler au chapitre que je termine, non plus qu'au précédent, l'histoire des relations entre les auteurs dramatiques et les théâtres ou l'autorité publique. Cette matière fait l'objet spécial du chapitre suivant.

CHAPITRE IV.

Histoire des droits des auteurs dramatiques.

L'histoire juridique du théâtre se partage, comme celle des livres, en deux grandes divisions dont l'une est relative aux lois de police, et l'autre aux conditions d'exploitation industrielle. Il serait difficile, toutefois, de distinguer avec exactitude, dans un récit des faits, ces deux divisions qui ne peuvent manquer de se mêler l'une à l'autre. La nécessité d'autorisation préalable, l'établissement des privilèges exclusifs, la censure, les règlemens particuliers ont, sans cesse, apporté à l'exercice des droits d'auteurs des modifications inévitables.

Le goût des représentations théâtrales, si vif chez les peuples anciens, survécut à la destruction de la scène antique, et précéda, dans les temps modernes, la renaissance de l'art dramatique. On peut même dire qu'il n'est aucune époque de l'histoire de France où l'on ne retrouve quelque trace de représentations théâtrales presque toujours suivies avec fureur, alors même qu'elles se sont le plus ressenties de la barbarie des temps. La licence des mœurs publiques donnait faveur aux plus révoltantes obscénités, condamnées à plusieurs reprises par les conciles, et contre lesquelles Charlemagne s'élevait dans une ordonnance rendue en 789 (1). La nature de ces représentations sans cesse proscrites, sans cesse renaissantes, explique et justifie les censures ecclésiastiques dont elles étaient et devaient être l'objet.

(1) Voir Delamare, le Domat du droit administratif, qui a un titre *sur les spectacles,* titre III, dans le livre III, *des mœurs,* de son savant *Traité de la police.*

Les jongleurs furent bannis de France, pendant la première année du règne de Philippe-Auguste, en 1180, mais furent tolérés dans la suite du même règne. Le *livre des mestiers* (1) contient l'article suivant dans le titre 1ᵉʳ de la 2ᵉ partie, *des chauciés de Paris*, qui règle les droits de péage à payer à l'entrée de Paris sous le petit Châtelet : « Le singe au mar- « chand doit quatre deniers, se il pour vendre le porte; et se « le singe est à homme qui l'ait acheté pour son déduit, si est « quitte ; et se le singe est au joueur, jouer en doit devant le « paagier; et pour son jeu doit être quitte de toute la chose « qu'il achète à son usage ; et aussi tous les jongleurs sont « quittes pour un ver (couplet) de chanson. » C'est du vieil usage attesté par cette citation qu'est dérivé le proverbe : *payer en monnaie de singe.*

Le rôle de la taille de Paris en 1292 (2) fait mention de trois jugléeurs (jongleurs).

Il existe un statut de 1321 sur les *ménestreus* et *jugleurs* (3). On y déclare que ce statut tend à des réformes de la corpo- ration, ce qui prouve que, dès une époque antérieure, ils étaient déjà assez nombreux. « Ils étaient, dit M. Depping, les ménétriers, les musiciens et les chanteurs du temps ; c'est par eux que les poésies romanesques et burlesques se répan- daient dans toutes les classes de la société ; sans eux un poète serait devenu difficilement populaire. »

« Les jongleurs, dit Delamare, se retirèrent, à Paris, dans une seule rue qui en avait pris le nom de rue des Jongleurs, et qui est aujourd'hui celle de Saint-Julien des Ménétriers; on y allait louer ceux que l'on jugeait à propos, pour s'en ser- vir dans les fêtes ou assemblées de plaisir. Il y a une ancienne ordonnance de Guillaume de Germont, prévôt de Paris, du

(1) *Registres des mestiers et marchandises de la ville de Paris.* Édition de 1837, p. 287. Voir ci-dessus page 17.

(2) *Voyez* p. 18.

(3) Depping, Introduction au registre des mestiers, p. LXXIX.

13.

jour de Sainte-Croix, en septembre 1341, qui défend à ceux
ou à celles des jongleurs ou jongleresses qui auraient été
loués pour venir jouer dans une assemblée, d'en envoyer
d'autres en leur place, ou d'en amener avec eux un plus grand
nombre que celui dont on serait convenu. Par une autre ordonnance du prévôt de Paris, du 14 septembre 1395, il leur
fut défendu de rien dire, représenter ou chanter dans les
places publiques ou ailleurs, qui pût causer quelque scandale,
à peine d'amende arbitraire, et de deux mois de prison au
pain et à l'eau. »

Le clergé, malgré les anciens anathèmes contre les représentations théâtrales, n'en était pas toujours ennemi. Souvent
même il les a favorisées.

Des pélerins, à leur retour de la Terre-Sainte, allaient dans
les rues et les carrefours, récitant et chantant les merveilles de
leurs voyages. En 1398, de riches bourgeois de Paris, char-
més de ces dévots récits, louèrent une grande salle au bourg
de Saint-Maur, y bâtirent un théâtre, et annoncèrent par des
placards ce nouveau spectacle, sous le titre de *Mystère de la
Passion de notre Seigneur Jésus-Christ.* La foule fut si
grande aux deux premières représentations que le prévôt de
Paris rendit, le 3 juin 1398, une ordonnance portant défense
« à tous les habitans de Paris, à ceux de Saint-Maur, et des
« autres villes de sa juridiction, de représenter aucuns jeux
« de personnages, soit de vies de saints, ou autrement, sans
« le congé du Roi, à peine d'encourir son indignation et de
« forfaire envers lui. »

Les bourgeois et les pélerins allèrent à la cour solliciter le
rétablissement du théâtre. Le roi Charles VI, avant de statuer, voulut juger par lui-même du *mystère* qui faisait tant
de bruit. On en donna devant lui une représentation qui le
contenta fort. Bientôt après, par lettres-patentes du 4 décembre 1402, il accorda l'autorisation demandée. Dans le
préambule de ces lettres, les confrères sont qualifiés de « nos
« bien-aimés maîtres, gouverneurs et confrères de la confrérie

« de la passion et résurrection de notre Seigneur, fondée en
« l'église de la Trinité à Paris. » Il y est parlé : « des mystères
« qu'ils ont commencé dernièrement et sont prêts de faire
« encore devant nous, comme autrefois avaient fait, et les-
« quels ils n'ont pu bonnement continuer, parce que nous
« n'y avons pas pu être lors présent. » Les confrères, ainsi
autorisés, continuèrent à donner, les dimanches et fêtes, à
l'hôtel des religieux de la Trinité, situé hors la porte Saint-
Denis, des mystères tirés du Nouveau-Testament. Les curés
avançaient leurs vêpres afin que leurs paroissiens pussent
jouir de ce saint spectacle. Environ deux siècles plus tard,
les confrères plaidèrent contre le curé de Saint-Eustache qui
avait obtenu un ordre par lequel il leur était enjoint de ne
commencer leurs jeux qu'après vêpres ; et après trois ans de
procédures, un arrêt du parlement, rendu le 20 septembre
1577, donnait gain de cause aux confrères, à condition qu'ils
répondraient du scandale qui pourrait arriver à leurs jeux,
et à la charge par eux, suivant leurs offres, de ne commencer
qu'à trois heures sonnées.

Le goût des mystères passa. Les confrères, pour retenir le
public, imaginèrent d'en soutenir les représentations par des
farces, et s'associèrent aux *Enfans sans souci*, avec la troupe
desquels, plus tard, Clément Marot jouait quelquefois. Les
Enfans sans souci étaient en rivalité avec une autre troupe,
celle des *clercs de la Bazoche*, qui, ne pouvant pas représenter des *mystères*, à cause du privilège exclusif des *confrères de la passion*, s'était avisée de composer sous le titre
de *moralités* et de *sotties*, des pièces où étaient personnifiés
les vertus et les vices, et où l'on amusait le public par les satires les plus effrénées. Plusieurs arrêts du parlement enjoi-
gnirent de supprimer dans ces pièces ce qui pouvait offenser
la réputation du prochain ou la pureté des mœurs. En 1442,
les clercs de la Bazoche furent punis par quinze jours de prison au pain et à l'eau, et leur théâtre fut fermé pendant six
ans. Rouvert au bout de ce temps, il fut fermé de nouveau

jusqu'au règne de Louis XII, qui, par ordre du 8 mars 1486, les autorisa à reprendre librement leurs exercices. Plusieurs fois on vint se plaindre au roi de ce que l'on poussait l'audace jusqu'à le jouer lui-même. Il ne fit qu'en rire et permit aux clercs d'élever un théâtre sur la grande table de marbre du palais et d'y représenter leurs pièces autant de fois que bon leur semblerait.

Sous François Iᵉʳ, les ordres de supprimer les satires furent réitérés avec défenses de faire mention des princes et des princesses de la cour. Les clercs de la Bazoche s'avisèrent alors de remplacer les épigrammes en paroles par des masques qui figuraient les personnes qu'ils voulaient jouer. Mandés par le parlement, ils furent menacés à plusieurs reprises de la prison et du bannissement.

Le 29 décembre 1525 le parlement, en considération de la désolation du royaume par la prise du roi, et la grande ruine arrivée devant Pavie, fit défendre de jouer les jeux, farces et morisques qu'on a accoutumé, par la fête des rois, jouer par les collèges, d'autant que, sous ombre des jeux, y aurait quelques gens qui pourraient dire des paroles pouvant mouvoir le peuple à sédition. Les principaux des collèges, mandés par le parlement, objectaient qu'ils n'avaient aucune puissance « sur aucuns mauvais garçons comme les impri-« meurs et autres, mêmement les écoliers qui demeurent « hors les collèges et ont accoutumé de jouer. » Il fut répondu par le président qu'ils eussent à faire les défenses particulière-ment, en chacun collège, à leurs écoliers et autres ; que sur le reste la cour aviserait.

C'est à 1538 que l'on peut fixer l'époque à laquelle la censure théâtrale se trouve régulièrement et définitivement établie. Plu-sieurs arrêts du parlement firent défenses aux clercs de la Ba-zoche de jouer aucune pièce sans qu'elle eût été portée quinze jours avant la représentation au censeur chargé par le parle-ment de l'examiner. Un arrêt du 19 novembre 1548, rendu en faveur des confrères de la passion, en leur permettant de s'é-

tablir dans l'ancien hôtel des ducs de Bourgogne, rue Mau-
conseil, qu'ils venaient d'acheter, les maintient dans le privilège exclusif de jouer et représenter des jeux tant dans Paris,
que dans les faubourgs et la banlieue ; mais il leur impose la
condition de ne jouer que les sujets profanes, licites et
honnêtes ; avec très expresses défenses de représenter aucun
mystère de la passion, ni autres mystères sacrés.

Les confrères cessèrent de monter eux-mêmes sur le théâtre : une troupe de comédiens se forma et prit d'eux à loyer
leur privilège et l'hôtel de Bourgogne, où ces religieux se ré-
servèrent deux loges pour eux et leurs amis. Ces redevances
durèrent jusqu'à un arrêt du conseil du 7 novembre 1629 qui
en affranchit les comédiens, et abolit la confrérie. C'est là
que fut jouée, avec grand succès, la farce de Patelin. Malgré
le privilège des confrères, on donnait souvent des représentations ailleurs. Pasquier (1) raconte que *la Rencontre*, comédie d'Etienne Jodelle et *la Cléopâtre*, tragédie du même auteur
« furent représentées devant le roi Henri (Henri III), à Paris,
« en l'hôtel de Reims, avec grand applaudissement de toute
« la compagnie ; et depuis encore, au collège de Boncourt, où
« toutes les fenêtres étaient tapissées d'une infinité de person-
« nages d'honneur et la cour si pleine d'écoliers, que les por-
« tes du collège regorgeaient. Je le dis comme celui qui y
« étais présent avec le grand Turnebus en une même chambre.
« Et les entreparleurs étaient tous hommes de nom ; car même
« Rémy Belleau, et Jean de la Péruse jouaient les principaux
« roullets : tant était alors en réputation Jodelle envers eux. »
Mais la jurisprudence du parlement de Paris maintenait les
confrères dans leur privilège exclusif. On peut voir notamment à cet égard deux arrêts des 6 octobre 1584 et 10 décembre 1588.

La troupe de l'hôtel de Bourgogne se démembra et une partie de ses comédiens allèrent jouer au Marais à l'hôtel d'Ar-

(1) *Recherches de la France*, liv. 7, ch. 3.

gent. Dans une ordonnance de police, donnée pour ces deux théâtres, par le lieutenant civil, le 12 novembre 1609, on lit les clauses suivantes : « Faisons défenses aux comédiens de « prendre plus grande somme des habitans et autres person-« nes que de cinq sols au parterre, et dix sols aux loges et « galeries, et en cas qu'ils y aient quelques actes à représen-« ter où il conviendra plus de frais, il y sera par nous pourvu « sur leur requête préalablement communiquée au procureur « du Roi. — Leur défendons de représenter aucunes comé-« dies ou farces, qu'ils ne les aient communiquées au procu-« reur du Roi et que leur rôle ou registre ne soit de nous « signé. — Seront tenus lesdits comédiens avoir de la lu-« mière en lanterne ou autrement, tant au parterre, montée « et galeries, que dessous les portes à la sortie, le tout à peine « de cent livres d'amende, et de punition exemplaire. »

Le défaut de spectateurs força la troupe de l'hôtel de Bour-gogne et celle du Marais à se réunir. En 1625, le prodigieux succès de *Mélite*, première pièce de Corneille, alors âgé de 19 ans, les décida à se séparer de nouveau. Voici ce que Cor-neille lui-même dit à cet égard dans l'examen de Mélite :

« Cette pièce fut mon coup d'essai ; et elle n'a garde d'être « dans les règles, puisque je ne savais pas alors qu'il y en eût ; « je n'avais pour guide qu'un peu de sens commun, avec les « exemples de feu M. Hardi, dont la veine était plus féconde « que polie, et de quelques modernes qui commençaient à se « produire, et n'étaient pas plus réguliers que lui. Le succès « en fut surprenant : il établit une nouvelle troupe de comé-« diens à Paris, malgré le mérite de celle qui était en posses-« sion de s'y voir l'unique ; il égala tout ce qui s'était fait de « plus beau jusqu'alors, et me fit connaître à la cour. »

Dans presque toutes les comédies de cette époque, figurait une personnage de nourrice, joué par un homme habillé en femme et qui était en possession de débiter des obscénités. Corneille dans la quatrième de ses pièces, *la Galerie du Pa-lais*, représentée en 1634, supprima ce rôle. « Le personnage

« de nourrice qui est de la vieille comédie, dit-il dans son
« examen, et que le manque d'actrices sur nos théâtres y avait
« conservé jusqu'alors, afin qu'un homme le pût représenter
« sous le masque, se trouve ici métamorphosé en celui de sui-
« vante, qu'une femme représente sur son visage. »

La *Sophonisbe* de Mairet fut donnée en 1633 ; la *Médée* de
Corneille en 1635 ; le *Cid* en 1636. « Avant l'année 1625, dit
Voltaire (1), il n'y avait point de comédiens fixes à Paris.
Quelques farceurs allaient, comme en Italie, de ville en ville ;
ils jouaient les pièces de Hardy, de Montchrétien, ou de
Baltazar Baro. Ces auteurs leur vendaient leurs ouvrages dix
écus pièce. Pierre Corneille tira le théâtre de la barbarie et
de l'avilissement vers l'année 1630. »

La déclaration royale du 16 avril 1641 a de l'importance
dans l'histoire de la législation du théâtre. A cette époque, le
Cid, les *Horaces, Cinna, Polyeucte,* avaient conquis à la
scène française une éternelle gloire ; l'amour propre d'auteur
du cardinal de Richelieu et la haute prévoyance de son esprit
supérieur avaient accru la consistance sociale des gens de lettres ; la fondation de l'Académie française leur avait donné
des représentans et les tenait en rapports journaliers avec les
beaux esprits des plus hautes classes ; les comédiens devaient
profiter de ces progrès de l'opinion, et de cette faveur croissante accordée à la littérature. La déclaration de 1641 atteste
qu'en effet ils voyaient s'améliorer leur condition. En voici la
teneur :

« LOUIS, etc. Les continuelles bénédictions qu'il plaît à Dieu
épandre sur notre règne, nous obligeant de plus en plus à faire tout
ce qui dépend de nous pour retrancher tous les dérèglemens par lesquels il peut être offensé, la crainte que nous avons que les comédies
qui se représentent utilement pour le divertissement des peuples,
soient accompagnées de représentations peu honnêtes qui laissent de mauvaises impressions dans les esprits, fait que nous

(1) *Vie de Molière.*

sommes résolus de donner les ordres requis pour éviter tels inconvéniens ;

« 1° A ces causes nous avons fait et faisons très expresses inhibitions et défenses, par ces présentes signées de notre main, à tous comédiens de représenter aucunes actions malhonnêtes ni d'user d'aucunes paroles lascives ou à double entente qui puissent blesser l'honnêteté publique, et ce sur peine d'être déclarés infâmes et autres peines qu'il y écherra.

« 2° Enjoignons à nos juges, chacun en son détroit, de tenir la main à ce que notre volonté soit religieusement exécutée.

« 3° Et en cas que lesdits comédiens contreviennent à notre présente ordonnance, nous voulons et entendons que nosdits juges leur interdisent le théâtre, et procèdent contre eux, par telles voies qu'ils adviseront à propos, selon la qualité de l'action, sans néanmoins qu'ils puissent ordonner plus grande peine que l'amende ou le bannissement.

« 4° En cas que lesdits comédiens règlent tellement les actions du théâtre qu'elles soient, du tout, exemptes d'impureté, nous voulons que leur exercice qui peut innocemment divertir nos peuples de diverses occupations mauvaises, ne puisse leur être imputé à blâme, ni préjudicier à leur réputation dans le commerce public : ce que nous faisons afin que le desir qu'ils auront d'éviter le reproche qu'on leur a fait jusques ici leur donne autant de sujet de se contenir dans les termes de leur devoir ès représentations publiques qu'ils feront, que la crainte des peines qui leur seraient inévitables s'ils contrevenaient à la présente déclaration. »

En 1658, la troupe de Molière vint jouer à Paris. Déjà, quelques années auparavant, Poquelin, de société avec d'autres jeunes gens, avait donné des représentations au faubourg Saint-Germain et au quartier Saint-Paul, sous le nom de l'*illustre théâtre*. De retour à Paris, après avoir parcouru les provinces, il obtint la faveur du roi et l'autorisation de jouer d'abord sur le théâtre du Petit-Bourbon, situé sur l'emplacement qu'occupe aujourd'hui la colonnade du Louvre; puis au Palais-Royal avec le titre de troupe de Monsieur.

Ce fut sur le théâtre du Petit-Bourbon que fut représentée,

en 1659, la comédie des *Précieuses ridicules*. On voit, par la préface de Molière, que les droits des auteurs dramatiques, sur l'impression de leurs ouvrages, étaient alors assez confus, et fort mal garantis. « C'est une chose étrange, dit-il, qu'on imprime les gens malgré eux. Je ne vois rien de si injuste, et je pardonnerais volontiers toute autre violence plutôt que celle-là. Ce n'est pas que je veuille faire ici l'auteur modeste, et mépriser par honneur ma comédie. J'offenserais mal-à-propos tout Paris, si je l'accusais d'avoir pu applaudir à une sottise...... Mais comme une grande partie des grâces qu'on y a trouvées dépendent de l'action et du ton de voix, il m'importait qu'on ne les dépouillât pas de ces ornemens, et je trouvais que le succès qu'elles avaient eu dans la représentation était assez beau pour en demeurer là. J'avais résolu, dis-je, de ne les faire voir qu'à la chandelle, pour ne point donner lieu à quelqu'un de dire le proverbe; et je ne voulais pas qu'elles sautassent du théâtre de Bourbon dans la galerie du palais. Cependant je n'ai pu l'éviter; et je suis tombé dans la disgrâce de voir une copie dérobée de ma pièce entre les mains des libraires, accompagnée d'un privilège obtenu par surprise. J'ai eu beau crier, ô temps! ô mœurs! on m'a fait voir la nécessité pour moi d'être imprimé ou d'avoir un procès; et le dernier mal est encore pire que le premier. »

A la mort de Molière, et par déclaration du roi du 23 juin 1673, la troupe du Marais et celle du Palais-Royal furent réunies en une seule qui reçut le nom de troupe du Roi, et fut transportée rue de Seine près la rue Guénégaud. Par lettres de cachet du 22 octobre 1680, signées LOUIS et plus bas COLBERT cette troupe fut à son tour réunie à celle de l'hôtel de Bourgogne.

« Sa Majesté ayant estimé à propos de réunir les deux troupes de comédiens établis à l'hôtel de Bourgogne et à la rue de Guénégaud à Paris, pour n'en faire à l'avenir qu'une seule, afin de rendre à l'avenir les représentations des comédies plus parfaites, par le moyen des acteurs et actrices auxquels elle a donné place dans ladite troupe,

Sa Majesté a ordonné et ordonne, qu'à l'avenir lesdites deux troupes de comédiens français seront réunies pour ne faire qu'une seule et même troupe, et sera composée des acteurs et actrices dont la liste sera arrêtée par Sa Majesté; et pour leur donner moyen de se perfectionner de plus en plus, Sa Majesté veut que la seule dite troupe puisse représenter les comédies dans Paris, faisant défense à tous autres comédiens français de s'établir dans ladite ville et faubourgs, sans ordre exprès de Sa Majesté; enjoint Sa Majesté au sieur de La Reynie, lieutenant-général de police, de tenir la main à l'exécution de la présente ordonnance. »

Par brevet du 24 août 1682, une pension annuelle de douze mille livres fut accordée à cette troupe.

Par suite de cette réunion, les comédiens italiens restèrent seuls en possession de l'hôtel de Bourgogne, où auparavant ils jouaient concurremment avec les comédiens français, à d'autres jours de la semaine, de même que précédemment ils avaient alterné avec la troupe de Molière sur le théâtre de Bourbon. Les comédiens italiens avaient, à plusieurs reprises, et avec des succès divers, tenté de prendre pied à Paris. Leur premier établissement eut lieu en 1577 sous Henri III. Voici comment Voltaire le raconte : (1)

« Le Roi, qui dans la décadence de ses affaires se consolait par les plaisirs, permit à des comédiens italiens, dont la troupe se nommait *gli Gelosi,* d'ouvrir un théâtre à l'hôtel de Bourbon. Le parlement leur en fit défense sous peine de dix mille livres d'amende. Ils jouèrent malgré l'arrêt du parlement, avec un concours prodigieux. On ne payait que quatre sous par place. Un fait si petit serait indigne de l'histoire, s'il ne servait à prouver qu'alors l'influence de la cour de Rome avait mis la langue italienne à la mode dans Paris, que l'argent y était extrêmement rare, et que la simple volonté du roi suffisait pour rendre un arrêt du parlement inutile. »

En 1716, le régent leva des défenses portées, dix-neuf ans auparavant, contre les comédiens italiens, qui, à ce que

(1) *Histoire du parlement,* ch. xix.

prétend Saint-Simon (1), avaient été chassés pour avoir joué madame de Maintenon, dans la *fausse Prude*; ils furent rappelés avec la qualité de comédiens italiens, non du roi, mais de M. le duc d'Orléans, afin, suivant Saint-Simon, que Rouillé conseiller d'état, leur protecteur et le modérateur de leurs pièces, le demeurât indépendamment des premiers gentilshommes de la chambre. Riccoboni présenta au duc de Parme une requête dont nous extrairons les passages suivans:

« 1° La troupe unic supplie très humblement votre altesse sérénissime de lui faire accorder la grâce dont ont joui ses prédécesseurs, qu'aucune troupe italienne soit reçue sous quelque prétexte que ce soit, même si tous les acteurs parlaient français; et qu'il soit généralement défendu à tous autres de faire usage des habits des acteurs masqués de la comédie italienne, c'est-à-dire de l'arlequin, du scaramouche, du pantalon, du docteur et du scapin, et même du pierrot qui, quoique français, est né du théâtre italien.

« 3° Ils demandent très humblement qu'il leur soit accordé des danses et de la musique dans les divertissemens de leurs comédies, suivant que leurs prédécesseurs en jouissaient.

5° La troupe supplie très humblement son altesse sérénissime de faire de fortes instances à la cour, pour qu'il leur soit accordé le libre usage des saints sacremens, comme ils l'ont en Italie, d'autant que cette troupe ne donnera point une comédie scandaleuse, et que Riccoboni s'engage à donner le canevas des pièces à l'examen du ministère et même d'un ecclésiastique pour qu'elles soient approuvées. »

Les comédiens italiens obtinrent, à cette époque, une pension annuelle de quinze mille livres. Réunis à l'Opéra-comique en 1762, ils ne renoncèrent entièrement aux pièces italiennes qu'en 1779, et conservèrent leur ancien nom jusqu'en 1793.

Ce fut le cardinal Mazarin qui introduisit en France l'O-

(1) T. xiv, p. 112.

péra. Il fit venir d'Italie des musiciens, des décorateurs et un orchestre, en 1645, en 1647, en 1654, en 1660. Louis XIV, alors âgé de seize ans, dansa, en 1654, dans *le nozze di Teti et di Peleo*. Aux fêtes de son mariage, en 1660, il dansa avec la reine dans *Ercole amante*. L'abbé Pierre Perrin, associé avec le musicien Cambert, puis avec le marquis de Sourdéac, habile machiniste, avait aussi fait représenter plusieurs opéras, mais avec des paroles françaises. Le 28 juin 1669, Perrin obtint des lettres-patentes portant : « permission « d'établir dans la ville de Paris et autres du royaume, des « académies de musique, pour chanter en public des pièces « de théâtre, comme il se pratique en Italie, en Allemagne et en « Angleterre, pendant l'espace de douze années, avec liberté de « prendre du public telles sommes qu'il aviserait, et défen- « ses à toutes personnes de faire chanter de pareils opéras ou « représentations en musique et en vers français, sans son « consentement. » On lit dans ces lettres que : « les gentils- « hommes et demoiselles pourront chanter audit opéra, sans « que, pour ce, ils dérogent au titre de noblesse, ni à leurs « privilèges, charges, droits, immunités, etc. »

Lulli succéda, au 1672, au privilège de l'abbé Perrin ; l'année suivante, le roi lui donna, à la mort de Molière, la salle du Palais-Royal que l'opéra occupa jusqu'à l'incendie de 1763. En cette même année 1673, le 30 avril, fut rendue une ordonnance dont les dispositions ont été renouvelées le 21 mars 1675 et depuis ; elle est ainsi conçue :

« Sa Majesté ayant été informée que la permission qu'elle avait donnée aux comédiens de se servir, dans leurs représentations, de musiciens jusqu'au nombre de six et de violons ou joueurs d'instru- mens jusqu'au nombre de douze, pouvait apporter un préjudice con- sidérable à l'exécution des ouvrages de musique pour le théâtre du sieur Baptiste Lulli, surintendant de la musique de la chambre de Sa Majesté, dont le public a déjà reçu beaucoup de satisfaction, et voulant qu'elle ait toute la perfection qu'elle en doit espérer, Sa Ma- jesté a révoqué la permission qu'elle avait donnée auxdits comédiens de se servir sur leur théâtre de musiciens et de douze violons ou joueurs d'instrumens; fait Sa Majesté très expresses défenses à toutes les troupes des comédiens français, étrangers, établies ou qui s'établiront ci-après dans la bonne ville de Paris, de se servir d'autres musiciens externes, et de plus grand nombre de violons pour les entr'actes, même d'avoir aucun d'orchestre, ni pareillement de se servir d'aucuns danseurs, le tout à peine de désobéissance; veut Sa Majesté que la présente ordonnance soit signifiée aux chefs desdites troupes, à la diligence dudit Lulli, à ce qu'ils n'en ignorent; lui enjoignant Sa Majesté de l'informer des contraventions à la présente ordonnance. »

On vient de voir quelle a été l'origine de la comédie française, de la comédie italienne, et de l'opéra ou académie royale de musique. Aucun de ces trois grands théâtres ne pouvait empiéter sur le privilège des deux autres. Les Français ne purent pas jouer d'opéras-comiques, les italiens ne purent d'abord pas jouer de pièces sans musique; puis ils en obtinrent la permission; mais à la charge de conserver, dans chaque pièce le personnage d'arlequin. Ils furent affranchis de cette condition et purent jouer des pièces sans musique, même en cinq actes, mais point de tragédie; il était permis à l'auteur de s'évanouir, même de se blesser; il lui était défendu de se tuer ou de mourir. Les pièces en musique leur furent interdites les mardis et les vendredis, en faveur des représentations de l'opéra.

Quelques mots sur les spectacles de la foire et sur l'opéra-comique, réuni en 1762 à la comédie italienne, compléteront ces détails. On peut consulter pour plus de développement, l'ouvrage de Des Essarts (1), intitulé les trois théâtres.

Il se tenait à Paris deux foires célèbres et fort anciennes :

(1) *Les trois théâtres de Paris* ou *Abrégé historique de l'établissement de la Comédie-Française, de la Comédie-Italienne et de l'Opéra.* Paris, 1777, in-8°. par Des Essarts, avocat. Une notice sur ces spectacles, publiée dans les *OEuvres choisies de Lesage*, édition de 1810, tome xiii, peut aussi être consultée avec fruit

l'une la foire Saint-Laurent dont le terrain appartenait aux Lazaristes ; l'autre la foire Saint-Germain dont les Bénédictins étaient propriétaires. A la faveur des exemptions et franchises dont les foires jouissaient, les comédiens entreprirent à plusieurs reprises d'y élever des théâtres. Delamare rapporte une sentence rendue sur la plainte des comédiens de l'hôtel de Bourgogne le 9 février 1596 par le lieutenant-civil, plainte qui avait fort ému le peuple, parce qu'elle avait été accompagnée de la cessation des représentations de la foire. « Ce magistrat, dit-il, n'estima pas que le privilège exclusif accordé au maître de l'hôtel de Bourgogne fût plus fort que les statuts des six corps des marchands et des arts et métiers de Paris, dont l'effet est suspendu en faveur des forains pendant la foire. Ainsi, appliquant ce motif au sujet qui se présentait, et voulant aussi calmer le peuple et maintenir la tranquillité des spectacles, il permit par sentence à ces comédiens forains de jouer, pendant la foire Saint-Germain seulement, et sans tirer à conséquence, à la charge de ne représenter que des sujets licites et honnêtes, qui n'offensassent personne : comme aussi de payer, par chacune année qu'ils joueraient, deux écus aux administrateurs de la confrérie de la Passion, maîtres de l'hôtel de Bourgogne. Et par la même sentence, faisant droit sur les conclusions du procureur du roi, il fit défenses à toutes personnes, de quelque condition qu'elles fussent, de faire aucune insolence en l'hôtel de Bourgogne, lorsque l'on y représenterait quelques jeux, d'y jeter des pierres, de la poudre, ou autres choses qui pussent émouvoir le peuple à sédition, à peine de punition corporelle. »

Vers le milieu du dix-septième siècle, un joueur de marionnettes, dont le nom est resté célèbre, Brioché, éleva dans la foire, un théâtre qui eut de la vogue. Plusieurs spectacles de curiosités s'établirent, on y montra des animaux sauvages, des géants, des rats danseurs de corde, des chiens savans, des singes, etc. Vinrent ensuite des sauteurs, bateleurs, joueurs de gobelets qui mêlèrent à leurs exercices des farces qui par degrés se convertirent en pièces de théâtre. La plus ancienne que l'on ait conservée est intitulée : *les Farces de l'amour et de la magie*. Elle a été représentée en 1678.

Déjà plusieurs contestations s'étaient élevées entre les comédiens français et les spectacles de la foire, lorsqu'en 1697 la suppression de la comédie italienne donna à ceux-ci une nouvelle activité. S'emparant des pièces italiennes, ils en donnèrent des fragmens et des imitations; la foule s'y porta; l'hôtel de Bourgogne se plaignit, et de nombreux arrêts intervinrent.

Les acteurs forains étaient restreints, en 1703, à jouer des scènes détachées; ils s'arrangèrent pour que chacune formât un sujet particulier. Le parlement, en 1707, leur défendit les scènes en dialogues : ils imaginèrent des scènes en monologues; un seul acteur parlait, les autres lui répondaient par signes; d'autres fois, l'acteur rentrait dans la coulisse après avoir parlé, puis un autre acteur, resté sur la scène, parlait à son tour, et se retirait ensuite pour faire place à celui de la coulisse; ou bien l'unique acteur parlant redisait tout haut ce que son camarade faisait mine de lui dire tout bas. Nouveaux procès, nouveaux arrêts, non sans violences et voies de fait quand il s'agissait de l'exécution. Un arrêt du 23 janvier 1710, rendu par la cour de parlement, sur les conclusions de l'avocat général Joly de Fleury, autorisa les danseurs de corde à garder leur *Gilles!* mais ce fut avec défenses de faire aucuns dialogues ni monologues.

Les acteurs forains jouaient aussi des pantomimes qu'on appelait *pièces à la muette;* c'étaient, pour la plupart, des parodies : telle fut, par exemple, celle des *Tyndarides*, intitulée *les Poussins de Léda*, qui obtint un succès prodigieux. Les forains excellaient à contrefaire les *Romains*, nom qu'ils donnaient aux comédiens français; ils copiaient leurs gestes, leurs voix; et, de peur de s'attaquer aux arrêts en prononçant des paroles, ils débitaient pompeusement des syllabes sonores ayant forme d'alexandrins, et vides de sens, comme ils le sont si souvent.

Le public se plaignait parfois de l'obscurité que laissaient certains endroits des pièces *à la muette :* les forains imaginèrent des cartons ou écriteaux sur lesquels on imprimait en gros caractères quelques mots qui expliquaient ce que le jeu des acteurs ne suffisait pas à rendre. Chaque acteur avait dans l'une de ses poches ce qu'il lui fallait d'écriteaux pour son rôle ; il les déroulait à mesure, puis les mettait dans l'autre poche. A la prose des écriteaux, on substitua ensuite des couplets sur des airs connus : l'orchestre jouait l'air, des gens apostés au parquet et aux amphithéâtres chantaient les paroles, et les spectateurs s'habituèrent si bien à chanter aussi, qu'enfin le concert était général. Puis, comme tout se perfectionne, on fit descendre du cintre des toiles qui s'enroulaient sur un bâton, et qui présentaient au public, en gros caractères, le couplet à chanter. Certains spectacles étaient obligés de commencer leurs représentations par des parades à l'extérieur ; d'autres, de faire précéder leurs pièces par des marionnettes ; d'autres, enfin, interposaient une gaze entre eux et les spectateurs, soit qu'on les y eût contraints, soit qu'ils s'en fussent avisés pour éluder je ne sais quelles prohibitions.

On dépensait beaucoup d'esprit et de gaîté dans cette lutte de la liberté contre le monopole ; mais notre littérature dramatique, obligée de se plier aux chartes des comédiens, se rétrécissait et contractait les allures mesquines et gênées auxquelles elle n'a échappé que dans un trop petit nombre de ses chefs-d'œuvre. Les huissiers venaient en aide à la critique classique pour prévenir la confusion des genres ; et, pour qui veut rechercher les causes des habitudes de respect de la scène française envers les règles, la peur du Châtelet et du Parlement doit être portée en compte pour une aussi forte valeur que beaucoup des prétendues interprétations d'Aristote.

Le genre bâtard de l'opéra-comique naquit de l'alliance des acteurs de la foire avec l'Académie royale de musique. Des troupes foraines, à qui l'on défendait de parler, avaient, à

plusieurs reprises, acheté de l'Opéra la permission de chanter et d'introduire dans leurs représentations des danseurs et
des changemens de décorations. En 1715, l'une de ces troupes
prit le nom d'Opéra-Comique. Le succès de ce spectacle excita la jalousie des autres théâtres, qui sollicitèrent et obtinrent sa suppression en 1718. Après six ans de procès et de
tentatives infructueuses de rétablissement, il reparut et fut
ouvert pendant vingt-et-un ans, puis fut supprimé de nouveau. En 1752, Monet proposa de le rétablir, et sollicita un
privilège qui lui fut accordé. Il fit bâtir à la foire Saint-Laurent une nouvelle salle où l'opéra-comique reparut avec grand
succès. Favart, Corby et Mouette, qui succédèrent à Monet,
perfectionnèrent ce spectacle, et les Italiens ne virent d'autre
ressource, pour se soutenir, que celle de solliciter la réunion
de l'Opéra-Comique à leur théâtre. Cette réunion fut effec-
tuée au mois de janvier 1762 : depuis cette époque, la Comédie italienne et l'Opéra-Comique continuèrent ensemble
leurs représentations, qu'ils donnèrent à l'hôtel de Bourgogne jusqu'en 1783. En 1779, le langage italien fut définitivement abandonné, et le nom seul de Comédiens italiens se
conserva. L'opéra-comique prit tout-à-fait le dessus. « Une
musique agréable, écrivait Voltaire au comte d'Argental en
1765, de jolies danses, des scènes comiques et beaucoup
d'ordures, forment un spectacle si convenable à la nation,
que le *Petit Carême* de Massillon ne tiendrait pas contre lui.
Je crois fermement qu'il faut que les Comédiens ordinaires du
roi aillent jouer dans les provinces trois ou quatre ans ; s'ils
restent à Paris, ils seront ruinés. »

Le Théâtre-Français, l'Opéra et les Italiens étaient les seuls
grands théâtres qui existassent à l'époque de la Révolution. Les
spectacles secondaires étaient : le Théâtre de Monsieur, qui ne
pouvait jouer que des opéras italiens, ou parodies de l'italien,
mais qui éludait souvent cette défense; les Variétés, qui ne pouvaient donner que des pièces en trois actes; les troupes de Nicolet
et d'Audinot, en la possession desquelles étaient venues les re-

présentations de la Foire, et dont l'un était obligé de conserver ses danseurs de corde, l'autre de faire parler, d'abord des marionnettes, puis des enfans. Lorsque la loi du 19 janvier 1791 proclama la liberté des théâtres, une multitude d'entreprises dramatiques s'élevèrent; et comme leur nombre dépassa de beaucoup les besoins du public, presque toutes furent des occasions de ruine pour les spéculateurs qui les fondèrent. On comptait trente-huit théâtres à Paris dès 1791. Le décret impérial du 29 juillet 1807, par une audacieuse violation des droits de propriété, réduisit à huit le nombre des théâtres de Paris : les quatre grands étaient les deux Théâtres français, l'Opéra ou Académie impériale de musique, et l'Opéra-Comique; les quatre autres étaient la Gaîeté, l'Ambigu-Comique, les Variétés et le Vaudeville.

La détermination de la part qui doit être attribuée aux auteurs dramatiques sur les produits pécuniaires des représentations théâtrales, a été souvent un objet de débats. Dans l'origine, cette part n'était fixée que par les conventions réciproques qui intervenaient entre les auteurs et les propriétaires de théâtres. L'*Attila* de Corneille, et sa *Bérénice*, lui furent achetés 2000 livres chacun par la Comédie française; le *Festin de Pierre* lui fut payé 200 louis. Quelquefois les comédiens demandaient une pièce, et en remettaient, soit après la représentation, soit d'avance, le prix à l'auteur. Sous un régime libre, rien de plus naturel que de pareilles transactions; elles se traitent, comme tous les marchés, par les débats des intérêts réciproques qui s'y trouvent engagés. Mais sous le régime du monopole, lorsqu'une pièce ne peut se produire que sur un seul théâtre, toute liberté véritable disparaît pour l'auteur; il ne lui est plus possible de défendre ses intérêts, car on est toujours maître de lui dire : Vous subirez les conditions qu'il nous plaît de vous imposer, ou vous ne serez point représenté. C'est pour ce motif que la fixation des parts d'auteurs entraîna de si vives et de si longues querelles avec les comédiens. L'autorité publique ne put se dispenser d'intervenir, comme il faut bien qu'elle le fasse dans les cas de monopole.

Il paraît qu'un marché fait en 1653 avec Quinault, auquel fut assuré le neuvième du produit des représentations qu'obtiendrait la pièce qu'il faisait recevoir, a servi de base aux traités postérieurs avec la Comédie française, qui auparavant se débattaient de gré à gré. Des règlemens envoyés aux comédiens en 1685, par la Dauphine, puis un nouveau règlement de 1697, adoptèrent, comme disposition générale, les bases sur lesquelles il avait été traité avec Quinault. Ainsi, de 1653 à 1757, la règle fut, à la Comédie française, que les auteurs toucheraient le neuvième de ce qui resterait de la recette, après prélèvement des frais ordinaires et journaliers, et qu'ils jouiraient de ce neuvième jusqu'à ce que la Comédie leur eût prouvé, par deux recettes consécutives au-dessous de 300 livres l'été, et de 500 l'hiver, qu'elle n'avait retiré que ses frais, et que le goût du public était usé pour l'ouvrage.

Un arrêt du conseil, en quarante articles, en date du 18 juin 1757 ordonna qu'un nouveau règlement fût fait par les gentilshommes de la chambre.

Ce règlement fut en effet dressé à la date du 23 décembre 1757. La part d'auteur n'y est maintenue au neuvième que pour les pièces en cinq actes, elle est réduite à un douzième pour les pièces en trois actes et à un dix-huitième pour les pièces en un acte. L'art. 47 est ainsi conçu : « L'auteur con- « servera ses droits sur sa pièce jusqu'à ce que la recette « soit deux fois de suite, ou trois fois en différens temps, au- « dessous de 1200 livres l'hiver, et de 800 livres l'été. Alors « la pièce appartiendra aux comédiens. »

Le 12 janvier 1759 intervint un second arrêt du conseil; des lettres-patentes furent expédiées sur le tout le 22 août 1760 et enregistrées au parlement le 7 septembre 1761.

La condition des comédiens fut encore améliorée par un nouveau règlement des gentilshommes de la chambre du 1er juillet 1766. Voici le texte de l'article 8 de ce règlement qui abroge toutes les dispositions antérieures. Il est signé des ducs d'Aumont, de Fleury, de Richelieu et de Duras.

« Étant informés que les anciens règlemens, concernant les pièces nouvelles, ne sont point exécutés, et ayant reconnu par l'examen que nous en avons fait qu'il était indispensable d'y faire des changemens, nous avons ordonné ce qui suit :

« 1° On ne lira aucune pièce à l'assemblée, qu'un comédien ne certifie qu'il la connaît et qu'elle peut être entendue. Les pièces apportées à l'assemblée seront mises sur le bureau et on nommera un examinateur. Le comité prendra le titre de la pièce et le nom de l'examinateur afin d'éviter qu'aucun ouvrage ne s'égare. Si l'examinateur trouve que la pièce ne doive pas être admise à la lecture générale, il en donnera les raisons par écrit, le plus honnêtement qu'il sera possible, et le premier semainier les remettra à l'auteur en lui rendant sa pièce. Si au contraire l'examinateur la trouve en état d'être lue, elle sera inscrite à son rang.

« 2° Suivant la date et sans faire aucun passe-droit, on conviendra d'un autre jour que le lundi pour en entendre la lecture; le comité aura soin de prévenir l'auteur, ou celui qui a présenté la pièce, du jour choisi par l'assemblée : il sera accordé à chaque acteur et actrice présent à la lecture un jeton de la valeur de trois livres, lequel sera payé par le caissier sur la feuille arrêtée et signée par le premier semainier dans la forme pareille au jeton du répertoire.

« 3° L'auteur seul ou celui qui présentera la pièce aura droit de venir à cette assemblée : défendons aux comédiens de laisser entrer qui que ce soit, sous peine de trois cents livres d'amende payables par la société en général, et qui seront déposées dans la caisse des amendes.

« 4° Pour obvier aux cabales des acteurs et actrices, aux protections pour la distribution des rôles, l'auteur avant de faire la lecture remettra au comité la distribution cachetée. Si la pièce est reçue, on fera lecture de sa distribution tout de suite; si elle n'est reçue qu'à correction, la distribution sera renfermée dans l'armoire du semainier qui en répondra et qui la représentera lors de la seconde lecture, et elle sera rendue à l'auteur sans l'ouvrir, si l'ouvrage est refusé.

« 5° La pièce lue, chaque acteur ou actrice qui aura acquis voix délibérative, soit par ses services, soit par sa capacité, et dont nous nous réservons de fixer le temps, mettra par écrit les motifs d'acceptation, de correction ou de refus, et remettra son avis au premier semainier pour en faire la lecture à l'auteur. Ordonnons à cet effet aux comédiens de ne mettre dans leur avis aucun terme choquant pour l'auteur, d'exposer clairement leurs raisons, mais en termes honnêtes et comme il convient à leur société.

« 6° Si la pièce est reçue à correction, le comité remettra à l'auteur, avant que le semainier jette au feu les papiers, un extrait des réflexions qu'on aura faites sur son ouvrage, pour qu'il puisse travailler en conséquence.

« 7° Si l'auteur consent aux corrections, il pourra demander une seconde lecture qui se fera dans la même forme que la première, à l'exception que les écrits ne porteront que sur l'acceptation ou le refus, et la pièce sera reçue pour lors ou refusée en dernier ressort.

« 8° Ordonnons aux comédiens de garder un secret inviolable sur tout ce qui aura été dit et fait dans les assemblées; et en cas de contravention prouvée, tout acteur et actrice contrevenant sera privé de voix active et passive, droit de présence aux assemblées et aux lectures, pendant le temps que nous nous réservons de fixer. Entendons en outre qu'il en soit ainsi de toutes les assemblées, sous les mêmes peines.

« 9° Le comité aura soin de faire inscrire sur-le-champ au-dessous du titre des pièces si elles sont acceptées, admises à corrections ou refusées, et surtout avec date précise afin qu'elles puissent être jouées à leur tour de réception.

« 10° Quand une pièce aura été reçue et qu'elle sera venue à son tour pour être jouée, l'auteur aura soin de se munir de l'approbation de la police; ensuite il enverra les rôles aux acteurs, suivant la distribution remise au comité avant la lecture, à moins que dans l'intervalle il ne fût survenu des changemens dans la troupe, auquel cas il serait libre à l'auteur de faire en conséquence des changemens dans sa distribution; nous réservant la connaissance des arrangemens qu'il faudra prendre à ce sujet et des difficultés qui surviendraient.

« 11° Personne ne pourra sans des raisons valables, dont nous nous réservons la connaissance, refuser un rôle de son emploi que

l'auteur lui aurait destiné, à peine de cent livres d'amende applicables
à la caisse des amendes pour la première fois, et d'être privé de sa
part dans la représentation de la pièce nouvelle où il aurait refusé
de jouer, en cas de récidive.

« 12° Quant aux pièces anonymes envoyées à la société, l'auteur
sera tenu d'envoyer sa distribution cachetée au comité et de la même
écriture que la pièce pour éviter toute discussion, et mettra à exécution ce qui est dit ci-dessus.

« 13° Les comédiens ne pourront sous quelque prétexte que ce soit
(sinon pour des causes graves dont nous nous réservons la connaissance), refuser de jouer une pièce qu'ils auront reçue ni en retarder
les représentations sans le consentement de l'auteur; et si la représentation était retardée par la faute de quelqu'un, il paierait cent
livres d'amende applicables à la caisse des amendes.

« 14° La part d'auteur sera d'un neuvième pour les pièces en cinq
actes tant tragiques que comiques, d'un douzième pour les pièces
en trois actes et d'un dix-huitième pour celles en un acte ; ces parts
ne seront prises que sur la recette nette et après qu'on aura prélevé
les frais ordinaires et journaliers.

« 15° Les auteurs auront droit de donner des billets les jours de
représentations de leurs pièces tant qu'ils en retireront les parts,
savoir : pour six personnes à l'amphithéâtre, pour les pièces en cinq
actes; pour quatre personnes seulement pour les pièces en trois
actes ; et pour deux seulement pour celles en un acte. L'excédant du
nombre fixé sera payé sur la part de l'auteur, ainsi que tous les billets de parterre, s'ils en demandent aux semainiers, auxquels nous
défendons d'en délivrer plus de vingt.

« 16° Toute pièce qui n'aura pas en hiver douze représentations
au-dessus de douze cents livres, et en été dix représentations au-
dessus de huit cents livres, ne donnera pas droit à l'auteur de demander une reprise; mais quand la pièce aura eu les représentations
du nombre et de l'espèce désignés, l'auteur pourra la retirer pour se
ménager une reprise dans le temps dont il conviendra avec les comédiens. L'hiver sera compté du 15 novembre au 15 mai et l'été du
15 mai au 15 novembre. Si dans le cours des dix ou douze représentations, il n'y en avait eu qu'une seule au-dessous de huit cents livres l'été, ou de douze cents livres l'hiver, cela ne priverait pas

l'auteur du droit de retirer sa pièce et d'en demander une reprise ;
l'auteur ne perdant son droit que quand il y aura deux représentations au-dessous des sommes fixées ci-dessus.

« 17° Dans le cas où une pièce interrompue dans la nouveauté
aurait été reprise, l'auteur ne sera plus en droit de la retirer, et
elle sera jouée jusqu'à ce que la recette soit une ' is seulement au-
dessous de douze cents livres depuis le 15 novembre jusqu'au 15 mai,
et de huit cents livres depuis le 15 mai jusqu'au 15 novembre ; alors
il n'aura plus aucun droit à prétendre. Si les représentations sont
interrompues soit dans la nouveauté soit à la reprise, par la maladie d'un acteur ou par quelque évènement qui ne dépende pas de
l'auteur, cette interruption ne pourra lui préjudicier, ni empêcher
le cours de ses droits tels qu'ils sont réglés ci-dessus.

« 18° L'auteur de deux pièces en cinq actes et celui de trois pièces
en trois actes, ou de quatre pièces en un acte, aura son entrée sa vie
durant.

« 19° L'auteur d'une pièce en cinq actes jouira de son entrée pendant trois ans, l'auteur d'une pièce en trois et en deux actes, deux
ans, et celui d'une en un acte pendant un an seulement. Un auteur
jouira de son entrée aussitôt que sa pièce aura été reçue.

« 20° Ordonnons aux comédiens de laisser jouir les auteurs des
entrées dans toute la salle, excepté aux secondes loges, aux troisièmes
et au parterre, à peine de vingt livres d'amende applicables à la
caisse des amendes ; règlement auquel il ne sera dérogé que dans le
cas où un auteur serait convaincu d'avoir troublé le spectacle par des
cabales ou des critiques injurieuses ; auquel cas déclarons qu'il sera
privé de ses entrées, après la preuve des faits produits devant nous.

« 21° Ces dispositions concernant les auteurs leur seront lues
avant de procéder à la lecture de leurs pièces, afin qu'ils connaissent
la nature des engagemens que la société contracte avec eux et à quel
titre elles peuvent être jouées. »

Sous l'empire de ce règlement plusieurs procès s'élevèrent
entre les auteurs et les comédiens.

En 1774, Louvain de la Saussaye, auteur de *la Journée
Lacédémonienne*, reprocha aux comédiens d'avoir cessé
de jouer sa pièce avant quelle fût tombée dans les règles. Un

procès eut lieu. Le compte fourni par les comédiens, et qui comprenait les dépenses de mise en scène auxquelles l'auteur s'était opposé se terminait par ce singulier résumé : « *partant,* l'auteur, pour son douzième, redoit 101 liv. 8 sous 6 deniers. » Un des chefs de difficultés, qui se reproduisit souvent depuis, portait sur la manière de faire le compte des recettes. Les comédiens prétendaient ne devoir une part aux auteurs que sur la recette faite à la porte, sans faire entrer en compte le produit des loges louées à l'année. L'affaire, évoquée au conseil, n'eut pas de suite.

Tel fut aussi le résultat d'un procès intenté en 1775 à la Comédie par Mercier, le spirituel et bizarre auteur du *Tableau de Paris.* Quoiqu'il eût une première pièce au répertoire, les comédiens refusaient de l'admettre à la lecture d'une autre pièce ; leur motif était qu'un écrit anonyme, qu'ils qualifiaient de libelle contre la Comédie, était attribué à Mercier, sans que celui-ci le désavouât. Henrion de Pansey, si célèbre depuis, et son frère, Henrion de Saint-Amand avocat au conseil, publièrent à cette occasion des mémoires qui ont été recueillis dans les Annales du barreau français (1). Dans ces mémoires, l'autorité des gentilshommes de la chambre est déclinée, et le règlement de 1766 attaqué comme incompétemment rendu.

Les comédiens rencontrèrent, plus tard, dans Beaumarchais, un adversaire bien autrement redoutable.

Le maréchal de Richelieu, accablé de réclamations de la part des auteurs, avait chargé Beaumarchais de lui présenter un travail sur les règlemens anciens et nouveaux, et avait écrit aux comédiens en les engageant à communiquer leurs registres de recettes et dépenses pendant plusieurs années. Les comédiens refusèrent, et ils étaient dans leur droit ; mais à quelque temps de là, et après le succès du *Barbier de Séville,* Beaumarchais ne voulut pas se contenter de recevoir,

(1) Tome VI du *Barreau ancien,* 2ᵉ partie. Henrion de Pansey, né en avril 1742, est mort premier président à la cour de cassation, le 23 avril 1829.

suivant l'usage, sa part d'auteur *en cote mal taillée*. Il se trouvait dans son droit à son tour; il répondit qu'il lui fallait une *cote bien taillée*, et en conséquence il exigea un compte exact, appuyé de pièces justificatives.

L'affaire fit bruit et scandale; Beaumarchais réunit chez lui les auteurs dramatiques, et fut nommé par eux commissaire avec Saurin, Marmontel, et Sedaine. La délibération qui conféra ces pouvoirs fut prise au nom des auteurs dramatiques ayant une ou plusieurs pièces représentées à la Comédie-Française. Elle est à la date du 3 juillet 1777, et est signée de : Rochon de Chabannes, Lemierre, de Laplace, Chamfort, Bret, de Sauvigny, Blin de Saint-Maur, Gudin de la Brenellerie, Dudoyer, Lefèvre, Ducis, Favart, Dorat, Lemonnier, Barthe, Cailhava, Leblanc et Rousseau. Plus de trois années se passèrent en négociations et en querelles, dont on peut lire les détails dans le compte-rendu que Beaumarchais a publié et qui porte le cachet de sa verve satirique et de sa logique pressante. Enfin deux arrêts du conseil furent rendus le 9 décembre 1780. L'un de ces arrêts établit, pour l'administration de la Comédie-Française, un comité permanent composé de six comédiens, deux comédiennes et un secrétaire ayant voix délibérative, tous à la nomination des premiers gentilshommes de la chambre auxquels est conféré le droit de faire les règlemens. L'autre arrêt a pour objet de mettre fin aux contestations entre les auteurs dramatiques et les comédiens. Il avait été précédé de conventions signées par les commissaires et ratifiées le 7 mai 1780 par les auteurs dont les noms suivent : Saurin, Marmontel, Sedaine, Caron de Beaumarchais, Favart, Blin de Saint-Maur, Barthe, Chamfort, Leblanc, Rousseau, Gudin de la Brenellerie, Bret, Ducis, Cailhava, Laharpe, Laplace. Les neuf premiers articles ont pour objet la réception des pièces, la distribution des rôles, la représentation. Les articles plus spécialement relatifs aux droits des auteurs sont ainsi conçus :

« Art. 10. Auront les auteurs droit de donner des billets chaque jour de représentation de leurs pièces, tant qu'ils y prendront part, savoir : à six personnes à l'amphithéâtre pour les pièces en cinq et quatre actes, à quatre personnes pour les pièces en trois actes, et à deux personnes pour celles en un et deux actes, sur lesquelles places l'auteur pourra en désigner une au parquet; l'excédant, si l'auteur en demande sera par lui payé, ainsi que tous les billets de parterre, s'il en demande aussi, mais il ne pourra lui en être délivré plus de vingt, et seulement aux trois premières représentations.

« Art. 11. Sa Majesté a fixé et arrêté à 2300 l. pour les représentations d'hiver et à 1800 l. pour les représentations d'été, les sommes au-dessous desquelles les pièces seront tombées dans les règles et appartiendront à la comédie. Veut et entend Sa Majesté que la totalité de la recette, sans aucune déduction de frais, entre dans le calcul desdites sommes de 2300 l. et de 1800 l., de manière que l'on y comprenne non-seulement la recette de la porte et le produit des loges louées par représentation, mais encore le produit des loges louées à l'année, suivant le prix des baux ramené au produit journalier en le divisant par le nombre des représentations de chaque année, le produit des abonnemens à vie évalué sur le pied de l'intérêt à dix pour cent, et généralement toutes les parties quelconques de la recette entière du spectacle dans quelque forme et sous quelque dénomination qu'elle se fasse ou puisse se faire à l'avenir.

« Art. 12. Sa Majesté a également fixé et réglé les parts d'auteurs à raison de 142 l. 16 s., sur mille livres pour les pièces en cinq ou quatre actes, de 107 l. 2 s. sur mille livres pour les pièces en trois actes, et de 71 l. 8 s. sur mille livres pour les pièces en un ou deux actes. Entend Sa Majesté que lesdites parts soient prises sur la totalité de la recette du spectacle telle quelle est expliquée par le précédent article, sous les déductions du quart des pauvres et de la somme de six cents livres pour les frais ordinaires et journaliers, conformément à l'accord signé par les comédiens le 11 mars dernier, approuvé par les premiers gentilshommes de la chambre de Sa Majesté le 31 du même mois, et signé par les auteurs le 7 mai suivant, duquel accord copie demeurera annexée à la minute du présent arrêt, Sa Majesté l'ayant approuvé et confirmé, l'approuvant et confirmant en ce qui n'est point contraire à la présente fixation des parts d'auteurs. Fait au surplus Sa Majesté très expresses inhibitions et défenses, tant aux auteurs qu'aux comédiens de traiter des pièces à forfait ; Sa Majesté déclarant dès à présent tous pareils traités qui pourront être faits à l'avenir nuls et de nul effet, et voulant qu'il soit loisible, soit aux auteurs, soit aux comédiens, de révoquer les consentemens qu'ils pourraient y avoir donnés, et de s'en tenir aux parts fixées par le présent article.

« Art. 14. Tout auteur pourra faire imprimer sa pièce, sans perdre son rang de représentation, si les comédiens ont passé sans la jouer deux ans à compter de la date de la réception. Dans tout autre cas, les comédiens auront le droit de ne pas jouer la pièce imprimée prématurément.

« Art. 16. Tous les articles des anciens arrêts et réglemens concernant la comédie auxquels il n'est point dérogé par le présent arrêt, auront leur exécution comme par le passé, à l'exception néanmoins des arrêts des 17 mars et 12 mai derniers et des règlemens y annexés que par autre arrêt de ce jour Sa Majesté a révoqués et déclaré comme non avenus. Mande et ordonne Sa Majesté aux premiers gentilshommes de sa chambre, au commissaire général au bureau de la maison du roi ayant le département des menus, ou son représentant, de tenir la main, chacun en droit soi, à l'exécution du présent arrêt que Sa Majesté veut être exécuté suivant sa forme et teneur, nonobstant toutes oppositions ou empêchemens quelconques pour lesquels ne sera différé, et dont, si aucuns interviennent, Sa Majesté s'est réservée à soi et à son conseil la connaissance, icelle interdisant à toutes les cours et autres juges. »

Un arrêt du conseil d'état du 13 mars 1784, contenant règlement général en 19 articles pour l'Académie royale de musique, détermine avec beaucoup de soin, dans son article 14, les droits des auteurs d'ouvrages représentés au théâtre. Nous rapporterons l'article premier de cet arrêt, parce qu'il contient une énumération utile à connaître des différens actes de l'autorité publique, rendus antérieurement au sujet de l'opéra.

Art. 1er. *Confirmation des privilèges de l'Académie royale de musique.*

« Sa Majesté confirme tous les droits, prérogatives et privilèges qu'il lui a plu et aux Rois ses prédécesseurs, d'accorder à l'Académie royale de musique, par les lettres-patentes du 13 août 1672, celles du 1er mars 1689 registrées en la cour du parlement le 30 juin suivant, l'arrêt du conseil d'état du 11 décembre 1728, les lettres-patentes du 27 février 1729, et les arrêts du conseil des 1er juin 1730, 4 avril 1732, avril 1749, 13 mars 1757, 3 juin 1759, 26 juillet 1765; arrêt du conseil du mois de juin 1769; règlement du 6 novembre suivant; ordonnance du 29 mars 1776; les arrêts du conseil d'état des 30 mars 1776, 27 février 1778, 30 avril suivant, 17 mars 1780, 30 janvier de la présente année. Maintient Sa Majesté ladite Académie de musique dans le droit et privilège de l'Opéra proprement dit, dans toute l'étendue du royaume, ainsi que dans le droit et privilège exclusif des concerts de musique vocale et instrumentale, soit français, soit italiens, ou en d'autres langues, de même que des concerts spirituels, et dans les droits et privilèges également exclusifs de l'Opéra-Comique, et des bals payans. »

ART. 14. *Des auteurs des paroles et de la musique.*

« L'encouragement des auteurs étant un des moyens qui peut le plus contribuer à la perfection et à la variété du spectacle, Sa Majesté, par l'art. 11 de son arrêt du 3 janvier dernier, dans la vue d'engager les écrivains d'un talent distingué à se livrer à la composition des poèmes lyriques, a jugé à propos d'établir trois prix: le premier d'une médaille de la valeur de 1500 livres pour la tragédie lyrique qui sera reconnue la meilleure, au jugement des gens de lettres invités, au nom de Sa Majesté, à en faire l'examen; le deuxième d'une médaille de la valeur de 500 livres, pour la tragédie lyrique qui obtiendra le second rang; le troisième d'une médaille de la valeur de 600 livres, pour le meilleur opéra-ballet, pastorale ou comédie lyrique.

« 2° À l'égard des auteurs lyriques qui ne jugeront pas à propos de concourir, leurs ouvrages, conformément à l'art. 13 du règlement du 19 novembre 1714, et à l'art. 39 de l'arrêt du conseil du 27 février 1778, ne seront reçus ni représentés qu'ils n'aient été préalablement remis au comité, qui, après en avoir pris lecture, les enverra, avec son avis par écrit, au secrétaire d'état, pour, après le nouvel examen qu'il jugera à propos d'en faire faire, donner sa décision.

« 3° Le poëme ayant été approuvé, sera admis par un arrêté du comité, et visé par l'inspecteur; l'auteur nommera le compositeur dont il aura fait choix, sinon il y sera pourvu par l'administration, de concert avec lui.

« 4° Lorsqu'un poëme aura été reçu, le poëte jouira de ses entrées, ainsi qu'il sera réglé ci-après. Le musicien en jouira également, lorsque son ouvrage reçu aura été répété en entier.

« 5° Lorsque la musique sera achevée, le compositeur sera tenu, conformément à l'art. 15 du règlement de 1714, et à l'art. 43 de l'arrêt du conseil de 1778, de le faire entendre, et de l'exposer entièrement fini, avec les airs de danse et de ballet, au jugement de l'administration et de connaisseurs invités à cet effet; et les auteurs pourront exiger une répétition sur le théâtre de l'Opéra, ce qui sera exécuté six mois avant que la pièce puisse être représentée, afin que dans le cas où l'ouvrage serait reçu tant pour le poëme que pour la musique, on ait le temps de préparer tout ce qu'il faudra, pour qu'il puisse être mis au théâtre de la manière la plus satisfaisante pour les auteurs et pour le public.

« 6° Les auteurs seront tenus de fournir les partitions de musique en entier, ainsi que les rôles copiés, les parties des chœurs et d'orchestre, et ils seront maîtres de distribuer leurs rôles à leur volonté, sans que les sujets auxquels ils les auront destinés puissent refuser ceux de leur genre, sur quelque prétexte que ce puisse être, sous les peines portées à l'art. 13 du présent règlement. Si l'ouvrage répété est reçu par l'administration pour être exécuté, on remboursera aux auteurs les frais de copie, suivant le prix fixé par l'académie.

« 7° Chacun des auteurs, soit du poëme, soit de la musique d'un ouvrage qui remplira la durée du spectacle, continuera de recevoir, conformément à l'art. 19 de l'arrêt du 30 mars 1776, pour chacune des vingt premières représentations, deux cents livres; pour chacune des dix suivantes, 150 livres; et 100 livres pour chacune des autres, jusques et comprise la quarantième. Veut en outre Sa Majesté que, dans le cas où le nombre des représentations d'un grand ouvrage excéderait, sans interruption et non autrement, celui de quarante, il soit payé à chacun des auteurs, une gratification de 500 livres. A l'égard des ouvrages en un acte, les honoraires seront fixés à 80 livres pour chacune des vingt premières représentations, à 60 livres pour chacune des dix suivantes, et à 50 livres pour chacune des autres qui se feront aussi sans interruption.

« 8° Un ouvrage composé de trois actes séparés ne sera compté que pour un ouvrage entier, conformément à l'art. 38 de l'arrêt du conseil d'état du 27 février 1778; mais si un ouvrage était composé de deux actes nouveaux et d'un troisième ancien, les deux nouveaux seront payés séparément.

« 9° Sa Majesté confirme de nouveau sa décision du 16 avril 1781, par laquelle elle a accordé aux auteurs, pour les grands ouvrages nouveaux qu'ils donneront, à commencer du 1er mai 1781, sans que cela puisse avoir un effet rétroactif pour ceux joués avant ladite décision, une rétribution de 60 livres, toute leur vie durant, à toutes les représentations qui en seront données, passé le nombre fixé par l'art. 7 du présent; 20 livres de même pour ceux en un acte.

« 10 Entend Sa Majesté que l'administration ait la faculté de faire discontinuer les représentations de tout ouvrage dont le succès s'affaiblirait, et enfin toutes les fois qu'elle le jugerait à propos pour le plus grand bien de l'Académie et la satisfaction de public, et en cas de discussion, le comité en rendra compte par écrit à la personne qui représentera le secrétaire d'état, pour qu'elle puisse l'en instruire.

« 11° L'édition du poème appartiendra à l'auteur pour la première mise au théâtre seulement, conformément à l'art. 19 de l'arrêt du 30 mars 1776; à la charge par lui d'en fournir gratis 500 exemplaires en feuilles à l'administration, pour les distributions ordinaires, et de se servir de l'imprimeur de l'Académie, ainsi que des distributeurs ordinaires. L'auteur aura la liberté de fixer le nombre d'exemplaires qu'il voudra faire tirer, de faire remettre lui-même à l'Académie les 500 exemplaires qui lui reviennent, et de mettre, s'il le juge à propos, un timbre ou une signature sur chaque exemplaire.

« 12° Sa Majesté, desirant donner de plus en plus aux gens de lettres et aux compositeurs de musique des marques de la protection qu'elle leur accordera dans tous les temps, confirme l'art. 20 de l'arrêt du 30 mars 1776, et l'art. 38 de celui du 27 février 1778, par lesquels elle a accordé aux auteurs des poèmes et de la musique, qui auront donné trois grands ouvrages dont le succès aura été assez décidé pour les faire rester au théâtre, l'avantage de jouir leur vie durant, d'une pension de mille livres, qui augmentera de cinq cents livres pour chacun des deux ouvrages suivans, et de mille livres pour le sixième.

« 13° Veut en outre Sa Majesté que trois actes séparés, qui auront eu un succès décidé, soient comptés pour un grand ouvrage, relativement à la pension à obtenir après trois grands ouvrages dont le succès aura été assez décidé pour les faire rester au théâtre ; n'entendant néanmoins que cette disposition puisse avoir lieu pour les auteurs, soit des poëmes, soit de la musique, qui n'auraient donné que neuf actes séparés, et Sa Majesté réservant cette grâce pour ceux qui auront donné des ouvrages qui puissent remplir la durée d'un spectacle.

« 14° Les auteurs des pièces données jouiront de leurs entrées, ainsi qu'il en a été usé par le passé. A l'égard des auteurs des pièces à donner, ils jouiront de leurs entrées au parterre et à l'amphithéâtre de l'Opéra : savoir, pour un spectacle entier, pendant trois ans, pour quatre actes pendant cinq ans ; et pour un spectacle entier et deux actes pendant leur vie. Ils ne pourront faire présenter leurs ouvrages par d'autres que par eux, ni avoir plus d'une entrée pendant leur vie. Veut Sa Majesté qu'un auteur convaincu d'avoir fait passer son ouvrage sous le nom d'un autre, pour lui procurer une entrée, soit sur-le-champ privé de la sienne pour toujours, conformément à l'art. 44 de l'arrêt du 27 février 1778 ; comme aussi que les auteurs qui auront donné trois ouvrages entiers avec assez de succès pour qu'ils demeurent au théâtre, jouissent de leurs entrées, non-seulement au parterre et à l'amphithéâtre, mais encore aux loges, balcons et autres endroits de la salle où on paie en entrant. Les auteurs dont on jouera actuellement les pièces, et non les autres, pourront entrer aux foyers des acteurs et sur le théâtre, pour veiller à l'exécution de leur ouvrage. »

Le règlement du 3 janvier 1784 a été modifié en quelques-unes de ses dispositions par un arrêt du conseil du 28 mars 1789, en 19 articles relatifs aux appointemens des acteurs, aux feux, aux congés, aux distributions des rôles, aux représentations d'ouvrages anciens et nouveaux.

CHAPITRE V.

Coup-d'œil sur les législations étrangères, en ce qui concerne les droits d'auteurs.

Plus les communications intellectuelles entre les divers pays civilisés deviennent fréquentes et rapides, plus le besoin, pour chaque nation, de ne pas demeurer étrangère à la législation des autres peuples, devient sensible. Des motifs spéciaux manifestent surtout cette nécessité dans la matière qui nous occupe. Si les ouvrages médiocres végètent et meurent sur le sol où ils sont nés, les productions des esprits supérieurs se naturalisent dans tous les pays, et il est bon que le monde savant et le commerce de la librairie connaissent les lois qui les régissent dans les pays divers. Notre législation française sur les droits d'auteurs, qui s'est assise sur les bases posées en Angleterre, et qui, à son tour, a été empruntée ailleurs, se trouve maintenant d'une date plus ancienne que les lois qui régissent l'Allemagne, les Pays-Bas, la Russie, les États-Unis d'Amérique; et en Angleterre plusieurs lois plus récentes que les nôtres ont modifié le droit ancien. Les travaux législatifs qui se préparent en France sur les droits des auteurs ont besoin d'être éclairés par les résultats de l'expérience universelle; et s'ils négligeaient de s'en aider, ils demeureraient fort imparfaits. L'établissement d'un droit international, vœu de beaucoup d'esprits éclairés, ne peut se réaliser qu'après une comparaison attentive du droit privé de chacun des peuples qui consentiraient à entrer dans une noble alliance intellectuelle pour assurer aux productions de leur littérature la protection d'une garantie réciproque.

On ne peut pas se dissimuler que de sérieux obstacles s'opposeront à cette reconnaissance générale des droits des auteurs. Autant l'alliance est facile entre les nations qui possèdent des richesses intellectuelles et qui, de part et d'autre, ont des sacrifices à faire et des compensations à s'offrir, autant il sera difficile d'obtenir le consentement des états dont la littérature est stérile et qui vivent d'une civilisation empruntée. La France, l'Angleterre, l'Allemagne s'interdiront volontiers de contrefaire les écrivains étrangers, pour obtenir par là une protection à l'étranger en faveur de leurs nationaux. Mais que l'on mette en parallèle, d'une part ce qu'auraient à gagner la littérature et la librairie de la Belgique, de la Suisse, de la Hollande par la consécration d'un privilège pour leurs œuvres nationales, et d'une autre part, les bénéfices auxquels ces pays renonceraient en consentant à respecter les droits des auteurs étrangers; et alors on verra combien des traités de ce genre sont difficiles à établir entre ces pays et les nations productrices; à moins que l'on ne rétablisse l'équilibre par des concessions d'une autre nature et par des sacrifices équivalens. Je sais bien que si les grands pays producteurs voulaient sérieusement fermer leurs marchés aux pays contrefacteurs, on pourrait parvenir à quelques bons résultats; quoique chacun sache avec quelle facilité les prohibitions absolues sont éludées par la contrebande.

Je me borne, quant à présent, à exposer ces difficultés, me réservant de soumettre plus tard cette grave question à un examen approfondi. Quelque parti qu'il soit possible de prendre, la connaissance des législations étrangères demeure indispensable. Cette étude est trop négligée en France; et l'on ne saurait dire combien il y est difficile de recueillir même les textes qui devraient être à la portée de tous les hommes instruits. Je suis loin de me dissimuler combien cette partie de mon ouvrage est défectueuse; mais, quelque imparfait que soit ce chapitre, il aura au moins l'avantage de contenir des documens utiles qui ne se trouvent pas réunis ailleurs. Je recevrai avec reconnaissance les communications qui pourront me mettre ultérieurement à même de le compléter. Le sujet qu'il embrasse mériterait à lui seul un ouvrage spécial, que je serais heureux de provoquer.

§ Ier.

ANGLETERRE.

Le mot de *copy-right*, droit de copie, est employé en Angleterre pour désigner le droit en vertu duquel on reproduit sous une forme matérielle les productions intellectuelles, les compositions de littérature, de sciences, de beaux-arts.

Le statut de la huitième année de la reine Anne, chapitre 9, (1710) est le premier acte législatif rendu sur la matière. Il porte qu'à compter du 10 avril 1710, l'auteur de tout livre déjà imprimé, ou ses cessionnaires, auront pendant 21 ans un droit exclusif de réimpression; que les auteurs d'ouvrages non encore imprimés auront le privilège d'impression et de publication pendant quatorze années; qu'à l'expiration de cette période de quatorze ans, si l'auteur vit encore, une seconde période de quatorze autres années lui appartiendra.

Le même statut prononce la confiscation de la contrefaçon au profit du propriétaire, et une amende d'un *penny* par chaque feuille trouvée en sa possession ou dont il aura disposé. Il prescrit l'enregistrement du privilège sur le registre de la compagnie des libraires et la remise de neuf exemplaires. Il contient aussi des dispositions contre les libraires et imprimeurs qui vendraient ou exposeraient en vente des livres à un prix trop élevé; mais ces dispositions sur la fixation du prix des livres ont été révoquées par un statut de 1739. Ce dernier statut prohibe l'importation des livres qui n'ont été imprimés à l'étranger qu'après avoir été précédemment imprimés en Angleterre.

Les dispositions du statut de la reine Anne sont étendues aux arts du dessin et de la gravure par un statut de la huitième année de Georges II (1735). L'amende contre les délinquans est portée à cinq shellings par exemplaire. Une nomenclature plus complète des travaux de dessin et de gravure, objet du privilège, est donnée par une acte de la septième année de Georges III (1767), lequel étend la durée de ce privilège à vingt-huit ans.

Un acte de la quinzième année de Georges III (1775), confère aux universités un privilège perpétuel sur tous livres à elles légués ou donnés, à la charge toutefois que les ouvrages seront imprimés par les presses de ces établissemens, et à leur profit; sinon la perpétuité du droit exclusif cesse et le privilège se réduit à la durée ordinaire.

Un acte de la vingt-septième année de Georges III (1787), donne pour les dessins d'étoffes, nouvellement inventés, dessinés et imprimés un privilège de deux mois; cet acte qui n'était que temporaire a été rendu perpétuel par un autre statut de la trente-quatrième année du même règne (4 avril 1794); et le privilège a été porté à trois mois.

Immédiatement après l'union avec l'Irlande, un acte de la quarante-et-unième année de Georges III, chapitre 107 (2 juillet 1801), étendit les droits d'auteurs à tout le Royaume-uni; et entre autres modifications, ouvrit une action en dommages et intérêts contre les contrefacteurs, augmenta les amendes, et porta à onze le nombre des exemplaires à déposer.

Un acte fort important sur le droit de copie a été passé la cinquante-quatrième année de Georges III, chap. 155 (29 juillet 1814). Voici la substance de chacune de ses dispositions dont il m'a paru nécessaire d'abréger la traduction pour en rendre la lecture plus facile :

Acte qui en amende plusieurs autres ayant pour objet d'en-
courager les sciences, en assurant aux auteurs, ou à leurs
ayant-cause, les exemplaires et la propriété de leurs livres
imprimés.

L'art. 1ᵉʳ oblige tout imprimeur à déposer, avant publication, onze exemplaires de chaque livre imprimé pour la première fois, ou réimprimé avec des additions; conformément à l'acte de la huitième année de la reine Anne, et à l'acte de la quarante-et-unième année de Georges III.

L'art. 2 oblige tout éditeur à mettre à la disposition de certaines bibliothèques publiques onze exemplaires de tout ouvrage imprimé, sur la demande qui lui en sera adressée dans l'année qui suivra la publication.

Art. 3. Les bibliothèques désignées en l'article précédent n'ont pas droit à demander des exemplaires de la seconde ou autre édition de l'ouvrage qu'elles ont déjà reçue, si cette édition ne contient ni changement, ni addition; et, dans ce cas même, elles ne peuvent demander de nouveaux exemplaires si l'on met à leur disposition un exemplaire des changemens et additions imprimés séparément, mais dans le même format que le reste de l'ouvrage.

L'art. 4 étend la durée pendant laquelle, en vertu des précédens statuts, l'auteur et ses ayant-cause conservaient la propriété exclusive de l'ouvrage imprimé. L'auteur d'un livre et ses ayant-cause ont pendant *vingt-huit* ans, à compter du premier jour de la publication, le droit exclusif de le faire imprimer et réimprimer. Si à l'expiration de ce terme l'auteur vit encore, il conserve ce droit durant tout le reste de sa vie.

Quiconque, dans la Grande-Bretagne et l'Irlande, dans les îles de Man, Jersey ou Guernesey, ou toute autre partie de l'empire Britannique, aura, avant l'expiration du terme ci-dessus, imprimé, réimprimé ou importé un livre sans le consentement écrit de l'auteur ou autre propriétaire du livre; ou, sachant que ce livre a été imprimé, réimprimé ou importé sans ce consentement, aura vendu, publié, mis en vente, ou aura en sa possession dans l'intention de le vendre, ledit ouvrage sans être muni du consentement préalable, pourra être poursuivi par l'auteur ou autre propriétaire du livre. Ceux-ci auront droit aux dommages et intérêts que le jury fixera, et

au double des frais de la procédure. Le délinquant restituera à l'auteur ou autre propriétaire du livre les exemplaires de ce livre et toutes les feuilles en faisant partie, sur le mandement qui lui en sera
fait par l'autorité judiciaire; l'auteur ou autre propriétaire procédera immédiatement à la lacération des feuilles du livre. Enfin le
délinquant paiera une amende de trois deniers (30 centimes) par
chaque feuille du livre imprimé ou s'imprimant, ou publié, ou mis en
vente, en contravention au présent acte.

L'art. 5 oblige l'éditeur d'un livre à faire inscrire, dans un délai
fixé, le titre du livre, le nom et la demeure de l'éditeur, sur le registre
de la chambre des libraires à Londres. Cette inscription sera faite
moyennant deux shellings (2 fr. 50 c.). Toute personne sera admise
à compulser le registre moyennant un shelling, et pourra se faire
délivrer un extrait des inscriptions moyennant encore un shelling
par chaque inscription. L'omission de cette déclaration de la part de
l'éditeur sera punie d'une amende de cinq livres sterling (125 fr.),
sans préjudice des autres poursuites auxquelles il pourra être exposé
à raison du même fait. Cette omission, d'ailleurs, ne préjudiciera
aucunement au droit de l'auteur.

Art. 6. Le secrétaire de la chambre des libraires doit transmettre, tous les trois mois au moins, la liste exacte de tous les livres
inscrits sur le registre de la chambre aux bibliothécaires ayant droit
à un exemplaire desdits livres; et, sur la demande qui lui en sera
faite par lesdits bibliothécaires, réclamer de l'éditeur les exemplaires desdits livres.

L'art. 7 accorde à l'éditeur la faculté de remettre directement
au bibliothécaire, sur son reçu, les exemplaires voulus par la loi.

Art. 8. Si l'auteur d'un livre dont la publication n'a pas encore
quatorze ans de date au 29 juillet 1814 est encore vivant à cette
époque, et vient à décéder avant l'expiration des 14 ans, les héritiers de cet auteur et leurs ayant-cause conserveront le droit exclusif de faire imprimer et publier son livre durant la nouvelle période de *quatorze* ans qui suivra l'expiration des quatorze premières années; sans préjudice, toutefois, du droit acquis aux ayant-
cause de l'auteur de vendre tous les exemplaires par eux imprimés
durant la première période de 14 ans, ou des conventions quelconques conclues entre lesdits auteurs et ayant-cause.

Art. 9. Si l'auteur est ·ncore vivant à l'expiration des *vingt-huit* années écoulées depuis la première publication du livre, il conservera, pour tout le reste de sa vie, le droit exclusif de le faire imprimer et publier; sans préjudice du droit acquis aux ayant-cause dudit auteur de vendre tous les exemplaires par eux imprimés dans les 28 ans, ou des conventions arrêtées entre lesdits auteurs et ayant-cause.

Art. 10. Les actions qui peuvent être intentées pour contravention aux dispositions du présent acte doivent l'être dans les douze mois , à peine de prescription.

La prescription portée à douze mois par cet acte avait été fixée à trois mois par les actes de 1710 et 1735; par ceux de 1767, 1775, 1787, 1798, 1801 à six mois.

Le dépôt de onze exemplaires a été réduit à cinq par acte de la sixième et septième année de Guillaume IV, chap. 110, (20 août 1836); mais, par respect pour les droits acquis, le même acte accorde aux établissemens à l'égard desquels l'obligation du dépôt est supprimée une indemnité payable annuellement sur le fonds consolidé. Dès 1818, une commission d'enquête avait été formée par le parlement pour informer sur les réclamations qui s'élevaient contre la charge énorme du dépôt; mais la puissance des universités retarda long-temps cette réforme.

Un acte de la sixième année de Georges IV, chap. 107 § 52, (5 juillet 1825), contenant règlement général des douanes, prohibe à l'importation, à peine de saisie, les livres primitivement composés, écrits, ou imprimés dans le Royaume-Uni et imprimés ou réimprimés dans un autre pays, qui seraient importés pour la vente. Sont exceptés de cette prohibition les livres non réimprimés dans le Royaume-Uni depuis vingt ans, ou faisant partie de collections dont la majeure partie a été composée ou écrite à l'étranger. Par un ordre de la trésorerie, du 29 juin 1830, l'importation, pour l'usage des particuliers, des livres anglais réimprimés à l'étranger est limitée à un seul exemplaire par personne voyageant avec des bagages.

Un acte de la sixième et septième année de Guillaume IV, (15 août 1836) étend à l'Irlande la protection du droit de copie pour les imprimés et les gravures.

Quelles étaient, avant le statut de la reine Anne, les dispositions de la loi commune? L'auteur avait-il le droit de copie? Le statut de la reine Anne lui a-t-il donné un droit que la loi commune ne lui conférait pas, ou bien a-t-elle au contraire restreint le droit que la loi commune lui conférait?(1)

Ces questions, outre l'intérêt du principe, car elles touchent à la nature même du droit d'auteur, offraient de plus un très grave intérêt matériel, puisqu'on n'allait à rien moins qu'à en pousser les conséquences jusqu'à demander si, après l'expiration des délais fixés par le statut, le droit exclusif de publication ne continuait pas à appartenir à titre de propriété à l'auteur ou aux siens. Dans un premier procès de Thomson contre Collins, la question resta indécise. En 1769, dans l'affaire de Millar contre Taylor, le juge Yates fut d'avis que si un auteur avait une fois publié volontairement ou permis de publier son livre ou sa composition littéraire, toute personne avait ensuite, d'après la loi commune, droit de publier et de vendre cette composition ou ce livre, même contre la volonté de l'auteur. Mais trois juges furent de l'avis opposé, et pensèrent qu'un droit exclusif permanent existait au profit de l'auteur et de ses ayant-cause. La question se présenta de nouveau dans l'affaire de Donaldson contre Becket et autres. Elle fut portée, en 1774, devant la Chambre des lords, par appel d'une décision de la Cour de chancellerie qui avait

(1) Blackstone a écrit quelques pages sur la nature des droits d'auteurs; mais il éclaircit peu la question. Il rapporte d'une part les argumens des partisans d'une propriété exclusive et perpétuelle; d'une autre part ceux des personnes qui pensent qu'après la publication d'un ouvrage, le droit de l'auteur s'évapore et s'évanouit comme étant d'une nature trop subtile, trop immatérielle pour devenir, en loi commune, un sujet de propriété. Puis, sans se prononcer formellement entre ces deux opinions, il expose quel est le droit résultant des statuts. *Commentaire sur les lois anglaises,* chap. xxvi : *du Titre aux choses personnelles par occupation,* § 8.

prononcé en faveur du droit; se fondant sur le précédent établi par la cour du banc du roi dans l'affaire Millar contre Taylor.

Comme cette décision, rendue après des débats solennels, a fixé irrévocablement la jurisprudence, on verra sans doute avec intérêt comment les douze juges du royaume ont résolu en cette circonstance les cinq questions qui leur ont été posées.

Première question. D'après la loi commune, l'auteur de tout livre ou de toute composition littéraire avait-il le droit exclusif d'imprimer le premier et de publier lesdits objets pour les vendre; et pouvait-il intenter une action contre toute personne qui imprimait, publiait et vendait lesdits objets sans son consentement?

Neuf voix ont été pour la solution affirmative; et une pour la négative.

Seconde question. Dans l'hypothèse où l'auteur aurait possédé originairement un tel droit, la loi le lui retirait-elle après qu'il aurait imprimé et publié ce livre ou cette composition littéraire? et toute personne pourrait-elle ensuite réimprimer et vendre à son profit ce livre ou cette composition littéraire, contre la volonté de l'auteur?

Pour la négative six voix, et quatre pour l'affirmative.

Troisième question. Dans l'hypothèse où une telle action aurait existé d'après la loi commune, est-elle retirée par le statut de la huitième année de la reine Anne? Et tout recours est-il, par ledit statut, fermé à un auteur, hors des cas autorisés par cedit statut, et des termes et conditions y énoncés?

Pour l'affirmative six voix, et cinq pour la négative.

Quatrième question. L'auteur de toute composition littéraire et ses ayant-cause avaient-ils le droit exclusif de l'imprimer et de la publier, à perpétuité, d'après la loi commune?

Pour l'affirmative sept voix; quatre voix pour la négative.

Cinquième question. Ce droit est-il, en façon quelconque, entravé, restreint ou retiré par le statut de la huitième année de la reine Anne ?

Pour l'affirmative six voix ; cinq pour la négative.

Le lord chancelier, lord Apsley, appuya la motion faite par lord Camdem d'infirmer la décision de la cour de chancellerie ; ce qui eut lieu en effet.

Outre les privilèges généraux que les statuts établissent, il existe des privilèges spéciaux. C'est ainsi que l'acte du parlement de 1767 accorde à la veuve du célèbre Hogarth un privilège de vingt ans pour les dernières estampes de cet artiste. Une des prétentions de la couronne est qu'en vertu de la prérogative, et des pouvoirs du roi tant comme chef du pouvoir exécutif que comme chef de l'église, le roi et ses imprimeurs ont le privilège des actes du parlement, des proclamations et ordres du conseil, des livres de prières et d'église, et de la Bible : les universités prétendent, de leur côté, devoir entrer en partage de ces privilèg« , au sujet desquels la jurisprudence laisse incertaines de graves difficultés. Jacques Iᵉʳ, dans la treizième année de son règne, avait accordé à la corporation des libraires le privilège des almanachs, et pareille concession avait été faite aux universités d'Oxford et de Cambridge ; mais, dans la quinzième année de Georges III, dans un procès entre Carnan et la compagnie des libraires, le privilège fut déclaré nul, attendu que la couronne n'avait pas eu le pouvoir de le concéder. Les cours de justice ont le privilège de l'impression de leurs procédures ; mais on doute si c'est comme conséquence du droit de copie, ou par mesure de police.

Les droits des auteurs dramatiques ont long-temps été l'objet d'une sérieuse controverse ; et l'on ne paraît pas avoir toujours été d'accord sur la question de savoir si le droit de représentation dramatique était compris dans ceux dont les statuts confèrent le privilège. En chancellerie, on accordait des défenses au profit des auteurs ou propriétaires pour em-

pêcher de représenter, sans leur consentement, leurs pièces
de théâtre imprimées ; mais le contraire avait été jugé par
une cour de la loi commune dans l'affaire de Coleman contre
Dalthein. Le demandeur avait acheté de l'auteur O'Keeffe un
divertissement intitulé *la Surprise agréable*; et il se plaignait que le défendeur l'eût représenté sur son théâtre. Le
défendeur fut renvoyé. Voici l'avis de lord Kenyon, *chief-
justice :* « Le statut pour la protection du droit de copie ne
va que jusqu'à empêcher la publication du livre même par
toute autre personne que l'auteur ou ses légitimes ayant-
cause. C'est ce qui a été jugé par la chambre des lords dans
la grande affaire sur le droit de copie. Mais, dans l'espèce,
il n'y a pas eu de publication. » Voici l'avis du juge Buller :
« Réciter une chose de mémoire ne peut jamais être regardé
comme une publication dans le sens du statut. Le fait pur et
simple d'avoir répété ainsi une pièce représentée ne pouvait
être produit au jury comme preuve que le défendeur s'est
emparé de l'ouvrage. » Cette doctrine avait fini par prévaloir.
Walter-Scott écrivait, le 30 janvier 1810, à miss Joanna Baillie,
auteur d'un drame ayant pour titre *la Légende de famille :* (1) « On meurt d'envie de lire *la Légende.* Si vous
consentez à ce qu'on en imprime une petite édition pour satisfaire à la curiosité du public, je me charge d'en revoir les
épreuves. Mais je ne vous conseille pas d'y consentir, et pour
cause. Tant que *la Légende* n'est pas imprimée, aucun théâtre ne peut la jouer sans votre permission. »

Les doléances des auteurs dramatiques sur ce tort fait à
leurs droits furent enfin entendues. Une enquête eut lieu devant le parlement sur la législation relative à la littérature
dramatique (juillet 1832. — Volume VII, de 1831-1832), et
l'acte suivant fut porté le 10 juin 1833, troisième année de
Guillaume IV. Chap. 15. En voici la substance :

(1) *Revue britannique,* octobre 1837, 4ᵉ série, t. XI, p. 280.

Acte pour amender les lois relatives à la propriété littéraire
des œuvres dramatiques.

« Art. 1ᵉʳ. L'auteur de toute tragédie, comédie, drame, opéra,
farce ou œuvre dramatique quelconque, non encore imprimée et
publiée par lui ou ses ayant-cause, a seul le droit de la représenter ou faire représenter dans le royaume-uni de Grande-Bretagne
et d'Irlande, dans les îles de Man, Jersey et Guernesey, ou toute
autre partie de l'empire Britannique, comme en étant l'unique propriétaire.

« L'auteur de toute œuvre dramatique imprimée et publiée par
l'auteur ou ses ayant-cause, soit dans les dix années antérieures au
présent acte, soit depuis le présent acte, conservera pendant *vingt-
huit* ans, à compter soit de la promulgation de cet acte, soit du jour
de la première publication de l'œuvre, le droit exclusif de la représenter ou faire représenter ; et si l'auteur, ou les auteurs, ou le
survivant des auteurs, sont encore vivans à l'expiration de cette période de 28 ans, le même droit leur appartiendra pour le reste de
leur vie ; le tout sans préjudice des droits que les tiers pourraient
tenir de l'auteur ou de ses ayant-cause par convention antérieure au
présent acte.

« Art. 2. Quiconque, en contravention au présent acte, ou nonobstant le droit de l'auteur ou de ses ayant-cause, aura représenté ou fait
représenter, dans quelque lieu que ce soit de l'empire Britannique, sans
avoir au préalable obtenu le consentement écrit de l'auteur ou autre propriétaire, une œuvre dramatique ou partie de cette œuvre,
sera tenu de payer par chaque représentation une somme de 40 shellings au moins (50 fr.) ; ou le montant total du bénéfice de chaque
représentation, ou celui du dommage encouru à raison de la représentation par la partie plaignante, quelque élevé qu'il puisse être.
Le recouvrement de ces sommes par l'auteur, ou autre propriétaire,
ainsi que celui du double du coût des frais de procédure sera effec-
tué par mandement du tribunal du lieu où la contravention aura été
commise.

« Art. 3. Les actions pour contravention au présent acte doivent
être intentées dans les douze mois à peine de prescription. »

*Acte de l'année 5 et 6 de Guillaume IV, chap. 65, pour empê-
cher que les œuvres oralement émises (lectures) ne soient
publiées sans le consentement des auteurs* (9 septembre 1835).

« Art. 1er. L'auteur d'une œuvre émise oralement, ou la personne
à laquelle il a transmis le manuscrit de cette œuvre, par vente,
ou autrement, afin qu'elle en fît l'émission orale dans une école,
séminaire, institution, ou autre lieu, ou pour toute autre fin, ont
seuls le droit de faire imprimer et publier l'œuvre dont il s'agit.

Quiconque, au moyen de la sténographie *(short hand)* ou de toute
autre écriture, ou de toute autre manière, se sera procuré ou fait une
copie de ces œuvres oralement émises *(lectures)* et les aura publiées
ou fait publier, par la voie de l'impression, de la lithographie, ou autrement, sans le consentement de l'auteur ou de la personne à laquelle
il aura vendu ou autrement transféré son œuvre ; et quiconque, sachant que cette œuvre a été imprimée, ou reproduite, et publiée, sans
ce consentement, aura vendu, publié, ou mis en vente, ou fait vendre,
publier ou mettre en vente cette œuvre, sera passible de la confiscation des exemplaires imprimés ou autres qui en auront été faits, et
d'une amende d'un penny par chaque feuille trouvée en sa possession imprimée, lithographiée ou copiée, ou s'imprimant, se lithogra-
phiant ou se copiant, publiée ou exposée en vente, contrairement
aux dispositions du présent acte. Moitié de cette amende sera attribuée à Sa Majesté, et l'autre moitié au plaignant.

« Art. 2. Sera compris dans les termes du présent acte, et comme
tel passible des peines exprimées, tout imprimeur ou éditeur d'un
journal qui reproduira dans son journal les œuvres dont il s'agit, sans
le consentement exigé par la loi.

« Art. 3. Les personnes autorisées, moyennant paiement d'un salaire ou d'une récompense, à assister à l'audition d'une œuvre *(at
any lecture)* prononcée en quelque lieu que ce soit, ne seront pas
considérées comme ayant le droit et la permission de l'imprimer,
copier et publier.

« Art. 4. Il est entendu, toutefois, que le présent acte n'empêchera
nullement d'imprimer, copier et publier les œuvres oralement émises
qui auront été imprimées et publiées avec le consentement de l'au-

leur ou de ses ayant-cause, et à l'égard desquelles sera expiré le terme durant lequel est réservé le droit exclusif d'impression et de publication par l'acte de la 8e année de la reine Anne et l'acte de la 54e année de Georges III. Le présent acte n'est pas applicable non plus aux œuvres oralement émises qui auraient été imprimées ou publiées antérieurement au présent acte.

« Art. 5. De plus, le présent acte ne s'appliquera nullement à l'impression, copie et publication des œuvres oralement émises, ou de partie d'icelles, de l'émission desquelles l'autorité judiciaire n'aura pas été avertie par écrit conformément à la loi ; il ne s'appliquera pas, non plus, aux œuvres oralement émises dans une université, école, ou collège publics ; ou dans une fondation publique *(public foundation)* ; ou par des personnes qui y seraient obligées en vertu d'une donation *(according to any gift)* ; vente *(endowment)* ; ou fondation. A leur égard la loi existante sera maintenue comme si le présent acte n'avait pas été adopté. »

Parmi les règles que la jurisprudence anglaise a adoptées, il en est une qui mérite une attention particulière. On tient pour principe fondamental que la loi ne confère aucun droit de propriété à l'égard des ouvrages ayant une tendance obscène, immorale, diffamatoire, blessante pour le public, et qu'elle ne les garantit par aucune protection. On cite des cas nombreux dans lesquels, par application de cette règle, toute action en contrefaçon a été refusée à des auteurs de tels ouvrages. Lord Eldon, dans l'affaire de Southey contre Sherwood, fit les observations suivantes : « Il est très vrai que, dans quelques cas, la multiplication des exemplaires d'une publication dangereuse peut résulter du refus fait par la cour d'intervenir pour l'empêcher ; mais à cela je répondrai que siégeant ici comme juge d'une pure question de propriété, je n'ai pas à m'embarrasser de la nature de la propriété, ni de la conduite des parties, si ce n'est en ce qui a trait à leurs intérêts civils. Si la publication est dangereuse, soit de la part de l'auteur, soit de la part du libraire, je ne dois y avoir aucun égard. »

Lord Eldon a déclaré que, par exception à la règle générale, il accorderait des défenses au profit du droit exclusif de
l'auteur dont l'ouvrage aurait un but mauvais, au cas où cet
auteur agirait dans la vue de supprimer son ouvrage.

Trois sortes d'actions sont ouvertes au profit de l'auteur
dont le privilège a été violé :

1° L'action en poursuite à fin de paiement des amendes portées par les statuts.

2° L'action *on the case* à fin de dommages-intérêts. Cette
action est portée devant les cours *of the common-law;* on y
plaide *the general issue,* c'est-à-dire que l'on soumet au
jury la question de savoir si le défendeur doit être déclaré
coupable ou non coupable. Dans ces sortes d'actions, le double des frais est alloué au plaignant, quand il réussit; mais si
ce plaignant se désiste ou succombe, le défendeur obtient le
remboursement de tous les frais.

3° Le recours en chancellerie a pour objet de porter, au
moyen d'une procédure rapide, un secours immédiat au privilège, pour arrêter une violation qui lui causerait un préjudice irrémédiable si l'on suivait les formes lentes de la procédure devant les cours de loi commune.

Le chancelier accorde, à cet effet, des défenses (*injonction*)
au moyen desquelles le défendeur est obligé de cesser le
trouble apporté à la jouissance du demandeur. Dans les cas
douteux et difficiles, le chancelier renvoie les parties devant
les cours de loi commune; mais habituellement, c'est par-
devant lui-même que l'on se pourvoit pour maintenir ou révoquer les défenses. En cas d'appel de sa décision définitive,
l'affaire suit la voie ordinaire, c'est-à-dire est portée devant
la chambre des lords.

§ II.

ÉTATS-UNIS DE L'AMÉRIQUE DU NORD. (1)

LOI DU 3 FÉVRIER 1831, formant le chapitre 16 des statuts de la seconde session du vingt-et-unième congrès des États-Unis, intitulée : *Loi portant des modifications aux différentes lois antérieures sur les droits de copie* (AN ACT TO AMEND THE SEVERAL ACTS RESPECTING COPY-RIGHTS).

« Art. 1ᵉʳ. Le sénat et la chambre des représentans des États-Unis d'Amérique, assemblés en congrès, arrêtent : qu'à partir de l'adoption de cette loi, et à l'avenir, tout individu, citoyen des États-Unis ou y résidant seulement, qui sera auteur d'un écrit, d'une carte terrestre ou maritime, ou d'une œuvre musicale, quelle que soit la date de la composition de ces écrits, cartes ou œuvres musicales, pourvu qu'ils n'aient pas encore été imprimés ou publiés ; ou qui aura inventé, dessiné, gravé à l'eau forte ou autrement, ou fait imprimer, graver ou autrement confectionner, d'après son plan, un tableau ou dessin, une gravure en cuivre ou en acier, de même que les facteurs *(executors)*, administrateurs, ou fondés de pouvoir du même individu, jouira ou jouiront du droit et de la faculté exclusive de faire imprimer, réimprimer, publier et vendre, en tout ou en partie, l'écrit, la carte terrestre ou maritime, la composition musicale, le tableau, la gravure en cuivre, en acier, ou en bois. Ce droit ou cette faculté exclusive lui appartiendra durant l'espace de vingt-huit ans, à partir du jour où il aura fait constater ses droits de la manière qui sera indiquée ci-après.

« Art. 2. Lorsqu'à l'expiration desdits vingt-huit ans, lesdits auteurs, dessinateurs ou graveurs, ou l'un d'eux si plusieurs ont coopéré à la même œuvre, seront encore vivans et citoyens des États-Unis, ou y résidant, ou qu'à leur décès ils auront laissé une veuve ou un ou plusieurs enfans, dont l'un ou tous seront encore vivans,

---

(1) J'ai emprunté cette traduction à la *Revue étrangère* de M. Fœlix, 2ᵉ année, p. 449. M. Fœlix avertit qu'il a dû faire quelques abréviations pour rendre sa traduction plus claire et plus intelligible, mais que le sens n'a été en aucune manière altéré.

le même droit exclusif appartiendra à eux, ou, s'ils sont décédés, à leur veuve et à leurs enfans, pendant un autre laps de quatorze ans, à charge par eux, ou leurs ayant-droit, de faire constater une seconde fois leurs droits à ladite œuvre, et de remplir, en général, à l'effet de ce renouvellement, toutes les conditions prescrites par la présente loi pour acquérir originairement le droit de propriété exclusive ; le tout dans le délai de six mois, à compter de l'expiration de la première période.

« Art. 3. Dans tous les cas où il y aura lieu au renouvellement des droits de propriété, en conformité de la présente loi, l'auteur ou le propriétaire sera tenu de faire publier l'acte qui constate ses droits, par l'insertion dans un ou plusieurs journaux paraissant dans les États-Unis ; cette insertion devra être répétée pendant quatre semaines.

« Art. 4. Pour être admis à jouir du bénéfice de la présente loi, l'auteur ou le propriétaire doit, avant la publication, déposer un exemplaire imprimé du titre de son écrit, de sa carte terrestre ou maritime, de sa composition musicale, de son dessin ou de sa gravure, au greffe de la cour du district de son domicile. Il est ordonné et enjoint au greffier de donner immédiatement acte de ce dépôt, et d'en faire mention dans un registre tenu à cet effet (*Ici la loi contient la formule de l'acte*). Le greffier est autorisé à réclamer pour la rédaction de cet acte, un droit de cinquante cents (1), et autant pour chaque copie certifiée du même acte, délivrée au requérant ou à son mandataire. L'auteur ou le propriétaire devra, en outre, dans les trois mois de la publication de l'écrit, etc..., en remettre, ou faire remettre un exemplaire au même greffier. Ce dernier rédigera, au moins une fois par an, un tableau certifié de tous les actes relatifs au droit de propriété littéraire, énonçant les dates de ces actes et les titres des écrits, etc...; il transmettra ce tableau, ainsi que les différens objets dont il aura reçu le dépôt, au secrétaire d'état, qui est chargé de conserver l'un et les autres dans ses archives.

« Art. 5. Tout individu qui prétendra au bénéfice de la présente loi, est obligé de porter à la connaissance du public son droit de propriété ainsi garanti, par une mention faite sur tous les exemplaires des édi-

_____

(1) 100 cents font 1 dollar qui équivaut à 5 fr. 56.

ions publiées pendant la durée de son privilège. Cette mention sera ainsi conçue : *Enregistré en vertu de l'acte du congrès, par un tel, le.., au greffe de la cour du district*; elle devra être imprimée sur le titre du livre ou sur la première feuille qui suivra le titre, en tête de chaque carte ou composition musicale, ou sur le titre ou le frontispice d'un volume de cartes, etc.

« Art. 6. Après que le droit de propriété d'un écrit aura été constaté de la manière prescrite par cette loi, et dans les délais qu'elle détermine, toute tierce personne qui, sans le consentement de l'auteur ou propriétaire (lequel consentement devra être donné par écrit et en présence de deux ou plusieurs témoins dignes de foi), aura imprimé, vendu ou contrefait ledit écrit, l'aura fait imprimer, vendre ou contrefaire, ou qui, sachant que cet écrit a été imprimé ou contrefait de ladite manière, aura publié, vendu ou mis en vente, ou fait publier, vendre ou mettre en vente, un exemplaire de ladite impression ou contrefaçon, sera tenue de remettre tous les exemplaires dudit écrit à la personne qui, à cette époque, en aura acquis la propriété légitime; elle sera en même temps condamnée, pour chaque feuille d'impression contrefaite qui se trouvera en sa possession contrairement à l'intention de cette loi, qu'elle fût déjà publiée, importée de l'étranger ou exposée en vente, ou qu'elle fût seulement imprimée, ou même encore sous presse, à une amende de 50 cents, dont la moitié appartiendra au propriétaire légitime, l'autre moitié à la caisse publique des États-Unis. Le paiement de cette amende pourra être poursuivi par devant toute cour de justice par une demande formée comme pour dette.

« Art. 7. (Cet article rend les dispositions de l'art. 6 communes à la contrefaçon de tout autre ouvrage imprimé, de gravure en cuivre, acier ou bois, de cartes terrestres ou maritimes, ou d'une composition musicale. Il répute contrefaçon, non pas seulement la réimpression totale, mais aussi toute modification, augmentation ou diminution du plan principal de l'ouvrage, faite dans l'intention d'éluder la loi. Non-seulement les exemplaires contrefaits, mais aussi les planches qui auront servi, seront confisqués au profit du propriétaire de l'ouvrage. L'amende par chaque feuille qui se trouvera en la possession du contrefacteur sera d'un dollar, et elle sera également partagée par moitié.)

16.

« Art. 8. Cette loi ne pourra point être interprétée de manière à faire défense d'importer de l'étranger, de vendre, d'imprimer ou de publier une carte terrestre ou maritime, un écrit, une composition musicale, un imprimé, une gravure, ou, en général, un ouvrage dont l'auteur n'est ni citoyen des États-Unis, ni sujet à leur juridiction par son domicile.

« Art. 9. De même, tout individu qui aura imprimé ou publié un manuscrit quelconque, sans le consentement de l'auteur ou du propriétaire légitime (supposé toujours que l'auteur soit citoyen des États-Unis, ou y soit domicilié), sera responsable envers l'auteur ou le propriétaire, de tous dommages qu'il lui aurait causés par son fait illicite. Les dommages-intérêts pourront être exigés par une demande formée à cette fin, en vertu de la présente loi, devant tout tribunal compétent. Les différentes cours de justice des États-Unis, auxquelles appartient le pouvoir de garantir les droits des auteurs et inventeurs, sont autorisées, par la présente loi, à prendre, d'après les principes d'équité, les mesures convenables pour empêcher toute publication de ce genre.

« Art. 10. (Cet article accorde à celui qui sera poursuivi en vertu de la présente loi, le droit, non-seulement de se défendre en général contre la demande, mais aussi de rapporter la preuve contraire de tous les faits spéciaux.)

« Art. 11. A l'avenir, tout individu qui aura imprimé ou publié un livre, une carte, etc., sans en avoir légalement obtenu la propriété, et qui entreprendra de faire publier ou imprimer, quelque part que ce soit, que ledit droit de propriété a été enregistré en sa faveur conformément à la loi, sera condamné, à raison de ce mensonge, à une amende de 100 dollars, dont la moitié appartiendra à celui qui le poursuivra à cette fin, et l'autre à la caisse publique des États-Unis. Le paiement de cette amende sera poursuivi par une action comme pour dette.

« Art. 12. Dans toutes les actions résultant de la présente loi, et tendant à la condamnation aux dommages-intérêts, à la remise d'objets ou à des amendes, la restitution de tous les frais pourra être exigée en outre, nonobstant les dispositions contraires qui seraient contenues dans les lois antérieures.

« Art. 13. Toute action ou poursuite judiciaire, résultant de la présente loi, sera prescrite dans les deux ans à partir du jour où le fait qui y a donné lieu aura été commis.

« Art. 14. Sont abrogées, par la présente loi, les dispositions de celle du 31 mai 1790, rendue pour l'encouragement des sciences, et qui accorde aux auteurs et propriétaires de cartes terrestres ou maritimes, ainsi que d'écrits, la propriété légitime durant le temps qui y est énoncé; sont de même abrogées les dispositions de la loi additionnelle du 29 avril 1802; sont néanmoins réservés tous les droits acquis en vertu desdites lois.

« Art. 15. Au surplus, toutes les dispositions de la présente loi, relatives, soit à la garantie et à la sûreté des droits de propriété et des actions qui en résultent, soit aux peines et confiscations en cas de contravention, sont applicables aux droits de propriété acquis par l'auteur ou le propriétaire légitime antérieurement à la présente loi, pour le temps pendant lequel ces droits leur sont assurés, comme si lesdits droits de propriété avaient été constatés et assurés après l'adoption de la présente loi.

« Art. 16. En outre, tout auteur, inventeur, dessinateur, graveur ou propriétaire d'un écrit, d'une carte terrestre ou maritime, d'un imprimé, d'une gravure en cuivre, en acier ou en bois, qui en aura acquis le droit de propriété avant l'adoption de la présente loi, s'il est encore vivant, ou s'ils ont été plusieurs le survivant d'entre eux, jouira du droit exclusif de propriété de son écrit..., avec tous les avantages accordés par la présente loi pour la garantie du droit de propriété littéraire, pendant le temps qui restera à courir pour compléter une période de 28 ans, à compter du jour de la première constatation de son droit de propriété littéraire. Comme aussi, à l'expiration de cette période, lui-même ou sa veuve et ses enfans auront la faculté de faire renouveler ce droit de propriété, de la même manière que ce renouvellement peut avoir lieu à l'égard de droits de propriété constatés sous l'empire de la présente loi, et en vertu de ses dispositions. Dans le cas où lesdits auteurs seraient déjà décédés au moment de l'adoption de la présente loi, les droits qui leur appartiendraient aux termes de cette loi, s'ils étaient encore vivans, passent à leurs héritiers, ayant-droit ou administrateurs, pour la période de 28 ans, à compter du jour de la première constatation de leurs droits, et avec la même faculté de les faire renouveler au profit des veuves et enfans. Néanmoins, les dispositions du présent article ne pourront être

étendues à des droits de propriété à l'égard desquels le délai accordé par l'ancienne loi se trouvera déjà expiré au moment de l'a-
doption de la présente. »

LOI DU 30 JUIN 1834, formant le chapitre 157 de la première session du vingt-troisième congrès des États-Unis, intitulée : *Loi additionnelle sur le droit de copie* (AN ACT SUP-
PLEMENTARY TO THE ACTE TO AMEND THE SEVERAL ACTS RES-
PECTING COPY-RIGHTS).

« Art. 1ᵉʳ. Le sénat et la chambre des représentans des États-Unis
d'Amérique, assemblés en congrès, arrêtent : que tout acte, tout contrat, ayant pour objet le transport ou la cession de droits de propriété
littéraire seront prouvés et reconnus dans les formes prescrites pour
les aliénations d'immeubles par les lois de l'état ou du district dans
lequel le droit originaire de propriété aura été constaté. Tous actes
ou contrats de cette espèce, qui seront passés à l'avenir sans que les
formalités ainsi requises aient été remplies dans les six jours de leur
rédaction, seront regardés comme frauduleux et nuls, à l'égard de
tout acquéreur postérieur ou créancier sur gage à titre onéreux.

« Art. 2. Le greffier de la cour du district sera autorisé à percevoir, à raison desdits actes, les mêmes droits qui lui sont accordés
pour d'autres cessions et transports, par les lois des États-Unis.

---

§ III.

PAYS-BAS; HOLLANDE ET BELGIQUE.

L'ancienne législation hollandaise accordait des privilèges
temporaires, et ne reconnaissait qu'à l'auteur ou à ses cessionnaires le droit de les obtenir : on peut consulter à ce
sujet une décision des états de Hollande et de Westfrise du
28 juin 1715; les privilèges étaient de cinq, dix, quinze et
vingt ans, rarement plus longs; les renouvellemens de privilèges n'étaient octroyés qu'avec beaucoup de peine. La plupart des privilèges étaient délivrés par les États provinciaux,
et ne s'étendaient pas alors au-delà de la province; quelques-
uns étaient concédés par les États-Généraux. Les contrefac-

teurs étaient punis par la confiscation de leur édition et par une amende. Les privilèges s'accordaient sans examen préalable des manuscrits; mais ils étaient supprimés lorsqu'ils avaient été surpris sans droit, ou lorsque les ouvrages étaient reconnus dangereux; c'est ainsi que le privilège de quinze ans accordés à Néaulme pour l'*Emile* de Rousseau, le 10 mars 1762 fut annulé le 30 juillet suivant.

Il n'était pas permis de demander des privilèges pour les livres de piété et les livres de classes; mais les livres de piété avaient besoin d'approbation.

Le 8 décembre 1796, une loi, applicable à la seule province de Hollande, abolit les privilèges pour l'impression et la publication des livres et reconnut le droit absolu de propriété, même en faveur des héritiers des libraires acquéreurs du droit de copie. Une loi du 3 juin 1803, rendue pour toute la république Batave, conserva le même droit de propriété perpétuelle.

Lorsque la Hollande fut réunie à l'Empire français, elle se trouva, par l'effet de cette réunion, soumise aux dispositions de la législation française.

Le 24 janvier 1814, les lois et décrets de France sur l'imprimerie, la librairie et les journaux furent abolis pour la Hollande, et le droit de propriété perpétuelle fut de nouveau proclamé comme il l'avait été en 1803.

Il en fut autrement pour la Belgique. Un arrêté rendu pour cette partie du royaume des Pays-Bas le 23 septembre de la même année 1814, y abrogea toutes les lois émanées du gouvernement français sur l'imprimerie et la librairie, et régla les droits d'auteurs et les contrefaçons par les dispositions suivantes, essentiellement différentes de celles qui, à la même époque, étaient établies pour la Hollande.

« Art. 5. Tout auteur d'un ouvrage original a le droit exclusif de le faire imprimer et débiter dans le gouvernement de la Belgique pendant sa vie; sa veuve et ses héritiers conservent le même droit pendant la leur.

« Art. 6. Dans le cas de la publication d'un ouvrage posthume, la propriété appartient à la veuve et aux héritiers de l'auteur, et ils en jouissent pendant leur vie.

« Art. 7. Si le manuscrit d'un auteur se trouve dans les mains d'une personne étrangère à sa famille, il ne pourra être publié ni pendant sa vie, ni pendant celle de leurs héritiers, sans leur consentement ; et le droit reconnu par l'art. 5 devra être respecté.

« Art. 8. Après l'extinction de la première génération des héritiers d'un auteur, tout droit de propriété vient à cesser, et tout ouvrage rentre dans la classe de ceux dont il sera parlé en l'article 13.

« Art. 9. Il est défendu expressément de réimprimer ou de débiter, et, au cas où la réimpression aurait eu lieu en pays étranger, d'introduire, répandre, ou vendre, dans le gouvernement de la Belgique, tout ouvrage original sur lequel l'auteur peut exercer le droit de propriété en vertu de l'art. 5 , sous peine de confiscation de tous les exemplaires non débités de la contrefaçon, et, de plus, d'une amende de la valeur de 300 exemplaires de l'ouvrage, à fixer d'après le prix de la vente ; lesdites confiscations et amendes sont au profit de celui qui a le droit de propriété ; néanmoins celui qui n'aura introduit dans la Belgique qu'un seul exemplaire pour son usage, ne sera pas passible de l'amende, mais seulement de la confiscation.

« Art. 10. La propriété de tout ouvrage original, imprimé antérieurement à la publication du présent arrêté, est garantie à son auteur conformément à l'article 5.

« Art. 11. La traduction d'un ouvrage ne donne droit à son auteur que sur l'édition qu'il publie ; dans ce cas, le droit de propriété ne doit s'exercer que sur les notes ou commentaires joints à la traduction.

« Art. 12. Il est défendu, sous les peines portées en l'article 9, de publier la traduction d'un ouvrage sur lequel l'auteur ou ses héritiers exercent encore leur droit de propriété, à moins qu'ils n'en donnent leur consentement par écrit, ou que l'ouvrage traduit ne soit parvenu à la seconde édition.

« Art. 13. Sont exceptés des présentes dispositions, la Bible, les livres d'église ou d'école, les auteurs classiques, les ouvrages de sciences ou de littérature étrangères, les almanachs ; et, en un mot, tous les ouvrages sur lesquels aucun habitant de ce gouvernement ne peut réclamer un droit de propriété, soit parce qu'ils sont de toutes les nations, soit parce que le terme fixé en l'article 5 s'est écoulé.

La présente exception ne porte que sur le texte ; et le droit de propriété peut toujours s'exercer sur les notes ou augmentations que l'éditeur pourrait ajouter.

Le 25 janvier 1817, une loi générale fut portée pour tout le royaume des Pays-Bas, et fit prévaloir le système belge de propriété temporaire, sur le système hollandais de propriété perpétuelle.

« Ayant pris en considération qu'il importe d'établir, d'une manière uniforme, les droits qui peuvent être exercés dans notre royaume, relativement à l'impression et à la publication d'ouvrages littéraires et de productions des arts ;

« A ces causes, notre conseil d'état entendu, et de commun accord avec les Etats-Généraux, avons statué comme nous statuons par les présentes :

« Art. 1er. Le droit de copie ou le droit de copier au moyen de l'impression est, pour ce qui concerne les ouvrages originaux, soit productions littéraires ou productions des arts, soumis au droit exclusivement réservé à leurs auteurs et à leurs ayant-cause, de rendre publics par la voie de l'impression, de vendre, ou de faire vendre ces ouvrages, en tout ou en partie, par abrégé ou sur une échelle réduite, en une ou plusieurs langues, ornés ou non ornés de gravures et autres accessoires de l'art.

« Art. 2. Le droit de copie, quant aux traductions d'ouvrages littéraires originairement publiés en pays étrangers, est un droit exclusif qu'ont les traducteurs et leur ayant-cause, de publier, par la voie de l'impression, vendre ou faire vendre leurs traductions des ouvrages littéraires sus-mentionnés.

« Art. 3. Le droit de copie décrit aux articles précédens ne pourra durer que 20 ans après le décès de l'auteur ou du traducteur.

« Art. 4. Toute infraction du droit de copie précité, soit par une première publication d'un ouvrage encore inédit de littérature ou d'art, soit par la réimpression d'un ouvrage déjà publié, sera réputée contrefaçon, et punie comme telle de la confiscation, au profit du propriétaire du manuscrit ou de l'édition primitive, de tous les exemplaires non vendus de la contrefaçon qui seront trouvés dans le royaume, ainsi que du paiement à faire entre les mains du même propriétaire de la valeur de 2000 exemplaires, calculée suivant le prix de commission de l'édition légale, et ce, indépendamment d'une amende qui ne pourra excéder la somme de 1000 florins, ni être moindre de 100 florins, au profit de la caisse générale des pauvres dans le domicile du contrefacteur ; et pourra en outre le contrefacteur, en cas de récidive, et eu égard à la gravité des circonstances, être déclaré inhabile à exercer à l'avenir l'état d'imprimeur, de libraire, ou de marchand d'ouvrages d'art, le tout sans préjudice des dispositions et des peines contre la falsification, statuées ou à statuer par les lois générales.

Sont défendues sous les mêmes peines, l'importation, la distribution ou la vente de toutes contrefaçons étrangères d'ouvrages originaux de littérature ou d'art, ou de traductions d'ouvrages dont on a acquis, dans ce royaume, le droit de copie.

« Art. 5. Dans les dispositions des articles précédens ne sont pas comprises les éditions complètes ou partielles des œuvres des auteurs classiques de l'antiquité, du moins pour ce qui en concerne le texte, non plus que les éditions des Bible, ancien ou nouveau testamens, catéchismes, psautiers, livres de prières, livres scolastiques, et généralement de tous les calendriers et almanachs ordinaires, sans cependant que cette exception puisse apporter aucun changement aux priviléges ou octrois déjà accordés pour les objets mentionnés au présent article, et dont le terme n'est pas encore expiré.

Il est libre, au surplus, de faire connaître au public, dans les journaux et ouvrages périodiques, au moyen d'extraits et de critiques, la nature et le mérite des productions littéraires ou autres qui sont mises au jour par la voie de l'impression.

« Art. 6. Pour pouvoir réclamer le droit de copie, dont il est fait mention aux art. 1 et 2, tout ouvrage de littérature ou d'art qui sera publié dans les Pays-Bas, après la promulgation de la présente loi, devra, à chaque édition qui en sera faite, et soit qu'il s'agisse d'une impression primitive ou d'une réimpression, remplir les conditions suivantes, savoir :

1° Que l'ouvrage soit imprimé dans une des imprimeries du royaume ;

2° Que l'éditeur soit habitant des Pays-Bas, et que son nom seul, ou réuni à celui du co-éditeur étranger, soit imprimé sur la page du titre, ou, à défaut de titre, à l'endroit de l'ouvrage le plus convenable, avec indication du lieu de son domicile, ainsi que de l'époque de la publication de l'ouvrage;

3° A chaque édition qui sera faite d'un ouvrage, l'éditeur en remettra à l'administration communale de son domicile, à l'époque de la publication ou avant, trois exemplaires, dont l'un portera sur le titre, et à défaut de titre à la première page, la signature de l'éditeur, la date de la remise, et une déclaration écrite, datée et signée par un imprimeur habitant les Pays-Bas, certifiant, avec désignation du lieu, que l'ouvrage est sorti de ses presses.

L'administration communale en donnera récépissé à l'éditeur, et fera sur-le-champ parvenir le tout au département de l'intérieur.

« Art. 7. Les dispositions de la présente loi sont applicables à toutes les nouvelles éditions ou réimpressions d'ouvrages de littérature ou d'art déjà publiés, lesquelles paraîtront après sa promulgation.

« Art. 8. Toutes les actions qui pourraient résulter de la présente loi sont de la compétence des tribunaux ordinaires. »

---

§ IV.

ALLEMAGNE.

L'Allemagne s'est beaucoup occupée des contrefaçons et des droits d'auteurs. Tout concourait pour attirer fortement son attention sur ces questions. La haute culture intellectuelle de ce pays, l'unité de sa langue et de sa littérature, la diversité des législations par lesquelles sont régis les états dont il se compose, ont dû, naturellement, faire employer beaucoup d'efforts, non-seulement à améliorer et à agrandir la condition des auteurs, mais aussi à placer leurs titres et leurs garanties au dessus des règles de droit civil et à les élever jusqu'au droit des gens, afin qu'ils ne demeurassent point enfermés dans les limites trop étroites des législations particulières. Presque tout est fait pour l'intérieur de la France, lorsqu'on a pourvu aux besoins de la littérature parisienne; en Allemagne, où les centres littéraires et scientifiques sont nombreux, où ils appartiennent à des états divers, à-la-fois unis et séparés, qui, placés tous dans une même sphère,

vivent par le perpétuel commerce des idées qu'ils s'empruntent
journellement, presque rien n'est fait tant qu'on ne s'est isolé-
ment occupé que des intérêts autrichiens, ou prussiens, ou
saxons, ou badois.

L'acte fédéral signé à Vienne, le 8 juin 1815, voulut, en
compensation des entraves apportées à la liberté de la presse,
donner à la littérature des garanties. L'art. 18 est ainsi conçu :
« La diète s'occupera, lors de sa première réunion, d'une
« législation uniforme sur la liberté de la presse, et des me-
« sures à prendre pour y garantir les auteurs et éditeurs
« contre la contrefaçon de leurs ouvrages. » L'art. 65 de la
loi fédérale de 1820 répète la même disposition : « La diète
« continuera à s'occuper des objets qui, par les stipulations
« des art. 16, 18 et 19 de l'acte fédéral, sont soumis à sa dé-
« libération, afin de parvenir, d'un commun accord, à des
« règlemens aussi uniformes que les admettra la nature de
« ces objets. »

Dès le 22 juin 1818 une commission avait été nommée dans
le sein de la diète pour préparer un travail sur cet objet : elle
a fait, le 11 février 1819, un rapport qui a été communiqué
aux différens gouvernemens.

Le 6 septembre 1832 la diète a pris l'arrêté suivant : « Con-
« formément à l'art. 18 de l'acte de la confédération germa-
« nique, et afin de garantir les droits des auteurs, éditeurs
« et libraires, de la contrefaçon des œuvres de librairie et
« autres objets d'art faisant la matière du commerce, les
« princes souverains et les villes libres d'Allemagne sont
« convenues d'établir, comme principe fondamental, qu'à
« l'avenir, dans toute l'étendue de la confédération, relative-
« ment à l'application des dispositions législatives et aux
« mesures à prendre à l'égard de la contrefaçon, toute dis-
« tinction entre les propres sujets d'un état confédéré et ceux
« des autres états faisant partie de la confédération sera ré-
« ciproquement abolie ; de manière que les éditeurs, libraires
« et auteurs d'un état jouiront, dans chacun des autres états

« confédérés, de la protection que la législation de ce dernier
« état aura établie à l'égard de la contrefaçon. Les très-hauts
« et hauts gouvernemens prendront les dispositions néces-
« saires pour l'exécution du présent arrêté; ils donneront
« connaissance à la diète, dans le délai de deux mois, tant
« desdites dispositions que des lois et règlemens qui existent
« à l'égard de la contrefaçon. »

Le 2 avril 1835, la diète déclara que les gouvernemens
confédérés avaient l'intention de défendre la contrefaçon
dans toute l'étendue de la confédération, d'établir et de garantir la propriété littéraire d'après des principes uniformes.

Enfin, le 9 novembre 1837, la loi fédérale, depuis si long-
tems annoncée, fut rendue. Je donnerai le texte des deux
résolutions prises à cet effet par la diète, après avoir exposé
la législation particulière des divers états allemands.

Mais, avant de rapporter ces documens législatifs, il est nécessaire que je m'arrête pour faire connaître les idées émises
sur cette matière par un de ces génies supérieurs dont les méditations appartiennent à l'humanité tout entière, et dont les
moindres travaux doivent être recueillis et étudiés avec respect. Kant a traité ce sujet : voici l'analyse de sa dissertation (1).

Kant renferme toute son argumention dans deux syllogismes; le premier, destiné à prouver le droit de l'éditeur;
le second, à réfuter les prétentions du contrefacteur.

Premier syllogisme.

« Celui qui gère l'affaire d'autrui au nom du propriétaire et

---

(1) La traduction de cette dissertation m'a été communiquée par M. Fœlix, auquel je dois également la plupart des traductions citées dans la suite de
ce chapitre, et les éclaircissemens que je donnerai sur la force exécutoire des
arrêts de la diète germanique. M. Fœlix, dont le zèle persévérant pour les
progrès de la science et pour la connaissance des législations comparées est ap-
précié de tous les jurisconsultes, a beaucoup contribué, par ses publications
dans les *Annales de législation*, et surtout dans la *Revue étrangère et française
de législation*, à faire connaître en France les lois de l'Allemagne sur les droits
d'auteurs et celles de plusieurs autres pays.

cependant contre la volonté de celui-ci, est tenu, envers lui
ou envers son fondé de pouvoirs, à leur céder et abandonner
tout le gain qu'il a retiré de cette affaire, et à les indemniser
de toute perte qui peut résulter pour eux de sa gestion.

« Or le contrefacteur gère précisément l'affaire d'autrui, de
l'auteur, au nom du propriétaire et contre sa volonté.

« Donc il est tenu envers lui, ou envers son fondé de pouvoirs, l'éditeur, à la cession du gain et à l'indemnité de la
perte. »

Nous ne nous arrêterons qu'aux développemens par lesquels
Kant appuie la mineure de ce syllogisme. Il en divise ainsi
la discussion : 1° soit le contrefacteur, soit l'éditeur, gèrent
l'affaire de l'auteur ; 2° le contrefacteur gère l'affaire contre la
volonté de l'auteur.

1° *L'éditeur, contrefacteur ou non, gère l'affaire de
l'auteur.* Pour établir cette proposition, Kant se demande
d'abord quelle idée on doit se faire d'un livre, ou d'un écrit
en général, comme étant le travail de l'auteur ; puis, ce qu'est
un éditeur, qu'il ait des pouvoirs ou non.

« Un livre n'est pas, pour l'auteur, une marchandise, un
objet de commerce ; c'est un usage de ses forces (*opera*)
qu'il peut concéder à d'autres, mais qu'il ne peut jamais
aliéner. Tout livre est un écrit de l'auteur, par lequel celui-ci
parle au lecteur. Celui qui a imprimé cet écrit parle à la vérité aussi au public par les exemplaires ; mais il ne parle point
pour soi, il parle au nom de l'auteur, il le présente publiquement comme parlant, il est l'intermédiaire entre l'auteur et le
public pour transmettre au public les paroles de l'auteur.
Tout exemplaire de ces paroles, manuscrit ou imprimé, est
un objet susceptible de propriété privée ; le propriétaire peut
s'en servir à son propre usage ; il peut en faire le commerce
en son nom. Mais faire parler quelqu'un publiquement, mais
porter ses paroles, comme telles, à la connaissance du public, c'est parler au nom de l'auteur, c'est dire au public : « par mon intermédiaire l'auteur vous fait part litté-

« ralement de telle ou telle chose ; moi, je ne réponds de rien,
« pas même de la liberté que prend l'auteur de parler pu-
« bliquement par mon organe, je ne suis que l'intermédiaire
« entre lui et vous, chargé de vous transmettre sa parole. »
Sans nul doute, l'éditeur, en agissant de telle sorte, ne fait
que gérer une affaire d'autrui : on ne pourrait regarder
l'affaire comme étant la sienne propre. A la vérité l'éditeur
fournit en son propre nom l'instrument muet par lequel s'o-
père la transmission des paroles de l'auteur au public, in-
trument qui n'est pas une *chose*, qui est un usage des facultés
de l'auteur, *opera*, c'est-à-dire des *paroles littérales ;* mais il
est de toute évidence que c'est au nom de l'auteur que l'éditeur
porte, par la voie de l'impression, ces paroles à la connaissance du public ; ce n'est qu'au nom de l'auteur qu'il se présente comme étant celui par lequel l'auteur parle au public.

« *2° Le contrefacteur gère l'affaire contre la volonté de
l'auteur.* En effet, il n'est contrefacteur que parce qu'il empiète sur les pouvoirs de celui que l'auteur a chargé d'être
l'éditeur de son écrit : et il s'agit de savoir si l'auteur a le
droit d'accorder à un tiers les mêmes pouvoirs qu'il a déjà
conférés à un éditeur, ou de consentir à ce qu'un tiers exerce
ces mêmes droits. Or il est évident que, comme chacun de
ces deux individus, savoir : l'éditeur primitif et le contrefacteur qui s'arroge le droit d'être l'éditeur, gérerait l'affaire
de l'auteur avec le même public, la gestion de l'un rendrait
inutile celle de l'autre et lui serait préjudiciable. Ainsi on
doit regarder comme impossible que l'auteur soit admis à
ajouter à la convention avec l'éditeur une clause par laquelle
il se réserverait la faculté d'accorder encore à d'autres la permission d'être éditeur du même écrit. D'où il suit ultérieurement que l'auteur n'a pu donner cette permission à un tiers,
au contrefacteur, et que ce dernier n'a même pu présumer
le consentement de l'auteur. De tout quoi il résulte que la
contrefaçon est la gestion d'une affaire d'autrui, faite au nom
du propriétaire, mais contrairement à sa volonté légale.

« Il suit également de cet argument que ce n'est pas l'auteur, mais son éditeur-mandataire, qui se trouve lésé par la
contrefaçon; car, l'auteur ayant abandonné à l'éditeur la
gestion de son affaire avec le public, entièrement et sans réserve d'en disposer ultérieurement, l'éditeur est seul propriétaire de cette gestion, et le contrefacteur préjudicie aux droits
de l'éditeur, non à ceux de l'auteur.

« Toutefois, comme ce droit de gestion des affaires de
l'auteur peut également être exercé par un tiers qui y mettrait
l'exactitude nécessaire, et qu'il n'est pas inaliénable par la
nature des choses, *jus personalissimum,* mais seulement en
tant que telle serait la convention des parties, l'éditeur est
autorisé à céder son droit à un tiers, parce qu'il est propriétaire de la procuration. L'auteur ne peut refuser son consentement à cette cession, et le cessionnaire ne saurait être qua-
lifié de contrefacteur : il est un éditeur muni d'un pouvoir
légal, comme étant entré aux droits de l'éditeur primitif
constitué par l'auteur. »

Second syllogisme.

« La propriété d'une chose ne peut jamais, par elle seule,
emporter un droit personnel affirmatif sur un tiers.

« Le droit d'être l'éditeur d'un écrit est un droit personnel
affirmatif.

« Donc ce droit ne saurait résulter de la seule propriété de
l'exemplaire, qui est la propriété d'une chose. »

Majeure. « Une conséquence nécessaire de la propriété
d'une chose, c'est le droit négatif du propriétaire de s'opposer
à toutes entreprises de tiers qui tendent à lui faire obstacle
dans l'usage illimité de cette chose; mais la simple propriété
d'une chose ne saurait emporter un droit affirmatif sur la
personne, savoir : le droit d'exiger d'elle quelques prestations
ou services. A la vérité, ce droit pourrait être établi par une
clause particulière du contrat d'acquisition de la propriété;
et c'est ainsi qu'on peut stipuler, lors de l'achat d'une mar-

chandise, que le vendeur devra l'envoyer, franche de port, à
tel endroit. Mais alors le droit sur la personne, ou son obligation de faire, ne résulte pas de la simple propriété de l'objet
vendu, elle est l'effet de la clause additionnelle. »

Mineure. « J'ai un droit dans la chose, lorsque je puis disposer de cette chose à volonté et en mon propre nom. Si
la faculté de disposer ne m'appartient qu'au nom d'autrui,
je gère les affaires de cet autre ; et celui-ci se trouve obligé
par ma gestion de la même manière que s'il avait administré
lui-même ses affaires : *quod quis fecit per alium, id ipse
fecisse putandus est.* Il s'ensuit que mon droit de gérer une
affaire au nom d'autrui est un droit personnel affirmatif, en ce
que je puis forcer le propriétaire de l'affaire à quelque prestation, savoir : à l'accomplissement des engagemens que j'ai
contractés en son nom. L'éditeur parle au public, par la voie
de l'impression, au nom de l'auteur ; il gère donc les affaires
d'autrui. D'où il suit que le droit de faire cette gestion est un
droit sur la personne ; il consiste, non-seulement dans la faculté
de se défendre contre les entreprises que ferait l'auteur contre
l'usage illimité de la propriété, mais encore dans la faculté
de forcer l'auteur à reconnaître comme ses propres actes
tous ceux que l'éditeur a faits au nom de l'auteur dans l'affaire
dont il s'agit, et d'en répondre : ce qui est un droit personnel
affirmatif. »

Conclusion. Kant revient dans sa conclusion sur la distinction entre la propriété de chaque exemplaire, ouvrage de l'auteur (*opus*), et l'affaire que l'auteur fait avec le public (*opera*),
en lui adressant la parole à l'aide de son livre et par l'intermédiaire de l'éditeur. Il remarque incidemment que l'éditeur,
s'il est en même temps l'auteur, gère deux affaires différentes,
et est, en qualité de commerçant, l'éditeur de ce qu'il a écrit
comme savant ; cas inutile à examiner spécialement, puisqu'il
est facile d'appliquer les mêmes raisonnemens et les mêmes
résultats que lorsque l'auteur et l'éditeur sont deux personnes
distinctes. « L'auteur et le propriétaire de chaque exemplaire,

dit-il ailleurs, ont, l'un et l'autre, le droit de dire : c'est mon livre. Mais cette expression a un sens différent dans chacun des deux cas. L'auteur regarde son livre comme écrit, comme des paroles ; le propriétaire considère son exemplaire comme l'instrument muet qui lui communique les paroles adressées par l'auteur au public. Le droit de l'auteur n'est pas un droit dans la chose, dans l'exemplaire ; car le propriétaire pourrait brûler l'exemplaire aux yeux de l'auteur ; c'est un droit inné, personnel ; c'est le droit d'empêcher qu'un tiers le fasse parler au public sans son consentement. Celui qui se fait éditeur sans une convention préalable avec l'auteur, ou, dans le cas où celui-ci a déjà accordé ce droit à un premier éditeur, sans convention avec ce dernier, est un contrefacteur ; il lèse les droits du véritable éditeur, auquel il doit, par conséquent, des dommages et intérêts. »

Après le développement de ses deux syllogismes, Kant présente des *observations générales additionnelles*. On verra que la suite de son argumentation le porte à dénier les droits d'auteurs sur les objets d'art et sur les inventions industrielles. Je suis loin d'adhérer à ces conséquences, et je n'adopte même qu'en partie les principes que Kant a posés comme point de départ ; mais en ce moment, je dois me borner à analyser cette dissertation, sans la discuter.

« J'ai dit que l'éditeur ne gère point l'affaire en son propre nom, mais au nom d'autrui, de l'auteur, et qu'il ne la peut faire gérer sans le consentement de ce dernier. Cette proposition se confirme par l'existence de certaines obligations qui, selon l'opinion commune, sont à la charge de l'éditeur.

« Si l'auteur meurt après avoir remis son manuscrit à l'éditeur, et après que celui-ci s'est engagé à le faire imprimer, l'éditeur ne peut, en le regardant comme sa propriété, l'anéantir. A défaut d'héritiers de l'auteur, le public a le droit de forcer l'éditeur à publier l'ouvrage, ou à céder le manuscrit à un autre libraire qui s'offre d'en être l'éditeur. En effet, il s'agit d'une affaire que l'auteur voulait faire avec le public et dans laquelle l'éditeur avait consenti à servir d'intermédiaire. Il n'est pas nécessaire qu'il y ait eu, d'avance, de la part du public, connaissance et acceptation de la promesse de l'auteur: le public peut exiger l'accomplissement des obligations de l'éditeur en vertu de la loi seule. L'éditeur n'a obtenu la possession du manuscrit que sous la condition d'en faire usage pour une affaire qui se traite entre l'auteur et le public : son engagement envers le public subsiste, quoique celui qui a existé vis-à-vis de l'auteur se soit éteint par la mort de ce dernier. On voit que je n'invoque point un prétendu droit du public sur le manuscrit. Mon argument repose sur l'existence d'une affaire entre l'auteur et le public.

« Si, après la mort de l'auteur, l'éditeur publiait l'écrit tronqué ou falsifié, ou s'il n'en faisait pas tirer un nombre suffisant d'exemplaires, le public aurait le droit d'exiger une scrupuleuse fidélité, et une augmentation du nombre des exemplaires : faute par l'éditeur d'y obtempérer, le public pourrait accorder à un autre libraire le droit d'être éditeur de l'écrit. Tout cela ne pourrait avoir lieu, si le droit de l'éditeur ne résultait pas d'une affaire entre l'auteur et le public, affaire que l'éditeur gère au nom du premier.

« Ces obligations de l'éditeur une fois admises, on doit aussi admettre à son profit un droit corrélatif, sans lequel il se trouverait hors d'état de remplir ces obligations. Ce droit consiste en ce que la faculté de publier l'écrit doit être interdite à tout autre individu, parce qu'une concurrence dans ces sortes d'affaires mettrait l'éditeur dans l'impossibilité de les gérer.

« Il y a, en ceci, une grande différence entre les écrits et les objets d'art. Celui qui a acquis un exemplaire de ces derniers, peut les imiter ou les mouler, ou en vendre publiquement des copies, sans qu'il ait besoin du consentement de l'auteur de l'original ou des individus dont celui-ci s'est servi pour donner une forme matérielle à ses idées. Un dessin que l'auteur a fait graver sur cuivre ou qu'il a fait exécuter en pierre, en métal, en plâtre, peut être réimprimé ou moulé par l'acheteur, et celui-ci pourra vendre publiquement les nouveaux exemplaires ainsi produits : en général tout ce que je puis faire de ma chose en mon propre nom, est permis par soi-même, sans que j'aie besoin du consentement d'autrui. La *Collection d'empreintes de pierres antiques* de M. Lippert pourrait être imitée par chaque possesseur qui s'y entendrait, sans que l'inventeur pût se plaindre de la mise en vente de ces imitations ; car cette collection est un ouvrage (*opus* et non pas *opera alterius*) ; chaque possesseur peut le vendre sans indiquer et engager le nom de l'auteur ; il peut donc également l'imiter et faire commerce des imitations qui sont son propre ouvrage..... Le motif, donc, pour lequel tous les ouvrages d'art peuvent être imités, et leurs imitations vendues publiquement, tandis que la contrefaçon des livres publiés par un éditeur légalement constitué est illicite, c'est que les premiers sont des ouvrages (*opera*) et les seconds, des actions ou des faits (*operæ*) ; ceux-là ont leur existence par eux-mêmes, tandis que ceux-ci n'ont d'existence que comme émanation d'une personne. Ainsi le livre, qu'il faut distinguer de ses exemplaires, appartient toujours exclusivement à la personne de l'auteur qui jouit à cet égard du droit inaliénable, *jus personalissimum*, de parler toujours lui-même par l'organe d'autrui ; c'est-à-dire que personne n'est autorisé à communiquer au public les paroles de l'auteur autrement qu'au nom de ce dernier.

« Toutefois un changement de l'écrit, en l'abrégeant, l'augmentant ou le refondant, tel qu'on aurait tort de l'attribuer dorénavant à l'auteur primitif, ne saurait être réputé contrefaçon : ce serait une refonte faite au propre nom de l'éditeur. En effet, un autre auteur fait alors gérer par son éditeur une affaire différente de celle de l'auteur primitif ; le second éditeur n'empiète pas sur l'affaire qui existe entre le premier et le public ; il ne présente pas au public le premier auteur comme parlant par son organe, mais il en présente un autre.

« De même, la traduction de l'écrit dans une autre langue n'est pas une contrefaçon; car la traduction ne contient pas littéralement les paroles de l'auteur, bien que les idées puissent être les mêmes. »

Les principes de Kant n'ont pas été adoptés par tous les publicistes et jurisconsultes de l'Allemagne; et là, comme en France, on dispute encore sur la théorie du droit qui nous occupe. Mais j'ai pensé que, dans un traité sur une matière que Kant a discutée, il n'est pas permis de passer son opinion sous silence. On verra, d'ailleurs, par la lecture des diverses lois rendues en Allemagne, que la théorie de Kant a quelquefois influé sur leur rédaction.

Je vais citer les lois de l'empire d'Autriche, celles des royaumes de Prusse, de Bavière, de Wurtemberg, et du grand duché de Bade. Ces citations pourraient être plus complètes; mais, dans l'état actuel des documens qu'il m'a été possible de réunir, je suis obligé de me contenter, quant à présent, des indications suivantes pour les autres parties de l'Allemagne.

En Saxe, une ordonnance de l'électeur, en date du 18 décembre 1773, prohibe les contrefaçons, sans distinguer si l'éditeur a, ou non, obtenu un privilège. Les privilèges du roi de Saxe étaient les plus recherchés en Allemagne, à cause de la pleine sûreté qu'ils donnaient pour le commerce étendu de librairie dont le centre est à Leipzig.

En Bohême, une ordonnance défendait la contrefaçon des livres imprimés dans ce royaume; mais elle la permettait pour les livres imprimés au dehors.

La contrefaçon a été défendue dans le code pénal d'Oldenbourg art. 416; dans les ordonnances des ducs de Nassau des 4 et 5 mars 1814; dans une loi pour le royaume du Hanovre du 17 septembre 1827; dans les ordonnances des princes de Reuss du 24 décembre 1827, et d'Anhalt-Kœthen de 1829; dans une ordonnance du duc de Saxe-Meiningen du 23 avril 1829, qui assure à l'auteur et à l'éditeur la propriété littéraire durant la vie du premier, et pendant les vingt années qui suivront sa mort; enfin, dans une ordonnance de l'électeur de Hesse du 6 mai 1829.

Empire d'Autriche.

Le Code civil général de l'empire d'Autriche, promulgué le 1ᵉʳ juin 1811, en vigueur dans les états héréditaires allemands à partir du 1ᵉʳ janvier 1812, et dans le royaume Lombard-Vénitien par décret du 31 mai 1815, contient plusieurs articles sur les droits des auteurs.

Ce code se divise en une introduction et trois parties; la première contient le droit relatif aux personnes; la seconde, le droit relatif aux choses; la troisième, des dispositions communes aux droits personnels et aux droits réels. La seconde partie comprend deux sections : l'une des droits réels; l'autre des droits personnels sur les choses. C'est dans la deuxième section de la seconde partie, au chapitre XXVI intitulé *Des contrats de louage de services à titre onéreux*, que sont placés les huit articles qui régissent plus spécialement les droits d'auteurs. (1)

« 1164. Le contrat pour l'édition d'un écrit est celui par lequel un auteur donne à une personne le droit de multiplier cet écrit par la voie de l'impression et de le vendre. L'auteur se dépouille, par ce contrat, du droit de céder l'édition du même ouvrage à un autre.

« 1165. L'auteur est tenu de livrer l'ouvrage conformément aux conventions arrêtées, et l'éditeur de payer la rémunération promise immédiatement après la remise de l'ouvrage.

(1) J'emprunte ces articles à la traduction du *Code civil d'Autriche*, par M. A. Declercq, qui fait partie de la *Collection des lois civiles et criminelles des états modernes*, publiée par M. Victor Foucher; collection utile qui ne saurait être assez encouragée. M. Foucher a fait paraître dans la *Revue étrangère et française de législation* quatre articles *sur la propriété littéraire et la contrefaçon*, qui contiennent d'excellentes vues.

« 1166. Si l'ouvrage n'est pas livré par l'auteur à l'époque fixée en de la manière convenue, l'éditeur peut se désister du contrat, et il peut réclamer des dommages et intérêts si la livraison n'a pas lieu par la faute de l'auteur.

« 1167. Quand le nombre des exemplaires a été déterminé, l'auteur doit, pour chaque nouvelle édition, demander le consentement de l'auteur et faire avec lui un nouvel arrangement pour les conditions.

« 1168. Si l'auteur veut faire une nouvelle édition avec des changemens dans le texte de l'ouvrage, il sera également nécessaire de conclure à cet égard un nouveau contrat. Mais tant qu'une édition n'est pas épuisée, l'auteur ne peut en faire faire une nouvelle qu'en offrant de donner à l'éditeur une indemnité convenable à raison des exemplaires non vendus.

« 1169. Les droits de l'auteur relativement aux nouvelles impressions ou éditions ne passent pas à ses héritiers.

« 1170. Lorsqu'un écrivain se charge de la rédaction d'un ouvrage d'après le plan qui lui est soumis par l'éditeur, il n'a droit qu'à la rémunération convenue. A l'éditeur seul appartient par la suite la libre et entière disposition du droit de publication.

« 1171. Ces dispositions doivent aussi être appliquées aux cartes géographiques, aux dessins topographiques, et aux compositions de musique. Les restrictions auxquelles la contrefaçon est soumise sont déterminées par les lois politiques. »

Une ordonnance impériale de 1835, devançant la loi générale rendu par la diète, avait déclaré communs à tous les états de l'empire d'Autriche, les actes de la diète des 16 décembre 1832 et 2 avril 1835 que nous avons cités précédemment.

Royaume de Prusse.

La Prusse est un des pays où le législateur s'est occupé avec le plus de persévérance de régler les droits des auteurs.

Un code général avait été publié sous le nom de code Frédéric en 1749 et 1751. Un nouveau code général pour les états Prussiens fut promulgué, d'abord le 20 mars 1791, puis, avec des corrections le 5 février 1794 pour avoir force de loi à partir du 1ᵉʳ juin suivant. Il a été traduit en français en l'an IX (1801), par ordre du ministre de la justice.

Ce code s'occupe des droits d'auteurs et des contrefaçons dans sa première et dans sa seconde partie.

Première partie, titre XI, *Des titres d'acquisition de propriété qui sont fondés sur des contrats entre vifs.* Section VIII, *Des contrats par lesquels on promet des choses pour des actes, ou des actes pour des actes.* Articles 996 à 1036, *Contrats d'édition.*

996. Le droit d'éditeur consiste dans la faculté de multiplier un écrit par l'impression et de le vendre exclusivement dans les foires, soit aux libraires, soit à d'autres.

997. Non-seulement les livres, mais encore les cartes géographiques, les estampes, les plans topographiques et les compositions musicales, sont l'objet du droit d'éditeur.

998. Dans la règle, le libraire n'acquiert le droit d'éditeur qu'au moyen d'un contrat passé par écrit avec l'auteur.

999. Si le contrat n'a point été passé par écrit et que le manuscrit ait cependant été remis par l'auteur, la convention verbale est en effet valable, quant à l'honoraire qui lui a été promis; mais dans tout le reste, les rapports entre les deux parties se jugent d'après les dispositions des lois.

1000. Quand le contrat est par écrit, l'auteur doit le remplir, en remettant son manuscrit dans le temps convenu.

1001. S'il ne le fait pas, l'éditeur est autorisé à renoncer au contrat.

1002. Si le temps de la remise du manuscrit n'est point fixé dans le contrat, il est entendu qu'elle doit avoir lieu de sorte que l'éditeur puisse produire l'ouvrage à la première foire de Leipzig.

1003. Quand il paraît, par la grandeur et l'étendue de l'ouvrage ou par le court intervalle jusqu'à la foire, ou par d'autres circonstances, qu'il doit être assigné à l'auteur un plus long terme, c'est à lui de le fixer plus précisément.

1004. L'éditeur peut le sommer de fixer un temps précis ou d'accepter la résiliation du contrat.

1005. S'il arrive des circonstances ou des empêchemens qui ne permettent pas à l'auteur de publier l'ouvrage promis, il peut renoncer au contrat.

1006. Mais il doit dédommagement à l'éditeur pour les dépenses d'impression déjà commencées et devenues inutiles par la rétractation.

1007. Lorsque, dans l'espace d'un an après la rétractation, l'auteur, sans la participation et sans le consentement de l'éditeur auquel il avait promis son ouvrage, le donne ailleurs ou le publie à son propre compte, il doit indemniser le premier éditeur des profits perdus.

1008. Si, avant l'impression, il juge nécessaire de faire des changemens dans l'ouvrage relativement à l'étendue ou à la disposition des matières, c'est à l'éditeur à y consentir ou à renoncer au contrat.

1009. Si, après l'impression commencée, il fait des changemens sans le consentement de l'éditeur, il est responsable envers lui de tout le dommage en résultant.

1010. Quand l'accomplissement du contrat d'édition est impossible pour les deux parties, les dispositions établies, art. 879 et suivans, reçoivent leur application. (1)

1011. Lorsqu'on fait une nouvelle impression d'un ouvrage, sans changemens et dans le même format, cela s'appelle une réimpression.

1012. Une nouvelle impression, sous un autre format ou avec des changemens dans le texte, s'appelle une nouvelle édition.

1013. Si le contrat ne détermine pas le nombre des exemplaires de la première édition, l'éditeur est le maître d'en faire des réimpressions sans le consentement exprès de l'auteur.

1014. Mais si ce nombre est déterminé, l'éditeur qui voudrait faire une réimpression doit prendre des arrangemens avec l'auteur ou ses héritiers.

1015. Si les parties ne peuvent s'accorder, on prend pour mesure la moitié des honoraires payés lors de la première impression.

1016. Au contraire, le droit d'éditeur, lorsqu'on n'en est pas au-

_____

(1) Ces articles posent les principes généraux de droit, en matière de rescision des contrats, lorsque cette rescision résulte de l'impossibilité de les accomplir, et renvoient aux articles 360 et suivans, titre V *des contrats*.

trément convenu dans le contrat par écrit, ne s'étend, dans la règle, qu'à la première édition de l'ouvrage, y compris toutes les parties additionnelles et la continuation.

1017. Le premier éditeur ne peut donc jamais faire une nouvelle édition sans avoir passé à cet effet un nouveau contrat avec l'auteur.

1018. Mais, d'un autre côté, l'auteur ne peut donner une nouvelle édition tant que le premier éditeur n'a pas encore débité les impressions faites par lui légalement, en conformité des règles établies art. 1013 et 1014.

1019. Quand l'auteur et l'éditeur ne peuvent s'accorder au sujet de la nouvelle édition, l'auteur qui veut la donner dans une autre maison de librairie, doit d'abord retirer du magasin de la précédente tout ce qui reste d'exemplaires de la première édition, et en payer le prix comptant au cours qui a lieu entre libraires.

1020. Le droit d'auteur, qui consiste en ce qu'on ne puisse donner une nouvelle édition qu'avec son consentement, ne passe point à ses héritiers, à moins d'une convention expresse et par écrit.

1021. Les restrictions fixées ci-dessus au droit d'édition, en faveur de l'auteur, n'ont pas lieu, lorsque le libraire, après avoir conçu l'idée d'un ouvrage, en a remis l'exécution à un auteur, qui s'en est chargé sans faire de réserve par écrit, ou lorsque le libraire commet, pour l'exécution de cette idée, plusieurs hommes de lettres en qualité de collaborateurs.

1022. Dans ces cas, le droit d'édition est, dès l'origine, complètement dévolu au libraire, et les auteurs ne peuvent, par rapport à des impressions ou éditions ultérieures, s'arroger plus de droit que le contrat par écrit ne leur en réserve expressément.

1023. Les remarques et notes interprétatives sur les ouvrages dont le droit d'édition appartient à autrui peuvent être imprimées séparément, mais non être imprimées et vendues dans les États prussiens, avec le corps de l'ouvrage même, sans le consentement de l'auteur et de son éditeur.

1024. Personne ne peut, sans le consentement de l'auteur et de l'éditeur, former des recueils d'ouvrages imprimés séparément, ou en faire imprimer séparément des extraits.

1025. Mais on peut insérer des extraits de livres dans d'autres ouvrages ou recueils.

1026. Les ouvrages des auteurs étrangers qui écrivent en langue

étrangère hors de l'empire germanique et des états prussiens, et
dont les libraires ne fréquentent point les foires de Francfort ou de
Leipzig, peuvent se réimprimer pourvu que l'éditeur n'ait obtenu
aucun privilège du gouvernement prussien sur ces mêmes ouvrages.

1027. Les traductions sont considérées, relativement au droit d'é-
dition, comme des ouvrages nouveaux.

1028. Une version nouvelle donnée par un autre traducteur n'est
point une contrefaçon d'une précédente.

1029. S'il n'y a plus de maison de librairie ayant droit à la nouvelle
édition d'un livre, et le droit d'auteur étant aussi éteint conformément à l'art. 1020, chacun est libre de l'imprimer.

1030. Si cependant il existe encore des enfans de l'auteur au
premier degré, le nouvel éditeur est tenu de prendre des arrangemens avec eux.

1031. Du reste, tout ce qui est statué sur les ouvrages nouveaux
a lieu entre un nouvel éditeur et l'homme de lettres qui soigne la nouvelle édition.

1032. Il est défendu de contrefaire cette nouvelle édition, dans
les mêmes circonstances où, d'après les règles ci-dessus, on ne peut
contrefaire un ouvrage nouveau.

1033. Les contrefaçons sont permises à l'égard des éditeurs d'ouvrages dans les états étrangers, en tant que, dans ces états, elles
sont permises au préjudice des libraires prussiens.

1034. Celui qui contrefait des livres et ouvrages dans les cas in-
terdits par les principes ci-dessus, doit dédommagement à l'éditeur
légitime.

1035. Ce dédommagement consiste dans le remboursement et des
honoraires payés par l'éditeur à l'auteur, et du surplus des dépenses faites dans l'édition permise, pour plus beaux caractères et plus
beau papier, comparativement à la contrefaçon.

1036. Du reste, il ne sera introduit dans les états prussiens aucune
contrefaçon défendue, sous peine de confiscation, et les contrefacteurs non autorisés seront sévèrement punis, ainsi qu'il est statué
plus précisément par le droit criminel (II° part., tit. XX, sect. XIV).

La deuxième partie du même code, titre xx, *Des délits
et des peines ; section xiv, *Des atteintes portées à la fortune*

d'autrui par intérêt privé, illicite, et par fraude, contient les articles suivans :

1294. Lorsqu'un sujet du Roi a acquis le droit d'être éditeur d'un livre, nul ne doit contrefaire ce livre.

1295. Si le légitime éditeur a obtenu un privilège exprès, et s'il l'a fait imprimer en tête de l'ouvrage, ou s'il l'a annoncé sur le titre, ou à la fin, le contrefacteur sera puni des peines portées par le privilège.

1296 *a.* Si le privilège n'établit aucune peine particulière, les exemplaires de la contrefaçon seront néanmoins, à la requête de l'éditeur légitime, saisis et mis hors d'état d'être vendus, ou seront livrés à l'éditeur s'il le requiert.

1296 *b.* Dans ce dernier cas, l'éditeur légitime qui veut prendre à son compte les exemplaires de la contrefaçon doit imputer sur la réparation due par le contrefacteur les frais de l'édition contrefaite; et, s'ils excèdent ce qui lui est dû, remettre le surplus à la caisse des amendes.

1297 *a.* En tant que la contrefaçon de tels ou tels ouvrages est prohibée en elle-même, nul ne peut, sous les peines énoncées ci-dessus, débiter des contrefaçons imprimées à l'étranger.

1297 *b.* Les relieurs ne peuvent s'immiscer dans la vente des livres en feuilles ou simplement brochés, sous peine de saisie de l'ouvrage et du prix des exemplaires déjà vendus.

1297 *c.* Un auteur peut vendre personnellement les écrits qu'il a imprimés à son compte et les faire vendre par d'autres; mais cette vente ne peut avoir lieu dans des boutiques publiques, ni par l'intermédiaire des relieurs dans les lieux où il existe des libraires.

1297 *d.* Les contraventions à cette disposition seront aussi punies par la saisie, conformément à l'art. 1297 *b.*

Ces dispositions ont été remplacées, le 11 juin 1837, par une loi générale qui mérite d'être étudiée attentivement et que l'on peut, je crois, considérer comme la plus complète et la mieux rédigée de toutes celles qui existent, à ce moment, sur cette matière, dans quelque pays que ce soit.

Loi destinée à protéger contre la contrefaçon et l'imitation des œuvres de science et d'art.

Nous, Frédéric-Guillaume, par la grâce de Dieu, roi de Prusse, etc.. Pour assurer aux ouvrages de science et d'art la protection nécessaire contre la contrefaçon et l'imitation, nous avons jugé convenable de modifier et de compléter les lois relativement à la matière; en conséquence, sur le rapport de notre ministère d'état, et après avoir pris l'avis de notre conseil d'état, nous avons, pour toute l'étendue de notre monarchie, ordonné ce qui suit :

§ 1. Le droit de faire imprimer de nouveau ou de faire multiplier par un procédé mécanique quelconque tout ou partie d'un écrit déjà publié, appartient exclusivement à son auteur, ou à ceux qui tirent leurs droits de lui.

§ 2. Toute multiplication nouvelle, si elle a lieu sans l'approbation de l'ayant-droit exclusif (§ 1), se nomme contrefaçon et est défendue.

§ 3. Est réputée contrefaçon, et est, par conséquent, également défendue l'impression faite sans l'approbation de l'auteur ou de ses ayant-droit :

a. De manuscrits de tout genre ;

b. De sermons prononcés ou de cours professés oralement, et écrits par un des auditeurs, soit que la publication ait eu lieu sous le véritable nom de l'auteur, soit qu'elle ait été faite sans son nom.

Cette approbation est même nécessaire au possesseur légal d'un manuscrit ou de sa copie (*lettre a*) ou de sermons ou cours écrits (*lettre b*).

§ 4. Ne sont point considérées comme contrefaçons :

1° La citation littérale de passages isolés d'un ouvrage déjà imprimé; 2° la reproduction d'articles isolés, de poésies, etc.., dans les ouvrages ayant pour objet la critique ou l'histoire littéraire, ou dans des recueils à l'usage des écoles; 3° la publication de traductions d'ouvrages déjà imprimés. Par exception, cependant, les traductions sont assimilées à la contrefaçon dans les cas suivans :

a. Lorsqu'il a été publié, sans la permission de l'auteur, une traduction allemande d'un ouvrage que celui-ci avait publié dans une langue morte; *b.* lorsque l'auteur d'un ouvrage l'a fait paraître simultanément en plusieurs langues vivantes, et que, sans son approbation, il se publie une traduction du même ouvrage en l'une des langues dans lesquelles il a paru originairement. Si l'auteur d'un ouvrage a déclaré sur le titre de la première édition qu'il se propose de publier une traduction dans une langue désignée par lui, cette traduction sera considérée comme ayant été publiée conjointement avec l'original, lorsqu'elle aura paru dans les deux ans de la publication de celui-ci.

§ 5. La protection assurée par la présente loi contre la contrefaçon et les actes réputés tels (§ 2 et 3) appartiendra à l'auteur d'un écrit, d'un sermon ou d'un cours pendant toute la durée de sa vie.

§ 6. Les héritiers de l'auteur jouiront de la même protection pendant trente ans, à partir de sa mort, qu'il y ait eu, ou non, pendant la vie de celui-ci, impression de l'ouvrage : à l'expiration de ces trente ans, la protection assurée par la présente loi cessera d'avoir effet.

§ 7. Dans tous les cas où il s'agit de contrefaçons proprement dites (§ 1 et 2), la protection pendant la durée spécifiée dans les § 5 et 6 ne sera garantie qu'autant que le véritable nom de l'auteur aura été indiqué, soit sur le titre, soit au pied de la dédicace ou de la préface. Un écrit qui aura paru sous un nom autre que celui de l'auteur, ou qui aura été publié sans nom d'auteur, sera protégé contre la contrefaçon durant quinze années, à partir de la première publication; et le droit d'invoquer cette protection sera dévolu à l'éditeur au lieu et place de l'auteur inconnu. Lorsque pendant la durée desdites quinze années le véritable nom de l'auteur sera rendu public, par l'auteur lui-même, ou par ses héritiers, au moyen d'une réimpression de l'ouvrage ou d'un nouveau titre pour les exemplaires encore en magasin, l'ouvrage jouira de la protection légale pendant la durée indiquée aux § 5 et 6.

§ 8. Les académies, universités, établissemens publics d'instruction, sociétés savantes et autres sociétés autorisées jouiront pendant trente ans du droit exclusif de publier de nouveau leurs ouvrages. Ce délai sera compté :

a. A dater du jour où l'ouvrage est terminé, si cet ouvrage traite un seul et même sujet dans un ou plusieurs volumes, lesquels, par conséquent, peuvent être considérés comme formant un seul tout : les ouvrages sous forme de dictionnaire sont compris dans cette classe;

b. A dater de la publication de chaque volume, s'il s'agit d'ouvrages qui ne forment qu'un recueil continu d'articles et de mémoires sur divers sujets scientifiques; toutefois, lorsque les auteurs de ces articles et mémoires en feront faire des éditions séparées, ils jouiront du bénéfice des § 5 et 6.

§ 9. Le droit exclusif de publier un écrit, ou de le mettre en circulation, qui appartient à l'auteur ou à ses héritiers, peut être transmis par eux à d'autres personnes en tout ou en partie, au moyen d'une convention.

§ 10. Quiconque portera préjudice au droit exclusif appartenant aux auteurs, à leurs héritiers, ou ayant-cause, en faisant usage de ce droit sans leur approbation, sera tenu de les indemniser complètement. Il sera passible, outre la confiscation des exemplaires encore existans, d'une amende de 50 à 1000 écus (de 185 à 3700 francs.)

§ 11. Si les ayant-droit avaient déjà publié l'ouvrage, les juges fixeront l'indemnité, d'après les circonstances, à une somme égale à la valeur que produirait la vente de 50 à 1000 exemplaires de l'édition légale, à moins que l'ayant-droit ne prouve qu'il a souffert un dommage plus considérable.

§ 12. Les exemplaires confisqués de la contrefaçon seront détruits, à moins que l'ayant-droit n'en réclame la cession. Dans ces derniers cas, le plaignant devra, en déduction de son indemnité, tenir au condamné compte des frais que ces exemplaires auront coûté.

§ 13. Quiconque, avec connaissance de cause, exposera en vente des exemplaires d'ouvrages contrefaits, sera tenu de l'indemnité solidairement avec le contrefacteur; et, outre la confiscation, il sera passible d'une amende qui sera déterminée conformément au § 10.

§ 14. Le délit de contrefaçon existe lorsqu'on découvre des exemplaires d'un ouvrage imprimé contrairement aux prescriptions de la présente loi.

§ 15. La poursuite judiciaire des délits prévus par les § 2, 3, 4, n'aura point lieu d'office, mais seulement sur la plainte de la partie lésée. Faute par le propriétaire de l'ouvrage de faire cette plainte, elle pourra avoir lieu par l'auteur ou par ses héritiers, lorsque ceux-ci auront conservé un intérêt indépendant de celui du propriétaire.

§ 16. La poursuite une fois commencée, la plainte pourra être retirée pour ce qui concerne l'indemnité, mais non pour la confiscation et l'amende.

§ 17. Lorsque le juge éprouvera des doutes sur la question de savoir si un ouvrage doit être considéré comme contrefaçon ou comme impression non autorisée, ou lorsqu'il y aura question sur le montant de l'indemnité, le juge requerra le rapport d'une commission composée d'experts. Une instruction spéciale de notre ministère d'état ordonnera la formation d'une ou de plusieurs commissions de cette catégorie, qui seront principalement composées d'auteurs et de libraires notables.

§ 18. Tout ce qui est prescrit ci-dessus dans les § 1, 2, 5 et 17, sur le droit exclusif à la multiplication des écrits, s'applique également aux dessins et reproductions géographiques, topographiques, d'histoire naturelle, d'architecture, et autres analogues qui, d'après leur but principal, ne sauraient être regardés comme ouvrages d'art (§ 21).

§ 19. Les mêmes dispositions s'appliquent au droit exclusif de reproduire des compositions musicales.

§ 20. Est réputée contrefaçon, et défendue, la publication qui, sans le consentement de l'auteur d'une composition musicale, serait faite d'extraits, d'arrangemens pour des instrumens isolés, ou d'autres travaux quelconques qui ne sauraient être regardés comme compositions propres à celui qui fait cette publication.

§ 21. La reproduction de dessins ou de tableaux, par la gravure sur cuivre, sur acier, sur bois, par la lithographie, l'impression coloriée, le transport, etc., etc.., est défendue, si elle a lieu sans le consentement de l'auteur de l'œuvre artistique originale, ou de ses ayant-droit.

§ 22. La reproduction des sculptures de toute espèce au moyen de fontes, de moulages, etc.., est défendue sous la même condition.

§ 23. Les prohibitions énoncées aux § 21 et 22, sont applicables lors même que la reproduction est faite dans une étendue différente de celle de l'originale, ou qu'elle s'en écarte sous d'autres rapports, à moins que les changemens ne soient tellement prépondérans que l'ouvrage ne puisse plus être considéré comme une simple imitation, mais qu'il devienne une œuvre d'art propre à celui qui la publie.

§ 24. On ne considère point comme imitation défendue la reproduction d'un ouvrage de peinture ou de l'un des arts délinéatoires, faite au moyen de l'art plastique, ou *vice versâ*.

§ 25. Il est permis d'employer des objets d'arts comme modèles pour les produits des manufactures, fabriques et métiers.

§ 26. L'auteur d'un ouvrage d'art ou ses héritiers jouiront des droits exclusifs qui leur sont assurés par les § 24 et suivans aussi long-temps que l'original restera leur propriété.

§ 27. Si, dans cette position, ils se proposent de faire usage de leur droit exclusif de multiplication et de se garantir contre les empiète-mens d'autrui, ils devront, avant de transmettre la première copie à un tiers, faire connaître leur intention au curateur en chef des arts (ministère des affaires ecclésiastiques, de l'instruction et des af-faires médicales), en déclarant en même temps qu'ils n'entendent pas permettre la multiplication du même ouvrage d'art à des tiers non spécialement autorisés par eux. Cette annonce et déclaration faites, l'artiste et ses héritiers jouiront pour la durée de dix années du droit exclusif de reproduire l'ouvrage d'art. Si, dès-lors, un tiers a l'intention de multiplier, par un procédé artistique quelconque, l'ouvrage d'art déjà reproduit par son auteur ou par les héritiers de celui-ci, et de débiter son imitation, il devra, au préalable, réclamer du curateur en chef des arts une déclaration officielle sur la ques-tion de savoir si l'annonce et la déclaration susdites ont été faites ou non. Dans le cas de la négative, ou lorsque, depuis la date des-dits actes, il se sera écoulé un délai de dix années, il lui sera loisi-ble d'exécuter l'imitation projetée.

§ 28. Lorsque l'auteur ou ses héritiers se dessaisiront de la pro-priété de l'ouvrage d'art avant d'en avoir commencé la reproduction, ils seront déchus de leur droit exclusif, à moins d'une convention contraire. Toutefois, ce droit pourra subsister pendant la durée de dix ans, soit au profit de l'auteur ou de ses héritiers, lorsqu'ils en auront fait la réserve, soit au profit de l'acquéreur, lorsqu'ils lui en feront la cesssion; pourvu que, dans les deux cas, il en soit rédigé une convention en forme probante, et qu'il soit donné connaissance de cette convention au curateur en chef des arts.

§ 29. La reproduction d'un ouvrage, légalement exécutée par un procédé artistique différent de celui qui a été employé pour l'origi-nal, par exemple, par la gravure sur cuivre, sur acier, sur bois, etc. (§ 21), par la fonte ou le moulage, etc. (§ 22), ne pourra être mul-tipliée par un procédé purement mécanique sans le consentement de

la personne qui aura exécuté la reproduction ou de ses ayant-droit,
tant que les planches, moules et modèles qui ont été employés à cette
exécution seront encore en état de servir : la disposition du § 25
est aussi applicable à ce cas.

§ 30. Les dispositions des § 10 et 18 seront également appliquées
aux ouvrages d'art et aux figures graphiques de toute espèce. La
confiscation prononcée par le § 10 s'étendra également aux prépara-
tifs faits pour l'imitation des ouvrages d'art, tels que planches, modèles, pierres, etc...

§ 31. Les juges requerront le rapport d'un comité composé d'experts, ainsi qu'il est dit au § 17, lorsqu'il y aura doute sur l'une ou
l'autre des questions ci-après énoncées : 1° si une reproduction entre
dans les cas prévus par le § 18 ou dans ceux du § 21 ; 2° si, dans l'hypothèse du § 20, un morceau de musique est à considérer comme
une composition propre à celui qui la publie, ou comme une contrefaçon ; 3° si dans les cas prévus par les § 21 à 29 une imitation est
prohibée ; 4° sur la quotité des dommages-intérêts dus à la partie
lésée ; 5° sur l'existence de la condition supposée par le § 29, savoir
que les planches, moules et modèles peuvent encore servir. L'instruction dont il est parlé au § 17 s'expliquera sur la formation de ces comités qui seront composés de préférence d'hommes de l'art, et d'artistes distingués.

§ 32. La représentation publique d'un ouvrage dramatique ou musical en totalité, ou avec des retranchemens essentiels, ne pourra
avoir lieu sans la permission de l'auteur, ou de ses héritiers ou ayant-
droit, tant que l'ouvrage n'aura pas été publié par la voie de l'impression. Le droit exclusif d'accorder cette permission appartient à
l'auteur pendant sa vie, et à ses héritiers ou ayant-droit pendant dix
ans à dater de sa mort.

§ 33. Si cependant l'auteur a permis à un théâtre quelconque de
représenter l'ouvrage sans faire mention de son nom, il ne pourra,
non plus, invoquer un droit exclusif contre d'autres théâtres.

§ 34. Quiconque, au préjudice de l'auteur ou de ses ayant-droit,
aura représenté publiquement un ouvrage dramatique ou musical
non encore publié par la voie de l'impression, sera puni d'une amende 10 à 100 écus. Dans le cas où la représentation illicite d'un ouvrage
dramatique aura lieu sur un théâtre permanent, l'amende consistera

dans le montant entier de la recette de chaque représentation sans déduction des frais, et sans distinguer si la pièce a été seule l'objet de la représentation ou si elle a été représentée conjointement avec d'autres. Les deux tiers desdites amendes appartiendront à l'auteur ou à ses héritiers; l'autre tiers sera dévolu à la caisse des pauvres du lieu.

§ 35. La présente loi sera également applicable en faveur de tous les écrits déjà imprimés, aux dessins géographiques, topographiques et autres analogues, aux compositions musicales et autres ouvrages d'art déjà existans.

§ 36. Le titulaire d'un privilège accordé avant la publication de la présente loi, sera libre d'en faire usage ou d'invoquer la protection de la loi.

§ 37. Toutes dispositions antérieures qui se trouvent contraires à la présente loi, ou qui s'en écartent, cessent d'avoir leur effet.

§ 38. La présente loi sera applicable aux ouvrages publiés dans un pays étranger dans les cas et de la manière dont les droits établis par cette loi seront également accordés par les lois dudit pays aux ouvrages paraissant dans notre royaume.

En foi de quoi nous avons signé de notre propre main la présente loi et y avons apposé notre sceau royal.

Fait à Berlin, le 11 juin, 1837.

Royaume de Bavière.

Extrait du Code pénal de 1813.

« Art. 397. Les dispositions relatives à la protection accordée à la propriété littéraire sont contenues au Code civil.

Toute lésion des droits d'autrui, commise en cette matière par soustraction ou par escroquerie, sera punie des peines portées contre ces délits.

Tout individu qui, sans le consentement de l'auteur, de ses héritiers, ou ayant-cause, aura publié par l'impression, ou par toute autre voie, un ouvrage de science ou d'art, sera condamné à des dommages et intérêts et aux peines portées par le privilège accordé à

18.

l'éditeur; ou, à défaut de dispositions pénales particulières, par les lois de police. Est excepté le cas où le nouvel éditeur aurait refondu l'ouvrage dans une forme nouvelle.

Royaume de Wurtemberg.

Un édit du 25 février 1815 défendait les contrefaçons des livres imprimés dans ce royaume; mais, quant aux ouvrages appartenant au reste de l'Allemagne, le Wurtemberg passait pour être devenu le principal foyer des contrefaçons.

La loi suivante, promulguée le 22 juillet 1835, entreprit de mettre un terme à cet état de choses, et coopéra efficacement à l'établissement d'un droit général destiné à étendre sa protection sur l'universalité des auteurs et libraires allemands.

« Jusqu'à ce qu'il ait été rendu une loi générale sur la propriété littéraire, les dispositions suivantes auront force et vigueur:

« Art. 1er. Les auteurs et éditeurs appartenant à l'un des pays de la confédération germanique jouissent à l'égard de tous les écrits qui ont déjà paru au moment de la promulgation de la présente loi, ou qui paraîtront à l'avenir, pour la durée de six ans à partir de la publication, et sans rétribution, de la protection légale contre la contrefaçon, de même que s'ils avaient obtenu à cette fin un privilège spécial conformément à la loi du 25 février 1815.

« Art. 2. Les contrefaçons des ouvrages jouissant de la protection assurée par l'art. 1er pourront, lorsqu'elles auront été imprimées au moment de la publication de la présente loi, être mises en vente, sous la condition de faire apposer à tous les exemplaires un timbre par les agens de l'autorité. A cet effet, tous les exemplaires existant entre les mains des éditeurs de la contrefaçon, ou d'un autre commerçant, seront représentés aux fonctionnaires chargés de la police de l'endroit dans le mois de la publication de la présente loi, afin de recevoir le timbre prescrit, qui sera apposé sans rétribution.

« Art. 3. Les privilèges contre la contrefaçon, accordés jusqu'à ce jour au profit de quelques écrits et en conformité des lois existantes, conserveront leur vigueur, en tant qu'ils établissent, au pro-

Et des titulaires, des avantages plus considérables que ceux qui leur sont accordés par la présente loi. »

Les résolutions de la diète germanique contre la contrefaçon étaient acceptées à l'avance, dans le royaume de Wurtemberg, par cette loi de 1835. L'article suivant répété, d'après les journaux allemands, par le *Moniteur* du 20 mars 1838 sous la rubrique de Stuttgard, 13 mars, mérite d'être rapporté, comme un témoignage des sérieux efforts qui se font dans ce pays pour arriver à une protection efficace des droits des auteurs :

« On sait que dans aucun état de l'Allemagne, la contrefaçon des livres n'a pris une plus grande extension que dans le Wurtemberg, et que c'est à juste titre qu'on regarde notre pays comme le principal foyer de cette honteuse industrie; car chez nous on ne se borne pas seulement à réimprimer illégalement les œuvres des auteurs allemands, mais on reproduit aussi celles des auteurs de tous les autres pays, et notamment les ouvrages français et anglais.

« Maintenant les libraires-éditeurs de Wurtemberg, afin de contribuer, autant qu'il est en eux, à restreindre l'activité toujours croissante des contrefacteurs, viennent de faire une démarche qui, selon toutes les apparences, ne manquera pas d'être efficace.

« Ces libraires viennent d'adresser collectivement aux directions de tous les journaux d'Allemagne une circulaire où ils les supplient de venir à leur secours contre les contrefacteurs, en n'annonçant plus dans leurs feuilles aucun livre contrefait. A l'appui de cette demande ils ont développé ces faits : que la contrefaçon attaque le principe vital de la librairie; qu'elle détruit les relations naturelles entre les auteurs et les libraires, et entre ceux-ci et le public; que la crainte de la contrefaçon est la cause que les éditeurs n'osent pas accorder aux auteurs le salaire qui leur est dû pour leurs travaux, qui pourtant ont un droit aussi sacré à être rétribués que les travaux manuels; que beaucoup de grandes publications scientifiques et littéraires n'ont pu être exécutées parce que les éditeurs qui voulaient les entreprendre redoutent que les capitaux qu'ils y engageraient ne fussent compromis par l'industrie des contrefacteurs; que par suite, les peuples sont privés d'un grand nombre de livres, qui pourraient contribuer à l'amélioration de leur état physique, moral et politique.

« Seize des principaux journaux de l'Allemagne, parmi lesquels on remarque la *Gazette d'Augsbourg*, le *Courrier allemand*, le *Mercure de Souabe*, le *Mercure de Franconie*, le *Journal polytechnique*, l'*Étranger*, se sont déjà empressés de faire droit à cette demande. Ils ont signé et publié une déclaration où ils s'engagent, dès à présent, et jusqu'à ce que la décision prise, le 9 novembre 1837, par la diète germanique pour protéger la propriété littéraire, ait été légalement promulguée dans tous les états de la confédération germanique, à ne pas annoncer ni mentionner, de quelque manière que ce puisse être, les contrefaçons qui auraient été faites depuis ladite date, et qui le seraient à l'avenir.

« Tout porte à croire que les autres journaux de l'Allemagne adhèreront à cette déclaration, qui fait un si grand honneur à ceux dont elle est émanée. »

Grand-duché de Bade.

Le Code civil de Bade, publié en 1809, a conservé la rédaction du Code civil français et l'ordre même de numérotage de ses articles, mais en y introduisant des changemens et des additions. Après notre article 577, le dernier du titre II *de la propriété*, livre II, sont ajoutés quatre chapitres; *a.* Des droits fonciers; *b.* De la copropriété; *c.* Des biens de famille; *d.* De la propriété littéraire.

«577 *d-a*. Tout ouvrage écrit est la propriété privative de l'auteur, à moins qu'il ne l'ait composé par ordre d'un tiers et pour compte de ce dernier : dans ce cas, l'ouvrage est la propriété de celui qui a fait la commande.

d-b. La propriété d'un écrit comprend, non-seulement celle du manuscrit, mais encore la propriété de tout ce qui y est contenu. En conséquence, le propriétaire a le droit de disposer, de la manière la plus absolue, relativement à la multiplication de l'écrit par ses copies ou par la voie de l'impression.

d-c. La propriété littéraire est transmissible comme toute autre propriété.

d-d. La remise d'un manuscrit, pour le faire imprimer au compte de l'auteur, ne suppose point de sa part renonciation à son droit de propriété.

L'auteur qui, gratuitement ou moyennant un honoraire convenu, aura remis le manuscrit à une personne qui se propose d'en être l'éditeur, cède et transporte par cette remise la propriété du manuscrit ; et, en même temps, son droit de propriété au contenu du manuscrit se trouve restreint par le droit d'éditer *(Verlagsrecht)*.

d-e. Les modifications apportées au droit de propriété de l'auteur par sa convention avec l'éditeur, sont, en général, et sauf les clauses particulières du contrat : 1° que l'éditeur peut tirer autant d'exemplaires qu'il le juge convenable, mais qu'il ne peut faire une nouvelle édition sans le consentement de l'auteur ; 2° que l'éditeur est le maître de choisir la forme extérieure de l'édition, mais qu'il ne peut rien retrancher du contenu de l'écrit, ni y faire des additions.

d-f. L'acquisition d'un exemplaire imprimé ne transmet à l'acquéreur que la propriété de cet exemplaire, et non celle du contenu. En conséquence l'acquéreur ne peut le faire réimprimer sans le consentement de l'auteur et de l'éditeur. Néanmoins, il est libre d'en faire la base d'un écrit à lui, qui en forme l'extrait, la refonte, ou l'explication : dans ce cas, il a la propriété de ce nouvel écrit.

d-g. L'auteur et l'éditeur ne peuvent se prévaloir de leur droit de propriété qu'autant qu'ils ont fait connaître leurs noms sur les exemplaires imprimés. Si le nom de l'un d'eux est seul indiqué, celui qui est nommé exerce cumulativement les droits de tous deux.

d-h. La propriété d'écrits imprimés s'éteint par la mort de l'auteur, et à dater de cette époque, chaque possesseur de l'ouvrage est libre de le réimprimer, à moins de dispositions contraires établies par un privilège *(Gnadenbriefe)* octroyé à l'éditeur. »

Confédération germanique.

Dans sa séance du 9 novembre 1837, la haute diète germanique a arrêté les deux résolutions suivantes qui sont, comme tous les arrêtés de la diète, obligatoires pour tous les états dont la confédération se compose. Indépendamment de la force obligatoire qui existe, en général, pour tous les arrêtés de la diète, il faut remarquer que le règlement de certaines matières, au nombre desquelles les mesures à prendre pour réprimer la contrefaçon ont été spécialement énoncées, a été l'objet d'une délégation expresse faite à la diète par les articles 16, 18 et 19 de l'acte fédéral de 1815, et 65 de l'acte final de 1820. Les actes constitutifs de la confédération n'exigent point une promulgation spéciale des arrêtés de la diète dans les états particuliers ; cependant il est d'usage que cette promulgation ait lieu par l'insertion dans les *Bulletins des lois* de chaque état. Les arrêtés ci-après ont été ainsi déjà promulgués dans la plupart des états de la confédération.

Première résolution.

Les gouvernemens réunis en diète germanique ont résolu d'appliquer les principes suivans en faveur des productions littéraires et artistiques paraissant dans l'étendue de la confédération.

Art. 1er. Les productions littéraires de tout genre, de même que les ouvrages d'art, déjà publiés ou non, ne pourront être multipliés par des moyens mécaniques quelconques, sans le consentement de l'auteur ou de celui auquel il a cédé ses droits concernant l'original.

Art. 2. Le droit mentionné en l'article 1er et appartenant à l'auteur ou à celui qui a acquis la propriété de l'ouvrage littéraire ou artistique, passe à ses héritiers ou ayant-droit ; et, lorsque les noms de l'éditeur (*Verleger*) ou du propriétaire de l'ouvrage sont indiqués sur le titre, ce droit sera reconnu et protégé dans tous les états de la confédération au moins pendant l'espace de dix ans.

Cette période de dix ans commencera du jour de la date de la présente résolution, quant aux ouvrages imprimés ou aux productions artistiques qui ont déjà paru dans l'étendue du territoire de la confédération germanique pendant les vingt dernières années. A l'égard des ouvrages ou productions qui paraîtront à l'avenir, les dix ans compteront de l'année de leur publication.

Si les ouvrages se publient en plusieurs parties, ce délai de dix ans ne courra, pour l'ouvrage tout entier, qu'à partir de la publication du dernier volume ou cahier, pourvu qu'il ne se soit pas écoulé un intervalle de plus de trois ans entre la publication de chacun des volumes ou cahiers de l'ouvrage.

Art. 3. Le minimum du temps fixé par l'art. 2 pour la protection contre la contrefaçon sera prolongé, mais non au-delà de vingt ans, au profit des auteurs, éditeurs et propriétaires de grands ouvrages de sciences et d'art exigeant de forts déboursés ; quant à ceux des états dont la législation particulière n'accorde point la protection contre la contrefaçon pendant une période de vingt ans, il sera arrêté, en diète, un accord à ce sujet, lorsque le gouvernement intéressé fera à cet égard une proposition, dans les trois années à partir de la publication de l'ouvrage.

Art 4. L'auteur, l'éditeur et le propriétaire des originaux d'ouvrages contrefaits par voie d'imprimerie, ou imités par d'autres moyens, auront droit à une indemnité complète.

Outre les peines édictées contre la contrefaçon par la législation particulière des divers états, on prononcera, dans tous les cas, la confiscation des exemplaires contrefaits, et de plus, à l'égard des ouvrages d'art, la saisie du matériel employé à la contrefaçon, tels que moules, matrices, pierres, etc.

Art. 5. Le débit de toutes les contrefaçons et imitations des objets désignés en l'art. 1er, soit qu'elles aient été confectionnées dans les états de la confédération germanique ou au dehors de ces états, est défendu dans tous les états de la confédération, sous peine de saisie et de l'application des autres dispositions pénales prononcées par les lois du pays. Il s'entend de soi-même que les gouvernemens de la confédération germanique dans les états desquels, jusqu'à ce moment, la contrefaçon n'était pas défendue par la législation en vigueur auront seuls à décider si et pour combien de temps la vente des contrefaçons aujourd'hui existantes pourra être tolérée sur leur territoire.

Art. 6. La diète germanique sera informée de la manière dont les principes généraux qui précèdent seront appliqués et exécutés par les états de la confédération au moyen de lois ou de règlemens particuliers ; il lui sera en même temps donné connaissance des formalités prescrites dans chaque état pour déterminer le caractère d'une édition originale et l'époque de sa publication.

Comme d'ailleurs la majeure partie des états de la confédération germanique s'est prononcée en faveur d'une extension à donner au minimum de la période de protection fixée par l'art. 2 ci-dessus, il est convenu que, dès le commencement de l'année 1842, si le besoin ne s'en fait pas sentir plus tôt, la diète germanique délibérera de nouveau, et en commun, tant sur la question de la prolongation de la période de protection accordée par la confédération aux auteurs et propriétaires d'ouvrages, que sur la question de savoir si, d'après l'expérience alors acquise, les présentes dispositions auront exercé une influence salutaire sur les arts et sur la littérature, ainsi que sur les intérêts du public et sur la prospérité du commerce, des arts et de la librairie.

Seconde résolution.

La question de savoir jusqu'à quel point le droit des auteurs de compositions musicales et d'œuvres dramatiques doit être protégé par tous les membres de la confédération germanique, contre l'exécution et la représentation non consenties par les auteurs, fera l'objet d'un rapport motivé que la commission, qui en est chargée, présentera incessamment.

§ V.

DANEMARK.

Une ordonnance du 7 janvier 1741 garantit les droits des auteurs danois, et prohibe les contrefaçons.

Une ordonnance royale du 7 mai 1828, fondée sur le principe de réciprocité, étend le bénéfice des dispositions de la précédente ordonnance aux ouvrages des auteurs étrangers sujets de tout gouvernement qui accordera, dans les pays de sa domination, la même protection aux sujets danois.

---

§ VI.

RUSSIE. (1)

Un grand et beau travail de législation a réuni en un seul corps de droit tout l'ensemble des lois qui régissent l'empire russe. Cette coordination des lois avait commencé par un code promulgué en 1649 par Alexis Michailovitch, et où se trouvent rassemblées toutes les dispositions législatives alors en vigueur. La face de l'empire avait bien changé depuis cette époque; les oukases ou lois s'y étaient multipliés : non-seulement la collection authentique de ceux des oukases qui sont adressés au sénat pour être enregistrés n'existait

(1) Voir *Revue de législation*, publiée par M. Fœlix, *passim;* notamment sur la publication de la Collection et du Digeste, 1re année, p. 157; et deux articles très remarquables, 2e année, p. 335 et 513. Voir pour les lois dont le texte est ici reproduit : 3e année, p. 647; 4e année, p. 219.

nulle part; mais on compte par milliers les oukases d'une autre espèce qui, arrêtés de propre mouvement, et adressés aux personnes à qui ils étaient destinés, restaient manuscrits pour la plupart, et formaient une législation qui, tout occulte qu'elle était, n'en régissait pas moins l'universalité des habitans. Tous les monarques russes, à partir de Pierre-le-Grand, ont essayé, sans la mettre à fin, une codification générale. L'empereur Nicolas Paulovitch a réussi dans l'accomplissement de cette œuvre; et ce sera une gloire pour son règne.

Il a d'abord été publié, en 1831, une collection générale (*sobranié*) de tous les actes législatifs, par ordre chronologique, à commencer par le code de 1649. Le chiffre de ces actes s'élève à 35,993 compris dans 56 forts volumes, imprimés en in-4 sur deux colonnes. Des supplémens ont paru pour les années postérieures à 1831.

A cette collection historique a succédé un Digeste (*srod*) qui, en conservant les lois existantes et leur texte, les coordonne méthodiquement, et écarte les doubles emplois ainsi que les dispositions directement ou virtuellement abrogées. Un oukase du 31 janvier 1833 a ordonné la mise en vigueur de ce Digeste à partir du 1er janvier 1835. « Toutes les dis-« positions, dit cet oukase, dont la marche ordinaire de la « législation amènera la promulgation à l'avenir, seront an-« nuellement réunies en un supplément, d'après l'ordre des « codes et avec des renvois à leurs articles, de sorte que le « système général des lois, une fois arrêté, conservera tou-« jours son intégrité et son unité. »

Voici les parties de ce Digeste qui concernent les droits des auteurs, les contrefaçons, et les règles de douane et de censure en cas d'importation des livres étrangers.

I. PRÉROGATIVE DES AUTEURS. (Digeste, *statuts organiques*, I, 2460, n. 12.; III, 334, 344).

L'auteur dont l'œuvre est reconnue classique pour l'enseignement scolaire, est admissible à la décoration de Saint-Vladimir.

L'auteur dont la production jouit, dans le monde savant, d'une grande réputation, a droit au rang de conseiller de collège ou de conseiller d'état, sans être tenu de justifier des grades universitaires.

II. Propriété littéraire. (Digeste *lois civiles*, X, 741, 740. — *Code préventif*, XIV, 254-285 *du supplément*).

Le règlement du 8/20 janvier 1830, abrogeant les dispositions de celui du 4 mai 1828, constitue aujourd'hui la loi obligatoire dans cette matière. Nous en donnons textuellement les dispositions principales.

Tout auteur ou traducteur d'un livre jouit, pendant toute sa vie, du droit exclusif de l'éditer et de le vendre à son gré, comme bien acquis (1). En cas de décès de l'auteur ou traducteur, ce droit exclusif passe à ses héritiers testamentaires ou *ab intestat*, ainsi qu'aux personnes à qui il l'aurait transmis par vente; mais il ne peut se prolonger au-delà de 25 ans à partir du décès de l'auteur ou traducteur. Si l'auteur, le traducteur ou l'acquéreur de leurs droits, par succession ou contrat, publie une nouvelle édition cinq ans avant l'expiration de son droit exclusif, ce droit se trouve prolongé de dix ans, à ajouter au délai de 25 ans.

Les premiers éditeurs de chants nationaux, proverbes, contes, fables, conservés uniquement par la tradition orale, jouissent des mêmes droits que les auteurs d'ouvrages nouveaux. Il en est de même des premiers éditeurs d'anciens manuscrits, sans préjudice cependant de la faculté qu'a toute autre personne de publier les mêmes ouvrages, sur des manuscrits plus complets, plus fidèles ou plus estimables à d'autres titres.

Un ouvrage ou une traduction, soit en manuscrit, soit imprimé, que l'auteur ou le traducteur n'avait vendu à personne, et dont il n'avait disposé ni par testament, ni d'aucune autre manière, ne peuvent être mis en vente pour satisfaire ses créanciers, pendant la vie de l'auteur ou du traducteur sans son consentement, ni après sa mort sans le consentement des héritiers. En cas de vente du fonds de librairie pour dettes ou par suite d'une faillite, les manuscrits qui y appar-

_____

(1) La loi russe distingue les biens *acquis* des biens *patrimoniaux ;* ces derniers sont intransmissibles à titre gratuit.

tiendraient, ainsi que le droit de les publier ne peuvent être cédés que sous l'obligation, de la part de l'acheteur, d'observer toutes les conventions conclues par le précédent propriétaire.

Le droit de publier la seconde édition d'un ouvrage ne peut être que la conséquence d'arrangemens préalables entre l'auteur, le traducteur ou l'éditeur, d'un côté, et le libraire, de l'autre. A défaut d'arrangement par écrit, l'auteur, le traducteur ou l'éditeur (et dans le cas où ils seraient décédés, leurs héritiers) peuvent publier une seconde édition après cinq ans, à partir du jour où la censure aura délivré l'autorisation de mettre l'ouvrage en vente.

Les conventions entre les auteurs, traducteurs ou éditeurs, d'un côté, et les imprimeurs ou libraires, de l'autre, sont rédigées sur papier timbré et enregistrées, conformément aux règles générales, dans les livres des courtiers.

L'auteur a le droit, nonobstant toutes conventions quelconques, de publier une seconde édition de son ouvrage, s'il y a fait des additions ou changemens équivalant pour le moins aux deux tiers de l'ouvrage, comme aussi s'il en a complètement changé la forme au point qu'il puisse être considéré comme une nouvelle production.

Les éditeurs de journaux ou autres publications périodiques comme aussi d'almanachs, et, en général, de livres consistant en articles ou compositions détachées, jouissent du droit exclusif de les réimprimer dans la même forme, conformément aux dispositions générales du présent règlement.

L'insertion d'une composition ou d'une traduction dans un journal ou autre recueil ne prive pas l'auteur ou le traducteur du droit de le faire imprimer séparément s'il n'y a convention contraire.

Les lettres particulières ne peuvent être publiées que du consentement simultané de celui par qui et de celui à qui elles étaient écrites.

Après l'expiration des délais fixés par le présent règlement, pendant lesquels l'auteur, le traducteur, le premier éditeur ou autres personnes, jouissent du droit exclusif de publier et mettre en vente leurs productions ou celles qui leur ont été transmises par succession ou autrement, tout ouvrage tombe dans le domaine public, et chacun peut, selon qu'il le juge convenable, l'imprimer, le publier et le vendre.

Mais jusqu'à l'expiration des délais déterminés ci-dessus, nul ne peut porter atteinte aux droits de l'auteur, du traducteur ou du prerier éditeur, et réimprimer son ouvrage sans son consentement ou celui de ses héritiers ou ayant-droit, encore qu'il y joignit une traduction dans une langue quelconque, ou un nouveau titre, une préface ou des notes, etc., sous peine d'être réputé contrefacteur.

Est également réputé contrefacteur : 1° quiconque, sous le titre de seconde ou troisième, etc., édition, imprime un ouvrage déjà publié, sans observer les conditions ci-dessus indiquées ; 2° quiconque, ayant réimprimé à l'étranger un ouvrage publié en Russie, ou avec la permission de la censure russe, même en y ajoutant une traduction, vendrait en Russie des exemplaires de cette réimpression sans le consentement par écrit de l'éditeur légitime ; 3° quiconque, sans le consentement de l'auteur, imprime un discours ou toute autre composition prononcée ou lue en public ; 4° le journaliste qui, à titre d'analyse, ou sous tout autre prétexte, réimprime constamment et en entier de petits articles pris dans d'autres publications, lors même que ces articles ne formeraient pas une feuille d'impression ; mais une réimpression accidentelle d'un article détaché ayant moins d'une feuille d'impression, comme aussi la réimpression de nouvelles politiques, de littérature, de sciences ou d'arts, avec indication des sources, n'est pas interdite.

L'insertion, dans les chrestomaties et autres livres scolaires, d'articles ou extraits quelconques d'autres auteurs, n'est pas réputée contrefaçon, encore que ces emprunts, répartis dans les diverses parties du livre, formassent un contenu de plus d'une feuille d'impression.

Les citations ne sont pas réputées contrefaçon, pourvu : 1° qu'elles ne dépassent pas le tiers du livre dont elles sont tirées, si le livre est de plus d'une feuille d'impression ; 2° que le propre texte de l'auteur dépasse deux fois les citations prises par lui dans un autre ouvrage.

La traduction d'un ouvrage déjà traduit, n'est envisagée comme contrefaçon que lorsqu'on y a copié mot à mot et de suite deux tiers d'une traduction jouissant encore du droit de propriété exclusive.

Est aussi réputée contrefaçon l'édition d'un dictionnaire dans lequel la majeure partie des définitions, explications et exemples, est textuellement copiée d'un autre ouvrage du même genre, jouissant encore du droit de propriété exclusive.

Il en est de même de la publication des cartes géographiques, des tableaux historiques, des tables de logarithmes', des indicateurs et autres ouvrages de ce genre, consistant en chiffres ou noms propres, lorsqu'ils ont été copiés mot à mot, ou avec des changemens insignifians, sur d'autres ouvrages.

Il est permis de publier des traductions, dans une langue quelconque, d'un ouvrage réimprimé en Russie, mais sans adjonction du texte original.

Les auteurs d'ouvrages pour lesquels il a fallu faire des recherches scientifiques spéciales jouissent du droit exclusif de les faire publier en Russie dans d'autres langues, mais il sont tenus de l'annoncer lors de l'apparition de l'ouvrage original, et de publier leur traduction dans l'espace de deux ans à partir du jour où la censure aura délivré le permis de vente. Faute d'avoir rempli ces conditions, il sera libre à chacun de publier la traduction de cet ouvrage.

Toutes les restrictions établies par les articles précédens peuvent être levées par une autorisation par écrit de l'éditeur légal, ou par toute autre convention librement consentie.

Les sociétés pour la publication de livres ou autres productions scientifiques ou littéraires jouissent du droit de propriété exclusive pendant 25 ans.

Ce délai est prorogé de dix ans, si, cinq ans avant son expiration, la société a fait publier une seconde édition.

Les travaux des sociétés scientifiques particulières tombent dans le domaine public, si ces sociétés cessent avant l'expiration de ce délai. Les sociétés scientifiques instituées auprès des académies, des universités et autres établissemens scientifiques, transfèrent, au cas de leur cessation, les droits qui leur compètent à l'établissement auquel elles ressortissent.

III. CONTESTATIONS (Digeste, *Lois civiles*, X, 2330-2349; *Code préventif*, 276-277, 286-292; *Supplément du Code pénal*, xv, 742).

Toutes contestations entre auteurs, traducteurs, premiers éditeurs, imprimeurs et libraires, concernant la propriété d'un ouvrage ou d'une autre production littéraire ou d'art, sont décidées par arbitres. En cas de refus d'une des parties de nommer des arbitres, ces contestations sont portées devant les tribunaux ordinaires, en commençant par les chambres civiles (cours royales). Si la décision des contestations de cette nature présente de notables difficultés, les chambres consultent les universités.

La contrefaçon ne peut être poursuivie que sur requête de la partie lésée.

L'action en contrefaçon est prescrite deux ans après la publication de l'ouvrage qui en fait l'objet. Ce délai est de quatre ans, si le demandeur réside à l'étranger.

Les contestations concernant la propriété littéraire, entre auteurs, traducteurs et éditeurs, peuvent être, en tout état de cause, soumises au jugement par arbitres, lesquels alors statuent en dernier ressort.

Jusqu'au jugement définitif, la vente de l'ouvrage argué de contrefaçon est suspendue; le jugement détermine les dommages-intérêts résultant de cette mesure.

Dans tous les cas, le contrefacteur est condamné: 1° au paiement, au profit de l'éditeur légitime, de la différence entre le coût réel de la fabrication des exemplaires contrefaits et le prix auquel l'éditeur légitime avait mis son ouvrage en vente; 2° à la confiscation des exemplaires non débités, lesquels sont adjugés à l'éditeur légitime.

Est réputé coupable de fraude et comme tel soumis aux tribunaux criminels, celui qui publie sous son nom un ouvrage d'autrui, comme aussi celui qui vend à plusieurs personnes différentes un manuscrit ou le droit de l'éditer, sans le consentement simultané des acquéreurs; le coupable, indépendamment de l'indemnité civile, est puni de la privation des droits civiques, de la fustigation et de la déportation en Sibérie.

IV. DOUANES. (Digeste. *Règlement des douanes*, IV, 996, 998, 1000, 1030. *Livres*, 185. — *Dispositions exceptionnelles*, 107.

Les douanes doivent apporter la plus grande surveillance à l'expédition des livres d'après les principes ci-après:

Les livres d'heures, dictionnaires, grammaires, ainsi que les livres russes, imprimés en Russie, ne sont assujétis à aucun contrôle.

Les livres que le voyageur apporte pour son usage particulier sont laissés à sa disposition, après qu'il en a été dressé un état

I.   19

exact, à la charge par le voyageur de les soumettre, lors de sa arrivée, au comité de censure.

Les livres en langue polonaise et russe, publiés hors de Russie, sont soumis à un règlement particulier.

Les journaux, écrits et recueils périodiques sont transmis par le bureau de la douane à celui de la poste.

Tous les autres livres sont directement expédiés au comité de censure.

Aucun livre étranger arrivant à l'adresse d'un membre du corps diplomatique, d'un employé attaché à une des missions étrangères ou d'un consul, n'est assujéti au contrôle du comité de censure.

---

§ VII.

ROYAUME DES DEUX-SICILES.

Les gouvernemens de l'Italie, loin de tendre, comme ceux des états allemands à multiplier les liens entre leurs peuples, s'étudient, au contraire, à écarter tout ce qui pourrait entretenir le sentiment de l'unité italienne : aussi y a-t-il, pour les auteurs comme pour le reste, non pas un droit italien, mais autant de législations diverses que l'on compte d'états différens. Lorsqu'en 1823 l'abbé Angelo Maï, depuis cardinal, enrichit le monde savant par sa belle découverte de la république de Cicéron, un privilège lui fut accordé dans plusieurs états de l'Italie ; j'ignore si les concessions de ce genre se sont quelquefois renouvelées ; mais, en tout cas, les exemples en sont rares et ce sont des cas tout-à-fait exceptionnels (1). J'ai eu occasion de prendre

(1) Voir dans l'*Anthologie*, recueil périodique publié à Florence, avril 1823,

connaissance de trois articles sur la propriété littéraire insérés dans un recueil périodique qui se publie à Naples sous
le titre de *Il progresso* (1). Ce recueil est un des meilleurs
organes du mouvement intellectuel fort remarquable, et trop
peu remarqué, qui, en ce moment, anime et soutient en Italie
beaucoup d'esprits élevés et de cœurs généreux, et qui les
porte, dans chacune des principales branches des connaissances humaines, vers de sérieux et nobles travaux. Deux de
ces articles, empreints de respect et d'amour pour la culture de
l'humanité, et signés, l'un Ludovico Bianchini, l'autre Matteo
de Augustinis, s'élèvent avec force contre l'existence d'une
propriété littéraire. Préoccupés avant tout, des espérances
qu'ils fondent sur la propagation des livres, ils soutiennent
que la dignité des auteurs aurait plus à perdre qu'à gagner
par la consécration universelle du principe de propriété littéraire, auquel ils assignent pour conséquences, le renchérissement des livres, de nouveaux obstacles à la diffusion des
lumières, et la multiplication des procès. La thèse contraire
est soutenue avec talent, dans le même recueil, par M. Carlo
Mele; voici quelques phrases extraites des considérations par
lesquelles il termine son article : « Je crois avoir suffisamment démontré la convenance naturelle, civile, économique,
morale, du droit de propriété littéraire, important besoin
des modernes sociétés civiles; je crois avoir prouvé que l'o-
pinion générale favorable à ce droit vaudra aux générations
futures, dans les pays qui l'adopteront, des hommes plus
dignes et de brillans destins. Sans m'occuper, quant à présent, de la transmission héréditaire de ce droit, et de son
extension hors de la patrie de l'auteur, je me bornerai à dire,
sur ce dernier point, que ce droit devrait, tout au moins,
être reconnu et garanti par des traités et des conventions

tome x, p. 159, un article où l'avocat Collini déplore l'impuissance des lois
contre la réimpression de l'ouvrage d'un Milanais, par un imprimeur florentin.
    (1) Janvier et février 1837.

entre tous les pays qui parlent une même langue, et qui forment, pour ainsi dire, les nations naturelles. » Après avoir invoqué l'autorité d'un littérateur du royaume Lombardo-Vénitien, Antonio Piazza, l'auteur poursuit ainsi : « Quant à moi, je ne puis qu'élever ma faible voix vers le ciel, pour qu'il lui plaise d'éveiller de semblables pensées dans le cœur de ceux qui tiennent les sceptres des diverses provinces de la patrie commune. Le seul exemple de Charles Botta et d'Alexandre Manzoni montre que la centaine, au moins, d'éditions faites, en peu d'années, en Italie, de leurs œuvres immortelles, ne leur ont pas rapporté ce que des vaudevilles et des romans ont valu ailleurs aux plus médiocres écrivains. Et ici, en terminant, je supplierai les écrivains étrangers de ne pas se montrer, comme ils le font, si dédaigneux, si oublieux des affaires italiennes ; d'accorder à nos œuvres d'intelligence quelques regards, et de savoir quelque gré à des hommes qui, avec une âme désintéressée et libre d'ambition, travaillent avec tant d'ardeur et de patience à répandre dans le monde le culte de la science, de la morale et de la raison. »

Je n'ai pu réunir que peu de documens sur les droits d'auteurs dans les diverses parties de l'Italie. On a vu que le royaume Lombardo-Vénitien est soumis à la législation autrichienne. Le royaume des Deux-Siciles possède un code général, exécutoire depuis le 1er septembre 1819, et qui contient, dans sa quatrième partie, *Lois pénales,* les dispositions suivantes : (1)

Livre II. Des méfaits, des délits et de leurs punitions ; titre vi, *des crimes qui attaquent l'intérêt public ; des crimes relatifs au commerce, aux manufactures et aux arts.*

Art. 322. Lorsque le gouvernement aura accordé à quelqu'un un privilège pour des marchandises ou des manufactures, tout autre

(1) M. Victor Foucher a donné, dans sa *Collection* déjà citée, pag. 262, la

qui en fabriquera, vendra, débitera ou introduira de l'étranger, en contravention aux règlemens ou aux privilèges, sera puni d'une amende qui ne pourra être moindre du tiers des dommages et intérêts, ni en excéder le double.

Les instrumens de fabrication et les marchandises seront confisqués. Les deux tiers de l'amende et des objets confisqués seront assignés à la partie lésée, outre la réparation ordinaire des dommages et intérêts.

Si néanmoins le dommage excède cinq cents ducats, la peine sera en outre, du premier degré de prison ou de confinement.

Art. 323. Les mêmes peines seront prononcées, avec les mêmes distinctions et destinations, pour l'édition, la vente, le débit ou l'introduction de l'étranger, d'écrits, compositions musicales, dessins, peintures, ou autres productions imprimées ou gravées en entier ou en partie, au mépris des lois et des règlemens relatifs à la propriété et au privilège des auteurs ou des éditeurs.

La confiscation des éditions contrefaites sera prononcée tant contre le contrefacteur que contre l'introducteur et celui qui les débitera.

Les cuivres, les formes ou matrices des objets contrefaits, seront également confisqués.

Art. 324. Le directeur, l'entrepreneur de spectacles, la compagnie qui aura fait représenter sur son théâtre des productions au mépris des lois ou des règlemens relatifs à la propriété des auteurs, sera puni de l'amende correctionnelle et de la confiscation des recettes.

Art. 325. Toute autre violation des règlemens d'administration publique, relatifs aux produits et aux manufactures du royaume, faits, soit pour les encourager, soit pour garantir les dimensions, la bonne qualité et la nature de la fabrication, sera punie du premier degré de confinement, ou de l'exil correctionnel et de l'amende correctionnelle, si néanmoins les règlemens ne prescrivent pas une autre peine.

Pourra être prononcée en outre la confiscation des manufactures, des produits ou des marchandises.

traduction de la partie de ce code qui contient les lois de la procédure criminelle et les lois pénales

Un décret du 5 février 1828 a réglé les droits d'auteurs dans le royaume des Deux-Siciles.

---

§ VIII.

SARDAIGNE.

Les privilèges de librairie sont fort anciens dans les États Sardes. Ils y étaient souvent accordés à des établissemens publics. C'est ainsi que des actes de 1583, 1584, 1592, 1597 concèdent les sept huitièmes des revenus du privilège des livres de classe et livres d'église à l'entretien de certains hôpitaux.

Des patentes royales du roi Charles-Félix, en date du 28 février 1826, règlent ce qui concerne les privilèges exclusifs en matière d'industrie et d'œuvres littéraires. Ce règlement, en 18 articles, établit des privilèges temporaires, fort analogues à nos brevets d'invention; mais l'article premier porte qu'ils ne seront accordés qu'aux inventions et perfectionnemens industriels et ouvrages de littérature que le roi en jugera dignes; après s'être occupé, dans les dix-sept premiers articles, des conditions et formalités nécessaires pour l'obtention et la conservation des privilèges d'industrie, le règlement statue ainsi par l'art. 18 : « Nous déclarons exempts des dispositions ci-dessus exprimées les auteurs de livres et de dessins qui se publieront dans nos états, conformément aux lois et règlemens sur l'imprimerie : Nous voulons qu'auxdits auteurs soit réservé le droit exclusif d'impression et de vente de leurs œuvres, pendant quinze années, pourvu qu'ils déclarent vouloir en user, et qu'avant la publication ils déposent un exemplaire à notre secrétariat d'État pour les affaires de l'intérieur, et un à chacune des bibliothèques de l'université de Turin, de notre Académie des sciences, et de nos archives de cour. »

Les lettres-patentes royales dont la teneur suit ont été portées, le 20 mai 1833, par le roi Charles-Albert. Nous les citons, quoiqu'elles ne concernent pas directement les droits d'auteurs, parce qu'il peut être utile au commerce de la librairie et aux auteurs étrangers d'en avoir connaissance.

Charles-Albert, par la grâce de Dieu roi de Sardaigne, de Chypre et de Jérusalem, duc de Savoie et de Gênes, etc. prince de Piémont, etc.

La multiplicité et qualité des livres, journaux et écrits que l'on introduit ou que l'on fait circuler clandestinement dans nos états, et les funestes conséquences qui en dérivent, nous ont fait connaître l'insuffisance des lois actuelles, et sentir la nécessité de nouvelles dispositions plus énergiques, afin de prévenir et réprimer de tels abus. C'est pourquoi, par les présentes, de notre certaine science et autorité royale, notre conseil d'état entendu, nous avons ordonné et ordonnons ce qui suit :

Art. 1er. L'introduction de l'étranger dans nos états de livres, journaux, ou autres écrits ou dessins tant imprimés que manuscrits, contraires aux principes de la religion, de la morale, et de notre monarchie, sera, outre les peines portées au chap. 16, tit. 34, livre 4 des constitutions générales, et au chap. 17, titre 33, livre 2 du règlement pour le duché de Gênes, punie de peine corporelle d'emprisonnement ou de chaîne d'un an à trois ans, laquelle peine pourra s'étendre aux galères de deux à cinq ans, lorsque, par le nombre des exemplaires, ou par d'autres circonstances, il paraîtra qu'ils ont été introduits pour être répandus.

Si cette introduction tend à provoquer ou encourager quelqu'un des délits prévus au chap. 2, titre 34, livre 4 des mêmes constitutions générales, et au chap. 2, titre 33, livre 2 du règlement susdit, et si les introducteurs en ont été coopérateurs ou confidens, les peines qui y sont portées seront appliquées.

Art. 2. Les peines susdites seront appliquées à ceux qui auront imprimé, publié, ou fait circuler dans nos états, lesdits livres, journaux, écrits ou dessins.

Art. 3. Quiconque les recevra par la poste, ou par une autre voie, même sans sa participation ou son consentement, sera obligé de les remettre immédiatement aux gouverneurs, ou commandans, et dans les lieux où ceux-ci ne résideront pas, on pourra aussi les remettre au syndic. Les contrevenans, surtout lorsque par leur conduite ils auront déjà encouru le soupçon des mêmes faits, seront jugés par le sénat et punis d'un emprisonnement qui pourra s'étendre à deux ans.

Art. 4. Nous déclarons en outre que l'amende de cent écus anciens portée au § 14, chap. 16, titre 34, livre 4 des constitutions générales, et au § 32, chap. 17, titre 33, livre 2 du règlement pour le duché de Gênes, appartiendra pour moitié à la personne qui aura découvert ou dénoncé la contravention, et qui, si elle le veut, restera inconnue.

Mandons d'observer les présentes, et à nos sénats de les entériner, voulant qu'elles soient insérées au recueil des actes de notre gouvernement, et que les exemplaires imprimés à notre imprimerie royale obtiennent la même créance que l'original.

Donné à Turin, le 20 du mois de mai, l'an du Seigneur 1833 et de notre règne le troisième.

Le Code civil pour les états du roi de Sardaigne (1), donné à Turin en langue italienne et française le 20 juin 1837, et exécutoire à partir du 1ᵉʳ janvier 1838, contient un article ainsi conçu :

« Art. 440. Les productions de l'esprit sont la propriété de « leur auteur, à la charge d'observer les lois et les règle- « mens qui y sont relatifs. »

Le Code sarde est rédigé sur notre Code civil français. L'art. 440 est le second du titre II *de la propriété* livre III *des biens et des différentes modifications de la propriété*. Il prend place après l'article qui reproduit textuellement l'art. 544 de notre Code.

---

(1) Dans un mémoire remarquable, lu à l'Académie des sciences morales et politiques, M. le comte Portalis, premier président de la cour de cassation, a fait l'examen des changemens par lesquels le nouveau code sarde s'est écarté de notre code civil. Voir la *Revue de législation et de jurisprudence*, publiée par M. Wolowski, tome VII, p. 199 et 437.

En tête de l'édition française et de l'édition italienne de ce Code données par l'imprimerie royale de Turin, on lit la note suivante qui prouve que les dispositions des lettres-patentes de 1826 s'étendent aux actes émanés du gouvernement : « *Édition officielle*. Cette édition jouit des privilèges dont « parle l'art. 18 des patentes royales du 28 février 1826. La « réimpression du Code civil est ainsi défendue jusqu'à dis- « positions ultérieures. »

DEUXIÈME PARTIE.

LÉGISLATION FRANÇAISE SUR LES DROITS D'AUTEURS.

Observations préliminaires.

La Révolution française, en proclamant la liberté de la presse, et en supprimant les corporations, détruisait les bases sur lesquelles l'ancienne législation sur la librairie s'était appuyée, et abolissait cette législation tout entière. Il n'entre pas dans le plan de cet ouvrage de montrer par combien de vicissitudes diverses les lois sur la presse ont dû passer avant d'arriver au régime actuel, qui consacre les droits de la liberté, en même temps qu'il place la société, les pouvoirs publics et les citoyens sous la protection d'une législation répressive des crimes et des délits. Nous n'avons pa à expliquer, non plus, comment les principes de libre concurrence ont prévalu en faveur du commerce de la librairie, et n'ont été que partiellement appliqués à l'imprimerie, qui demeure toujours soumise à une limitation du nombre des imprimeurs ; ni à donner notre avis sur ce qui resterait à faire pour régler cette partie, encore imparfaite, de notre organisation sociale.

Nous n'avons pas à nous occuper de ce qui concerne l'établissement des théâtres ; à rechercher dans quelle mesure la liberté doit leur appartenir, ni à quelle police ils doivent être soumis. Il a fallu toucher à toutes ces questions pour faire connaître l'état de notre ancien droit, qui les mêlait toutes; arrivés maintenant à la partie de notre travail qui a pour objet d'exposer la législation actuelle de la France, nous n'aurons plus à faire que de rares excursions hors de ce qui concerne spécialement les droits des auteurs.

L'Assemblée constituante et l'Assemblée législative ne se sont occupées que des auteurs dramatiques. C'est la Convention nationale qui par le décret du 19 juillet 1793 a réglé les droits des auteurs d'écrits en tous genres, et a posé les bases de la législation qui nous régit encore aujourd'hui.

En ne s'arrêtant point aux lois de détail, dont quelques-unes néanmoins ont de l'importance, telle, notamment que les deux décrets de germinal en XIII sur les ouvrages posthumes et sur les livres d'église, il faut aller jusqu'au décret impérial du 5 février 1810 pour trouver un changement notable dans la législation. .

La loi de 1793 donne aux auteurs droit sur leurs ouvrages pendant toute leur vie, et à leurs représentans pour dix années après la mort des auteurs. Le décret de 1810 étend, mais pour certains cas seulement, ce droit à toute la vie des veuves, et à vingt années après la mort soit des auteurs soit de leurs veuves.

Sous la restauration, et depuis la charte de 1830, on s'est, à plusieurs reprises, occupé de préparer une loi nouvelle. C'est surtout dans l'intérêt des auteurs, et pour étendre la durée des droits de leurs représentans que l'on a sollicité des modifications. On ne s'est occupé que transitoirement de l'importante question de savoir s'il ne conviendrait pas de codifier les dispositions éparses dans nos diverses lois sur la matière, et de régler, à cette occasion, les nombreuses difficultés de détails que l'expérience a signalées.

Je me réserve d'exposer, plus tard, mes idées sur une loi nouvelle ; mais je ne le ferai qu'après avoir, dans la quatrième partie de ce traité, recherché la solution que, dans l'état actuel de nos lois et de la jurisprudence, on doit donner aux questions que présente cette matière.

L'objet que je me propose, dans cette seconde partie, est de donner le texte de toutes les dispositions législatives rendues en France depuis 1791.

Plusieurs des lois que je vais citer ont, en tout ou en partie, cessé d'être en vigueur. C'est dans la partie consacrée à la discussion de chaque question spéciale que je signalerai plus particulièrement ce qui est encore en vigueur et ce qui a été abrogé.

Je n'ai pas voulu me contenter de donner le texte des lois et décrets : j'ai pensé que pour en mieux comprendre l'esprit et la portée, il serait utile de connaître les discussions qui les ont précédés et les motifs pour lesquels ils ont été rendus.

Cette partie sera subdivisée en autant d'articles distincts qu'il y a eu de lois, d'ordonnances, ou de décrets sur la matière.

---

§ 1er.

Loi du 13—19 janvier 1791, relative aux spectacles.

Dès les premiers jours de la Révolution française, la liberté des théâtres fut très vivement réclamée. Une grand nombre d'écrits et d'articles de journaux se succédèrent sans relâche. Le 24 août 1790, une députation des auteurs dramatiques vint à la barre de l'assemblée constituante, présenter une pétition. La Harpe porta la parole (1). Son discours, quelque peu dé-

---

(1) *OEuvres de Laharpe*, édition de 1820, tome v. — *Adresse des auteurs*

clamatoire, ne contient que des généralités où je ne trouve rie
de fort utile à extraire. La pétition porte les signatures suivantes : de La Harpe, J. Sédaine, Cailhava, Ducis, Fenouilly,
Lemierre, Laujon , Marie-Joseph Chénier, Mercier, Palis-
sot, Fabre d'Églantine, Framery, André de Murville, Fo-
geot, de Sauvigny, de Maisonneuve, Vigée, Chamfort, Fa-
let, etc. , etc. Vigée réclama contre l'apposition de sa
signature.

Après quelques considérations générales, la pétition s'élève
contre les réglemens qui gouvernaient la comédie. « On ne
sera pas surpris que ; dans un temps où les abus s'étendaient
sur tout, ils prévalussent encore davantage dans le régime de
la comédie, gouvernée par des gentilshommes de la chambre.
Le titre de *comédiens du roi entretenus par Sa Majesté*,
comme il était écrit sur le frontispice de leur hôtel, était un
titre abusif... Personne n'ignore que si les comédiens avaient
été réduits à ce qu'ils recevaient du roi, ils seraient à-peu-
près morts de faim ; ou plutôt la comédie n'aurait pu exister.
Ils étaient véritablement les comédiens du public, puisque c'é-
tait le public qui les faisait vivre..... On sait que dans le siècle
dernier, à l'époque des chefs-d'œuvre de Corneille, de Racine
et de Molière, il y avait à Paris trois troupes de comédiens
français, et aucune ne prenait encore le titre de *troupe du
roi*..... Racine fit jouer successivement son *Alexandre* par
la troupe du Palais-Royal et par celle de l'hôtel de Bourgogne
et cet exemple n'est pas le seul du même temps....... Les
gentilshommes de la chambre introduisirent aisément dans
l'administration de la comédie le despotisme de la cour. Les

dramatiques à l'assemblée nationale, p. 303 à 311. — *Pétition des auteurs
dramatiques*, p. 312 à 336.—*Supplément*, p. 337 à 342.—On n'a point réimprimé dans les œuvres de Laharpe le discours prononcé par lui à la Société
des amis de la constitution, le 17 décembre 1790 : un exemplaire de ce discours est à la collection des archives du royaume (n° 738).—On n'a pas réimprimé non plus la *Réponse aux observations pour les Comédiens français,*
(archives, n° 839).

omédiens, qui avaient tous les moyens possibles de tourner
e despotisme à leur profit, et d'en acheter la protection en se
isant de toutes manières les complaisans de leurs supérieurs
t les ministres de leurs plaisirs, les comédiens, sous le seul
rétexte qu'ils appartenaient au roi, se mirent bientôt au-
essus de toutes les lois qui pouvaient les obliger envers le
ublic et envers les auteurs, et leur crédit fut poussé au point
e de nos jours ils obtinrent un arrêt du conseil qui évoquait à
lui toutes les discussions qu'ils pouvaient avoir avec les auteurs dramatiques, en sorte que ceux-ci, qui invoquèrent plu-
ieurs fois la justice des tribunaux, les trouvèrent fermés à
leurs plaintes. On les renvoyait au conseil, qui usait alors de
son privilège ordinaire, celui de ne juger jamais quand il ne le
roulait pas; et en effet il n'a jamais jugé aucune de ces causes
parce que le moyen le plus court était la dénégation de toute
ustice.....

« ... Cependant, il y a quelques années, les justes plaintes
des auteurs éclatèrent plus vivement ; ils se réunirent pour
leur donner plus de poids ; le gentilhomme de la chambre en
exercice voulut bien les entendre, et, concurremment avec les
comédiens, de nouveaux règlemens furent rédigés. Mais la
seule amélioration qu'ils opérèrent porta sur un objet qui ne
permettait guère de contradiction, dès qu'on avait admis
l'examen : c'était celui qui regardait la rétribution des auteurs.
On prouva, par les registres même de la comédie, que les
auteurs avaient été fraudés, surtout depuis l'établissement des
petites loges, de la moitié de leurs droits légitimes. Comme
il n'y a point de réponse aux calculs arithmétiques, l'éloquence
des chiffres fut la seule à laquelle les comédiens ne purent
rien opposer. Le traitement des auteurs fut donc réglé sur une
répartition plus exacte, et augmenté en compensation de ce
qu'ils avaient perdu. Mais les comédiens, pour s'en dédom-
mager, eurent l'adresse de faire insérer dans le nouveau règlement des articles insidieux qui les laissaient absolument
maîtres du sort des pièces et de la distribution des jours de

représentation. D'ailleurs, le désavantage qu'ils venaient d'essuyer les aigrit et les révolta, et, depuis cette époque, c'est un principe avoué tout haut parmi eux, que les auteurs sont leurs ennemis naturels. »

Après une longue peinture de l'état anarchique de la comédie française, des discordes qui la divisent, des tribulations des gens de lettres, la pétition discute les prétentions des comédiens à la propriété des anciens ouvrages et se résume en demandant un décret qui fasse passer en loi les cinq articles suivans :

« 1° Tout privilège exclusif étant aboli, il sera permis à tout entrepreneur, à toute compagnie qui voudra faire les frais d'un nouveau théâtre public, d'exécuter son entreprise, en se conformant aux règlemens établis par la municipalité.

« 2° La municipalité étant désormais chargée de tout ce qui concerne la police des spectacles, rédigera un règlement général qui déterminera les droits respectifs des auteurs et des comédiens, statuera sur le régime intérieur de la comédie, sur tout ce qui regarde le service du public ; et deux commissaires du bureau d'administration seront chargés de surveiller l'exécution des règlemens, et de prononcer sur les discussions qui pourraient s'élever.

« 3° Les comédiens n'ayant point de droit de propriété sur les pièces qu'ils représentent depuis l'établissement de leur théâtre, toute autre troupe ancienne ou nouvelle sera autorisée à représenter les pièces des auteurs morts, devenues une propriété publique, et de traiter avec les auteurs vivans pour les pièces déjà représentées, ou pour celles qui ne l'auraient pas encore été.

« 4° Les ouvrages des auteurs vivans ne pourront être représentés sur aucun théâtre public, dans toute l'étendue du royaume, sans leur consentement formel et par écrit.

« 5° Cinq ans après la mort des auteurs, il sera permis de représenter leurs ouvrages sur tous les théâtres, sans que personne puisse en exiger de rétribution, à moins qu'ils n'en aient fait une cession particulière à telle ou telle troupe ; auquel cas cette troupe sera seule en droit de jouer tant qu'elle subsistera. »

Dans un article signé de lui, comme auteur de l'adresse et de la pétition, et qui a été publié sous le titre de *Supplément*, La Harpe répond en termes fort amers à des critiques d'un M. de Charnois. Je n'en citerai qu'un passage, à cause des faits qu'il rapporte.

« C'est chez M. de Mirabeau *l'universel*, avait dit le criti-
« que, qu'on a couvé cette pétition. Cela inquiète les intéres-
« sés, même ceux qui voudraient bien lui avoir des obli-
« gations. »

« *On a couvé !* répond La Harpe. Ne dirait-on pas qu'il s'a-
git d'une conspiration ? Remarquez qu'il s'agit de réclamations et de plaintes publiquement répétées depuis vingt ans
par tous les auteurs du théâtre Français ; car ceux du théâtre
Italien ne se plaignent point du traitement qu'on leur fait. Ces
derniers conservent toute leur vie la propriété de leurs ouvrages ; il n'en est pas de même des premiers. Il faut apprendre à M. de Charnois que ceux-ci se rassemblent en comité
chez M. Sedaine qu'ils ont nommé leur président ; qu'ils ont
tous été invités chez lui en dernier lieu pour entendre la
pétition, et que tous ceux qui s'y sont rendus l'ont signée. »

Dans un discours prononcé sur la liberté des théâtres à la
société des amis de la constitution, le 17 décembre 1790, La
Harpe reproduit, non sans un certaine véhémence révolution-
naire, les argumens déjà exposés par lui dans l'adresse, la
pétition et le supplément. Il termine ainsi : « Vous concevez
aisément que des gens de lettres qui sont devenus libres
dans leur patrie ne veulent pas être esclaves au théâtre ;
que les signataires d'une pétition que les comédiens
regardent comme une déclaration de guerre, n'iront pas
se remettre à la discrétion de leurs mortels ennemis ; et
après ce qu'ils ont souffert de leur insolent despotisme, se
replacer sous ce même despotisme, irrité encore par la ven-

geance. Personne ne respecte plus que nous les occupations de l'Assemblée nationale : mais lorsqu'à l'exemple de toutes les classes de citoyens, nous avons remis entre ses mains nos intérêts particuliers, qui se trouvent heureusement ceux du public, peut-être pouvons-nous nous flatter, comme les autres, de trouver une place et d'obtenir une heure dans une de ces séances du soir destinées en partie à des rapports de ce genre. Nous languissons depuis quatre mois dans une incertitude cruelle : tout ce que nous demandons, c'est de savoir enfin à quelles conditions nous pourrons désormais exercer un talent dont jusqu'ici l'effort le plus pénible n'était pas tant de vaincre les difficultés de l'art, que de lutter contre les dégoûts de toute espèce où nous condamnait la domination privilégiée des comédiens français. » Ce discours fut imprimé par ordre de la société : Mirabeau l'aîné *président;* Feydel, Villars, Verchère, Alexandre Beauharnois, *secrétaires.*

En opposition à la pétition de La Harpe, d'autres auteurs en présentèrent une, qui demandait, il est vrai, la consécration des droits des auteurs, mais qui réclamait très vivement la conservation au théâtre Français national des pièces d'auteurs anciens, composant le fonds de son répertoire. Cette pétition était signée : Desforges, Desfontaines, Aude, de La Chabeaussière, Hoffmann, Dancourt, Dantilly, Radet, Rauquit, Lieutaud, Fiérée, Barré, Lamontagne, Landrin, Piccini fils, Ducrai-Duménil, Picard, Pujoulx, Boutillier, Patrat, Dubreuil, Parisau. Elle était suivie d'adhésions motivées, et restrictives en quelques points, de Poinsinet de Sivry, d'Arnaud et de Boissy.

Les comédiens français firent, de leur côté, une forte défense. On voit dans des observations signées par Molé, Dazincourt et Fleury, comme fondés de pouvoirs des comédiens français ordinaires du roi, qu'ils ne résistaient ni à la suppression de leur privilège, ni à l'établissement d'un second théâtre; mais ils insistaient pour conserver leur ancien répertoire, et sur le maintien du règlement de 1780, rédigé dans le cabinet de Gerbier et consenti par les auteurs.

Voici un extrait assez curieux des registres de la comédie :

« 1660. Donné à Molière pour les *Précieuses ridicules*, en plusieurs à-comptes, mille livres ; — pour le *Cocu imaginaire*, en trois paiemens, quinze cents livres ; plus un solde au 7 septembre.

« 1661. Donné à Molière pour *Don Garcie*, 968 livres, pour les *Fâcheux*, 1100 livres.

« 1662. La troupe a donné à M. Boyer pour la tragédie de *Bonaxare*, cent demi-louis dans une bourse brodée d'or et d'argent.

« 1663. A M. de la Calprenède pour une pièce qu'il doit faire 800 livres.

« 1665. *Attila* de Pierre Corneille pour lequel on lui a donné 2000 livres ; prix fait.

« 1670. Même énonciation pour *Bérénice* du même auteur.

« 1667. La troupe a délibéré de payer à M. Corneille et à madame Guérin, ci-devant veuve de Molière, la somme de 200 louis d'or pour la pièce du *Festin de Pierre*.

« 28 juin 1778. Cession par madame Denis : « Je soussignée « légataire et héritière de tous les biens et manuscrits de « M. de Voltaire, mon oncle, je cède et abandonne en toute « propriété à MM. les comédiens français tous les honoraires « que je suis en droit de prétendre, soit pour le présent, soit « pour l'avenir, des représentations de feu mon oncle. »

« 9 juin 1773. Cession par de La Harpe : « Je soussigné cède « aux comédiens français, en toute propriété, ma tragédie de « Warwick, lorsqu'ils en auront donné six représentations « avec le droit ordinaire d'auteur, dans le courant de l'hiver « prochain. »

Le comité de constitution, saisi de l'examen de la question, avait d'abord compris les dispositions relatives à la liberté des théâtres dans trois articles (18, 19 et 20), d'un projet général sur la liberté de la presse, qu'il rendit public en 1790. Mais on se décida ensuite à régler cette matière par un décret spécial ; et Chapelier, au nom du Comité de constitution, présenta, le 13 janvier 1791, le projet de décret qui fut adopté ce jour-là.

Le rapport de Chapelier met d'abord en présence les réclamations des auteurs dramatiques et celles des comédiens.

« Les auteurs dramatiques demandent la destruction du privilège exclusif qui place dans la capitale un théâtre unique, où sont forcés de s'adresser tous ceux qui ont composé des tragédies, ou des comédies d'un genre élevé ; ils demandent que les comédiens attachés à ce théâtre ne soient plus, ni par le droit ni par le fait, les possesseurs exclusifs des chefs-d'œuvre qui ont illustré la scène française ; et, en sollicitant pour les auteurs, leurs héritiers ou cessionnaires, la propriété la plus entière de leurs ouvrages, pendant leur vie et cinq ans après leur mort, ils reconnaissent, et même ils invoquent, les droits du public, et ils n'hésistent pas à avouer qu'après le délai de cinq ans, les ouvrages des auteurs sont une propriété publique.

« Les comédiens, vulgairement connus sous la dénomination de *comédiens français,* se permettent de convenir qu'il ne peut plus exister de privilège exclusif, et ils vont jusqu'à avouer qu'il peut être établi dans la capitale un autre théâtre, où pourront, comme sur le leur, être représentées les pièces qu'ils ont, jusqu'à présent, regardées comme leur domaine particulier. Mais ils prétendent être propriétaires sans partage des chefs-d'œuvre de Corneille, Racine, Molière, Crébillon et autres, et de tous les auteurs qui, par la disposition d'un règlement, ont perdu leur propriété, ou qui, sous la loi d'un privilège exclusif, ont traité avec eux. »

Après avoir développé l'une et l'autre thèse, le rapporteur résume ainsi cette partie de la discussion : « Nous pensons que tout citoyen doit pouvoir élever un théâtre; qu'il ne suffirait pas d'en permettre deux, parce que ce ne serait que diviser le privilège et non le détruire; que le droit de former des établissemens de ce genre est une suite du droit naturel, qui appar-

tient à tout homme, d'exercer son industrie ; qu'ainsi restreindre ce droit, c'est véritablement le rendre exclusif en faveur
de quelques personnes, et par conséquent agir contre tous les
principes sur lesquels vous travaillez depuis que vous êtes
assemblés ; enfin qu'il faut que la municipalité ait la police
sur les spectacles.

Le rapporteur s'occupe ensuite des ouvrages des auteurs
morts.

« La plus sacrée, dit-il, la plus légitime, la plus inattaquable,
et si je puis parler ainsi, la plus personnelle des propriétés,
est l'ouvrage fruit de la pensée d'un écrivain ; cependant c'est
une propriété d'un genre tout différent des autres propriétés.

« Quand un auteur a livré son ouvrage au public, quand
cet ouvrage est dans les mains de tout le monde, que tous les
hommes instruits le connaissent, qu'ils se sont emparés des
beautés qu'il contient, qu'ils en ont confié à leur mémoire les
traits les plus heureux, il semble que, dès ce moment, l'écrivain a associé le public à sa propriété, ou plutôt la lui a trans-
mise tout entière. Cependant, comme il est extrêmement
juste que les hommes qui cultivent le domaine de la pensée
tirent quelques fruits de leur travail, il faut que, pendant toute
leur vie et quelques années après leur mort, personne ne
puisse, sans leur consentement, disposer du produit de leur
génie. Mais aussi, après le délai fixé, la propriété du public
commence, et tout le monde doit pouvoir imprimer, publier,
les ouvrages qui ont contribué à éclairer l'esprit humain.
Voilà ce qui s'opère en Angleterre pour les auteurs et le public,
par des actes que l'on nomme tutélaires ; ce qui se faisait autrefois en France par des priviléges que le roi accordait, et ce
qui sera dorénavant fixé par une loi, moyen beaucoup plus
sage et le seul qu'il convienne d'employer. »

Quant aux ouvrages des auteurs vivans, le rapporteur dit
d'abord quelques mots des traités particuliers antérieurement
consentis entre les auteurs et les comédiens ; parmi les auteurs, les uns ont pu passer des actes translatifs de toute leur

propriété, de manière que leurs ouvrages soient devenus celle des comédiens auxquels ils l'ont cédée; d'autres n'ont vendu que la faculté de jouer leurs pièces, et sont libres de traiter, sur la même faculté, avec toutes les autres troupes qui sont établies. C'est aux tribunaux à juger la valeur de ces actes.

« Il est, poursuit le rapporteur, une autre classe d'auteurs: ce sont ceux qui, sous l'empire d'un privilège exclusif et d'un règlement injuste, ont vu les comédiens français conquérir leur propriété et en devenir les héritiers anticipés.

« Vous savez que quatre officiers du roi s'étaient emparés de la législation du théâtre, et avaient soumis les acteurs à un règlement auquel ces derniers avaient été forcés de consentir, parce qu'ils n'avaient aucun moyen d'obtenir un meilleur sort. Ce règlement, enté sur un autre règlement, porte que toute pièce qui n'aura pas produit 1500 livres de recette en hiver, et mille en été, appartiendra aux comédiens.

« Quelques auteurs dramatiques n'ont point été victimes d'une loi si bizarre, et, quand le privilège exclusif aura péri comme tous les autres abus, ils pourront porter librement sur tous les théâtres le fruit de leurs veilles. Mais d'autres, en très grand nombre, ont vu leur propriété sortir de leurs mains, et, par une espèce de droit de conquête, passer dans celles des comédiens; la loi leur rendra ce qu'on n'a pu leur ravir, ce qui est une véritable spoliation que rien ne peut légitimer.

« Certes, il n'y a aucune justice dans cette disposition réglémentaire; car c'est faire dépendre une chose sacrée, la propriété, de la fantaisie, de la négligence, des manœuvres de ceux qui ont intérêt de l'envahir : on sait très bien qu'il y a beaucoup de moyens d'exciter, de ménager la curiosité du public, et de soutenir ou de faire tomber une pièce, ce que les comédiens, toujours heureux en expressions palliatives, appellent *dans les règles.*

« C'était déjà beaucoup que ce règlement déterminât la quotité qu'aurait un auteur dans la recette que produit sa

pièce; car, c'était faire pour lui un contrat que lui seul a le
droit de faire avec les comédiens; et sa misérable part était
le septième. Mais c'est le comble de l'injustice que de lui
dire : si les comédiens jouent lâchement votre pièce, s'ils la
placent à un jour où le public est entraîné à d'autres amuse-
mens, s'ils la joignent à une pièce qui éloigne les spectateurs,
enfin, tous ces *si* que la malveillance ou l'intérêt rend, non-
seulement très probables, mais très fréquens, c'en est fait de
votre propriété. Il n'a pas pu exister une loi pareille; elle ne
peut pas être reconnue; elle ne peut pas avoir d'effet; c'est
beaucoup trop que les comédiens en aient joui; elle ne peut
plus leur servir de titre. L'auteur n'a point perdu sa propriété
par un règlement aussi injuste; il a le droit de reprendre sa
pièce et d'empêcher qu'on la joue sans son consentement.

« Il y a plus; tout favorable que leur fût ce règlement, les
comédiens l'ont violé; ils y ont manqué de la manière la plus
étonnante, et par là, ils auraient rendu nuls les effets de la
loi la mieux établie. La recette devait être moindre de 1500 livres en hiver et de 1000 livres en été; il fallait, pour calcu-
ler la recette, joindre les loges à l'année au produit de la
distribution des billets; on n'a mis celles-là à part que pour
ne compter que la recette des autres; ainsi on a enfreint le
règlement pour dépouiller plus sûrement les auteurs.

« Telles sont les raisons qui nous décident pour la pétition
des auteurs dramatiques.

« L'intérêt des comédiens eût été d'y consentir, et de se
joindre aux auteurs de cette pétition pour solliciter votre
décret. Leur existence, leurs talens, l'habitude du public,
leur répondent qu'avec quelques efforts ils auront un avantage décidé sur leurs concurrens; ils seront à la place où ils
doivent être, encourageant les productions littéraires par
les charmes dont ils les parent, jouissant de leurs talens que
l'infériorité de leurs émules fera davantage ressortir, formant
des contrats libres avec les auteurs, et cessant de commencer
par être des usurpateurs heureux pour devenir des proprié-

taires légitimes, affranchis enfin de ce servage avilissant pour les arts, et n'étant plus que sous l'inspection sage des magistrats du peuple. »

Le rapporteur s'occupe ensuite d'une réclamation accessoire des créanciers du théâtre.

« On ne conçoit guère ce que peut faire, dans une question de cette nature, l'intervention des créanciers. Si la destruction des privilèges, si le renversement de tous les abus, avaient tenu à l'inquiétude des créanciers de ceux qui vivaient de privilèges et d'abus, il se serait opéré peu de réformes. Les comédiens ont des engagemens, ils y satisferont. Leur état, loin de diminuer par la concurrence et la liberté, doit augmenter par l'émulation et le perfectionnement des talens. Pourquoi leurs créanciers doutent-ils des efforts qu'ils feront et des moyens qu'ils auront pour attirer le public à leur beau spectacle? Long-temps encore, ou pour mieux dire toujours, les comédiens qui ont un établissement tout formé, qui ont des talens distingués, qui ont montré un zèle auquel nous nous plaisons à rendre justice, auront de grands avantages sur leurs concurrens, et si les créanciers n'ont pu raisonnablement compter que sur la fidélité et les talens de leurs débiteurs, ils n'ont rien perdu des sûretés sur lesquelles ils ont spéculé. »

Le rapport, en terminant, motive la disposition de police contenue dans le projet de décret.

« Sans doute, vous avez été souvent scandalisés de ces satellites armés qui sont dans l'intérieur des salles de spectacle, et qui mettent les signes de l'esclavage et de la contrainte à côté des plaisirs paisibles des citoyens. Il faut sûrement que le bon ordre et la tranquillité règnent dans ces lieux où beaucoup d'hommes se rassemblent; il peut être quelquefois nécessaire d'employer la force publique pour calmer des gens qui cherchent à mettre le trouble et pour faire observer les règlemens; mais pour cela, il n'est pas nécessaire que des baïonnettes entourent les spectateurs, et que tous les yeux rencontrent les signes de la défiance de l'autorité armée. Des officiers civils dans l'intérieur de la salle, et une garde extérieure qui puisse être par eux requise au besoin; voilà toutes les précautions que l'ordre public réclame, que la raison autorise, et que le régime de la liberté puisse permettre. »

Après la lecture de ce rapport, l'abbé Maury prit la parole. Il commença par déclarer qu'il s'abstiendrait, par scrupule, parce qu'une pareille matière ne pouvait jamais être un objet de délibération pour les ecclésiastiques : « Je sais, dit-il ensuite, que l'état des comédiens, et ce qu'on appelle spectacle, est soumis à une police, mais je crois savoir que depuis quelque temps, et vous en savez l'époque, les pièces de théâtre ne sont soumises à aucune police. Il y avait autrefois dans le royaume, c'était dans un temps où nous étions barbares, comme sous Louis XIV, il y avait, dis-je, des censeurs qui empêchaient qu'on représentât rien qui fût contraire ni aux mœurs, ni aux lois. Je ne vois pas que cet usage existe dans notre nouvelle constitution; je ne vois pas cependant non plus qu'il puisse être avantageux pour l'Assemblée d'accorder cette liberté qui pourrait l'exposer à se voir jouer elle-même. » L'orateur termina par supplier l'Assemblée d'examiner s'il était possible de laisser provisoirement la composition des pièces sans police : « Je répète, dit-il, que je ne décide rien, parce que je ne puis prendre aucune part à la délibération. » — « Il m'a été difficile, répondit Mirabeau, de deviner si le préopinant était monté à la tribune pour son plaisir ou pour le nôtre... Je ne cherche point à répondre à aucune objection de M. l'abbé Maury, car, sans doute, il n'a pas eu la prétention d'en faire. Je lui témoignerai seulement ma reconnaissance pour l'avis sage qu'il a bien voulu nous donner, afin de prévenir les écarts de l'imagination des auteurs. Nous le supplions d'être aussi tranquille sur les Mélitus que nous le sommes sur les Socrate. Quant à la seule chose qui aurait pu paraître une objection, celle de la licence qui pourrait résulter de permettre à tout citoyen d'élever un théâtre, il serait fort aisé d'enchaîner toute espèce de liberté en exagérant toute espèce de danger ; car il n'est point d'acte d'où la licence ne puisse résulter. La force publique est destinée à la réprimer et non à la prévenir aux dépens de la liberté. Quand nous nous occuperons de l'instruction publique, dont le théâtre doit faire partie, quand nous nous occuperons d'une loi, non sur la liberté de la presse, mais sur les délits de la liberté de la presse, car, c'est ainsi qu'il faut s'expliquer pour être conséquent aux principes, alors on verra que les pièces de théâtre peuvent être transformées en une morale très active et très rigoureuse. Quoi qu'il en soit, où il n'y a pas d'objection il ne faut pas de réponse ; je demande donc qu'on aille aux voix sur le projet du comité. »

Un membre du côté droit, Folleville, essaya inutilement de réclamer en faveur des comédiens : « L'Assemblée, dit-il, dérive insensiblement de ses principes. Elle a solennellement renoncé à tout esprit de conquête ; cependant, après la conquête facile de la Bastille, elle a passé à la conquête commode des biens du clergé. Aujourd'hui, elle veut passer à la conquête des biens du théâtre, dit autrefois *français* et aujourd'hui *de la nation*. Si tout cela n'était que des privilèges, on devrait bien supprimer aussi les concessions de terrain, et enfin les privilèges de la librairie ; car un marché entre un comédien et un auteur est le même que celui entre un auteur et un imprimeur. L'un imprime en caractères et l'autre fait valoir par la déclamation. Je demande donc que, conformément aux droits de l'homme, les comédiens ne puissent être dépouillés qu'après une indemnité préalable. Sans les grands comédiens, les grands auteurs n'auraient pas fait merveille ; et il y a beaucoup de pièces où l'acteur est plus recommandable que l'auteur. »

Un membre demanda que tout citoyen, qui établirait un théâtre, fût tenu de donner le cinquième du produit net aux pauvres. Un autre ayant dit que l'article de police ne lui semblait pas assez sûr : « Une salle de jeux publics, hérissée de baïonnettes, s'écria Mirabeau, est un spectacle qu'il faut repousser avec horreur. » Roberspierre attaqua l'art. 6 comme destructif de la liberté des théâtres : « Ce n'est pas assez que beaucoup de citoyens puissent élever des théâtres, il ne faut pas qu'ils soient soumis à une inspection arbitraire. L'opinion publique est seule juge de ce qui est conforme au bien. Je ne veux donc pas que, par une disposition vague, on donne à un officier municipal le droit d'adopter ou de rejeter tout ce qui pourrait lui plaire ou lui déplaire : par là, on favorise les intérêts particuliers et non les mœurs publiques. Je conclus à ce que l'on ajourne tout le projet plutôt que d'adopter le sixième article. »

De Landine demanda que la propriété de l'auteur fût conservée après, sa mort, à ses héritiers, pendant dix ans au lieu de cinq.

L'ajournement et les amendemens furent rejetés; et le projet du comité fut décrété, dans la même séance du 13 janvier 1791, et sanctionné par le roi le 19.

Voici le texte de cette loi :

ARTICLE 1er.

Tout citoyen pourra élever un théâtre public, et y faire représenter des pièces de tous les genres, en faisant, préalablement à l'établissement de son théâtre, sa déclaration à la municipalité des lieux.

ART. 2.

Les ouvrages des auteurs morts depuis cinq ans et plus sont une propriété publique, et peuvent, nonobstant tous anciens privilèges qui sont abolis, être représentés sur tous les théâtres indistinctement.

ART. 3.

Les ouvrages des auteurs vivans ne pourront être représentés sur aucun théâtre public, dans toute l'étendue de la France, sans le consentement formel et par écrit des auteurs, sous peine de confiscation du produit total des représentations au profit des auteurs.

ART. 4.

La disposition de l'art. 3 s'applique aux ouvrages déjà représentés, quels que soient les anciens règlemens ; néanmoins les actes qui auraient été passés entre des comédiens et les auteurs vivans, ou des auteurs morts depuis moins de cinq ans seront exécutés.

ART. 5.

Les héritiers ou les cessionnaires des auteurs, seront propriétaires de leurs ouvrages, durant l'espace de cinq années après la mort de l'auteur.

ART. 6.

Les entrepreneurs, ou les membres des différens théâtres seront, à raison de leur état, sous l'inspection des municipalités ; ils ne recevront des ordres que des officiers municipaux, qui ne pourront arrêter ni défendre la représentation d'une pièce sauf la responsabilité des auteurs et des comédiens, et qui ne pourront rien enjoindre aux comédiens que conformément aux lois et aux règlemens de police, règlemens sur lesquels le comité de constitution dressera incessamment un projet d'instruction. Provisoirement les anciens règlemens seront exécutés.

ART. 7.

Il n'y aura au spectacle, qu'une garde extérieure, dont les troupes de ligne ne seront point chargées, si ce n'est dans le cas où les officiers municipaux leur en feraient la réquisition formelle. Il y aura toujours un ou plusieurs officiers civils dans l'intérieur des salles, et la garde n'y pénétrera que dans le cas où la sûreté publique serait compromise, et sur la réquisition expresse de l'officier civil, lequel se conformera aux lois et aux règlemens de police. Tout citoyen sera tenu d'obéir provisoirement à l'officier civil.

§ II.

Loi du 19 juillet—6 août 1791, relative aux spectacles.

Dans la séance du soir, du 19 juillet 1791, le comité de constitution proposa un projet de décret sur les spectacles. Le projet contenait trois articles; le premier fut rejeté et les deux autres furent décrétés. L'article rejeté avait pour but de tempérer, en faveur des droits acquis aux théâtres antérieurement privilégiés, les conséquences immédiates du principe de liberté absolue d'établissement des théâtres; il était ainsi conçu : « Tous les théâtres qui existaient à l'é-« poque du 16 août 1790 par privilèges exclusifs, seront « maintenus dans l'effet desdits privilèges, sans que, jusqu'à « leur expiration, il puisse être établi d'autres théâtres dans « la même ville, à la charge par eux d'exécuter les disposi-« tions de la loi du 16 août 1790, relativement à la rede-« vance à laquelle ces théâtres sont soumis ». La loi du 16 août 1790, à laquelle le projet se référait, est la loi *sur l'organisation judiciaire*, qui, dans son titre xi, *des juges en matière de police*, disposait, article 4, ainsi qu'il suit : « Les « spectacles ne pourront être permis et autorisés que par « des officiers municipaux. Ceux des entrepreneurs et direc-« teurs actuels qui ont obtenu des autorisations, soit des gou-« vernemens des anciennes provinces, soit de toute autre ma-« nière, se pourvoiront devant les officiers municipaux qui « confirmeront leur jouissance pour le temps qui en reste à « courir; à la charge d'une redevance envers les pauvres. » Voici en quels termes la loi fut décrétée le 19 juillet, et sanctionnée le 6 août 1791 :

Louis, etc. — L'Assemblée nationale, après avoir entendu les ob-servations de plusieurs membres et les conclusions du rapporteur, a admis la rédaction suivante :

L'Assemblée nationale, considérant que la loi du 16 août 1790 n'é-
tait que provisoire, et que la loi du 13 janvier dernier contient des
dispositions générales, qui seules doivent être exécutées dans tout
l'empire français, décrète sur l'art. 1ᵉʳ du projet du comité, qu'il
n'y a pas lieu à délibérer.

ART. 1ᵉʳ.

Conformément aux dispositions des articles 3 et 4 du décret du
13 janvier dernier, concernant les spectacles, les ouvrages des auteurs vivans, même ceux qui étaient représentés avant cette époque,
soit qu'ils fussent ou non gravés ou imprimés, ne pourront être
représentés sur aucun théâtre public, dans toute l'étendue du
royaume, sans le consentement formel et par écrit des auteurs,
ou sans celui de leurs héritiers ou cessionnaires pour les ouvrages
des auteurs morts depuis moins de cinq ans, sous peine de confiscation du produit total des représentations au profit de l'auteur ou
de ses héritiers ou cessionnaires.

ART. 2.

La convention entre les auteurs et les entrepreneurs des spectacles sera parfaitement libre, et les officiers municipaux, ni aucuns
autres fonctionnaires publics, ne pourront taxer lesdits ouvrages,
ni modérer ou augmenter le prix convenu; et la rétribution des
auteurs, convenue entre eux ou leurs ayant-cause et les entrepreneurs de spectacle, ne pourra être ni saisie ni arrêtée par les créanciers des entrepreneurs du spectacle.

---

§ III.

*Loi du 30 août 1792, relative aux conventions entre les au-
teurs et directeurs de spectacles.*

Les deux lois de 1791 provoquèrent l'établissement de plusieurs nouveaux théâtres, mais ne firent point cesser les

plaintes des auteurs. On voit, par un compte fort détaillé, rendu le 12 août 1791 par Beaumarchais aux auteurs dramatiques (1), et approuvé par une délibération signée par trente-huit d'entre eux, que les comédiens français, pour s'indemniser du tort résultant pour eux de la concurrence et du partage de leur ancien répertoire avec les théâtres rivaux, faisaient aux auteurs des conditions plus dures que celles du règlement de 1780; règlement qui, en cessant d'exister au profit des comédiens, cessait aussi d'être obligatoire contre eux. D'un autre côté, les directeurs des théâtres de provinces renouvelaient sans cesse les réclamations les plus vives et se déclaraient ruinés par les prétentions des auteurs. Beaumarchais, défenseur infatigable de la cause des auteurs, présenta une pétition à l'assemblée législative le 23 décembre 1791. Il la présenta en son nom seul; car dans ces temps de liberté on imputait aux auteurs le crime de former une corporation illégale, parce qu'ils se réunissaient pour délibérer sur leurs communs intérêts. On peut extraire de cette pétition quelques faits curieux.

« Lassé de voir le brigandage dont les malheureux gens de lettres étaient constamment les victimes, je voulus essayer d'y remédier autant qu'il pouvait être en moi. Nommé, depuis long-temps, par tous les auteurs dramatiques, un de leurs commissaires et représentans perpétuels, j'avais eu le bonheur, en stipulant leurs intérêts, de faire réformer quelques abus dans leurs relations continuelles avec le théâtre Français. Je voulus profiter du succès d'un de mes ouvrages qu'on desirait jouer en province pour travailler à la réforme du plus grand de tous les abus, celui de représenter les ouvrages sans rien payer à leurs auteurs. Je répondis aux demandeurs du *Mariage de Figaro* que je ne le ferais imprimer, et n'en

---

(1) *OEuvres de Beaumarchais*, 1809, t. XI. — *Compte-rendu de* 1780, p. 1. — *Rapport de* 1791, p. 187. — *Pétition de* 1791, p. 217.

permettrais la représentation en province, que quand les directeurs des troupes se seraient soumis, par un acte, à payer, non pas à moi seul, mais à tous les auteurs vivans, la même rétribution dont ils jouissaient dans la capitale.

« Que firent alors ces directeurs? Ils firent écrire ma pauvre pièce pendant qu'on la représentait; la firent imprimer sur-le-champ, chargée de toutes les bêtises, de toutes les ordures et incorrections que leurs très maladroits copistes y avaient partout insérées; puis, la jouèrent ainsi défigurée sur les théâtres des provinces : et ma pièce, déshonorée, volée, imprimée, jouée sans ma permission, ou plutôt malgré moi, devint par cette turpitude l'honnête propriété des adversaires que je combats. Je m'en plaignis à nos ministres, seuls juges alors dans ces matières. Je n'en obtins point de justice; car je n'étais qu'homme de lettres; ma demande n'eut aucune faveur, car je n'étais point comédienne. En vain me serais-je adressé aux tribunaux d'alors, même aux cours souveraines. Toutes les fois que le cas arrivait, les comédiennes sollicitaient; la cour sollicitée, évoquait l'affaire au conseil où elle n'était jamais jugée...

« Obligé de chercher à me faire justice moi-même, et la pièce, mal imprimée par ceux qui l'avaient mal volée, étant aussi beaucoup trop bête, ce que je fis dire partout en désavouant cette horreur, quelques directeurs de province vinrent me demander de jouer mon véritable ouvrage. Je leur montrai mes conditions. Ceux de Marseille, de Versailles, de Rouen, d'Orléans etc., les acceptèrent sans balancer; en passèrent acte notarié.... On pourra bien être étonné que je n'aie jamais pu tirer un denier de toutes ces troupes, ni moi ni aucuns auteurs, avec mes actes notariés; malgré que j'eusse exprès consacré ces produits aux pauvres de ces grandes villes, espérant que ce bon emploi ferait des défenseurs actifs à la cause des gens de lettres. Mais il n'est pas moins vrai que ma pièce, imprimée par moi pour que ces directeurs la fissent représenter en me payant mes honoraires, m'a été de nouveau volée, et que c'est à ce titre seul qu'elle est jouée partout en France. Tels sont les droits des directeurs sur le *Mariage de Figaro*.

« .... A quoi pouvaient nous servir ces réclamations personnelles contre les directeurs de troupes, quand le gouvernement lui-même ne pouvait s'en faire obéir? Témoin *l'Honnête criminel*, dont la cour défendit la représentation, et qui fut joué dans toutes les provinces, quoique le ministre La Vrillière eût ordonné expressément à nosseigneurs les intendans de s'opposer aux représentations. Qu'arriva-t-il de tout cela? Que le gouvernement ne fut obéi nulle part; que l'auteur fut volé partout, et que les directeurs s'enrichirent en se moquant impunément des lois, du propriétaire, et du ministre : ce qu'on voit encore aujourd'hui; car, malgré la constitution et deux décrets consécutifs qui assurent nos propriétés, nos droits et nos réclamations sont nuls.

« .... Depuis les décrets qui nous assurent enfin la propriété de nos pièces, je me suis plaint au sieur Flachat, qui, de procureur du spectacle (de Lyon), a si bien fait, par ses journées, qu'il en est devenu premier propriétaire, et le signataire des injures que tous les directeurs nous disent. Je me plaignais à lui de ce que l'on continuait à y jouer, sans une permission de moi, le *Mariage de Figaro*. Il m'a donné cette réponse dont la citation curieuse est ici à l'ordre du jour : « Nous jouons votre *Mariage*, parce qu'il nous fournit d'excellentes recettes; et nous le jouerons malgré vous, « malgré tous les décrets du monde. Je ne conseille même à « personne de venir nous en empêcher. Il y passerait mal son « temps ». — Nous voilà menacés du peuple!

« .... Ne se confiant pas trop aux principes dont ils se servent, les directeurs de troupes veulent vous appitoyer sur leur ruine, qu'ils disent certaine si ces fils de Mercure et de la nymphe Echo sont forcés de donner aux enfans d'Apollon, qui seuls font les pièces qu'ils jouent, une part modérée dans le produit de leurs ouvrages, après avoir levé les frais.... Si l'on croyait devoir s'appitoyer pour tous ces directeurs de troupes, qui se disent souffrans en s'emparant de nos ouvrages, que fera-t-on pour les auteurs dont la propriété, presque nulle pendant leur vie, est perdue pour leurs héritiers cinq années après leur décès? Toutes les propriétés légitimes se transmettent pures et intactes d'un homme à tous ses descendans. Tous les fruits de son industrie, la terre qu'il a défrichée, les choses qu'il a fabriquées, appartiennent, jusqu'à la vente qu'ils ont toujours le droit d'en faire, à ses héritiers quels qu'ils soient. Personne ne leur dit jamais : Le pré, le tableau, la statue, fruit du travail ou de génie, que votre père vous a laissé, ne doit plus vous appartenir quand vous aurez fauché ce pré, ou gravé ce tableau, ou bien moulé cette statue pendant cinq ans après sa mort; chacun alors aura le droit d'en profiter autant que vous : personne ne leur dit cela. Et pourtant quel défrichement, quelle production émanée du pinceau, du ciseau des hommes, leur appartient plus exclusivement, plus légitimement, que l'œuvre du théâtre échappée au génie du poète, et leur coûta plus de travail? Cependant, tous leurs descendans conservent leurs propriétés; le malheureux fils d'un auteur perd la sienne au bout de cinq ans d'une jouissance plus que douteuse, ou même souvent illusoire : cette très courte hérédité pouvant être éludée par les directeurs des spectacles en laissant reposer les pièces de l'auteur qui vient de mourir, pendant les cinq ans qui s'écoulent, jusqu'à l'instant où les ouvrages, aux termes du premier décret, deviennent leur propriété; il s'ensuivrait que les enfans très malheureux des gens de lettres, dont la plupart ne laissent de fortune qu'un vain renom et leurs ouvrages, se verraient tous exhérédés par la sévérité des lois. »

Plusieurs écrits furent publiés de part et d'autre. Le comité consacra plusieurs séances à entendre les auteurs et les comédiens. Le projet de décret, délibéré par le comité les 2 et 6 janvier 1792, souffrit des retards. Le 13 août, les comédiens se présentèrent de nouveau à la barre pour solliciter le décret.

L'Assemblée législative chercha à concilier les divers intérêts et à améliorer la condition des théâtres de départemens, en modifiant, à leur égard, les décrets de l'Assemblée constituante. Mais ce décret de 1792, qui ne contenta personne, fut rapporté un an après par la Convention. Quoiqu'il ne conserve plus qu'un intérêt historique, nous croyons ne devoir point en omettre le texte. Il fut adopté, sans discussion, sur la proposition de Romme.

L'ASSEMBLÉE NATIONALE, après avoir entendu le rapport sur des réclamations faites contre quelques dispositions des décrets du 13 janvier 1791, et 19 juillet suivant, sur les théâtres :

Considérant que ces réclamations sont fondées sur ce que ces décrets peuvent porter atteinte aux droits des différens spectacles, pour n'avoir pas assez distingué l'état passé de l'état à venir, ainsi que la position de Paris de celle du reste de la France, relativement à la jouissance des pièces de théâtre, en vertu des conventions ou règlemens, ou en vertu d'un long et paisible usage ;

Considérant que le droit de faire imprimer et le droit de faire représenter, qui appartiennent incontestablement aux auteurs des pièces dramatiques, n'ont pas été suffisamment distingués et garantis par la loi.

Considérant enfin que les ouvrages dramatiques doivent être protégés par la loi, de la même manière que toutes les autres productions de l'esprit, mais avec des modifications dictées par la nature du sujet ; et voulant ôter toute cause de réclamation, décrète ce qui suit :

ART. 1er.

Les pièces imprimées ou gravées, mises en vente avant le décret du 13 janvier 1791, qui ont été jouées avant cette époque sur les théâtres autres que ceux de Paris, sans convention écrite des auteurs, et cependant sans aucune réclamation légalement constatée de leur part, pourront être jouées sur ces mêmes théâtres sans aucune rétribution pour les auteurs.

ART. 2.

Les conventions faites avant le décret du 13 janvier 1791, entre les auteurs et les directeurs de spectacles, seront exécutées.

ART. 3.

Les règlemens et arrêts du conseil qui avaient été faits pour les théâtres de Paris ayant été abrogés par le décret du 13 janvier et ayant donné lieu, à cette époque, à divers traités entre les théâtres de Paris et les auteurs, ces traités seront suivis dans toute l'étendue de leurs dispositions; en conséquence nul autre théâtre de Paris que celui ou ceux auxquels l'auteur ou ses ayant-cause auront permis la représentation de ces pièces, ne pourra les jouer, sous les peines de la loi.

ART. 4.

Pour prévenir toute réclamation à l'avenir, les auteurs seront tenus en vendant leurs pièces aux imprimeurs ou aux graveurs, de stipuler formellement la réserve qu'ils entendront faire de leurs droits de faire représenter lesdites pièces.

ART. 5.

Le traité portant ladite réserve sera déposé chez un notaire, et imprimé à la tête de la pièce.

ART. 6.

En conséquence de cette réserve, aucun spectacle ne pourra jouer lesdites pièces imprimées ou gravées, qu'en vertu d'un consentement écrit et signé par l'auteur.

ART. 7.

Les spectacles qui contreviendront au précédent article encourront la peine de la confiscation du produit total des représentations.

ART. 8.

La réserve faite en vertu de l'art. 4 n'aura d'effet que pour dix ans. Au bout de ce temps, toutes pièces imprimées et gravées seront librement jouées par tous les spectacles.

ART. 9.

L'Assemblée nationale n'entend rien préjuger sur les décrets ou règlemens de police qu'elle pourra donner dans le Code de l'instruction publique, sous le rapport de l'influence des théâtres sur les mœurs et les beaux-arts.

ART. 10.

Elle déroge aux décrets antérieurs, en tout ce qui n'est pas conforme au présent décret.

----

§ IV.

Loi du 19—24 juillet 1793, relative aux droits de propriété des auteurs d'écrits en tout genre, des compositeurs de musique, des peintres et des dessinateurs.

Les lois nouvelles n'avaient pourvu qu'aux intérêts des auteurs dramatiques; les droits de tous les autres auteurs demeuraient sans protection ni garantie, depuis que l'on avait cessé de délivrer des privilèges de librairie, dont l'abolition, toutefois, n'avait pas été prononcée expressément, et dont les registres de la chambre syndicale des libraires de Paris font mention jusqu'à la fin de juillet 1790 (1). Le décret du 19 juillet 1793 s'occupa du règlement de ces droits, et posa les bases de notre législation moderne.

On discutait peu à cette époque. Le décret fut adopté sans discussion après un bref rapport de M. Lakanal. Quoique ce décret n'établisse qu'un droit temporaire, le rapport se tait sur les motifs de la limitation de ce droit à une période de dix années après la mort de l'auteur. Chapelier avait indiqué ces

(1) Voyez la note de la page 148.

motifs, tirés de l'intérêt du domaine public, et son rapport
sur la loi du 19 janvier 1791 pénétrait plus avant dans la
question que celui de M. Lakanal, duquel voici le texte :

« De toutes les propriétés, la moins susceptible de contestation, celle dont l'accroissement ne peut, ni blesser l'égalité,
ni donner d'ombrage à la liberté, c'est, sans contredit, celle
des productions du génie ; et si quelque chose doit étonner,
c'est qu'il ait fallu reconnaître cette propriété, assurer son
libre exercice par une loi positive ; c'est qu'une si grande révolution que la nôtre ait été nécessaire pour nous ramener
sur ce point, comme sur tant d'autres, aux simples élémens
de la justice la plus commune.

« Le génie a-t-il ordonné, dans le silence, un ouvrage qui
recule les bornes des connaissances humaines ? des pirates
littéraires s'en emparent aussitôt, et l'auteur ne marche à
l'immortalité qu'à travers les horreurs de la misère. Et ses enfans ! La postérité du grand Corneille s'est éteinte dans l'indigence.

« L'impression peut d'autant moins faire, des productions
d'un écrivain, une propriété publique dans le sens où les cor-
saires littéraires l'entendent, que l'exercice utile de la propriété de l'auteur ne pouvant se faire que par ce moyen, il
s'ensuivrait qu'il ne pourrait en user sans la perdre à l'instant même.

« Par quelle fatalité faudrait-il que l'homme de génie, qui
consacre ses veilles à l'instruction de ses concitoyens, n'eût à
se promettre qu'une gloire stérile, et ne pût revendiquer le
tribut légitime d'un si noble travail ?

« C'est après une délibération réfléchie que votre comité
d'instruction publique vous propose de consacrer des dispositions législatives qui forment, en quelque sorte, la déclara-
ration des droits du génie. »

Voici le texte du décret :

LA CONVENTION NATIONALE, après avoir entendu son comité
d'instruction publique, décrète ce qui suit :

ART. 1er.

Les auteurs d'écrits en tout genre, les compositeurs de musique, les peintres et dessinateurs qui feront graver des tableaux ou dessins, jouiront durant leur vie entière du droit exclusif de vendre, faire vendre, distribuer leurs ouvrages dans le territoire de la république et d'en céder la propriété en tout ou en partie.

ART. 2.

Leurs héritiers ou cessionnaires jouiront du même droit durant l'espace de dix ans après la mort des auteurs.

ART. 3.

Les officiers de paix seront tenus de faire confisquer à la réquisition et au profit des auteurs, compositeurs, peintres ou dessinateurs et autres, leurs héritiers ou cessionnaires, tous les exemplaires des éditions imprimées ou gravées sans la permission formelle et par écrit des auteurs.

ART. 4.

Tout contrefacteur sera tenu de payer au véritable propriétaire une somme équivalente aux prix de trois mille exemplaires de l'édition originale.

ART. 5.

Tout débitant d'édition contrefaite, s'il n'est pas reconnu contrefacteur, sera tenu de payer au véritable propriétaire une somme équivalente au prix de cinq cents exemplaires de l'édition originale.

ART. 6.

Tout citoyen qui mettra au jour un ouvrage soit de littérature ou de gravure, dans quelque genre que ce soit, sera obligé d'en déposer deux exemplaires à la bibliothèque nationale ou au cabinet des estampes de la république, dont il recevra un reçu signé par le bibliothécaire, faute de quoi il ne pourra être admis en justice pour la poursuite des contrefacteurs.

ART. 7.

Les héritiers de l'auteur d'un ouvrage de littérature ou de gravure, ou de toute autre production de l'esprit ou de génie qui appartienne aux beaux-arts, en auront la propriété exclusive pendant dix années.

———

§ V.

Décret du 1ᵉʳ septembre 1793, qui rapporte la loi du 30 août 1792, relative aux ouvrages dramatiques.

Ce décret fut adopté sans discussion après le rapport suivant, fait par M. Lakanal au nom du comité d'instruction publique.

« Les comédiens envahissent impunément la propriété des auteurs dramatiques ; ceux-ci réclament contre l'usurpation de leurs droits : tel est le débat que vous devez terminer.

« Dans ces jours où l'Assemblée constituante n'avait pas encore flétri sa vieillesse, elle proclama le principe des propriétés dramatiques ; elle reconnut solennellement qu'un ouvrage ne peut être représenté sur la scène sans le consentement formel de l'auteur, et que nul ne peut s'établir son légataire privatif, sans l'aveu de ses héritiers ou cessionnaires.

« Que cet abus se fût introduit et qu'il eût prévalu faute de moyens de résistance, que les entrepreneurs de spectacles eussent regardé leur usurpation comme un titre, par cela seul qu'elle n'avait jamais été troublée, on le conçoit aisément ; mais croira-t-on qu'ils aient poussé la déraison jusqu'à soutenir en principe que l'acquisition d'un exemplaire d'une pièce théâtrale transmet, à celui qui l'achète, le droit d'en donner des représentations utiles pour lui seul, contre le gré de l'auteur, et sans l'associer au bénéfice ? (1)

———

(1) Cette interprétation avait prévalu dans la jurisprudence anglaise, et a été le droit de l'Angleterre jusqu'à l'acte du 10 juin 1833, qui en a enfin fait justice. Voy. p. 239 et suivantes.

« Si, lorsque l'ouvrage sort des presses de l'imprimeur, le comédien pouvait se l'approprier, réciproquement l'imprimeur pourrait s'en saisir lorsqu'il sort de la bouche de l'acteur, et le mettre aussitôt en vente; ce qui répugne également aux usages, à vos décrets, et surtout aux principes.

« Au mois d'août de l'année dernière, dans ces jours d'orage où l'Assemblée législative ne pouvait pas donner une attention sérieuse à une question de ce genre, elle rapporta les sages dispositions de la loi que Mirabeau et Chapelier avaient provoquée dans un temps où ils stipulaient encore pour le peuple et la liberté.

« Le décret du corps législatif n'avait point été préparé dans les comités, et le rapporteur Romme, éclairé lui-même par un examen ultérieur, a reconnu l'imperfection de cette loi, avec la bonne foi qu'on trouve chez ceux qui joignent les lumières à la droiture.

« Eh! pourquoi, par une inégalité inadmissible, le bénéfice qui dérive originairement de la même source, et qui se partage entre des canaux différens, appartiendrait-il exclusivement à l'acteur, tandis que l'imprimeur se soumet à un juste partage?

« C'est avec toute la confiance qu'inspire votre justice et la légitimité de la cause que je défends, que je vous propose, au nom de votre comité d'instruction publique, le projet de décret suivant. »

Les mêmes idées sont exprimées, avec un peu plus de développemens, et quelquefois dans les mêmes termes, au nom du même comité d'instruction publique, dans un rapport imprimé de Baudin des Ardennes, suivi du même projet de décret. Une pétition présentée à la Convention, au nom des grands spectacles de Marseille et de Lyon, et signée Flachat et Montainville, déclare que le projet de rapport et de décret est déjà imprimé à l'avance : « On y verra en tête, dit la pétition, ce « titre étrange : *imprimé par ordre de la convention,* tandis « que bien sûrement la Convention n'a pas donné *ordre* d'im-

« primer un travail dont elle n'a jamais désigné, ni connu
« l'objet. » C'était probablement du rapport de Baudin qu'il
s'agissait; et c'est sur ce rapport que M. Lakanal aura rédigé le sien.

LA CONVENTION NATIONALE voulant assurer aux auteurs dramatiques la propriété de leurs ouvrages, leur garantir les moyens d'en
disposer avec une égale liberté par la voie de l'impression et par
celle de la représentation, et faire cesser à cet égard entre les théâtres de Paris et ceux des départemens, une différence aussi abusive
que contraire aux principes de l'égalité, décrète ce qui suit :

ART. 1er.

La Convention nationale rapporte la loi du 30 août 1792, relative
aux ouvrages dramatiques.

ART. 2.

Les lois des 13 janvier et 19 juillet 1791 et 1793, leur sont appliquées dans toutes leurs dispositions.

ART. 3.

La police des spectacles continuera d'appartenir exclusivement
aux municipalités. Les entrepreneurs ou associés seront tenus d'a-
voir un registre dans lequel ils inscriront et feront viser par l'officier de police de service, à chaque représentation, les pièces qui seront jouées, pour constater le nombre des représentations de chacune.

----

§ VI.

*Loi du 25 prairial an III (13 juin 1795) interprétative de
celle du 19 juillet 1793 qui assure aux auteurs et artistes
la propriété de leurs ouvrages.*

LA CONVENTION NATIONALE après avoir entendu le rapport de ses
comités de législation et d'instruction publique, sur plusieurs de-

mandes en explication de l'art. 3 de la loi du 19 juillet 1793, dont l'objet est d'assurer aux auteurs et artistes la propriété de leurs ouvrages par des mesures répressives contre les contrefacteurs, décrète ce qui suit :

ART. 1er.

Les fonctions attribuées aux officiers de paix par l'art. 3 de la loi du 19 juillet 1793, seront à l'avenir exercées par les commissaires de police, et par les juges de paix dans les lieux où il n'y a pas de commissaires de police.

ART. 2.

Le présent décret sera inséré au bulletin de correspondance.

---

§ VII.

Loi du 10 fructidor an IV (27 août 1796) concernant l'impression des ouvrages adoptés comme livres élémentaires.

Cette loi, toute spéciale, ne statue que sur un cas particulier. Elle interprète en faveur des auteurs et de leurs ayant-cause la question de savoir si le bénéfice de la loi du 19 juillet 1793 devait leur être conservé, alors qu'il s'agissait d'ouvrages récompensés dans un concours public.

Les faits qui ont donné occasion à cette loi offrent assez d'intérêt pour ne pas être passés sous silence.

La Convention nationale avait ouvert le 9 pluviose an II (28 janvier 1794) un concours pour la composition de livres élémentaires. Un décret du 18 messidor an II (6 juillet 1794) avait nommé membres du jury chargé d'examiner et de juger ces livres, et de proposer les récompenses à accorder aux ouvrages qui auront été jugés utiles à la république : Lagrange, Daubenton, Lebrun, Monge, Richard, Garat, Thouin,

Prony, Seryeis, Hallé, Corvisart, Desorgues, Vandermonde et Buache. Ce concours, fermé par décret du 7 fructidor an III (24 août 1795) qui en ouvrit un nouveau, fut suivi d'un jugement du jury.

Ce jugement approuve 43 ouvrages qu'il divise en 9 classes : 1° Instructions sur l'éducation physique et morale des enfans, depuis la grossesse jusqu'à leur entrée dans les écoles primaires ; 2° Instructions pour les instituteurs nationaux sur l'éducation physique et morale des enfans dans les écoles nationales ; 3° Méthodes pour apprendre à lire et à écrire ; 4° Elémens de grammaire française ; 5° Instructions sur les règles d'arithmétique et de géométrie pratique, et sur les nouvelles mesures et leurs rapports avec les anciennes ; 6° Elémens de géographie ; 7° Instructions sur les principaux phénomènes et les productions les plus usuelles de la nature ; 8° Elémens de morale républicaine : 9° Élémens d'agriculture ; 10° Mélanges. Sur ces 43 ouvrages, 6 obtenaient une récompense de 3000 livres et l'impression aux frais de la république ; 11, une récompense de 2,500 livres et l'impression pour l'un d'eux ; 5 avaient 2000 livres ; 4 avaient 1500 livres ; 1 obtenait l'impression seulement ; 16 n'étaient que mentionnés. Les signataires du jugement du jury sont : Selis, Corvisart, Hallé, Pasumot, Fontanes, Pougens, Lagrange, Lalande, Buache, Dubois, Carbon-Flins, Desorgues, Saint-Ange, Desfontaines, Lebrun, Tessier, Seryeis.

Le 28 pluviose an IV, le conseil des Cinq-cents, sur le rapport de M. Lakanal, considérant que, dans la plupart des écoles nationales, l'instruction est nulle ou vicieuse faute de bons livres élémentaires ; considérant que ces livres sont depuis long-temps l'objet des vœux et de l'attente de la nation, adopte les conclusions du jury ; ordonne que les livres imprimés aux frais de la république seront distribués aux membres des deux conseils et envoyés aux administrations départementales, et alloue à chaque membre du jury d'examen une indemnité de dix mille livres. Il faut noter que cette indemnité, de même que les récompenses accordées aux livres, était payable en papier-monnaie.

Au conseil des Anciens, la résolution ne passa pas sans difficultes. Un rapport fort étendu y fut présenté le 11 germinal par Barbé-Marbois, qui, à cette occasion, rendit compte de l'état déplorable où l'éducation publique était tombée. « Dès 1791, Talleyrand s'adressant à l'Assemblée constituante déplorait la décadence rapide et presque spontanée des établissemens existans, qui dans toute la France dépérissaient comme des plantes sur un terrain nouveau qui les rejette... Depuis cette époque, l'enseignement et l'instruction ont toujours rétrogradé... Tout a disparu indistinctement... Les enfans qui avaient huit à neuf ans quand la révolution a commencé, et qui atteignent leur seizième année, tous ceux qui, dans le même intervalle, auraient dû accomplir ou commencer leur éducation, nous demandent de les arracher à l'ignorance qui menace le reste de leur vie; et de quelque diligence que nous usions à leur égard, nous verrons dans les écoles, ainsi qu'au temps de la renaissance des lettres, des étudians de dix-huit à vingt-cinq ans... Déjà le nombre des hommes instruits est diminué au point que, si nous n'y prenions garde, cette rareté nous ramenerait aux temps du privilège de clergie. »

Après avoir entretenu l'assemblée de la prochaine organisation des écoles primaires et centrales, le rapporteur fait l'éloge du Collège de France, « cette première école de l'univers, restée debout au milieu de tant de décombres », et de l'École polytechnique dont la récente création a été suivie du « succès complet de la plus belle épreuve qui ait jamais été consacrée aux progrès de l'éducation ». Il parle ensuite de l'Institut national, des écoles de santé, des efforts par lesquels la Convention a préparé la restauration des bonnes études, et il forme des vœux en faveur des écoles de musique.

Après ce tableau général, des rapports spéciaux sur les ouvrages mentionnés par le conseil des Cinq-cents furent faits par Malleville, Barbé-Marbois, Lacuée, Baudin, Courtois, membres de la commission. Puis, le rapporteur reprit la parole : il fit connaître que la commission n'avait jugé susceptibles de l'impression aux frais de la république que trois ouvrages : la *Grammaire française* de Lhomond, les *Elémens d'arithmétique* par Condorcet, et les *Principes de la morale républicaine* par La Chabaussière ; il conclut à ce que le projet de résolution ne fût pas adopté.

Fourcroy combattit les conclusions de la commission ; il convint de l'état fâcheux dans lequel l'instruction publique était tombée, mais insista sur les travaux d'organisation opérés pendant la dernière année de la Convention ; il fit valoir les espérances d'un meilleur avenir, et recommanda notamment la formation d'une école normale fondée sur un meilleur plan que celle dont l'essai n'avait pas réussi. Il exprima la crainte qu'un refus d'adopter la première résolution qui renfermât des encouragemens pour les hommes dévoués à l'enseignement et pour l'enseignement lui-même, ne fit qu'aggraver le mal et paralyser le succès des écoles. Il terminait ainsi : « L'intérêt pressant de l'instruction, les besoins urgens des écoles, la nécessité de porter l'attention publique sur l'enseignement, l'état languissant où il se trouve, la détresse générale et le découragement des hommes qui s'en occupent, l'attente où l'on est que vous soutiendrez les efforts de la Convention pour les sciences et les arts ; tout vous engage à ne pas repousser la première occasion qui se soit encore présentée de concourir par la législation à l'avancement et à la propagation des lumières. »

La résolution fut approuvée. C'est la loi du 11 germinal an IV (31 mars 1796).

L'exécution de cette loi offrit quelques embarras. Le message suivant, signé Carnot, fut adressé le 30 floréal an IV au conseil des Cinq-cents :

« Le directoire exécutif, empressé de mettre à exécution la loi du 11 germinal sur l'impression de livres élémentaires, l'a examinée avec l'attention dont elle est digne; mais en cherchant à faire jouir au plus tôt les écoles nationales du bienfait de la loi, il a dû s'occuper des moyens qui pouvaient le mieux se concilier avec les intérêts de la république. Plusieurs difficultés se sont élevées à cet égard, et le directoire les a crues de nature à vous être soumises.

« L'article 1er de la loi porte que les ouvrages présentés au concours qui, au jugement du jury d'examen, doivent servir de livres élémentaires dans les écoles primaires de la république, seront imprimés à ses frais, distribués aux membres des deux conseils, et aux administrations départementales.

« Nous vous prions d'abord d'observer que plusieurs auteurs des livres élémentaires adoptés par le jury avaient fait imprimer leurs ouvrages avant l'examen; qu'il en est dont les libraires ont acheté et payé la propriété : tous demandent qu'il n'en soit point fait de nouvelles éditions, s'offrant à en fournir le nombre qu'on en jugera nécessaire; d'autres ont déjà redemandé leurs manuscrits, satisfaits de l'approbation qu'ils ont obtenue, et se disposent à les perfectionner encore avant de les livrer à l'impression.

« A ces considérations particulières se joignent des raisons d'un intérêt majeur : c'est la dépense très forte que causerait cette impression, et cela, nous osons vous le dire, sans aucune utilité réelle pour la république. Ce ne sera point par une distribution faite aux membres des deux conseils et aux administrations départementales que les livres élémentaires pourront produire le fruit que vous en avez attendu : c'est par l'usage qui en sera fait dans les écoles, où la loi ne dit point qu'ils doivent être distribués aux frais de la république.

« Pour qu'ils puissent atteindre ce but, il faudra donc toujours que les auteurs ou propriétaires en fassent des éditions nombreuses. N'est-il pas beaucoup plus simple et plus économique de leur acheter mille exemplaires de chaque ouvrage, qui suffiront pour la destination prescrite par la loi?

« Seulement, si dans le nombre des huit ouvrages adoptés

par le jury il s'en trouvait quelqu'un dont l'auteur ne se présentât pas, ou préférât l'impression nationale, l'article 1er de la loi du 11 germinal serait exécuté à son égard.

« Par ce moyen, vous concilierez les intérêts de la propriété, de l'instruction publique, et de la sage économie dont les besoins de l'état nous font une si impérieuse loi.

« Le Directoire exécutif vous invite à prendre cet objet dans la plus grande considération. La plupart des auteurs et propriétaires des manuscrits attendent votre décision avec inquiétude. Le Directoire l'attend avec la ferme volonté de seconder vos efforts et les progrès de l'institution républicaine. »

Ce message fut renvoyé à une commission composée de Villars, Grégoire et Pastoret. Cette commission exprima, le 14 thermidor, l'avis que l'économie proposée par le directoire ne présentait pas un intérêt assez grand pour déterminer à revenir sur la loi du 11 germinal, et l'on passa à l'ordre du jour sur le message.

Nonobstant cet ordre du jour, la loi suivante, rédigée dans les sens du message du directoire, fut adoptée, le 9 fructidor, par les deux Conseils.

Le Conseil des anciens, adoptant les motifs de la déclaration d'urgence qui précède la résolution ci-après, approuve l'acte d'urgence.

Suit la teneur de la déclaration d'urgence et de la résolution du 9 fructidor.

Le Conseil des Cinq-cents considérant que par la loi du 11 germinal dernier, relative à l'impression des ouvrages qui doivent servir de livres élémentaires, il n'a point été dérogé à la loi du 19 juillet 1793, qui assure aux auteurs d'écrits et à leurs héritiers ou cessionnaires, le droit exclusif de les faire imprimer, vendre et distribuer, et qu'il est instant de lever les obstacles qui pourraient retarder l'impression des livres élémentaires,

Déclare qu'il y a urgence.

Le Conseil, après avoir déclaré l'urgence, prend la résolution suivante :

Art. 1er.

Les auteurs des ouvrages adoptés comme livres élémentaires et leurs héritiers ou cessionnaires, sont maintenus dans le droit exclusif de les faire imprimer, vendre, distribuer, conformément aux dispositions de la loi du 19 juillet 1793.

Art. 2.

Le Directoire exécutif est autorisé à traiter, pour le nombre de mille exemplaires, avec lesdits auteurs, leurs héritiers ou cessionnaires, qui auront fait imprimer leurs ouvrages.

Art. 3.

Les ouvrages élémentaires dont les auteurs ou leurs cessionnaires auront déclaré qu'ils ne veulent ou ne peuvent en faire l'édition, seront imprimés aux frais et à l'imprimerie de la république.

Art. 4.

La présente résolution sera imprimée.

---

§ VIII.

Projet de résolution sur les théâtres, adopté par le conseil des Cinq-cents, et rejeté par le conseil des Anciens.

Le 26 brumaire an vi, le conseil des Cinq-cents, sur une motion de Chénier, renvoya à une commission de cinq membres l'examen des trois questions suivantes :

1º Faut-il modifier l'art. 1er de la loi du 19 janvier 1791, relative aux théâtres ?

2º Quelle doit être la surveillance du Directoire sur ces établissemens ?

3º Comment doit être déterminé le mode de récompense pour les théâtres qui auront bien servi la cause de la liberté ?

Le 25 pluviose, Audoin fit un rapport sur ces questions et proposa un projet de résolution ; dans la discussion, Lamarque, le 2 germinal, opposa un autre projet ; ils furent refondus ensemble, et le 14 germinal an VI, Audoin présenta, au nom de la commission, un projet nouveau, ainsi conçu :

« Art. 1er. Les théâtres sont sous la surveillance du Directoire exécutif.

« 2. Les ouvrages de théâtres appartiennent à leurs auteurs pendant leur vie, et à leurs héritiers ou cessionnaires pendant l'espace de dix ans, à compter du jour de leur décès. Les ouvrages posthumes appartiennent, aux mêmes conditions, à ceux que la loi en a reconnus propriétaires.

« 3. Nul ne peut faire représenter, imprimer ou vendre à son profit aucun ouvrage dramatique, sans la permission formelle et par écrit du propriétaire ou de son ayant-cause. Les délits de ce genre, ainsi que tous ceux qui concernent les engagemens relatifs aux théâtres, sont du ressort des tribunaux de police correctionnelle.

« 4. Dix ans après la mort des auteurs, le produit de la part dite d'auteur, dans la représentation de leurs ouvrages, sera versé dans une caisse destinée aux encouragemens de l'art dramatique, sous la direction immédiate du Directoire exécutif, qui ne pourra disposer de ces fonds pour aucun autre usage.

« 5. Toutes les lois antérieures sur les théâtres sont abrogées, en ce qui n'est pas conforme à la présente résolution. »

Ce projet fut adopté le 8 floréal an VI, par le conseil des Cinq-cents. Le 28 floréal, Creuzé-Latouche fit au conseil des Anciens un rapport favorable à la résolution. Elle fut combattue par Laussat, Decomberousse, Jourdain et Baudin, qui attaquèrent surtout le pouvoir, selon eux exorbitant, qu'elle donnait au Directoire exécutif, pouvoir dont l'exercice leur paraissait devoir être laissé au Corps législatif.

La résolution fut rejetée par le conseil des Anciens le 18 prairial an VI.

§ IX.

Loi relative aux manufactures, fabriques et ateliers,
22 germinal an xi (12 avril 1803).

L'article 17 de cette loi a été abrogé par la loi du 28 juillet 1824.

TITRE IV. *Des marques particulières.*

ART. 16.

La contrefaçon des marques particulières que tout manufacturier ou artisan a le droit d'appliquer sur les objets de sa fabrication, donnera lieu : 1° à des dommages-intérêts envers celui dont la marque aura été contrefaite; 2° à l'application des peines prononcées contre le faux en écritures privées.

ART. 17.

La marque sera considérée comme contrefaite, quand on y aura inséré ces mots *façon de....,* et à la suite le nom d'un autre fabricant ou d'une autre ville.

ART. 18.

Nul ne pourra former action en contrefaçon de sa marque s'il ne l'a préalablement fait connaître d'un manière légale, par le dépôt d'un modèle au greffe du tribunal de commerce d'où relève le chef-lieu de la manufacture ou de l'atelier.

―――――――

§ X.

Décret impérial concernant les droits des propriétaires d'ouvrages posthumes.— Au palais des Tuileries, le 1er germinal an xiii (22 mars 1805).

La première rédaction de ce décret, présentée par Regnaud de Saint-Jean-d'Angély au conseil d'état, dès le mois de

22.

thermidor an x, puis reprise le 24 ventose an xiii, contenait
déjà la double pensée, plus nettement exprimée dans le décret et dans son préambule, d'attribuer au propriétaire, qui
publiait l'ouvrage posthume, les mêmes droits qu'à l'auteur,
et d'empêcher que la publication de cet ouvrage ne devint
un moyen indirect d'acquérir un monopole sur les autres œuvres de l'auteur devenues propriété publique. Mais cette première rédaction supposait que l'œuvre inédite appartiendrait
nécessairement aux héritiers de l'auteur ou à ses ayant-cause,
ce qui aurait, dans la pratique, donné lieu à de graves difficultés toutes les fois que le propriétaire aurait été dans l'impossibilité de montrer par quelle suite de transmissions l'ouvrage serait arrivé dans ses mains. Quant à la séparation de
l'ouvrage posthume d'avec le reste des œuvres de l'auteur,
elle n'était indiquée qu'imparfaitement.

Voici cette première rédaction qui, comparée avec le texte
du décret, en fera mieux comprendre le sens définitif, par la
connaissance des amendemens adoptés.

« Art. 1er. Tout ouvrage posthume, même d'un auteur mort depuis
plus de dix ans, est la propriété exclusive des héritiers de l'auteur ou
de ses ayant-cause, et il ne deviendra propriété publique que dix
ans après la mort du propriétaire par succession ou à autre titre.

« 2. Toutefois, si l'auteur a fait d'autres ouvrages précédemment
publiés, et que l'éditeur veuille en faire une nouvelle édition en y
réunissant les ouvrages posthumes, il ne pourra refuser de vendre
séparément les volumes qui les contiendront. »

Le décret a été adopté, avec sa rédaction actuelle, dans la
séance du 30 ventose an xiii, et signé le lendemain 1er germinal.

NAPOLÉON, empereur des Français; sur le rapport du ministre
de l'intérieur ; vu les lois sur les propriétés littéraires;

Considérant qu'elles déclarent propriétés publiques les ouvrages
des auteurs morts depuis plus de dix ans ;

Que les dépositaires, acquéreurs, héritiers ou propriétaires des

ouvrages posthumes d'auteurs morts depuis plus de dix ans, hé-
sitent à publier ces ouvrages dans la crainte de s'en voir contester
la propriété exclusive, et dans l'incertitude de la durée de cette
propriété ;

Que l'ouvrage inédit est comme l'ouvrage qui n'existe pas ; et
que celui qui le publie a les droits de l'auteur décédé, et doit en
jouir pendant sa vie ;

Que cependant, s'il réimprimait en même temps et dans une seule
édition, avec les œuvres posthumes, les ouvrages déjà publiés du
même auteur, il en résulterait en sa faveur une espèce de privilège
pour la vente d'ouvrages devenus propriété publique.

Le Conseil d'état, entendu,

Décrète :

ART. 1er.

Les propriétaires par succession ou à d'autre titre d'un ouvrage
posthume ont les mêmes droits que l'auteur, et les dispositions des
lois sur la propriété exclusive des auteurs et sur sa durée leur sont
applicables ; toutefois à la charge d'imprimer séparément les ouvrages posthumes, et sans les joindre à une nouvelle édition des
ouvrages déjà publiés et devenus propriété publique.

ART. 2.

Le grand-juge ministre de la justice et les ministres de l'intérieur et de la police générale sont chargés de l'exécution du présent décret.

§ XI.

*Décret impérial concernant l'impression des livres d'église,
des heures et des prières.* — Au palais de Saint-Cloud, le
7 germinal an xiii (29 mars 1805.)

Ce décret n'a point été délibéré en conseil d'état. Il a été
rendu sur le rapport suivant de M. Portalis, ministre des
cultes, en date du 6 germinal an xiii :

« M. l'archevêque de Tours, ancien évêque de Meaux, me dénonce une manœuvre cupide de la part d'un imprimeur de Meaux, dont les effets pourraient être dangereux, et dont il est instant d'empêcher le retour.

« En 1758, l'évêque de Meaux fit imprimer un livre d'église conforme au Bréviaire et au Missel.

« Guédon, imprimeur à Meaux, autre que celui choisi par l'évêque, vient de le faire réimprimer sous un autre titre, et avec des suppressions et des augmentations qu'il s'est permis d'y faire sans l'aveu de l'évêque, et sans le consulter. Il a publié son édition par des placards et affiches, et, en citant en tête des exemplaires les articles 4 et 5 de la loi du 19 juillet 1793, il s'est réservé de poursuivre les contrefacteurs de cet ouvrage dont il se donne de sa propre autorité le privilège exclusif.

« Si, pour le bonheur et la tranquillité de la société, il est utile de surveiller la publication des écrits, pour empêcher la circulation des erreurs, cette surveillance doit être beaucoup plus rigoureuse pour les livres d'instruction et de doctrine.

« La cour de cassation a consacré cette vérité par son arrêt du 29 thermidor dernier, dans une contestation entre des libraires de Nantes qui s'étaient permis d'imprimer un catéchisme dont l'impression avait été confiée par l'évêque à la veuve Malassis, et qui contestaient à cette veuve le titre d'imprimeur de l'évêque.

« En effet, la loi rend les auteurs de quelque ouvrage que ce soit responsables de leurs écrits ; les évêques le sont de ceux qui traitent de la doctrine ecclésiastique. Et comment pourraient-ils l'être, si, comme les autres auteurs, ils ne sont pas libres de choisir exclusivement leurs imprimeurs et libraires, et si ceux-ci peuvent impunément s'approprier l'impression ou la réimpression des livres d'église ? Si cette impression ou réimpression n'est pas soumise à l'inspection des évêques, bientôt, comme cela vient d'arriver à Meaux, les imprimeurs

dénatureront les ouvrages qu'ils publieront, la doctrine sera
en péril, et les erreurs les plus graves et les plus dangereuses
se propageront.

« L'article 1er de la loi du 19 juillet 1793 accorde aux auteurs la propriété de leurs écrits pendant leur vie entière.
Cette disposition doit être indéfinie relativement aux livres
d'église et de prières; les droits résultant de la propriété ne
doivent pas seulement appartenir aux évêques auteurs de
ces livres, mais sous le rapport de la surveillance, ces droits
doivent s'étendre à tous les évêques successeurs. Il est ici
question d'instruction, de doctrine; les évêques en sont juges,
et ils sont toujours, et successivement l'un après l'autre, responsables de celles qui se répandent sous leur juridiction;
dès-lors ils doivent conserver inspection sur la réimpression
des livres d'église de leurs prédécesseurs, afin de ne pouvoir
échapper à la responsabilité.

« D'après ces principes, j'ai l'honneur de proposer à Votre
Majesté le projet de décret ci-joint. »

NAPOLÉON, empereur des Français; sur le rapport du ministre
des cultes, décrète :

Art. 1er.

Les livres d'église, les heures et prières, ne pourront être imprimés ou réimprimés que d'après la permission donnée par les évêques
diocésains; laquelle permission sera textuellement rapportée et imprimée en tête de chaque exemplaire.

Art. 2.

Les imprimeurs, libraires, qui feraient imprimer, réimprimer des
livres d'église, des heures ou prières, sans avoir obtenu cette permission, seront poursuivis conformément à la loi du 19 juillet
1793.

Art. 3.

Le grand-juge ministre de la justice et les ministres de la police
générale et des cultes sont chargés de l'exécution du présent décret.

§ XII.

Loi portant établissement d'un conseil de prud'hommes, à Lyon. — 18 mars 1806.

La seule partie de cette loi dont le texte doive ici trouver place est celle qui concerne la conservation de la propriété des dessins employés dans les fabriques. Ce serait excéder les limites de mon sujet que de m'étendre sur les motifs et les résultats de l'institution des prud'hommes. Je me contenterai de dire que, d'après l'art. 6 de la loi, les prud'hommes avaient été institués pour terminer, par la voie de la conciliation, les petits différends qui s'élèvent journellement, soit entre des fabricans et des ouvriers, soit entre des chefs d'ateliers et des compagnons ou apprentis ; et pour juger, jusqu'à la somme de soixante francs, sans forme ni frais de procédure, et sans appel, les différends à l'égard desquels la voie de conciliation est demeurée sans effet. Cette compétence fut étendue par un décret impérial du 11 juin 1809; puis un autre décret du 3 août 1810 la porta en dernier ressort jusqu'à cent francs, et indéfiniment en premier ressort, et leur conféra des attributions de juges de police. L'art. 34 de la loi de 1806 autorise l'établissement par un règlement d'administration publique, délibéré en conseil d'état, d'un conseil de prud'hommes dans des villes de fabrique autres que Lyon, ville pour laquelle la loi était spécialement rendue. J'ajouterai que le compte général de l'administration de la justice civile et commerciale en France, pendant l'année 1834, comprend la statistique des affaires introduites et terminées devant les conseils de prud'hommes pendant cinq années de 1830 à 1834. Il existait à cette époque cinquante-huit de ces conseils. Sur 60,555 affaires portées devant eux, pendant les cinq années, il y en a eu 58,330 de conciliées. C'est une proportion de quatre-vingt-six centièmes, qui a été la même pendant la période totale et pendant chacune des années dont elle se compose. Sur les 2159 affaires non conciliées, 470 paraissent avoir été ultérieurement arrangées entre les parties ou abandonnées; 1689 ont été terminées par jugemens dont 1035 en dernier ressort, et 654 en premier ressort. Il a été interjeté 56 appels.

Il faut rapprocher de la partie de la loi que nous allons citer l'ordonnance royale du 17 août 1825.

Titre II. *Des fonctions des prud'hommes.* — Section III. *De la conservation de la propriété des dessins.*

ART. 14.

Le conseil de prud'hommes est chargé des mesures conservatrices de la propriété des dessins.

ART. 15.

Tout fabricant qui voudra pouvoir revendiquer par la suite, devant le tribunal de commerce, la propriété d'un dessin de son invention, sera tenu d'en déposer aux archives du conseil de prud'hommes un échantillon plié sous enveloppe, revêtue de ses cachet et signature, sur laquelle sera également apposé le cachet du conseil de prud'hommes.

ART. 16.

Les dépôts de dessins seront inscrits sur un registre tenu *ad hoc* par le conseil de prud'hommes, lequel délivrera aux fabricans un certificat rappelant le numéro d'ordre du paquet déposé et constatant la date du dépôt.

ART. 17.

En cas de contestation entre deux ou plusieurs fabricans sur la propriété d'un dessin, le conseil de prud'hommes procédera à l'ouverture des paquets qui auront été déposés par les parties; il fournira un certificat indiquant le nom du fabricant qui aura la priorité de date.

ART. 18.

En déposant son échantillon, le fabricant déclarera s'il entend se réserver la propriété exclusive pendant une, trois ou cinq années, ou à perpétuité; il sera tenu note de cette déclaration.

A l'expiration du délai fixé par ladite déclaration, si la réserve est temporaire, tout paquet d'échantillon déposé sous cachet dans les archives du conseil devra être transmis au conservatoire des arts de la ville de Lyon, et les échantillons y contenus être joints à la collection du conservatoire.

ART. 19.

En déposant son échantillon, le fabricant acquittera entre les mains du receveur de la commune une indemnité qui sera réglée par le conseil de prud'hommes et ne pourra excéder un franc par chacune des années pendant lesquelles ils voudra conserver la propriété exclusive de son dessin, et sera de dix francs pour la propriété perpétuelle.

---

§ XIII.

Décret impérial concernant les théâtres. Au palais de Saint-Cloud, le 8 juin 1806.

L'empereur, dans un des conseils particuliers qu'on appelait conseils d'administration, et qui se tenaient sous sa présidence, ordonna, le 25 février 1806, au ministre de l'intérieur, Champagny, de lui présenter un projet de règlement qui aurait pour objet de statuer :

« Qu'aucun théâtre ne pût s'établir sans une autorisation spéciale, et sans avoir fourni pour l'exécution de ses engagemens une garantie suffisante; que tous ceux des théâtres de Paris, les quatre grands théâtres exceptés, qui, dans le délai d'un mois, n'auraient pas justifié de l'étendue de leurs ressources pour couvrir leurs dépenses par leurs produits, seraient tenus de se liquider dans un délai fixé; que les théâtres des départemens seraient soumis à un régime qui les mit dans la juste dépendance de l'autorité; qu'enfin les droits appartenant, ou devant appartenir, aux familles des auteurs vivans ou morts seraient déterminés et assurés. »

En vertu de cet ordre, le ministre rédigea un projet de décret dont les trois premiers titres concernaient les théâtres de la capitale, les théâtres des départemens et les troupes ambulantes. Ce projet exigeait des entrepreneurs un cautionnement, et ne statuait que par mesures générales sans entrer dans les détails particuliers aux divers théâtres de la capitale, que les articles 3, 4, 5 et 6 du décret ont réglés. Le titre IV, intitulé, *dispositions générales,* concernait les droits des auteurs. Voici comment le ministre s'exprimait à cet égard dans le rapport qui précédait son projet :

« La principale garantie offerte désormais aux auteurs sera dans le cautionnement des entrepreneurs. L'art. 15 lui donnera une nouvelle force ; elle suffira pour que les transactions soient fidèlement exécutées ; mais il convenait de saisir cette occasion pour fixer par une règle précise les rétributions des auteurs, soumises seulement jusqu'à ce jour à une sorte d'usage. Cet usage, à-peu-près universel, du moins pour les théâtres autres que les quatre grands théâtres nationaux, a servi de base pour la règle proposée ; il est à croire qu'il conciliе les intérêts réciproques. Quant aux transactions par lesquelles un auteur cède à un entrepreneur la propriété de son ouvrage, on ne peut, sans doute, en ôter la faculté, mais il importe d'en prévenir l'abus. Séduit par l'appât d'un bénéfice présent, trop souvent un auteur y sacrifie et ses propres intérêts et ceux de sa famille. L'art 17 proposé mettra du moins les derniers à couvert.

« L'article 2 de la loi du 19 juillet 1793 restreint aux dix années qui suivent la mort de l'auteur le droit de propriété que ses héritiers peuvent exercer sur son ouvrage. Cette jouissance est peut-être trop limitée ; mais il faudrait une loi nouvelle pour l'étendre. Un moyen plus simple atteindra à-peu-près au même but en présentant une foule d'autres avantages, et remplira en faveur des familles d'auteurs morts les intentions bienfaisantes de Votre Majesté.

« Les ouvrages dramatiques, en cessant d'être la propriété des héritiers de l'auteur, ne deviennent point, par cela seul, la propriété d'un entrepreneur ; ils deviennent plutôt celle du gouvernement : j'allais presque dire qu'ils appartiennent à l'art lui-même. Leurs produits, qui ne tournent plus à l'avantage de l'individu, sont réclamés par l'intérêt public ; le gouvernement, qui accorde des récompenses, des retraites, des pensions à l'homme de lettres, à l'auteur, des secours à ses enfans, a le droit, sans doute, de faire servir à cette fin les rétributions que l'auteur lui-même aurait perçues s'il avait vécu plus long-temps. Il est visible, d'ailleurs, que cet affranchissement de toute rétribution sur ces ouvrages est une prime offerte pour jouer les pièces des auteurs qui ne sont plus, de préférence à celles des auteurs qui vivent ; il est visible qu'une veuve et des enfans obtiennent difficilement de faire représenter, pendant leur courte jouissance, une pièce qui, bientôt après, pourra l'être avec un bénéfice bien plus considérable. Les dispositions des articles 18, 19 et 20 sont donc tout ensemble conformes aux intérêts de l'art, aux principes de la justice, et aux vues d'économie que je me ferai toujours un devoir de placer immédiatement à leur suite dans l'administration qui m'est confiée.

« Il resterait à rechercher, sous le rapport de l'art dramatique, quels seraient les moyens d'assurer dans les spectacles la préférence aux bons modèles, et de préparer pour la scène des sujets habiles ; mais j'ai cru qu'il suffisait de s'en remettre, à l'égard du premier objet, à la surveillance des préfets, et à l'égard du second, Votre Majesté a déjà fait tout ce qu'il exige en établissant une école de déclamation près du conservatoire de musique, et en y joignant depuis peu un second professeur. »

Le titre relatif aux droits des auteurs était ainsi rédigé dans le projet du ministre :

« 14. La part de l'auteur sur la représentation d'une pièce, lorsqu'elle formera le spectacle entier à elle seule, sera des trois quarts sur le produit net de la recette de la moitié du spectacle évaluée aux deux tiers de la recette brute.

Dans le cas où le spectacle se composerait de plusieurs pièces, la part de l'auteur de chaque pièce sera répartie dans la proportion ci-après :

Pour une pièce en quatre ou cinq actes, quatre 28ᵉˢ ; en trois actes, trois 28ᵉˢ ; et en un ou deux actes deux 28ᵉˢ, du total du produit net de la recette.

Ce produit sera divisé par portion égale entre l'auteur des paroles et celui de la musique, lorsqu'ils auront concouru à la confection de l'ouvrage représenté.

« 15. Seront libres néanmoins les auteurs et les entrepreneurs de fixer entre eux, par des conventions mutuelles, les rétributions dues aux premiers, pour une somme fixe ou autrement.

« 16. Dans le cas où un auteur, par une transaction particulière, céderait à l'entrepreneur d'un théâtre la propriété de sa pièce, il ne pourra l'aliéner que pour son vivant.

« 17. Les auteurs intéressés auront le droit de se faire représenter le registre des recettes.

« 18. Tout auteur pourra disposer, par son testament, de la propriété de sa pièce pendant les dix années qui suivront sa mort, en se conformant aux règles établies par le Code civil.

« 19. Il sera prélevé sur la représentation de toute pièce ancienne qui aurait cessé, en vertu de l'article 2 de la loi du 19 juillet 1793, d'être la propriété exclusive de l'auteur, la moitié de la part que l'auteur, s'il eût été vivant, aurait perçue d'après l'article 14 ci-dessus.

« 20. Il sera formé, sous la surveillance de notre ministre de l'intérieur, une caisse générale des théâtres.

Cette caisse sera destinée à recevoir les redevances dues en vertu de l'article précédent.

A cet effet, les redevances seront acquittées sur les lieux, et immédiatement après la représentation, par les entrepreneurs, entre les mains des caissiers des préfectures respectives.

« 21. Le montant restera à la disposition de notre ministre de l'intérieur, pour être employé en gratifications et secours en faveur des auteurs ou acteurs, et de leurs enfans, et en encouragemens pour les progrès de l'art.

Le ministre de la police générale, Fouché, présenta de son côté un projet de décret, précédé du rapport suivant :

«Tout le monde sent vivement aujourd'hui combien est funeste la multiplicité des petits théâtres. Elle perd le goût, les mœurs, l'amour du travail. La tradition des bons ouvrages et des bons acteurs disparaît. La corruption a gagné les départemens. Tout théâtre décent est sûr de sa ruine. Il n'y a plus d'école, ni d'espérance pour les véritables talens, et l'état sacrifie en vain chaque année des sommes considérables pour le soutien de l'art dramatique. Les petits théâtres, causes de ce désordre, en sont eux-mêmes les victimes et se dévorent par une concurrence sans frein. La plupart de ces folles entreprises sont des foyers de ruine, de fraudes et de banqueroutes.

«Il n'y a évidemment qu'un seul remède à de tels abus; c'est une réduction considérable du nombre des petits théâtres. Mais comment l'opérer?

«Les fermera-t-on d'autorité? mais alors il faudrait les indemniser; car ce sont des propriétés particulières formées et transmises sous la foi des lois; lois imprudentes, il est vrai, mais qui n'en sont pas moins des lois. Quand une propriété légitime devient incommode ou nuisible, la société l'achète, mais ne l'envahit pas.

«Obligera-t-on les petits théâtres à justifier de temps en temps de la bonne situation de leur entreprise? mais ce serait jeter l'administration dans des difficultés inextricables, et l'exposer continuellement aux ruses et aux simulations trop faciles des entrepreneurs.

« Se bornera-t-on à exiger un cautionnement? mais cette précaution ne coûtera rien aux théâtres que leur scandaleuse prospérité ne rend que plus dangereux. Elle sera même sans effet pour les autres. Les petits théâtres trouveront des cautions comme ils trouvent des créanciers; il n'y aura de changement que dans les victimes.

«Plus on y a réfléchi, plus on s'est convaincu que le meilleur moyen de réduction des petits théâtres était de les soumettre à une taxe proportionnelle à leur produit. Ce moyen a l'avantage de n'être point nouveau, puisqu'autrefois tous les théâtres étaient tributaires de l'Opéra ; il est d'ailleurs susceptible de deux modifications qui le rendent propre à produire l'effet que l'on désire.

« Ainsi, en premier lieu, je propose que la proportion de cette taxe soit diminuée par le gouvernement en raison de l'utilité particulière de chaque petit théâtre. Par exemple, si les tréteaux burlesques de *Montansier* paient un quart ou un cinquième de leur produit, le Vaudeville, théâtre vraiment français et ingénieux, ne paiera qu'un sixième.

« Je propose, en second lieu, que la diminution de la taxe devienne une prime d'encouragement et de récompense pour la réunion des petits théâtres. Si, par exemple, deux petits théâtres taxés chacun à un cinquième se fondent en un seul, il convient que cette nouvelle entreprise ne paie plus qu'un sixième ; et si la réunion est de trois théâtres, que la taxe descende à un septième ; ainsi de suite. Il n'est pas douteux que ce moyen doux et puissant ne ramène bientôt le nombre des petits théâtres à la proportion qu'exige la bonne police d'une grande ville.

« Cette réduction faite, il sera facile d'épurer le répertoire, soit à Paris, soit dans les départemens. Le désordre disparaîtra avec la cause ; et l'état ne sera plus obligé de sacrifier au soutien des grands théâtres des sommes que réclament des besoins plus urgens.

« L'encouragement de l'art dramatique n'atteindra vraiment son but que lorsque l'administration veillera elle-même à la conservation des droits des gens de lettres. Il est sage de prescrire aux autorités locales d'empêcher les fraudes et les résistances qui, tous les jours, dans les départemens, enlèvent aux auteurs la modique rétribution de leurs ouvrages.

« Mais la mesure la plus efficace sera de retirer aux comédiens la disposition gratuite des ouvrages dont les auteurs sont morts depuis plus de dix ans. Il résulte de cet étrange abus qu'ils dédaignent et laissent languir les pièces des auteurs vivans. Les plaintes les mieux fondées s'élèvent sur ce

point de tous côtés. Il ne faudrait pas non plus que la rétribution que demanderait le gouvernement fût égale à la part
d'auteur, parce qu'alors les comédiens, par un excès contraire,
se jetteraient dans les nouveautés, et laisseraient perdre la
tradition des ouvrages anciens. Mais un juste tempérament
conciliera tous les intérêts. Les grands théâtres, que cette mesure peut seuls concerner, en seront bien dédommagés par la
réduction de leurs concurrens, et par l'entier affranchissement
d'une taxe qui leur sera presque entièrement consacrée. »

La transcription de ce rapport fait suffisamment connaître
le projet qui y était joint; je ne citerai que les trois articles
spécialement consacrés aux auteurs.

« Art. 11. Les droits d'auteurs continueront d'être exactement per-
çus, à la forme des règlemens ou des conventions particulières entre les parties intéressées. Il est enjoint aux autorités locales d'y tenir
la main et de faire séquestrer les recettes des théâtres qui ne justifieraient pas d'y avoir satisfait.

« 12. Les pièces de théâtre dont les auteurs sont morts depuis plus
de dix ans révolus sont une propriété publique. Aucun théâtre, soit
de Paris soit des départemens, autorisé ou toléré, principal, secondaire, ou ambulant, ne pourra les jouer sans payer une rétribution
égale à la moitié de la part d'auteur, telle qu'elle est fixée par les
règlemens. Les théâtres des départemens pourront souscrire, à cet
égard, des abonnemens avec les préfets, sauf l'approbation du ministre de la police générale.

« 13. La taxe annuelle des théâtres tolérés et secondaires sera appliquée au soutien de l'art dramatique; et le produit de la rétribution pour les ouvrages devenus propriété publique sera distribué
en pensions et secours aux auteurs dramatiques, à leurs veuves et à
leurs enfans.

Le rapport au conseil d'état fut fait par de Ségur au nom de
la section de l'intérieur. Après avoir analysé les rapports et
les projets des deux ministres, il poursuit ainsi : « La section
de l'intérieur, chargée d'examiner les projets des deux ministres, a reconnu comme eux les funestes effets de la multipli-

cité des petits théâtres. Cette liberté, qu'on a crue si utile aux progrès de l'art, est le moyen le plus sûr d'en amener promptement la décadence. Les théâtres ne ressemblent point aux autres genres d'industrie, qui peuvent se passer de surveillance; ce sont des écoles et des tribunes; et leur influence sur les mœurs, le goût et le caractère d'une nation est trop évidente pour être contestée. Cependant, comme une loi a fait naître l'abus dont on se plaint, et comme cette loi a donné une garantie à ce genre de propriété, la section pense qu'une loi seule peut y apporter les modifications que l'opinion publique réclame. » Le projet de loi était ainsi conçu :

« Art. 1. Aucun théâtre ne pourra subsister ni s'établir sans l'autorisation du gouvernement, donnée dans la forme prescrite pour les règlemens d'administration publique.

« Art. 2. Tout entrepreneur ou société dont le théâtre aura été fermé pour cause de faillite ne pourra plus établir de théâtre.

« Art. 3. Les auteurs et entrepreneurs seront libres de fixer entre eux par des conventions les rétributions dues aux premiers ; le séquestre sera mis sur les recettes des théâtres qui ne justifieraient pas avoir exécuté ces conventions.

« Art. 4. Les familles des auteurs jouiront de ces rétributions pendant vingt ans, à compter de la mort desdits auteurs.

« Art. 5. A l'expiration de ces vingt années, les rétributions de ces auteurs morts deviendront propriété nationale; mais cette disposition ne sera point rétroactive, et ne s'appliquera qu'aux ouvrages des auteurs qui mourront postérieurement à la publication de la présente loi.

« Art. 6. Il sera formé, de ces rétributions dévolues à la nation, une caisse d'encouragement, dont les produits seront employés en pensions et gratifications pour les auteurs qui en seront jugés les plus dignes par leurs talens et par leur moralité. »

Le conseil d'état rejeta le projet de loi ; et pensant qu'un décret suffirait, on arrêta le principe de la réduction des théâtres, sans tenir compte des observations contenues dans le rapport du ministre de la police en faveur des ménagemens dus au droit de propriété. La section de l'intérieur proposa de réduire successivement les théâtres de la capitale au nombre de douze. On décida qu'ils seraient réduits à dix, et l'empereur voulut que la section, après avoir consulté le préfet de police, indiquât le placement des dix théâtres qu'on avait résolu de seuls conserver, de manière que ces théâtres, distribués dans les différens quartiers de Paris, ne pussent pas se nuire par leur proximité. La section, dans une troisième rédaction, indiqua les dix théâtres, leur emplacement, et fixa au 1er janvier 1808 le terme auquel les suppressions et déplacemens devraient être opérés; mais, dans la discussion, on finit par retrancher entièrement cette partie du projet. La section exprima le regret de ne pouvoir plus, dans un décret, étendre, en faveur de la famille des auteurs, l'exercice du droit de propriété. On verra que, plus tard, on ne fut plus arrêté par ce scrupule constitutionnel, lorsque, dans le décret impérial du 5 février 1810, on étendit la durée de jouissance que la loi de 1793 avait établie.

D'assez nombreux mémoires des directeurs de spectacles et propriétaires de théâtres furent rédigés à l'occasion de cette discussion. Les auteurs renouvelèrent leurs plaintes. On voit, par un mémoire non signé, produit en leur nom, qu'ils réclamaient vivement contre la difficulté d'obtenir, dans les départemens, l'exécution de la disposition de la loi du 19 janvier 1791, qui ordonne, au profit des auteurs, la confiscation du produit total des représentations de leurs ouvrages, joués sans leur consentement. On y voit aussi que, par arrangement avec les directeurs, tous les théâtres des départemens avaient été divisés en cinq ordres et les pièces en quatre classes; que le premier théâtre, celui de Bordeaux, payait 30 fr. pour les pièces de la première classe, et 15 pour celles de la dernière; les théâtres du deuxième ordre, 24 et 12 fr.; du troisième, 10 et 5; du quatrième, 8 et 4; du cinquième, 3 francs, et 1 franc 80 centimes.

J'ai eu sous les yeux une note manuscrite de Daleyrac, où on lit : « J'ai fait la musique de cinquante opéra-comiques. Qu'on attribue leur succès au choix des poëmes ou à un peu de bonheur, ils ont tous réussi, hors un seul. Un grand nombre de ces pièces en trois actes, en deux et en un, sont restées au théâtre de l'Opéra-comique à Paris. Les mêmes pièces se jouent tous les jours sur tous les théâtres des villes des départemens. Comme il n'est question ici que du nombre des ouvrages, et pas du tout de leur mérite, je puis dire que j'ai atteint le *maximum* de la recette en ce genre. En vertu des arrangemens que j'ai faits, soit avec l'Opéra-comique, soit avec les villes des départemens, j'ai reçu :

Pour 1803, à Paris : 5795 liv. 12 s. — Dans les dép'. 3262 liv.
»   1804,   »   5402 » 16 » —   »   4782 »
»   1805,   »   5626 » 2 » —   »   4600 »

Voici la copie d'une lettre de Grétry à Daleyrac, que je transcris textuellement sur l'original : « Je n'ai pas de note « exacte de mes honoraires, mon cher ami, mais je déclare « que, depuis environ dix ans, je n'ai touché pour les dépar- « mens qu'environ deux cents francs par mois, et cent francs « à-peu-près du théâtre de l'Opéra-comique. Je vous em- « brasse de tout mon cœur. — GRÉTRY. — Paris, ce 4 mars 1806. »

NAPOLÉON, etc. Sur le rapport de notre ministre de l'intérieur, notre conseil d'état entendu, nous avons décrété et décrétons ce qui suit :

Titre 1er. *Des théâtres de la capitale.*

ARTICLE. 1er.

Aucun théâtre ne pourra s'établir dans la capitale sans notre autorisation spéciale, sur le rapport qui nous en sera fait par notre ministre de l'intérieur.

23.

ART. 2.

Tout entrepreneur qui voudra obtenir cette autorisation sera tenu de faire la déclaration prescrite par la loi, et de justifier, devant notre ministre de l'intérieur, des moyens qu'il aura pour assurer l'exécution de ses engagemens.

ART. 3.

Le théâtre de l'Impératrice sera placé à l'Odéon, aussitôt que les réparations seront achevées.

Les entrepreneurs du théâtre Montansier, d'ici au 1ᵉʳ janvier 1807, établiront leur théâtre dans un autre local.

ART. 4.

Les répertoires de l'Opéra, de la Comédie Française et de l'Opéra-comique, seront arrêtés par le ministre de l'intérieur, et nul autre théâtre ne pourra représenter à Paris des pièces comprises dans les répertoires de ces trois grands théâtres sans leur autorisation, et sans leur payer une rétribution qui sera réglée de gré à gré, et avec l'autorisation du ministre.

ART. 5.

Le ministre de l'intérieur pourra assigner à chaque théâtre un genre de spectacle dans lequel il sera tenu de se renfermer.

ART. 6.

L'Opéra pourra seul donner des ballets ayant les caractères qui sont propres à ce théâtre et qui seront déterminés par le ministre de l'intérieur.

Il sera le seul théâtre qui pourra donner des bals masqués.

TITRE II. *Théâtres des départemens.*

ART. 7.

Dans les grandes villes de l'empire, les théâtres seront réduits au nombre de deux. Dans les autres villes, il n'en pourra subsister qu'un. Tous devront être munis de l'autorisation du préfet, qui rendra compte de leur situation au ministre de l'intérieur.

ART. 8.

Aucune troupe ambulante ne pourra subsister sans l'autorisation des ministres de l'intérieur et de la police. Le ministre de l'intérieur désignera les arrondissemens qui leur seront destinés et en préviendra les préfets.

ART. 9.

Dans chaque chef-lieu de département, le théâtre principal jouira seul du droit de donner des bals masqués.

TITRE III. *Des auteurs.*

ART. 10.

Les auteurs et les entrepreneurs seront libres de déterminer entre eux, par des conventions mutuelles, les rétributions dues aux premiers par somme fixe ou autrement.

ART. 11.

Les autorités locales veilleront strictement à l'exécution de ces conventions.

ART. 12.

Les propriétaires d'ouvrages dramatiques posthumes ont les mêmes droits que l'auteur, et les dispositions sur la propriété des auteurs, et sur sa durée, leur sont applicables ainsi qu'il est dit au décret du 1er germinal an XIII.

Dispositions générales.

ART. 13.

Tout entrepreneur qui aura fait faillite ne pourra plus rouvrir de théâtres.

ART. 14.

Aucune pièce ne pourra être jouée sans l'autorisation du ministre de la police générale.

ART. 15.

Les spectacles de curiosités seront soumis à des règlemens particuliers, et ne porteront plus le titre de *Théâtres.*

Art. 16.

Nos ministres de l'intérieur et de la police générale sont chargés de l'exécution du présent du décret.

---

§ XIV.

Avis du Conseil d'état sur l'exécution de la loi du 19 juillet 1793, concernant les propriétés littéraires; séance du 7 juillet 1807; — *Approuvé* au palais de Saint-Cloud, le 12 août 1807.

La réunion de la Belgique à la France fit naître des contestations sur le sort des éditions d'ouvrages appartenant en France au domaine privé, faites en Belgique avant la réunion. Le ministre de l'intérieur, Champagny, fit à ce sujet, le 3 juin 1807, un rapport dont voici un extrait :

« A l'époque de la réunion, on ne songea point à inventorier les magasins des libraires belges, à leur faire donner une déclaration authentique des éditions qu'ils avaient exécutées; on ne constata rien de ce qui existait. Dix ans se sont écoulés depuis. Pendant cet intervalle, il a été facile à ces libraires de renouveler leurs éditions en leur donnant une date antérieure, sans qu'il reste un moyen quelconque de distinguer ces éditions nouvelles, qui sont, dans tous les cas, de véritables contrefaçons, des éditions antérieures qui avaient eu lieu sous le gouvernement des Pays-Bas.

« Il me semble qu'il faut distinguer ici la propriété en elle-même du droit de la faire valoir.

« Les maximes du droit naturel condamneraient peut-être les imprimeurs et libraires qui, même sous la protection d'une législation positive, réimpriment chez une nation étrangère l'ouvrage publié chez une nation voisine par son auteur ou celui qui exerce ses droits; car la propriété d'un ouvrage est, pour son auteur, un droit naturel qui, en soi, ne peut être circonscrit par aucune limite de territoire.

« Mais la législation positive ne peut reconnaître d'autres droits que ceux qu'elle a elle-même établis; et à ses yeux, la propriété des libraires belges était légitime. Il me semble qu'elle n'a point cessé de l'être à la réunion, lorsque le gouvernement a, par les articles 9 et 10 du traité de Lunéville, accordé la levée du séquestre mis sur les biens des Belges pour fait de la guerre ou des circonstances; on peut supposer qu'elle promettait tacitement à chaque Belge le maintien des propriétés, fruits d'une industrie paisiblement et légalement exercée. Toute autre interprétation d'ailleurs donnerait à la loi du 19 juillet 1793 un effet rétroactif dans les départemens réunis.

« Mais quel est l'exercice que les libraires belges pourraient faire aujourd'hui de cette propriété, en la supposant conservée.

« Il est évident que cet exercice doit s'arrêter : 1° là où il acquerrait une extension que les lois antérieures même ne lui avaient pas donnée ; 2° là où il attaquerait nécessairement l'exercice d'une propriété encore plus sacrée.

« Il résulterait de là :

« 1° Que les libraires de la Belgique ne peuvent, sous aucun prétexte, débiter les éditions dont il s'agit sur le territoire de l'ancienne France.

« 2° Qu'il est très difficile d'accorder aux libraires belges la faculté de débiter même leurs éditions dans les départemens qui composaient l'ancienne Belgique ; car ce serait non-seulement une restriction, mais même une sorte d'anéantissement des droits que nos lois assurent en France aux propriétaires des ouvrages français; car les éditions faites par ces derniers ne supporteraient jamais la concurrence des réimpressions faites à beaucoup moins de frais par les libraires étrangers. D'ailleurs, comment veiller à ce que les éditions belges, si on autorisait leur vente dans les départemens de l'ancienne Belgique, n'en dépassassent pas le territoire?

« Je croirais donc qu'on pourrait seulement conserver aux libraires belges la faculté d'exporter au dehors les éditions dont il s'agit, pour être vendues à l'étranger.

« Il est vrai que ce marché sera beaucoup plus limité que celui dont ils jouissaient avant la réunion ; mais enfin, depuis dix années, ils ont pu écouler une grande partie de leurs exemplaires ; et d'ailleurs cette circonstance compenserait la faculté qu'ils ont eue de renouveler, pendant ces dix années, les mêmes éditions avec une date antérieure, et de donner ainsi une grande extension à la faculté dont ils jouissaient.

« Alors on ferait apposer une marque particulière aux exemplaires ainsi destinés à l'exportation, ou bien, on fixerait un délai pour cette exportation elle-même. »

L'examen de ces questions fut, conformément à la demande du ministre, renvoyé au conseil d'état qui, au rapport de Regnaud de Saint-Jean-d'Angély, sans s'arrêter aux propositions du ministre, décida que la solution de ces difficultés serait abandonnée aux tribunaux.

La première rédaction de cet avis le faisait précéder des motifs suivans : « Considérant que plus de dix ans se sont écoulés depuis la publication de la loi sur les propriétés littéraires ; qu'elle a fait la règle des tribunaux inférieurs ; que le tribunal de cassation l'a appliquée quand la question a été portée devant lui ». Ces motifs ont été supprimés dans la rédaction définitive de l'avis, qui a été adopté, et inséré au Bulletin des lois, dans les termes suivans :

LE CONSEIL D'ÉTAT, qui, d'après le renvoi ordonné par Sa Majesté, a entendu le rapport de la section de l'intérieur sur celui du ministre de ce département, relatif à la pétition de quelques libraires de Bruxelles, qui tend à faire modifier en leur faveur les dispositions de la loi du 19 juillet 1793 sur la garantie des propriétés littéraires ;

Vu la publication de ladite loi dans les départemens réunis de la ci-devant Belgique, le 4 nivose an IV;

Est d'avis qu'il n'y a pas lieu à modifier aucune disposition de la loi, et que c'est aux tribunaux chargés de son application à apprécier les circonstances particulières et les cas divers, et à prononcer en conséquence.

———

§ XV.

Décret impérial sur les théâtres. — Au palais de Saint-Cloud, le 29 juillet 1807.

Le ministre de l'intérieur, Champagny, fit, en exécution du décret du 8 juin 1806, un règlement pour les théâtres, le 25 avril 1807. Cet arrêté est divisé en quatre titres : 1° Des théâtres de Paris; 2° Répertoires des théâtres dans les départemens; 3° Désignation des arrondissemens destinés aux troupes de comédiens ambulans; 4° Dispositions générales. Le premier titre fixe les répertoires du théâtre Français et de l'Odéon; de l'Opéra; de l'Opéra-comique et de l'Opéra-Buffa; du Vaudeville; des Variétés; de la Porte Saint-Martin; de la Gaîté; des Variétés étrangères dont le répertoire ne pouvait être composé que de pièces traduites des théâtres étrangers. Les autres théâtres alors existant à Paris, autorisés avant le décret de 1806, étaient considérés comme annexes ou doubles des théâtres secondaires.

Ce qui concernait le Théâtre Français et l'Odéon était ainsi réglé :

« Le *théâtre Français* est spécialement consacré à la tragédie et à la comédie; son répertoire est composé 1° de toutes les pièces (tragédies, comédies et drames) jouées sur l'ancien théâtre de l'Hôtel-de-Bourgogne, sur celui que dirigeait Molière, et sur le théâtre qui s'est formé de la réunion de ces deux établissemens, et qui a existé sous diverses dénominations jusqu'à ce jour; 2° des comédies jouées sur les théâtres dits Italiens jusqu'à l'établissement de l'Opéra-comique.

« L'*Odéon* sera considéré comme une annexe du Théâtre Français pour la comédie seulement; son répertoire contient: 1° les comédies et drames spécialement composés pour ce théâtre; 2° les comédies jouées sur les théâtres dits Italiens jusqu'à l'établissement de l'Opéra-comique : ces dernières pourront être représentées par l'Odéon concurremment avec le Théâtre Français. »

Les droits des auteurs sont rappelés plusieurs fois dans cet arrêté. Voici les deux articles qui les touchent le plus spécialement :

« Art. 2. Aucun des airs, romances et morceaux de musique qui auront été exécutés sur les théâtres de l'Opéra et de l'Opéra-comique, ne pourra, sans l'autorisation des auteurs ou propriétaires, être transporté sur un autre théâtre de la capitale, même avec des modifications dans les accompagnemens, que cinq ans après la première représentation de l'ouvrage dont ces morceaux font partie.

« Art. 19. L'autorité chargée de la police des spectacles prononcera provisoirement sur toutes les contestations, soit entre les directeurs et les acteurs, soit entre les directeurs et les auteurs ou leurs agens, qui tendraient à interrompre le cours ordinaire des représentations; et la décision provisoire pourra être exécutée nonobstant le recours vers l'autorité à laquelle il appartiendra de juger le fond de la contestation. »

Le décret du 29 juillet 1807, délibéré en conseil d'état sur le rapport de Regnaud de Saint-Jean-d'Angély, et auquel le décret de 1806 avait préparé les voies, est un de ces actes violens d'envahissement des propriétés privées dont le gouvernement impérial a donné plusieurs fâcheux exemples. Un autre décret, en 28 articles, daté de Fontainebleau le 1ᵉʳ novembre 1807, contient des règlemens pour les quatre grands théâtres de la capitale, et les place sous l'autorité d'un surintendant des spectacles.

Voici le texte du décret du 29 juillet 1807. Le premier article concerne les représentations à bénéfice, et l'art. 2 contient des mesures contre les absences des acteurs des grands théâtres de la capitale au-delà des congés qu'ils auront obtenus.

NAPOLÉON, etc; sur le rapport de notre ministre de l'intérieur, notre conseil d'état entendu, nous avons décrété et décrétons ce qui suit :

TITRE 1ᵉʳ *Dispositions générales.*

ART. 3.

Aucune nouvelle salle de spectacle ne pourra être construite ; aucun déplacement d'une troupe d'une salle dans une autre ne pourra avoir lieu dans notre bonne ville de Paris, sans une autorisation donnée par nous, sur le rapport de notre ministre de l'intérieur.

TITRE. 2. *Du nombre des théâtres, et des règles auxquelles ils sont assujétis.*

ART. 4.

Le maximum du nombre des théâtres de notre bonne ville de Paris est fixé à huit ; en conséquence, sont seuls autorisés à ouvrir, afficher et représenter, indépendamment des quatre grands théâtres mentionnés en l'art. 1ᵉʳ du règlement de notre ministre de l'intérieur en date du 25 avril dernier, les entrepreneurs ou administrateurs des quatre théâtres suivans :

1° Le théâtre de la Gaîté, établie en 1760 ; celui de l'Ambigu-comique, établi en 1772, boulevard du Temple, lesquels joueront concurremment des pièces du même genre, désignées aux § 3 et 4 du règlement de notre ministre de l'intérieur;

2° Le théâtre des Variétés boulevard Montmartre, établi en 1777, et le théâtre du Vaudeville établi en 1792, lesquels joueront concurremment des pièces du même genre, désignées aux § 3 et 4 de l'art. 3 du règlement de notre ministre de l'intérieur.

ART. 5.

Tous les théâtres non autorisés par l'article précédent seront fermés avant le 15 août. En conséquence, on ne pourra représenter aucune pièce sur d'autres théâtres dans notre bonne ville de Paris que ceux ci-dessus désignés, sous aucun prétexte, ni y admettre le public même gratuitement ; faire aucune affiche, distribuer aucun billet imprimé ou à la main , sous les peines portées par les lois et règlemens de police.

ART. 6.

Le règlement susdaté, fait par notre ministre de l'intérieur, est approuvé, pour être exécuté dans toutes les dispositions auxquelles il n'est pas dérogé par le présent décret.

ART. 7.

Nos ministres de l'intérieur et de la police générale sont chargés de l'exécution du présent décret.

----

§ XVI.

Décret impérial du 20 février 1809, concernant les manu-
scrits des bibliothèques et autres établissemens publics
de l'Empire.

Le premier projet de ce décret avait pour titre : *Décret sur la publication des ouvrages politiques.* Voici en quels termes le chevalier d'Hauterive en présentait le rapport au conseil d'état, au nom de la section de l'intérieur :

« .... Il paraît, par le rapport du ministre des relations extérieures (De Champagny), que la garde du dépôt de ses archives est aujourd'hui soumise à des règles qui, antérieurement, et surtout dans les temps qui ont précédé la révolution, n'étaient ni assez sévères, ni assez exactement observées, et que de là sont résultés une foule d'abus, dont les fâcheux effets, même dans le temps où la presse n'était pas libre, n'étaient pas toujours prévenus ou réprimés par les rigueurs de la censure ?

« Il est à observer que, par la nature des choses, la règle qui, si elle est bien observée, doit mettre un terme à

ces abus, ne remédiera cependant pas pour l'avenir aux inconvéniens qui pourront résulter, pour le service, des im-
prudences ou des violations du temps passé. En effet, l'accès
qui a été ouvert indiscrètement au dépôt à quelque époque
que ce soit, et même à des époques très reculées, a donné la
facilité de faire des extraits, des analyses, des transcriptions
même de documens plus ou moins importans, qui, quelque
innocent que soit l'usage qu'en aient fait les personnes qui les
ont extraits des cartons du ministère, n'en existent pas moins
aujourd'hui dans des porte-feuilles ignorés, sans surveillance
et sans garantie à l'égard de l'usage qui peut en être fait, soit
par des écrivains malveillans, soit par des compilateurs mal
avisés.

« Le même danger se retrouve, bien plus sensiblement encore, dans un autre abus plus grave, plus général, et dont les
effets sont tels, que la mesure proposée par le ministre peut
seule y porter quelque remède. Il paraît, par le rapport, qu'il
est de règle au département des relations extérieures que tout
agent du ministère doit, aux termes de ses fonctions, rapporter
au dépôt les minutes de sa correspondance, et celles des
mémoires, des notes et des renseignemens de tout genre qu'il
a été en mesure de recueillir pendant le cours de sa mission :
il paraît en même temps que cette règle, tout importante et
toute notoire qu'elle est, n'a été que rarement observée; en
sorte qu'il doit passer pour constant que les minutes d'une
très grande quantité de pièces soigneusement conservées dans
les cartons du ministère, que des séries entières de correspondance, font aujourd'hui partie des archives d'une multitude
de familles, et y existent pour être livrées à la discrétion de
quiconque peut avoir la curiosité d'y faire des recherches,
soit pour y prendre, sans autorisation, des informations sur
les affaires du gouvernement, soit pour faire, dans des vues
de spéculation mercantile ou de vanité, des collections imprudentes qui, publiées sans mauvaise intention, peuvent
néanmoins dévoiler des faits inconnus, ou des particularités

ignorées, et fournir ainsi à des plumes vénales des sujets de déclamations, ou à des négociateurs de mauvaise foi des textes de contradiction ou de récrimination contre la politique de la France.

« Le rapport fait connaître une autre circonstance dont les résultats présentent le même danger. A une période de la révolution qui heureusement n'a pas eu une longue durée, le gouvernement, qui résidait dans un comité, avait établi la règle d'attirer à lui directement et exclusivement, et de conserver dans ses bureaux, la correspondance politique du ministère. A cette même époque, les autres comités de la Convention, lorsqu'ils avaient à discuter des affaires qui pouvaient avoir quelque trait à la politique, se faisaient apporter toutes les pièces dont ils croyaient avoir besoin. Ces papiers n'ont pas été rendus, et il en est résulté, dans la série et l'ensemble des cartons du ministère, une lacune à-peu-près générale de sept à huit mois. Quelques recherches qu'on ait faites, il a été impossible de retrouver la trace de cette correspondance ignorée : en sorte qu'on peut dire que de ces papiers, peut-être perdus pour toujours, de ceux des agens diplomatiques qui n'ont pas observé la règle de rapporter au dépôt les minutes de leur correspondance, et enfin des transcriptions faites par les personnes à qui on a trop souvent et trop facilement ouvert l'accès du dépôt, on pourrait former, s'il existait quelques moyens de recueillir et de rassembler tous ces élémens dispersés, une collection précieuse et qui grossirait considérablement celle actuellement conservée aux archives du département.

« Mais il n'existe aucun moyen de rendre au gouvernement ces recueils, qui cependant lui appartiennent, et dont, par le droit de propriété exclusive (que sur aucun titre on ne peut lui contester), ses agens, autorisés par lui, ont seuls le droit de faire usage. Les informations qu'ils renferment se composent généralement de détails historiques dont une partie n'est pas connue, d'observations dont il importe que le ministère

seul reste le juge, de discussions enfin dont l'intérêt et l'utilité ne peuvent être bien appréciés que par lui. Sans doute il
n'est au pouvoir de personne de soustraire ces papiers à la curiosité de ceux à qui la possession en est accidentellement
échue; mais il est dans le droit du gouvernement d'empêcher
qu'ils ne puissent en rendre l'usage commun et la connaissance générale par la voie de l'impression, sans qu'au préalable, par un examen scrupuleux et approfondi, il se soit assuré que leur publication ne peut porter aucune atteinte à ses
droits et aucun dommage à sa politique.

« Dans les vues du projet proposé, cet examen doit être attribué au ministère des relations extérieures, et deux motifs se
présentent en faveur de cette attribution :

« 1° Ce ministère est le seul qui soit en mesure de connaître de quel danger peut être la publication d'un fait politique
ou d'une discussion de même nature relative aux intérêts qu'il
est chargé de défendre; le discernement de ce danger ne pouvant résulter que de la parfaite connaissance, non-seulement
de ces intérêts, mais des rapports généraux et particuliers du
gouvernement avec la politique des cabinets étrangers, et de
toutes les variations que des négociations actuelles, ou récentes, ou prochaines, peuvent faire subir à ces rapports.

« 2° L'attribution de cet examen au ministère fait de cette
espèce de censure spéciale une mesure particulière, et en
borne la gêne et l'action répressive à un objet déterminé; en
sorte que le système qu'on peut vouloir adopter par la suite,
relativement à la publication de toute espèce d'ouvrages, soit
de littérature, soit de philosophie ou de morale, prise dans un
point de vue général, ne sera ni préjugé ni contrarié par la
règle isolée que le ministre sollicite pour le service particulier de l'administration dont la direction lui est confiée, et à
l'égard seulement des ouvrages qui peuvent avoir quelque influence sur ce service. »

Le projet de décret proposé à la suite de ce rapport était
ainsi conçu :

« Art. 1... Tout ouvrage dans lequel se trouveront, soit des extraits de la correspondance officielle du ministère des relations extérieures, soit des citations de traités et conventions non authentiquement publiés, soit des détails historiques sur des négociations, recueillis dans des mémoires manuscrits rédigés par des personnes ayant eu un titre ou un office diplomatique du gouvernement, ne pourra être livré à l'impression qu'après qu'il aura été soumis à l'examen de notre ministre des relations extérieures, et que, sur son rapport, nous en aurons permis la publication.

« Art. 2. Les traductions d'ouvrages étrangers, et les nouvelles éditions d'ouvrages français publiés antérieurement à la date du présent décret, seront soumises à la même règle, lorsque ces ouvrages contiendront les citations, les extraits, et les détails historiques mentionnés dans l'article précédent. »

Ce projet souleva beaucoup d'objections, et l'empereur lui-même trouva qu'il allait trop loin. On l'amenda en l'adoucissant ; mais en même temps on l'étendit aux manuscrits de tous les dépôts publics.

Voici le deuxième rapport fait, le 13 février 1809, par le même M. d'Hauterive, à la section de l'intérieur, en présentant le projet qui a été converti en décret, et qui était rédigé conformément aux amendemens adoptés en séance générale du conseil. Ce rapport curieux par ses doctrines, et que son auteur ne destinait certainement pas à la publicité, dont on verra qu'il est fort ennemi, est une apologie du premier projet et non une explication du second.

« Il m'a semblé que, sur le premier projet relatif à la publication des ouvrages politiques, Sa Majesté avait été principalement frappée des entraves que la mesure proposée mettait à la liberté d'écrire l'histoire. Je m'expliquerai d'abord sur ce point, ayant extrêmement à cœur de montrer que le projet n'a pas été conçu dans cette vue, et que, s'il devait avoir un tel résultat, la section ne lui aurait pas donné son approbation.

« Qu'est-ce que l'histoire ? c'est le discernement et le récit des faits qui ont assez d'importance et de notoriété pour être mis au rang des évènemens qu'il est intéressant d'avérer et de faire passer à la connaissance de la postérité.

« Qu'est-ce que le dépôt des relations extérieures ? c'est une suite de collections dans lesquelles se trouve une foule de pièces dont aucune n'est proprement historique. Ce sont des altercations polémiques, des discussions contentieuses, des points de droit controversés, des débats de prééminence, des instructions données pour défendre une prétention plus ou moins fondée ou un droit plus ou moins légitime, des efforts faits souvent en vain pour maintenir des intérêts menacés ou pour recouvrer des avantages perdus, des aveux enfin ou des concessions faites dans des circonstances particulières et que dans d'autres temps on a intérêt de faire oublier. Voilà ce que c'est que le dépôt des archives du ministère des relations extérieures.

« Toutes ces choses sont étrangères à l'histoire. S'il en est résulté des faits utiles à connaître, tels que la paix, la guerre, ou des alliances, ces faits sont simples, constans et publics ; et il n'est pas nécessaire de recourir aux archives pour s'en assurer.

« Si ces faits connus ont été accompagnés de circonstances ignorées, telles que des stipulations particulières, des réserves, des engagemens secrets, il importe au bien de l'état que les pièces dans lesquelles ces faits accessoires sont consignés ne servent pas de matériaux à l'histoire.

« Enfin, si l'on peut recueillir dans la lecture de ces pièces des anecdotes personnelles qui intéressent ou la mémoire d'un homme public, ou l'honneur d'un cabinet, le projet ne dit pas précisément que ces anecdotes doivent à jamais rester ignorées ; mais il en laisse la disposition exclusive au gouvernement. Et certainement on ne peut contester que des faits dont ses agens seuls ont pu avoir connaissance, et que ses agens n'ont recueillis que pour lui, ne soient sa propriété, et que ce ne soit une faute commise à son égard que de rendre public, sans son autorisation, le document officiel sur lequel ces faits ont été consignés pour son usage.

« On a dit que la mesure proposée était une interdiction ;

que le public serait privé de travaux intéressans et utiles; et
que ce qu'il ne serait pas permis de publier en France serait imprimé à l'étranger. Ces objections ne sont pas même spécieuses.

« Il ne s'agit pas d'interdiction, mais d'examen. Le ministre
n'a aucun intérêt à empêcher la publication d'ouvrages intéressans et utiles : le projet ne lui donne d'ailleurs aucun droit.
Les ouvrages politiques seront mis sous ses yeux. Il fera un
rapport à l'empereur : les rapports peuvent être, si l'on veut,
envoyés au conseil d'état, et la publication sera permise ou
défendue. Se décidera-t-on sans motifs? Négligera-t-on de
donner la décision demandée? Voilà les seuls abus qui sont à
prévoir; mais je n'imagine pas qu'on puisse supposer que le
ministre et le conseil d'état se rendront coupables envers l'empereur d'une semblable injustice ou d'une semblable négligence.

« Ceux qui proposent des mesures rigoureuses sont plus frappés des abus présens; ceux qui s'y opposent sont plus frappés
des abus de l'avenir. Mais les abus de l'avenir sont des hypothèses qu'on n'apprécie qu'avec son imagination; les abus du
présent sont des faits qu'on mesure, qu'on pèse, qu'on calcule
avec l'expérience.

« La publication, sans aucun frein, des ouvrages politiques
est une grande gêne pour l'administration : il est difficile de
développer et de définir avec précision et la nature et la variété
des inconvéniens qui en résultent pour le service, et tous les
textes de récrimination que ces ouvrages peuvent fournir aux
cabinets envieux ou rivaux dans une négociation éventuelle,
et tous les sujets de représailles qu'ils peuvent y trouver dans
un débat polémique. Il suffit pour s'en faire une idée de se rap-
peler que, plus d'une fois dans ces derniers temps, le gouvernement a sagement pensé que la publication d'une correspondance officielle devait avoir pour résultat de confondre la
politique d'une puissance ennemie. Or les publications
analogues que se permettront de faire indiscrètement des
écrivains non autorisés et non surveillés ne peuvent-elles

pas, dans des circonstances données, avoir pour résultat d'exposer la conduite et les intentions du gouvernement à de fausses interprétations, et de prévenir les esprits contre le but et les principes de sa politique.

« Le premier projet avait pour objet de prévenir ces inconvéniens; ce qu'on pouvait lui reprocher avec le plus de fondement, ce me semble, c'était d'indiquer le but et de ne fournir que des moyens insuffisans pour l'atteindre. Ceux que présentent le projet qui est aujourd'hui proposé sont plus faibles encore; mais, j'ai dû me conformer aux indications données dans la dernière séance; et si l'on juge que cette mesure ainsi réduite doive encore être modifiée, je ne crains pas de dire qu'il vaudrait mieux écarter le sujet de discussion et le renvoyer à un autre temps. »

NAPOLÉON, etc., sur le rapport de notre ministre des relations extérieures; notre conseil d'état entendu; nous avons décrété et décrétons ce qui suit :

ARTICLE 1er.

Les manuscrits des archives de notre ministère des relations extérieures, et ceux des bibliothèques impériales, départementales et communales, ou des autres établissemens de notre empire, soit que ces manuscrits existent dans les dépôts auxquels ils appartiennent, soit qu'ils en aient été soustraits, ou que leurs minutes n'y aient pas été déposées aux termes des anciens règlemens, sont la propriété de l'état, et ne peuvent être imprimés et publiés sans autorisation.

ART. 2.

Cette autorisation sera donnée par notre ministre des relations extérieures pour la publication des ouvrages dans lesquels se trouveront des copies, extraits ou citations des manuscrits qui appartiennent aux archives de son ministère, et par notre ministre de l'intérieur pour celle des ouvrages dans lesquels se trouveront des copies, extraits ou citations des manuscrits qui appartiennent à l'un des autres établissemens publics mentionnés dans l'article précédent.

ART. 3.

Nos ministres des relations extérieures et de l'intérieur sont chargés chacun en ce qui le concerne de l'exécution du présent décret.

---

§ XVII.

Décret impérial contenant règlement sur les conseils de prud'hommes. — Au camp impérial de Schönbrunn, le 11 juin 1809. — Publié de nouveau, avec des changemens de rédaction, le 20 février 1810.

Une loi avait été jugée nécessaire, en 1806, pour établir, dans la seule ville de Lyon, la juridiction des conseils de prud'hommes, et pour autoriser le gouvernement à en créer dans d'autres villes. En 1809, les décrets impériaux statuaient sur les matières législatives. Le décret du 11 juin, qui contient un règlement général sur ces conseils, étendit leurs attributions, qui furent encore accrues par le décret du 3 août 1810. J'extrais du premier de ces décrets, composé de 72 articles, ce qui concerne les marques de fabriques.

TITRE II. SECTION PREMIÈRE. *Des attributions des conseils de prud'hommes.*

ART. 4.

Les conseils de prud'hommes seront chargés de veiller à la conservation et observation des mesures conservatrices de la propriété des marques empreintes aux différens produits de la fabrique.

ART. 5.

Tout marchand fabricant qui voudra pouvoir revendiquer devant les tribunaux la propriété de sa marque, sera tenu de l'établir d'une manière assez distincte des autres marques, pour qu'elles ne puissent être confondues et prises l'une pour l'autre.

ART. 6.

Les conseils de prud'hommes réunis sont arbitres de la suffisance ou insuffisance de différence entre les marques déjà adoptées et les nouvelles qui seraient déjà proposées, ou même entre celles déjà existantes ; et, en cas de contestation, elle sera portée au tribunal de commerce, qui prononcera après avoir vu l'avis du conseil des prud'hommes.

ART. 7.

Indépendamment du dépôt ordonné par l'art. 18 de la loi du 22 germinal an 11, au greffe du tribunal de commerce, nul ne sera admis à intenter action en contrefaçon de sa marque, s'il n'a déposé un modèle de cette marque au secrétariat du conseil des prud'hommes.

ART. 8.

Il sera dressé procès-verbal de ce dépôt sur un registre en papier timbré, ouvert à cet effet, et qui sera coté et paraphé par le conseil des prud'hommes. Une expédition de ce procès-verbal sera remise au fabricant pour lui servir de titre contre les contrefacteurs.

ART. 9.

S'il était nécessaire, comme dans les onvrages de quincaillerie et de coutellerie, de faire empreindre la marque sur des tables particulières, celui à qui elle appartient paiera une somme de 6 francs entre les mains du receveur de la commune. Cette somme, ainsi que toutes les autres qui seraient comptées pour le même objet, seront mises en réserve et destinées à faire l'acquisition des tables et à les entretenir.

---

§ XVIII.

Décret impérial contenant règlement sur l'imprimerie et la librairie.—Au palais des Tuileries, le 5 février 1810.

L'importance de la presse est si grande dans la civilisation moderne, la nature des relations qui s'établissent entre elle et les pouvoirs publics est un trait si caractéristique de chaque gouvernement, que l'on m'approuvera, sans doute, d'entrer dans quelques détails sur le décret impérial de 1810, et de faire connaître, d'après un examen attentif de beaucoup de documens originaux, qui n'ont été, que je sache, publiés nulle part, les travaux qui l'ont préparé.

La discussion de ce décret a été ouverte dans le conseil d'état dès le commencement de 1808. Deux projets furent présentés, l'un par le ministre de l'intérieur, Montalivet, l'autre par le ministre de la police, Fouché duc d'Otrante.

Le projet du ministre de l'intérieur comprenait 44 articles, divisés en quatre titres et dispositions générales.

Le premier titre en 9 articles était intitulé *Chambres syndicales ou de discipline*. Le rétablissement des anciennes corporations était dans la pensée de quelques-uns des hommes d'état qui employaient alors leur zèle à restaurer tous ceux des débris de l'ancien régime qui pouvaient entrer dans l'édifice impérial. Ils ne manquaient pas d'approbateurs dans le sein même des professions auxquelles les jurandes et maîtrises avaient porté le plus de préjudice. Les honneurs du syndicat, la surveillance sur des confrères, l'exclusion des intrus, les entraves à la libre concurrence, sont faits pour toucher facilement les intérêts et les amours-propres; et, à chacun des degrés de l'échelle sociale, il se rencontre des importans. Des vues de police faisaient désirer que l'esprit de syndicat renaquît parmi les libraires; et des vanités subalternes se mettaient, à leur insu peut-être, au service de ce calcul politique : aussi des projets fournis par des hommes du métier avaient-ils abondé auprès du ministre.

Le second titre : *De l'Exercice de la profession d'imprimeur ou libraire*, contenait 12 articles; il exigeait entre autres dispositions, une immatricule au tableau de la chambre syndicale, un cautionnement, des examens.

Voici le texte du troisième titre : il est aisé de voir que l'on croyait d'une politique prudente de se rendre favorables les littérateurs et les libraires en veillant à quelques-uns de leurs intérêts privés, dont on garantissait et augmentait les produits par le décret même qui était destiné à appesantir les chaînes de la littérature et de la librairie.

TITRE III. *De la garantie de la propriété littéraire.*

« Art. 1er. Les auteurs d'écrits en tout genre, les compositeurs de musique de toute espèce, les peintres, dessinateurs, architectes ou géographes, qui font graver des dessins, plans ou cartes, les sculpteurs qui font mouler leurs ouvrages, jouiront, pendant leur vie entière, du droit exclusif de vendre, faire vendre et débiter leurs ouvrages dans toute l'étendue du territoire français.

« 2. Après leur mort, le même droit appartiendra, pendant leur vie, 1° aux veuves non remariées ; 2° aux enfans de l'auteur ; 3° aux héritiers ou cessionnaires, si l'ouvrage qu'ils publient est inédit ou posthume.

« 3. Les ouvrages dramatiques étant, sous tous les rapports, la propriété des auteurs, ne peuvent être représentés sans leur consentement par écrit, ou celui de leurs fondés de pouvoirs ; duquel consentement la représentation peut être requise, à la diligence de l'auteur ou de son représentant, par tout officier de police, huissier ou notaire, lorsqu'une pièce est représentée ou affichée.

« 4. Lorsque le temps pendant lequel les auteurs, éditeurs ou propriétaires, doivent jouir de la propriété exclusive de leurs ouvrages, aux termes des articles précédens, sera expiré, leurs droits appartiendront à l'état.

« 5. En conséquence, il sera nommé par nous, sur la présentation de notre ministre de l'intérieur, un commissaire chargé de conserver et faire valoir ces droits, et d'en recueillir les produits, selon les formes qui seront réglées par un règlement particulier.

« 6. Le produit en sera versé à la caisse d'amortissement, placé en rentes sur l'état, et affecté exclusivement et limitativement, sans pouvoir jamais être détourné à autre effet, à des pensions en faveur des auteurs, sculpteurs, graveurs, peintres, architectes, géographes, ou de leurs veuves et enfans orphelins, à des récompenses annuelles aux auteurs des ouvrages les plus utiles, ou à d'autres encouragemens littéraires.

« 7. Notre directeur général de la caisse d'amortissement adressera, chaque année, l'état de situation de ce produit à notre ministre de l'intérieur, qui soumettra à notre approbation un tableau pour l'emploi projeté desdites rentes.

« 8. Tout auteur passant un traité avec un imprimeur ou libraire pour la vente ou cession de l'un de ses ouvrages, pourra le faire enregistrer à la chambre syndicale ; cette formalité remplie, il pourra, dans le cas où les engagemens dudit imprimeur ou libraire n'auraient pas été tenus, faire séquestrer son cautionnement pour la conservation de ses droits, après toutefois qu'ils auront été établis par une vérification de compte faite en la chambre syndicale.

« 9. Tout propriétaire d'ouvrage qui aura à réclamer contre l'existence d'une contrefaction, en donnera avis à la chambre syndicale la plus voisine de son domicile, en y joignant un exemplaire de l'édition contrefaite.

« La chambre syndicale lui délivrera acte de sa déclaration, et transmettra, dans le délai de six jours, cet avis à notre grand juge ministre de la justice, à notre ministre de l'intérieur, et à toutes les chambres syndicales de l'empire, en indiquant les signes caractéristiques de la contrefaction.

« 10. Chaque chambre syndicale notifiera cet avis aux imprimeurs et libraires de son ressort.

« A compter du dixième jour après la notification, tout libraire qui serait trouvé avoir dans ses magasins plusieurs exemplaires de l'édition contrefaite, sera présumé coupable du délit de débitant de contrefactions.

« 11. Tout libraire qui tiendrait dans ses magasins des exemplaires d'éditions contrefaites, et qui ne les aurait pas portés sur le registre indiqué par l'art. 7 du titre II, ne pourra arguer du prétexte de bonne foi dans la vente des contrefactions.

« 12. La chambre syndicale pourra, sur toute plainte ou indication, faire faire par un de ses membres, accompagné d'un commissaire de police, une visite dans les ateliers ou magasins de l'imprimeur ou libraire soupçonné d'être auteur ou débitant de contrefactions, et pourra requérir, à cet effet, l'intervention et l'appui de la police locale.

« 13. Le commissaire indiqué par l'art. 5 du présent titre fera faire d'office, et sous l'autorisation de notre ministre de l'intérieur, les poursuites et recherches nécessaires pour l'exercice des droits réservés au gouvernement par l'art. 4.

« 14. Il sera fait, au dépôt littéraire de notre ministère de l'intérieur, d'après la remise ordonnée par l'art. 8 du titre II, un relevé annuel des ouvrages publiés chaque année, avec les noms d'auteurs et imprimeurs : ce relevé sera adressé à notre grand juge ministre de la justice, et à notre conseil d'état.

« TITRE IV. *Dispositions pénales.*

« Art. 1er. Les imprimeurs ou libraires qui ne se seront pas conformés aux dispositions prescrites par les titres précédens, seront traduits devant le tribunal de police correctionnelle, sur la plainte de l'individu lésé, de la chambre syndicale, ou du commissaire du gouvernement désigné en l'article 5 du titre III.

L'article 2 prononce des amendes de 50 à 500 francs, et de 500 à 3000 francs, pour diverses contraventions au titre II.

« 3. Tout auteur d'édition contrefaite sera, pour la première fois, indépendamment de la confiscation des exemplaires, condamné à une amende qui ne pourra être inférieure à trois cents exemplaires de l'édition contrefaite, ni supérieure à quinze cents.

« Elle sera double en cas de récidive, et les coupables pourront être condamnés à six mois de prison au plus.

« En cas de troisième récidive, l'interdiction de cette profession sera jointe à la peine précédente.

« 4. Tout débitant et détenteur d'édition contrefaite, qui, d'après les notifications des chambres syndicales et les formalités prescrites par les articles 10 et 11 du titre III, ne pourra arguer du prétexte de bonne foi, sera condamné, indépendamment de la confiscation des exemplaires, à une amende qui ne pourra être moindre que la valeur de cinquante exemplaires, ni plus forte que celle de cinq cents.

« 5. Tout débitant, détenteur d'édition contrefaite, aura son recours contre son vendeur ou cessionnaire, pour les indemnités résultant de l'article précédent, s'il n'est établi par preuve authentique que ce dernier l'a prévenu de la contrefaction.

« 6. En cas de violation de la propriété des auteurs d'ouvrages manuscrits, imprimés, des auteurs dramatiques ou de leurs ayant-cause, il y aura lieu, au profit des auteurs ou de leurs ayant-cause : 1° à la confiscation des ouvrages contrefaits ou imprimés sans consentement de l'auteur, de la recette de la représentation et des habits, décorations et ustensiles qui y auront servi ; 2° à des dommages-intérêts qui ne pourront excéder le prix de deux mille exemplaires de l'édition originale; 3° au profit des pauvres, à une amende qui ne pourra excéder 2000 francs ni être moindre de 200 francs.

« 7. Le produit net des amendes et confiscations prononcées par les articles 3 et 4 sera réservé pour former les indemnités des propriétaires lésés.

« Le produit des amendes prononcées par les articles 1 et 2 sera destiné aux pauvres.

« Le dixième des premières, le cinquième des secondes, seront versés dans la caisse de la chambre syndicale.

Dispositions générales.

« Art. 1er. Les graveurs et marchands d'estampes sont assimilés aux imprimeurs et libraires pour les dispositions indiquées par les articles 1, 2, 3, 7, 8, titre II; 1, 2, 9, 10, 11, 12, 13, titre III; et par le titre IV du présent décret.

« 2. Le décret du 19 juillet 1793 continuera d'être exécuté dans toutes les dispositions auxquelles il n'est pas dérogé par les présentes. »

Le ministre de la police présenta un projet de loi ou de décret très différent de celui de son collègue, et qui était précédé du rapport suivant :

« L'imprimerie et la librairie sont tombées dans un dépérissement qui provient de plusieurs causes différentes; mais la principale est l'anarchie qui règne dans l'exercice de ces deux professions. On convient unanimement du mal; on ne varie que sur les moyens d'y remédier.

« L'imprimerie est en même temps un art susceptible de perfectionnement, et une profession dont la surveillance importe à la tranquillité publique, au maintien des mœurs, ou à la bonne foi commerciale. C'est la confusion de ces deux qualités bien distinctes qui a mené à tant de faux résultats. Considérée comme art, l'imprimerie peut être étrangère au ministère de la police, mais l'imprimerie et la librairie considérées dans leurs rapports avec l'ordre général, rentrent nécessairement dans les attributions du ministère qui est chargé de la recherche de tous les délits, de toutes les fraudes publiques et contraventions.

« Le but qu'on se propose d'atteindre par une loi sur la librairie, est 1° d'empêcher les contrefactions qui attaquent la propriété, découragent l'industrie et ruinent le commerce ; 2° de prévenir la publication des écrits qui pourraient troubler l'ordre public ou corrompre les mœurs.

« La recherche de ces deux délits ne doit point être séparée ; car c'est le plus souvent par la trace de l'un qu'on arrive à la découverte de l'autre. La police a seule les moyens et la promptitude nécessaires pour y réussir. L'expérience a prouvé que, sans elle, on ne pourrait presque jamais obtenir justice contre les contrefacteurs. L'appui que le gouvernement a voulu quelquefois prêter aux plaignans n'a servi qu'à ajouter les entraves administratives aux entraves judiciaires.

« Le rétablissement des corporations et des chambres syndicales, n'opérerait point le bien qu'on desire.

« D'abord, elles n'ont aucun intérêt à la suppression des livres dangereux, qui souvent se vendent mieux que les bons : elles en feraient la recherche avec une très grande indifférence, sinon même avec répugnance.

« Ensuite, par l'ordre naturel des choses, presque toutes les éditions originales se font à Paris, et les contrefactions dans les départemens ; en sorte que la chambre syndicale de Paris, qui aurait un grand intérêt à empêcher les contrefactions, ne pourrait pas les découvrir ; et les chambres syndicales des départemens, composées d'hommes la plupart intéressés à multiplier les contrefactions, ne voudraient point en trouver. L'abus serait aux extrémités, tandis que la surveillance et le remède ne seraient qu'au centre. D'ailleurs, si un auteur vend lui-même son ouvrage, quel appui trouvera-t-il dans les chambres syndicales? Les libraires pourraient-ils s'opposer de bonne foi à la contrefaction d'un ouvrage qui aurait été soustrait à leur entremise?

« J'ai l'honneur de proposer à Votre Majesté de charger de

cette surveillance un conseiller d'état, assisté de quatre administrateurs, anciens imprimeurs ou libraires, et de nommer
dans les départemens qui en paraîtront susceptibles des directeurs et inspecteurs.

« Cette administration réunira tous les avantages des
chambres syndicales, sans en avoir les inconvéniens.

« En faisant appliquer un timbre sur le premier volume de
chaque ouvrage, le public ne pourra plus être trompé; les
débitans de livres contrefaits ou prohibés ne pourront plus
s'excuser sur leur ignorance; le délit de contrefaction prendra
une gravité qui en éloignera bien des gens, et les auteurs auront enfin un moyen de connaître le nombre réel d'exemplaires auquel leur ouvrage aura été tiré.

« Le trop grand nombre des imprimeurs les réduit à un
état de médiocrité où les grandes entreprises sont impossibles,
et où l'indigence en expose plusieurs à de dangereuses tenta-
tions. Avant la révolution, il ne pouvait y en avoir que trente-
six à Paris. Ce nombre ne m'a pas paru suffisant pour la capitale du grand empire : je le porte à cinquante; et je demande que la réduction ne s'opère que par degrés et avec de
sages précautions.

« Il est convenable d'exiger des imprimeurs et des libraires
un cautionnement. Celui que je propose est si modique, que
ceux qui ne seraient pas en état de le payer devraient être
justement regardés comme incapables de soutenir leur établissement sans moyens frauduleux.

« Le commerce de la librairie devra également pourvoir
par quelques contributions annuelles aux frais d'une administration établie pour le protéger; mais, en fixant cette contri-
bution, je n'ai pas perdu de vue que le bas prix des livres intéresse l'instruction publique et la gloire littéraire de l'empire
de Votre Majesté.

« Plusieurs dispositions de détail feront l'objet d'un règlement particulier que j'aurai l'honneur de soumettre à Votre
Majesté; il contiendra tout ce qui peut concerner la sûreté du

commerce de la librairie, la police des ateliers, et les précautions compatibles avec les égards que méritent des hommes
et des professions honorables ; il s'éloignera surtout de cet
amas de minuties et de vexations dont l'esprit de jurande
avait surchargé les anciens règlemens. »

Le titre premier établit un directeur général, des administrateurs, directeurs, inspecteurs, sous-inspecteurs, et règle les
attributions de l'administration.

Le titre second est relatif aux imprimeurs, à l'apprentissage, aux examens, aux certificats de capacité, aux brevets,
aux droits à payer, à la réduction de nombre.

Le titre troisième *des libraires*, en laisse le nombre illimité, mais prescrit, pour la réception, des formalités et des
taxes.

Le titre quatrième, *de l'impression et de la vente des livres*, propose la déclaration préalable au ministère de la police, qu'il appelle inscription ; il attache à chaque inscription
une taxe ; exige que tout ouvrage porte l'empreinte de l'administration sur la première page du premier volume ; fixe
un droit pour ce timbre, et ajoute : « Art. 34. Le droit de
« timbre sera acquitté par l'imprimeur, et le timbre apposé
« avant la vente, sous peine, de la part de l'imprimeur ou li-
« braire, d'être poursuivi comme contrefacteur. » Voici le
texte des trois titres suivans :

« **Titre V.** *Du droit de propriété et de sa garantie.*

« 39. Le droit de propriété d'un ouvrage est conservé et garanti à
son auteur pendant sa vie entière.

« 40. Lui seul peut le faire imprimer et vendre, après avoir satisfait aux dispositions du titre iv de la présente loi. Il peut céder
son droit et le vendre.

« 41. Le cessionnaire jouit des mêmes avantages, en remplissant
les mêmes formalités.

« 42. Aucun individu, autre que l'imprimeur ou libraire qui a
traité avec l'auteur ou cessionnaire, ne peut livrer l'ouvrage à l'im-

pression et à la vente, sous peine de confiscation, et dommages et intérêts de la valeur de deux mille exemplaires.

« 43. Après le décès de l'auteur ou de son ayant-cause, les enfans et la veuve de l'un ou de l'autre jouissent également, pendant leur vie, des mêmes droits et avantages. S'il n'y a pas d'enfans, la veuve jouit de ce droit.

« 44. Après l'extinction de la veuve et des enfans, les ouvrages cessent d'être propriété particulière.

« Ils rentrent dans le domaine public ; et   ans après, tout imprimeur ou libraire peut livrer l'ouvrage à l'impression et à la vente, en se conformant au titre IV de la présente loi.

« *Des ouvrages dramatiques.* 45. Aucun ouvrage dramatique ne peut être représenté sans l'autorisation du ministre de la police générale, et sans le consentement de l'auteur ou de ses ayant-cause, sous peine de confiscation du produit de la recette, d'amende au profit de l'administration de la librairie, et de dommages-intérêts au profit de la partie lésée.

TITRE IV. *Des contrefactions.*

« 46. La contrefaction est l'impression et vente d'un ouvrage contre le consentement et au préjudice de l'auteur ou cessionnaire.

« 47. Cette atteinte au droit de propriété est un délit de fraude et escroquerie qui s'appelle délit de contrefaction.

« 48. La contrefaction d'un ouvrage entraîne confiscation et amende au profit de l'administration, et dommages-intérêts envers l'auteur et ses ayant-cause.

« Il n'y a lieu qu'à confiscation et amende, si l'ouvrage est rentré dans le domaine public.

« 49. L'amende est égale à la valeur de cinq cents exemplaires de l'édition originale.

« 50. Les dommages-intérêts sont au moins du double de l'amende.

« 51. La contrefaction du timbre de l'administration sera punie de même manière que la contrefaction du timbre national.

« 52. Chaque auteur ou imprimeur sera tenu de déposer à la direction de son domicile huit exemplaires de chaque édition nouvelle.

« 53. Ces exemplaires seront distribués ainsi qu'il suit : etc...

« 54. Les contrefactions pourront être constatées, soit par les directeurs, inspecteurs, sous-inspecteurs de la librairie, ou par les commissaires de police et tous préposés à la recherche des délits et contraventions.

« 55. En conséquence, les ateliers, boutiques et magasins des imprimeurs et libraires, porteront un écriteau à la porte extérieure, et seront ouverts à toute heure aux directeurs, inspecteurs et commissaires de police seulement.

« 56. Les préposés aux douanes et droits réunis ne pourront s'immiscer que dans la visite des balles et ballots entrant ou circulant dans l'intérieur.

« 57. Les poursuites pour contrefaction, pour contravention qui entraîne confiscation et amende, et en général toutes les difficultés résultant des dispositions de la présente loi, seront soumises par le directeur général, avec l'avis des quatre administrateurs, au ministre de la police qui prononcera, sauf le pourvoi au conseil d'état.

TITRE VII. *Comptabilité.*

« 58. Le produit de tous les droits, confiscations, amendes, dommages-intérêts, sera versé dans la caisse du ministère de la police générale.

« 59. Les fonds en provenant seront employés aux frais d'administration et en indemnités aux propriétaires lésés, dans la proportion déterminée par les décisions du ministre.

« 60. L'excédant des fonds sera employé en récompenses, encouragemens, gratifications, appointemens et indemnités aux directeurs, inspecteurs, sous-inspecteurs, auteurs, imprimeurs, libraires, veuves et enfans, et aux commissaires et préposés qui seront reconnus y avoir droit. »

Le huitième et dernier titre fait réserve de règlemens particuliers et s'occupe des traitemens.

Le conseiller d'état Regnaud de Saint-Jean-d'Angély fit, à la fin de mars 1808, un rapport sur ces deux projets. Ce rapport est divisé en trois paragraphes très courts : le premier relatif à la législation antérieure à 1723 ; le second, à la législation depuis 1723 jusqu'à la révolution. Voici le troisième, qui a pour titre : *Législation depuis la révolution.*

« La révolution ayant anéanti toutes les maîtrises et corporations, la communauté et la chambre syndicale de la librairie disparurent comme les autres institutions anciennes.
Chacun fit ce qu'il voulut; et la moralité, les connaissances,
n'étant plus exigées pour exercer la librairie, on vit, sous la
seule condition de prendre une patente, la plus épouvantable
anarchie succéder au bon ordre. Cette profession fut envahie
par l'ignorance et la plus avide cupidité; et sous le prétexte
de la liberté de la presse et de l'abolition des privilèges, on
ne respecta plus les propriétés littéraires.

« La Convention trouva le mal si grand qu'elle crut indispensable d'y apporter remède; et le 19 juillet 1793, elle rendit un décret tendant à maintenir les droits de propriété des
auteurs d'écrits en tout genre, des compositeurs de musique,
des peintres et des dessinateurs; mais elle laissa libres comme
auparavant les professions d'imprimeur et de libraire.

« Le décret impérial du 1ᵉʳ germinal an XIII, concernant
les droits des propriétaires d'ouvrages posthumes, contient
une disposition dont la justice est évidente, et qui devra trouver sa place dans un nouveau code de la librairie. Il en est de
même de celui du 7 du même mois, concernant l'impression
des livres d'église, des heures et des prières.

« Tel est l'état actuel de la législation. Il est nuisible, à-la-
fois, à l'intérêt des individus qui se livrent à l'art de l'imprimerie et aux professions qui s'y rapportent, à l'ordre public, à
la propagation des lumières, aux droits des auteurs, à l'ordre
de l'administration, à la sûreté de l'Etat.

« Les ministres de l'intérieur et de la police ont présenté
chacun un projet de décret. La section de l'intérieur les a dis-
cutés tous deux; mais, avant de les fondre dans un seul, elle
a pensé qu'il était nécessaire, pour la guider dans son travail
de soumettre au conseil, et de lui faire discuter les questions
suivantes. »

Ces questions, au nombre de 35, étaient classées en quatre
parties. La première partie, *des imprimeurs et libraires* po-

sait les questions d'établissement d'une corporation, de limitation de nombre, d'examens de capacité, de cautionnement. La seconde partie, *de l'impression des ouvrages*, posait les questions relatives à l'établissement de la censure, en termes beaucoup plus explicites que les projets des deux ministres. Dans les réponses distribuées au conseil et imprimées en marge des questions, comme *décisions du conseil de Sa Majesté rendues sous sa présidence,* on voit qu'il avait été arrêté qu'il y aurait examen ou censure des ouvrages imprimés, mais que cette censure serait seulement facultative, et qu'une indemnité, à la charge du gouvernement, serait accordée à l'auteur ou à l'imprimeur, lorsqu'un ouvrage serait arrêté ou prohibé après un examen ou une censure et l'autorisation d'imprimer. La question d'apposition d'un timbre sur chaque exemplaire fut résolue négativement. La troisième partie, *des livres étrangers,* permettait, pour tout le monde, l'entrée des livres imprimés en français à l'étranger, 'mais après autorisation préalable du ministre de l'intérieur, et en payant des droits d'entrée. Voici la quatrième partie, avec les décisions :

IVᵉ Partie. — *Du droit de propriété.*

« 17ᵉ question. L'auteur d'un ouvrage aura-t-il droit de propriété pendant sa vie? — *Réponse.* Oui. — Ou le transmettra-t-il à ses héritiers? Le transmettra-t-il pour toujours ou pour un temps? S'il n'a pas d'héritiers, le transmettra-t-il à sa veuve? — *Réponse.* Pour vingt ans à ses enfans ou à sa veuve.

« 18ᵉ. Quand l'ouvrage aura cessé d'être propriété particulière, sera-t-il libre à tout imprimeur d'en faire des éditions? — *Réponse.* Oui. — Le pourra-t-il sans rien payer?— *Réponse.* Oui. — Ou en payant un droit? *Réponse.* Non.

« 19ᵉ. Si l'on paie un droit, sera-t-il employé en encouragemens pour les lettres, les sciences et les arts? En pensions aux gens de lettres, savans, artistes, imprimeurs, libraires?

— Question inutile d'après les décisions précédentes.

« 20°. Le premier éditeur ou traducteur qui fera imprimer en France un ouvrage fait et imprimé à l'étranger, aura-t-il le même droit que l'auteur d'un ouvrage? — *Réponse.* Oui. — Comment sera constatée sa priorité? — *Réponse.* Par sa déclaration. »

La cinquième partie concernait *la circulation des livres en France;* la sixième, *l'administration et la police de l'imprimerie et de la librairie.* On décidait qu'il y aurait un directeur général, ressortissant au ministère de l'intérieur; qu'il y aurait des inspecteurs selon le besoin; à Paris, une chambre syndicale; et dans les départemens des syndics. Voici la septième partie :

VII° PARTIE. *Des actions, des poursuites et des peines.*

« 28°. En cas de refus d'approbation d'un ouvrage, ou de saisie après sa publication, l'auteur, imprimeur, ou éditeur pourra-t-il se pourvoir, du refus ou de la décision de l'administration ou du ministère, au conseil d'état?—*Réponse.* Oui.

« 29°. Les poursuites contre les auteurs de contrefaçons, contraventions ou attentats aux droits des auteurs, pourront-elles être exercées d'office par l'administration ou ses agens, ou par les chambres syndicales? — *Réponse.* Oui. — Et en ce cas, auront-ils une portion ou la totalité de la confiscation de l'amende, la totalité des dommages-intérêts restant aux auteurs ou propriétaires? — *Réponse.* Partie aux auteurs, partie aux agens qui auront fait les procès-verbaux.

« 30°. Changera-t-on la nature des peines, la quotité des amendes établies par les lois actuelles? — *Réponse.* Renvoyé au Code pénal.

« 31°. Quel tribunal prononcera ces peines? — *Réponse.* Le tribunal de police correctionnelle.

« 32°. Y aura-t-il des peines particulières contre les auteurs d'ouvrages contre l'État, la religion et les mœurs? — *Réponse.* Renvoyé au Code pénal.

« 33e. Quel tribunal prononcera ces peines? — *Réponse.* Les tribunaux correctionnels ou criminels selon les délits.

« 34e. Y aura-t-il une peine contre les calomniateurs ou auteurs de libelles contenant injures ou diffamation contre les particuliers? — *Réponse.* Renvoyé au Code pénal.

« 35e. Quel tribunal la prononcera? — *Réponse.* Comme à la 33e question. »

M. Locré, alors secrétaire général du conseil d'état, a rapporté (1) la partie de la discussion qui eut pour objet les droits d'auteurs. Il donne le texte des 17e et 18e questions, telles que nous venons de les citer; puis il poursuit ainsi :

« Ces questions furent présentées dans la séance du 2 septembre 1808. Il s'engagea une discussion que nous avons recueillie, et que nous allons rapporter textuellement :

« On passe à la discussion des questions de la 4e série.

« Napoléon demande quelle est la législation actuelle sur la première question.

« M. le comte Regnaud de Saint-Jean-d'Angély rappelle les dispositions de la loi du 19 juillet 1793, qui assure la propriété des ouvrages à l'auteur pendant toute sa vie, à la veuve et à ses héritiers pendant dix ans après sa mort.

« Napoléon dit que la perpétuité de la propriété dans les familles des auteurs aurait des inconvéniens. Une propriété littéraire est une propriété incorporelle qui, se trouvant dans la suite des temps et par le cours des successions divisée entre une multitude d'individus, finirait, en quelque sorte, par ne plus exister pour personne; car, comment un grand nombre de propriétaires, souvent éloignés les uns des autres, et qui, après quelques générations, se connaissent à peine, pourraient-ils s'entendre et contribuer pour réimprimer l'ouvrage de leur auteur commun? Cependant, s'ils n'y parviennent pas, et qu'eux seuls aient le droit de le publier, les meilleurs livres disparaîtront insensiblement de la circulation.

---

(1) *Législation civile de la France*, t. IX, pag. 17, 18 et 19.

« Il y aurait un autre inconvénient non moins grave. Le progrès des lumières serait arrêté, puisqu'il ne serait plus permis ni de commenter, ni d'annoter les ouvrages; les gloses, les notes, les commentaires ne pourraient être séparés d'un texte qu'on n'aurait pas la liberté d'imprimer.

« D'ailleurs, un ouvrage a produit à l'auteur et à ses héritiers tout le bénéfice qu'ils peuvent naturellement en attendre, lorsque le premier a eu le droit exclusif de le vendre pendant toute sa vie, et les autres pendant les dix ans qui suivent sa mort.

« Cependant si l'on veut favoriser davantage encore la veuve et les héritiers, qu'on porte leur propriété à vingt ans. »

L'arrêté par lequel M. Locré ajoute que cette discussion fut terminée s'étend à tous les héritiers, et n'est d'accord, en ce point, ni avec les rédactions successives du décret, ni avec la réponse en marge des questions, telle qu'elle a été imprimée pour les délibérations du conseil. Voici comment il rapporte cet arrêté :

« Le conseil d'état arrête que les dispositions de la loi du 19 juillet 1793, relatives à la propriété des ouvrages, seront maintenues avec la modification qu'elle appartiendra aux *héritiers* pendant vingt ans depuis la mort de l'auteur. »

L'opinion émise par l'empereur sur les inconvéniens de la perpétuité d'une propriété littéraire est fort remarquable, et signale, avec une grande justesse, les inconvéniens qui naîtraient de son application. Les preuves abondent, dans les discussions du conseil d'état, de cette netteté d'intelligence et de cette supériorité de bon sens, à la lumière desquelles, dans les questions débattues devant lui, et sur les matières qui devaient lui être le plus étrangères, il allait droit aux considérations les plus élevées et les plus pratiques.

Le projet de décret fut longuement élaboré. J'ai eu sous les yeux les neuf rédactions successives qui en furent faites. On l'adopta définitivement dans la séance du 13 janvier 1810, après des amendemens assez nombreux à la neuvième de ces rédactions.

Les articles relatifs à la propriété et à sa garantie, ne furent pas ceux qui éprouvèrent le plus de changement.

Voici quelles furent les rédactions successives des articles compris sous ce titre :

(Article 39). « Le droit de propriété est garanti à l'auteur *ou* à sa veuve pendant leur vie, et à leurs enfans pendant vingt ans. » Telles furent les quatre premières rédactions. A la cinquième rédaction, on s'exprima mieux en disant : à l'auteur *et* à sa veuve, etc... Ce ne fut qu'après la neuvième rédaction que l'on ajouta cette restriction au droit de la veuve : *si les conventions matrimoniales lui en donnent le droit.*

(Article 40). Les trois premières rédactions étaient : « L'au- « teur peut céder son droit à un imprimeur ou libraire qui est « alors substitué en son lieu et place, pour lui et ses ayant- « cause, comme il est dit en l'article précédent. » On dit à la quatrième rédaction : ... à un imprimeur ou libraire, *ou à toute autre personne qui est alors substituée en son lieu et place*, etc... On dit à la septième rédaction : les auteurs *soit nationaux, soit étrangers*, peuvent céder leur droit, etc.... Ce fut après la neuvième rédaction que l'on ajouta : les auteurs soit nationaux, soit étrangers, *de tout ouvrage imprimé ou gravé*, etc...

Ces deux articles font seuls partie du décret. On lisait, dans les trois premières rédactions cet autre article : « L'in- « dividu qui aura fait le premier sa déclaration pour la tra- « duction ou publication d'un ouvrage imprimé et publié à « l'étranger, jouira en France des droits d'auteur. » A la qua- trième rédaction, on ajouta cette restriction : *pour sa tra- duction ou sa publication en langue originale,* et un second paragraphe ainsi conçu : « Toutefois, tout autre traducteur « pourra imprimer une traduction nouvelle, et le texte en re- « gard. » Cet article disparaît entièrement dès la septième rédaction.

Je ne parle point de divers autres projets, qui n'émanaient pas de la section de l'intérieur, et qui furent proposés successivement. Il y en eut un qui conférait au directeur de la librairie le droit de concéder des privilèges temporaires pour les ouvrages de domaine public.

L'art. 43 du décret a quelquefois donné lieu, dans la pratique, à des difficultés par le vague où il reste sur l'appréciation des dommages et intérêts. On ne trouve aucun éclaircissement sur ce point dans la comparaison des rédactions successives. Les six premières rédactions contenaient deux articles : « Les peines seront prononcées, et les dommages-intérêts seront arbitrés par les tribunaux correctionnels. » — « L'amende sera de 300 francs au moins et 3000 fr. au plus. » La septième rédaction ajoute au second de ces deux articles : « Le tout sans préjudice de ce qui sera réglé par le Code pénal. » La huitième rédaction supprime ce second article, et rédige le premier comme l'article 43 du décret.

Quant au dépôt, on peut remarquer que l'article 48, en ordonnant de déposer cinq exemplaires, ne fait connaître que quatre destinations. La destination des exemplaires a varié avec les divers projets, suivant que l'on en a retranché, soit la chambre syndicale, soit le collège de censure, soit le tribunal de librairie, soit le parquet de ce tribunal, soit le conseil de librairie. On n'a jamais varié sur le nombre de cinq exemplaires à déposer, et l'on a conservé ce nombre, même après qu'à partir de la huitième rédaction, on n'a plus indiqué que quatre destinations. C'est après la neuvième rédaction que l'on a substitué la bibliothèque du conseil d'état au ministre de la police.

Je n'entrerai point dans les mêmes détails sur la discussion des autres parties du décret, duquel on peut, d'ailleurs, apprécier l'esprit et la portée par les développemens qui précèdent. Je me contenterai de dire que ce fut après la sixième rédaction que l'on renonça à la création de chambres syndicales.

Le décret du 5 février 1810 se compose de 51 articles divisés en huit titres.

Le titre premier crée un directeur général de l'imprimerie et de la librairie, et place auprès de lui six auditeurs.

Le titre IIe concerne la profession d'imprimeur. Il réduit les imprimeurs de Paris à 60. Un décret subséquent du 11 février 1811 les a portés à 80.

Le titre IIIe, *de la police de l'imprimerie*, est divisé en trois sections, et organise la censure. Ces sections sont intitulées : *de la garantie de l'administration ; de la garantie des auteurs et imprimeurs ; et dispositions relatives à l'exécution des deux sections précédentes.*

Titre IVe. *Des libraires.* — Titre Ve. *Des livres imprimés à l'étranger.*

Voici le texte des dispositions qui concernent spécialement les droits des auteurs :

TITRE VI. *De la propriété et de sa garantie.*

ART. 39.

Le droit de propriété est garanti à l'auteur et à sa veuve pendant leur vie, si les conventions matrimoniales de celle-ci lui en donnent le droit, et à leurs enfans pendant vingt ans.

ART. 40.

Les auteurs, soit nationaux, soit étrangers, de tout ouvrage imprimé ou gravé, peuvent céder leur droit à un imprimeur ou libraire, ou à toute autre personne qui est alors substituée en leur lieu et place, pour eux et leurs ayant-cause, comme il est dit à l'article précédent.

TITRE VII.

SECTION 1re. *Des délits en matière de librairie, et du mode de les punir et de les constater.*

ART. 41.

Il y aura lieu à confiscation et amende au profit de l'état, dans les cas suivans, sans préjudice des dispositions du code pénal :

.... 7° Si c'est une contrefaçon, c'est-à-dire, si c'est un ouvrage imprimé sans le consentement et au préjudice de l'auteur ou éditeur, ou de leurs ayant-cause.

ART. 42.

Dans ce dernier cas, il y aura lieu, en outre, à des dommages-intérêts envers l'auteur ou éditeur, ou leurs ayant-cause; et l'édition ou les exemplaires contrefaits seront confisqués à leur profit.

ART. 43.

Les peines seront prononcées et les dommages-intérêts seront arbitrés par le tribunal correctionnel ou criminel, selon les cas et d'après les lois.

ART. 44.

Le produit des confiscations et des amendes sera appliqué, ainsi que le produit du droit sur les livres venant de l'étranger, aux dépenses de la direction générale de l'imprimerie et de la librairie.

SECTION II. *Du mode de constater les délits et contraventions.*

ART. 45.

Les délits et contraventions seront constatés par les inspecteurs de l'imprimerie et de la librairie, les officiers de police; et en outre par les préposés des douanes pour les livres venant de l'étranger.

Chacun dressera procès-verbal de la nature du délit et contravention, des circonstances et dépendances, et le remettra au préfet de son arrondissement, pour être adressé au directeur général.

ART. 46.

Les objets saisis sont déposés provisoirement au secrétariat de la mairie, ou commissariat général de la sous-préfecture, ou de la préfecture, la plus voisine du lieu où le délit ou la contravention sont constatés, sauf l'envoi ultérieur à qui de droit.

ART. 47.

Nos procureurs généraux ou impériaux seront tenus de poursuivre d'office, dans tous les cas prévus à la section précédente, sur la simple remise qui leur sera faite d'une copie des procès-verbaux dûment affirmés.

TITRE VIII. *Dispositions diverses.*

ART. 48.

Chaque imprimeur sera tenu de déposer à la préfecture de son département, et à Paris à la préfecture de police, cinq exemplaires de chaque ouvrage, savoir :

Un pour la bibliothèque impériale, un pour le ministre de l'intérieur; un pour la bibliothèque de notre conseil d'état; un pour le directeur général de la librairie.

§ XIX.

CODE PÉNAL.

LIVRE III. *Des crimes, des délits et de leur punition.* — **TITRE II.** *Crimes et délits contre les particuliers.* — **CHAPITRE II.** *Crimes et délits contre les propriétés.* — **SECTION II.** *Banqueroutes, escroqueries et autres espèces de fraudes.* — **§ V.** *Violation des règlemens relatifs aux manufactures, au commerce et aux arts.* — **ARTICLES 425 à 429.**

Les articles 425 à 429 du code pénal formaient, dans le projet discuté par le conseil d'état, les articles 366 à 372, ainsi conçus :

« 366. Toute édition d'écrits, de composition musicale, de dessin, de peinture, ou de toute autre production, imprimée ou gravée en entier ou en partie, *sans le consentement formel et par écrit de l'auteur, de ses héritiers, cessionnaires ou ayant-droit pendant le temps fixé par les lois, lorsqu'il aura été remis à la bibliothèque impériale ou au cabinet des estampes deux exemplaires de l'édition originale,* est une contrefaçon, et toute contrefaçon est un délit.

« 367. Le débit d'ouvrages contrefaits, l'introduction en France d'ouvrages qui ont été contrefaits dans l'étranger, sont un délit de la même espèce.

« 368. *Tout marchand ou commerçant de livres ou de gra-*

vures sera réputé coupable de ce délit, s'il se trouve avoir à sa disposition deux ou plusieurs exemplaires de l'édition contrefaite.

«369. La peine contre le contrefacteur ou contre l'introducteur *en France de l'édition qui aura été contrefaite dans l'étranger*, sera une amende de cent francs au moins et de deux mille francs au plus, et contre le débitant une amende de cinquante-*un* francs au moins et de cinq cents francs au plus; *et en outre* la confiscation de l'édition contrefaite, tant contre le contrefacteur que contre l'introducteur et le débitant.

«370. *Les exemplaires confisqués seront estampillés, et remis ensuite au propriétaire de l'ouvrage, pour l'indemniser en partie du préjudice qu'il a souffert.*

Le contrefacteur ou l'introducteur sera, de plus, condamné à payer au propriétaire, pour complément d'indemnité, la valeur de douze cents exemplaires de l'édition originale, avant que l'édition contrefaite fût connue. Le débitant sera condamné à lui payer deux cents exemplaires au même prix.

«371. Tout directeur, tout entrepreneur de spectacle, toute association d'artistes, qui aura fait représenter sur son théâtre des ouvrages dramatiques, *sans le consentement formel et par écrit* des auteurs, sera puni d'une amende de cinquante-*un* francs au moins et de cinq cents francs au plus, et de la confiscation des recettes.

«372. Les recettes confisquées seront remises au propriétaire de l'ouvrage dramatique, pour l'indemniser d'autant du préjudice qu'il aura souffert : le surplus de son indemnité, ou l'entière indemnité, s'il n'y a pas eu saisie des recettes, sera réglé par les voies ordinaires.»

M. Locré (1) rapporte la discussion de ce projet au conseil d'état, à la séance du 27 décembre 1808 présidée par le prince archichancelier Cambacérès.

La discussion sur l'article 366 porta d'abord sur la proposition de retrancher de cet article celles de ses dispositions sur la propriété des auteurs qui devaient trouver leur place dans les lois civiles, et de s'en tenir aux dispositions pénales,

(1) *Législation civile, commerciale et criminelle de la France*, t. XXXI, p. 20, 43, 44, 45, 70, 71, 72, 156, 186, 187.

comme devant seules figurer dans le code. A des observations faites en ce sens par M. le baron Pasquier et M. le comte Berlier, il fut répondu par le comte Treilhard qu'au moment où l'article avait été rédigé, le projet dont le conseil s'occupe sur l'imprimerie et la librairie n'avait pas encore été soumis à ses délibérations ; qu'au reste, pour tout concilier, on pouvait se borner à dire que toute contrefaçon contraire aux lois et règlemens de la matière est un délit. Cet amendement fut adopté, et, sur la proposition du comte Regnaud de Saint-Jean-d'Angély, il fut étendu aux articles suivans.

« M. Merlin dit : que souvent des libraires, pour donner cours à des éditions contrefaites, sans néanmoins s'exposer à la peine établie contre le débitant, les annoncent dans leurs catalogues, et ont soin de n'en pas avoir d'exemplaires dans leurs magasins. Ce fait est au moins une tentative de délit, et doit dès-lors être soumis à une peine.

« M. le comte Treilhard dit : qu'il faut certainement que ce libraire soit puni ; mais la question est de savoir s'il subira la même peine que le débitant.

« M. le comte Regnaud dit : qu'on pourrait la lui appliquer, en laissant au juge la faculté de la modérer suivant les circonstances.

« M. le comte Berlier dit : que s'il y a lieu de s'occuper du fait énoncé, ce ne sera pas pour lui infliger les mêmes peines qu'au débit d'ouvrages contrefaits, puisque, au cas posé, il n'en existe point d'exemplaires, et qu'ainsi il n'y a pas de préjudice réel causé à l'auteur. Si donc il y a là un délit, il est d'une espèce différente du délit de contrefaçon ; et cette voie oblique qu'emploierait un libraire pour appeler chez lui les acheteurs ne saurait mériter qu'une peine légère. »

M. Locré ajoute que la proposition de M. Merlin, et les articles 366, 367, 368, 369, 370 furent renvoyés à la section, et les articles 371 et 372 adoptés sauf rédaction.

L'exposé des motifs du chapitre II, titre II, livre III du Code pénal fut présenté au corps législatif, par le conseiller d'état Faure (1), dans la séance du 9 février 1810 :

« Je passe au délit de contrefaçon. Il est évident que ce délit offre un attentat à la propriété. On peut contrefaire des ouvrages gravés ou peints comme des ouvrages imprimés. Les règles d'après lesquelles la propriété d'un auteur est légalement reconnue, celles qui déterminent l'étendue et les bornes de cette propriété, ne sont point l'objet du Code pénal. Il ne s'agit ici que des peines qui doivent être subies par les contrefacteurs. Les peines sont une amende et la confiscation de la chose contrefaite ; nous avons déjà dit, dans une autre occasion, que la confiscation et l'amende ne tournent jamais au profit de l'état, qu'après que la partie a été entièrement indemnisée. Il est à considérer que le délit de contrefaçon exige une surveillance d'autant plus sévère que son effet ne se borne pas à porter préjudice au propriétaire légitime ; l'impunité d'un tel délit nuirait tout à-la-fois aux arts et au commerce, par le découragement qu'il apporterait parmi les auteurs et les éditeurs, puisqu'il n'en est aucun qui ne dût craindre pour lui le même sort. Disons plus : cette fraude rejaillirait sur l'état lui-même, qui tire son plus grand lustre de la prospérité des arts et du commerce. »

Le rapport au corps législatif, sur le même chapitre, fut fait par Louvet, de la Somme (2). Il s'exprime ainsi :

« Je viens maintenant à des dispositions dont le but est d'assurer des propriétés d'un ordre différent, des propriétés d'autant plus chères à l'homme qu'elles lui appartiennent plus immédiatement, et sont, en quelque sorte, une partie de lui-même : je veux parler de ces productions des arts, de ces fruits de l'esprit, de l'imagination et du génie qui servent à

(1) M. Faure est décédé à Paris le 13 juin 1837, conseiller à la cour de cassation. Il était né au Havre, le 5 mars 1760.

(2) Louvet (Pierre-Laurent) ne doit pas être confondu avec son homonyme, Louvet de Couvray (Jean-Baptiste), membre de la Convention, auteur de *Faublas*. Il n'aurait pas appartenu à celui-ci de dire sans restrictions, que les fruits de l'imagination et de l'esprit servent à l'instruction et à la gloire d'une nation.

l'utilité, à l'instruction, au charme, à l'ornement et à la gloire d'une nation. Le projet commence par déclarer, etc....... Il finit par une disposition où vous remarquerez une nouvelle preuve des vues nobles et désintéressées qui ont présidé à la rédaction de la loi : il abandonne aux auteurs le produit des confiscations pour les indemniser d'autant du préjudice qu'ils auront souffert. Espérons que les larcins, ou plutôt les brigandages, exercés trop souvent sur ces précieuses propriétés, ne se renouvelleront plus ; contribuons du moins à faire en sorte qu'ils se reproduisent plus rarement, et contribuons-y avec d'autant plus d'empressement que ces fraudes, indépendamment du dommage particulier qui en résulte, n'ont ordinairement lieu qu'au détriment de l'ouvrage même, au détriment du goût et de l'instruction nationale. »

Ce chapitre du Code pénal, décrété le 19 février 1810, a été promulgué le 1er mars. Tout le Code pénal a été, par décret du 13 mars 1810, déclaré exécutoire à partir du 1er janvier 1811, époque déjà fixée pour la mise en vigueur du Code d'instruction criminelle par décret du 17 décembre 1809. La loi du 18 avril 1832, qui a modifié un grand nombre de dispositions du Code pénal, n'a apporté aucun changement aux articles 425 à 429 dont voici le texte :

ART. 425.

Toute édition d'écrits, de composition musicale, de dessin, de peinture ou de toute autre production imprimée ou gravée en entier ou en partie, au mépris des lois et règlemens relatifs à la propriété des auteurs, est une contrefaçon; et toute contrefaçon est un délit.

ART. 426.

Le débit d'ouvrages contrefaits, l'introduction sur le territoire français d'ouvrages qui, après avoir été imprimés en France, ont été contrefaits chez l'étranger, sont un délit de la même espèce.

ART. 427.

La peine contre le contrefacteur, ou contre l'introducteur, sera une amende de cent francs au moins et de deux mille francs au plus; et contre le débitant, une amende de vingt-cinq francs au moins et de cinq cents francs au plus.

La confiscation de l'édition contrefaite sera prononcée tant contre le contrefacteur que contre l'introducteur et le débitant.

Les planches, moules ou matrices des objets contrefaits seront aussi confisqués.

ART. 428.

Tout directeur, tout entrepreneur de spectacle, toute association d'artistes, qui aura fait représenter sur son théâtre des ouvrages dramatiques au mépris des lois et règlemens relatifs à la propriété des auteurs, sera puni d'une amende de cinquante francs au moins, de cinq cents francs au plus, et de la confiscation des recettes.

ART. 429.

Dans les cas prévus par les quatre articles précédens, le produit des confiscations, ou les recettes confisquées, seront remis au propriétaire pour l'indemniser d'autant du préjudice qu'il a souffert; le surplus de son indemnité, ou l'entière indemnité, s'il n'y a eu ni vente d'objets confisqués ni saisie de recettes, sera réglé par les voies ordinaires.

---

§ XX.

Décret impérial, portant défenses à toutes personnes d'imprimer et débiter les sénatus-consultes, codes, lois et règlemens d'administration publique avant leur publication par la voie du Bulletin des lois.—Au palais de Saint-Cloud, le 6 juillet 1810.

Le rapport suivant fut présenté le 4 avril 1810 par le grand-juge, ministre de la justice, duc de Massa :

« M. le conseiller d'état, directeur général de l'imprimerie et de la librairie, en me faisant connaître qu'il a jugé à propos de suspendre la vente d'une édition du Code pénal publiée par un libraire de Paris, et qui lui a été signalée comme étant pleine de fautes, me propose la question de savoir s'il doit être permis de livrer à l'impression et surtout de mettre en vente un code, une loi ou même un règlement, avant que l'authenticité en soit constatée par l'insertion au Bulletin des lois et la publication officielle.

« Il est certain que la liberté illimitée dont jouissent à cet égard tous imprimeurs ou libraires, peut entraîner souvent de très graves inconvéniens; et je ne dois pas dissimuler à V. M. que cette liberté a dégénéré, depuis quelques années, en une licence telle, qu'on a vu mettre en vente des éditions de codes, non-seulement avant que ces codes eussent été promulgués, mais avant même qu'ils eussent été convertis en lois. Beaucoup de personnes ont été trompées en achetant ces éditions toujours plus ou moins fautives.

V. M. jugera sans doute que cet abus, aussi contraire au respect qui est dû aux actes de l'autorité suprême que dangereux par les erreurs graves qu'il peut répandre dans le public, ne doit pas être toléré plus long-temps.

« Il est d'une importance extrême que le texte des lois et des décrets impériaux parvienne au public dans toute sa pureté; or, ce texte ne lui est légalement transmis que par la voie du Bulletin des lois : c'est donc ce Bulletin qui, seul, peut servir de modèle pour les éditions particulières des lois et décrets qu'il renferme.

« Par ces considérations, j'ai l'honneur de proposer à V. M. de faire examiner par son conseil d'état s'il ne conviendrait pas qu'elle ordonnât, par un décret spécial, que les particuliers ne pourront réimprimer et mettre en vente les sénatus-consultes, les lois et les décrets impériaux, qu'après que ces actes auront été publiés par la voie du Bulletin au chef-lieu du département; et que les imprimeurs ou éditeurs seront garans et responsables, sous peine de confiscation, de la conformité de leurs éditions avec le texte de l'édition officielle du Bulletin des lois. »

Le projet de décret fut adopté par le conseil d'état, au rapport du comte Treilhard.

NAPOLÉON, etc. Des spéculateurs avides se hâtent de faire imprimer et débiter les lois, avant même qu'elles aient été adoptées par le corps législatif ; il résulte de là des éditions fautives qui peuvent égarer les parties, leurs conseils et même quelquefois les juges ; mais en réprimant cet abus, nous n'entendons, en aucune manière, priver nos sujets de l'avantage de connaître comme par le passé, par la voie des journaux, l'objet des sénatus-consultes, lois et règlemens, au moment où ils sont annoncés ;

Nous avons, en conséquence, sur le rapport de notre grand-juge, ministre de la justice, et notre conseil d'état entendu, décrété et décrétons ce qui suit :

ART. 1er.

Il est défendu à toutes personnes d'imprimer et débiter les sénatus-consultes, codes, lois et règlemens d'administration publique, avant leur inse tion et publication par la voie du Bulletin au chef-lieu de département.

ART. 2.

Les éditions faites en contravention de l'article précédent seront saisies à la requête de nos procureurs généraux, et la confiscation en sera prononcée par le tribunal de police correctionnelle.

ART. 3.

Notre grand-juge, ministre de la justice, est chargé de l'exécution du présent décret qui sera inséré au Bulletin des lois.

---

§ XXI.

Décret impérial relatif aux éditions d'ouvrages imprimés en France, faites en Hollande avant le 1er janvier 1811. — Au palais des Tuileries le 29 décembre 1810.

Le ministre de l'intérieur, Montalivet, présenta à l'empereur le rappport suivant :

« Après la réunion de la Belgique, il se trouva que les imprimeurs de ce pays avaient imprimé, sous la garantie de leurs anciennes lois, des ouvrages d'auteurs français encore vivans, ou dont la propriété n'était pas éteinte, et que des exemplaires de ces éditions existaient encore dans leurs magasins.

« Ces éditions étaient bien des contrefaçons relativement à la France; mais elles n'étaient pas des délits, puisqu'elles n'avaient pas été faites en contravention aux lois. Il suit de là qu'on n'aurait dû ni les saisir, ni poursuivre leurs auteurs, ni, en un mot, leur appliquer la disposition de nos lois concernant les contrefaçons faites en France ou sous l'empire des lois françaises.

« D'un autre côté, on ne pouvait les laisser se répandre en France, sans courir le risque de les voir se multiplier tous les jours; car, quel moyen de distinguer les éditions faites antérieurement à la réunion, de celles qui auraient été faites après? Dans l'impossibilité de prendre, à cet égard, des mesures plus sages, quelques imprimeurs français commencèrent par requérir des visites et par faire opérer des saisies. De là naquirent des discussions, des procès, des frais et des inquiétudes pour les imprimeurs poursuivis, et, ce qu'il faut compter pour beaucoup, la perte de leur temps et une interruption notable dans la suite de leurs affaires.

« Le directeur général de l'imprimerie craint que les mêmes discussions ne se renouvellent en Hollande au 1er janvier prochain, et il m'a exposé qu'il serait peut-être sage de les prévenir. Il a même consulté sur ce point S. A. S. le prince archi-trésorier de l'empire, lieutenant général de V. M. en Hollande. Ce prince a pensé qu'il était, en effet, nécessaire de prévenir des contestations ruineuses, dont l'effet serait d'autant plus déplorable que le commerce de la librairie est déjà réduit en Hollande à un état fort différent de sa prospérité passée.

« Il y a deux objets à remplir : l'un, de mettre les libraires de Hollande à l'abri des poursuites des auteurs et libraires français, dont ils auraient imprimé les ouvrages; l'autre, d'assurer les droits des auteurs et libraires français.

I.   26

« Pour remplir le premier, il me semble qu'on n'aurait qu'à suivre les dispositions de l'arrêt du conseil du 30 août 1777, concernant les contrefaçons. En 1777, on reconnut que l'abus des contrefaçons était parvenu à son comble, et qu'il était indispensable de faire rentrer le corps de la librairie dans de meilleures voies; mais, comme on représentait en même temps qu'il existait un grand nombre de livres contrefaits antérieurement, et que ces livres formaient la fortune d'une grande partie des libraires de provinces qui n'avaient que cette ressource pour satisfaire à leurs engagemens, il fut décidé que les possesseurs de ces contrefaçons seraient relevés de la rigueur des peines portées par les règlemens, à la charge par eux de les représenter et de les faire estampiller dans le délai de deux mois. Je pense que les circonstances relatives à la Hollande, sans être absolument les mêmes, commandent les mêmes dispositions.

« J'ai l'honneur de proposer à V. M. de faire constater les éditions qui y ont été faites d'ouvrages dont la propriété n'est point devenue publique, ainsi que le nombre d'exemplaires qui en existent, et de faire estampiller chacun de ces exemplaires. Un de messieurs les auditeurs attachés à la direction générale de la librairie pourrait être envoyé en Hollande pour diriger et surveiller cette opération, qui donnerait de plus occasion de vérifier ce qui peut se trouver d'ouvrages contraires à l'intérêt de l'état dans les magasins des libraires, opération qui ne serait pas sans utilité. On fixerait un délai dans lequel chacun des possesseurs actuels desdits exemplaires serait tenu de les déclarer devant l'auditeur envoyé par Votre Majesté. Ce terme expiré, les exemplaires de ces éditions non estampillés seraient réputés contrefaçons nouvelles, et l'imprimeur ou libraire qui s'en trouverait saisi, soumis aux peines portées contre les auteurs, éditeurs ou débitans de contrefaçons.

« Pour remplir le second objet, il conviendrait d'ordonner que les exemplaires ainsi estampillés resteraient en dépôt dans les magasins, et que leurs propriétaires seraient tenus de les représenter à toute réquisition, jusqu'à ce qu'ils fussent entrés en arrangement avec les auteurs ou libraires français. Cet arrangement conclu, et la preuve en ayant été fournie au directeur général, le débit et la vente en seraient permis dans tout l'Empire.

En France, on estime que, sur le produit total d'un ouvrage, un tiers est enlevé par les frais d'impression et de publication; un tiers reste à l'imprimeur ou au libraire; le dernier tiers est le profit de l'auteur. Il me semble qu'ici nous n'avons à considérer que ce qui appartient à l'auteur; car un imprimeur ou un libraire, qui ne serait que fabricant, n'aurait aucun droit personnel de poursuivre les contrefacteurs ou de leur demander des dédommagemens; et lorsqu'il use de ce droit, c'est-à-dire lorsque les lois le lui donnent, ce n'est que comme cessionnaire de l'auteur et parce qu'il le représente. D'après cette évaluation, il me semble qu'on pourrait, sans blesser la justice, exiger que les éditeurs hollandais livrassent aux propriétaires français le tiers des exemplaires des éditions dont il s'agit. Mais l'événement qui change leurs relations est le résultat d'une force majeure; si les auteurs français peuvent perdre par une concurrence inattendue, les libraires hollandais voient cette même concurrence établie contre eux en Hollande, et il est possible qu'ils n'aient pas tout de suite les mêmes facilités pour répandre les livres dans tout l'Empire qu'on aurait à Paris pour faire écouler en Hollande des éditions françaises. Il paraît équitable, par ces considérations, de partager le différend, et de réduire au sixième le nombre d'exemplaires que les éditeurs hollandais seront obligés de remettre aux propriétaires français des ouvrages imprimés en Hollande. »

Le projet de décret joint à ce rapport fut adopté. Il n'y eut de changement essentiel qu'à l'article 3 du projet, qui a été remplacé par les art. 3 et 4 du décret, et qui était ainsi conçu:

« Art. 3. Ces exemplaires doivent être représentés, avant le 1er mars, au commissaire qui sera délégué à cet effet sur les lieux ; et la première page de chacun d'eux sera estampillée à sa diligence *et signée par lui, après toutefois que les détenteurs ou possesseurs desdites éditions auront justifié du consentement des auteurs ou propriétaires français ;* si mieux ils n'aiment *remettre,* au profit des auteurs ou propriétaires et pour leur compte, *entre les mains du commissaire délégué,* le *sixième* de la totalité des exemplaires déclarés par eux, existant actuellement dans leurs magasins ou à leur disposition. »

Le prince archi-trésorier écrivit à Regnaud de Saint-Jean d'Angély, rapporteur au conseil d'état, la lettre suivante : « Monsieur le comte, j'ai sous les yeux un rapport du ministre de l'intérieur que vous devez porter au conseil d'état. On y propose des mesures à prendre pour mettre les libraires de Hollande à l'abri des poursuites des auteurs et libraires français dont ils auraient imprimé les ouvrages. Je suis cité dans ce rapport, et vous pourriez croire que je pense aussi qu'il faut que les libraires hollandais entrent en arrangement avec les auteurs et libraires français. Je suis bien loin d'adopter une pareille opinion. Le libraire hollandais a fait ce qu'il avait droit de faire. Les exemplaires des ouvrages qu'il a imprimés sont sa propriété, et n'ont pu cesser de l'être par la réunion ; qu'on ne lui permette plus d'étendre ce droit ou de l'exercer après la réunion, cela est juste ; qu'on assujétisse ces exemplaires à l'estampille, cela est nécessaire ; mais, quand en 1777 on absout des contrefacteurs, il paraîtra bien étrange qu'en 1811 ou punisse celui qui n'a fait qu'user de ses droits. Du reste, nous ne sommes pas ici très riches en contrefaçons : ces bons Hollandais n'aiment guère que les bons et utiles ouvrages, et très peu ceux dont les propriétaires poursuivent les contrefacteurs. Recevez, etc. *signé* Lebrun, duc de Plaisance. Amsterdam ce 2 janvier 1811. »

Il est utile de citer la réponse à cette lettre pour faire connaître les intentions du décret : « Paris le 6 janvier 1811.

Monseigneur, la lettre que j'ai reçue de votre Altesse Sérénis-
sisme ne m'est parvenue qu'après l'adoption par le conseil de
Sa Majesté, et sous sa présidence, du décret sur la librairie
en Hollande. Le ministre proposait le paiement du 6ᵉ, je
l'ai réduit au 12ᵉ; il proposait le paiement à l'estampille, je
l'ai retardé jusqu'à la vente. Considérez, Monseigneur, que
ce paiement du 12ᵉ est la représentation du droit qu'ont les
libraires de vendre dans tout l'Empire et à 40 millions d'habitans, au lieu de vendre en Hollande et à 15 à 18 mille. »

NAPOLÉON, etc... Nous étant fait rendre compte de l'état de la librairie et de l'imprimerie dans les départemens de la ci-devant Hollande ; voulant concilier les droits qui sont garantis par nos lois et
décrets sur la propriété littéraire aux auteurs et à leurs ayant-cause
avec les intérêts de nos sujets les libraires et imprimeurs de Hollande, et empêcher que ceux-ci ne soient inquiétés pour les éditions
qu'ils peuvent avoir publiées desdits ouvrages antérieurement à la
réunion, et qu'il ne s'élève entre eux des contestations ruineuses ;
    Sur le rapport de notre ministre de l'intérieur, notre conseil d'état
entendu, nous avons décrété et décrétons ce qui suit :

ARTICLE 1ᵉʳ.

Les éditions antérieures au 1ᵉʳ janvier 1811, faites en Hollande,
d'ouvrages imprimés en France antérieurement à la même époque,
et faisant partie de la propriété littéraire privée, ne pourront être
considérées comme des contrefaçons, lorsqu'elles auront été estam-
pillées avant le 1ᵉʳ mars prochain.

ART. 2.

En conséquence, les éditeurs, imprimeurs, libraires, ou tout autre faisant le commerce de la librairie en Hollande, qui s'en trouveraient possesseurs ou propriétaires, seront tenus de déclarer dans le
délai d'un mois à dater de la promulgation de notre présent décret,
au préfet de leur département qui en instruira notre intendant-gé-
néral de l'intérieur en Hollande, le nombre d'exemplaires qu'ils possèdent de chacune desdites éditions. Notre intendant général de l'in-

térieur transmettra copie de ces déclarations à notre directeur général de la librairie.

ART. 3.

Ces exemplaires doivent être représentés, dans chaque département et par chaque imprimeur ou libraire, avant le 1er mars, au
commissaire qui sera délégué à cet effet sur les lieux, et la première page de chacun d'eux sera estampillée à sa diligence ; après
quoi ils pourront être librement vendus dans tout l'empire.

ART. 4.

Les libraires seront tenus de payer aux auteurs ou propriétaires le
douzième de la totalité des exemplaires, déclarés par eux, existant
actuellement dans leurs magasins ou à leur disposition ; et cela tous
les six mois, dans la proportion des ventes qu'ils feront, et qui seront évaluées par le nombre d'exemplaires qui leur resteront et qu'ils
représenteront.

ART. 5.

Au 1er mars, l'estampille sera renvoyée à notre directeur général
de la librairie, avec les procès-verbaux d'estampillage qui auront été
dressés ; et, dès ce moment, tous les exemplaires des éditions sus-
mentionnées qui seront trouvés dénués de la marque de l'estampille
seront considérés comme des contrefaçons, et ceux sur lesquels ils
seront saisis soumis aux peines portées par les lois et nos règlemens.

ART. 6.

Notre grand-juge, ministre de la justice, et notre ministre de l'intérieur, sont chargés, chacun en ce qui le concerne, de l'exécution de
notre présent décret, qui sera inséré au Bulletin des lois.

§ XXII.

Décret impérial qui établit un droit sur les ouvrages connus en imprimerie sous le nom de labeurs. — Au palais de Saint-Cloud le 29 avril 1811.

Quoique ce décret ne soit relatif qu'à l'établissement d'un impôt, j'ai cru cependant nécessaire d'en rapporter le texte, parce qu'il est d'une haute importance dans l'histoire de la librairie, et qu'il doit être mis au nombre des principales causes qui, sous le régime impérial, ont arrêté son essor. Cet impôt, en frappant tous les ouvrages de domaine public d'un énorme surcroît de dépenses, qui chargeait la totalité de l'édition au moment même de sa production, a paralysé toutes les grandes entreprises, parce qu'il ne permettait pas le bon marché. Quant aux ouvrages d'auteurs vivans, ils sont inévitablement exposés à la cherté toutes les fois que la législation, juste envers les auteurs, leur assure une légitime rétribution de leurs travaux; à cette conséquence nécessaire de la nature même des choses, se joignait, contre les ouvrages modernes, une cause insurmontable de discrédit, d'impuissance et de mort. La censure les étouffait à leur naissance; l'appréhension de la censure les empêchait de naître. Dans nos mœurs actuelles, et quoique ce soit pour nous de l'histoire contemporaine, l'imagination même ne peut plus faire concevoir l'idée de ce qu'était la censure impériale. Censure contre les vivans; impôt contre les morts, comme pour compenser leur affranchissement de la censure : telle est, à cette époque, l'histoire de la librairie.

Si l'on consulte les travaux et les rapports qui ont préparé le décret de 1811, on n'aperçoit, dans l'établissement de l'impôt, aucune trace d'un parti pris de renchérir les livres. Les auteurs du décret ne paraissent avoir été préoccupés que de la pensée de trouver une ressource fiscale. Les dépenses

du budget spécial de la direction générale de l'imprimerie et
de la librairie montaient à 336,000 francs, dont 280,000 francs
étaient destinés aux traitemens du directeur général, des auditeurs, des employés, des censeurs, des inspecteurs. Voici
comment le rapport du ministre de l'intérieur, Montalivet,
évaluait les recettes destinées à couvrir ces dépenses :

« Il a été établi, pendant le cours de 1810, par la direction
même, un journal général de l'imprimerie et de la librairie;
il se borne à donner fidèlement le titre des ouvrages déposés
par les imprimeurs en vertu de l'art. 48 du décret du 5 février 1810. Il paraît toutes les semaines à jour fixe; le prix
de la souscription est de 15 francs par an, et le nombre de ses
abonnés, par approximation, s'élève à 2000. Par un traité
spécial fait avec l'imprimeur de cette feuille hebdomadaire,
on lui accorde pour tous frais, et pour son bénéfice, 3 francs
par tête d'abonné. Il y a donc un produit net de 12 francs par
souscription, qui tourne au profit de la direction. Le nombre
des abonnés étant calculé à 2000, c'est pour la direction un
revenu de 24,000 francs.

« Le 2ᵉ article, évalué à 10,000 francs, représente le produit du droit fixé sur l'importation des livres venant de l'é-
tranger. Cette somme paraîtra bien modique à Votre Majesté;
mais ses doutes se convertiront en certitude sur la réalité de
ce calcul, si elle daigne considérer que la réunion de la Hollande et des villes anséatiques à l'Empire français, retranche
de l'introduction habituelle tous les livres qui s'impriment
dans ces douze nouveaux départemens. A cette première considération, il faut ajouter la circulation réciproque de tous
les objets de librairie établie entre la France et le royaume
d'Italie par le décret impérial du 10 octobre dernier. Enfin,
Votre Majesté a bien voulu, dans sa sagesse et pour l'intérêt
des arts, m'autoriser à accorder la modération, l'exemption
même du droit, en faveur des compagnies savantes et des particuliers ne faisant pas le commerce de la librairie. Toutes
ces modifications amènent la conséquence rigoureuse qu'au

lieu de 30 à 40 mille kilogrammes d'introduction annuelle de livres français ou latins, on ne peut raisonnablement compter que sur un cinquième.

« Le produit de l'estampille, fixé à 2 centimes par kilogramme sur tous les livres qui ne sont pas passibles du droit d'entrée, m'a paru exagéré en le portant à 680 francs, puisqu'il suppose l'introduction de 34,000 kil. d'ouvrages composés par des étrangers en langue étrangère et imprimés hors de France. »

Il paraît que, dans la vue d'arriver à couvrir les dépenses de la direction de la librairie par des recettes de librairie, on hésita long-temps sur le choix de l'impôt. Un projet fut rédigé pour l'établissement d'un impôt sur le papier : d'après un rapport fait à ce sujet dans les bureaux du ministère de l'intérieur, cet impôt aurait levé un million sur les contribuables ; mais les frais de perception se seraient élevés à 600,000 fr.

Le ministre de l'intérieur proposa d'imposer un demi-centime par feuille sur tous les ouvrages destinés à former des volumes et connus en imprimerie sous le nom de *labeurs*. Le ministre énonçait, comme résultat de calculs fondés sur l'expérience de 1810, qu'il se faisait annuellement en France une masse d'impressions équivalant à 8160 volumes, dont le format moyen serait l'in-12 et la composition la plus ordinaire 15 feuilles ou 360 pages. Évaluant ensuite à une moitié les impressions sur feuilles volantes, ou en quelques pages, connues, en termes techniques, sous le nom d'*ouvrages de ville* ou *bilboquets*, il présentait comme à-peu-près équivalens un droit d'un quart de centime par chaque feuille de toute impression, ou bien un droit de demi-centime par chaque feuille d'impression de labeurs ; et donnant la préférence à ce dernier impôt, il en annonçait le produit comme devant être annuellement de 306,000 francs.

Le comte de Ségur fut rapporteur du projet dans le conseil d'état. Le conseil introduisit une distinction que le ministre n'avait pas faite, entre les ouvrages de domaine privé et ceux du domaine public. Il ne fit porter l'impôt que sur les seconds, mais l'éleva à un centime par feuille, avec la prévision du même produit. Un décret subséquent du 3 juin 1811 régla le mode d'exécution de celui du 29 avril.

NAPOLÉON, etc....., Sur le rapport de notre ministre de l'intérieur, notre conseil d'état entendu, nous avons décrété et décrétons ce qui suit :

ARTICLE 1er.

A dater de la publication du présent décret, il est établi, dans toute l'étendue de notre empire, un droit d'un centime par feuille d'impression sur tous les ouvrages connus en imprimerie sous le nom de *labeurs*, quel que soit le format du volume, si ces ouvrages n'appartiennent à aucun auteur vivant ou à ses héritiers.

ART. 2.

Ne seront pas passibles de cette taxe les ouvrages d'imprimerie connus sous le nom d'*ouvrages de ville* ou *bilboquets*.

ART. 3.

Le produit de ce droit sera affecté aux dépenses de notre direction générale de l'imprimerie et de la librairie.

ART. 4.

Le mode de perception et le mode de comptabilité seront réglés par nous en notre conseil d'état sur la proposition du directeur général et sur le rapport de notre ministre de l'intérieur.

ART. 5.

Notre ministre de l'intérieur est chargé de l'exécution du présent décret qui sera inséré au Bulletin des lois.

§ XXIII.

Décret impérial qui accorde réciproquement aux auteurs
français et italiens, dans l'étendue de l'Empire et du
royaume d'Italie, les droits d'auteurs assurés par l'ar-
ticle 39 du décret du 5 février 1810. — Au palais de Saint-
Cloud le 19 juin 1811.

Le rapport du ministre de l'intérieur, Montalivet, sur lequel ce décret a été rendu était ainsi conçu :

« Votre Majesté voulant donner une nouvelle preuve de la
protection qu'elle accorde à ses peuples d'Italie, décréta le
10 octobre 1810 que l'importation des objets de librairie dans
ses états italiens et français serait permise sous la condition
que les règlemens établis en France recevraient leur exécution dans le royaume d'Italie.

« Pour mettre à profit cette heureuse disposition, Son Altesse
le prince vice-roi d'Italie se hâta de rendre, sous la date du
30 novembre suivant, une décision qui ne pouvait manquer
de remplir les vues de Votre Majesté, puisqu'elle est conforme
au décret qu'elle-même a rendu le 5 février 1810 sur l'imprimerie et la librairie françaises.

« Les deux pays étaient donc assimilés, et par leur égalité
de droits jouissaient de l'avantage d'appartenir au même souverain ; mais l'équilibre a été rompu par le décret de Votre Majesté du 29 avril dernier, lequel établit, dans toute l'étendue
de l'empire français, un droit d'un centime par feuille d'impression sur tous les ouvrages connus en imprimerie sous le
nom de labeurs, à moins qu'ils n'appartiennent à des auteurs
vivans ou à leurs héritiers.

« La conséquence nécessaire de cette mesure porte avec
elle sa démonstration. En effet, si le même droit n'est pas imposé en Italie sur les ouvrages de même nature, il est évident
que, non-seulement les Italiens auraient un immense avantage à imprimer chez eux les livres français, puisqu'ils au-

raient la faculté de les introduire en France sans autres frais
que ceux de transport, mais que les libraires français eux-
mêmes, pour éluder le paiement du droit, feraient imprimer
de préférence en Italie. Un pareil désordre, s'il n'était promptement réprimé, occasionnerait dans peu de temps de grandes
pertes à l'imprimerie de France. J'ai, en conséquence, l'honneur de proposer à Votre Majesté de rendre commun à son
royaume d'Italie le droit qu'elle a jugé nécessaire d'établir
sur les livres imprimés dans son Empire quand ils font partie
du domaine public.

« En supposant l'adoption de cette mesure, puisque les mêmes règlemens existent en Italie et en France, que les imprimeurs obtiennent la même garantie en se soumettant aux
mêmes devoirs, que les auteurs enfin jouissent dans les deux
états du même privilège de propriété pour eux et leurs héritiers, pourquoi n'accorderait-on pas aux uns et aux autres
la faculté de s'opposer à l'impression de leurs ouvrages quand
on la tenterait, sans leur consentement, hors du territoire
de leur pays ; de telle sorte qu'un Italien jouirait en France
du droit d'auteur comme s'il était Français, et qu'un Français
participerait aux mêmes avantages dans le royaume d'Italie?
Les presses italiennes auraient intérêt de se perfectionner, de
peur qu'on ne donnât la préférence à notre imprimerie ; les
presses françaises s'efforceraient de maintenir leur supériorité
dans la crainte que les auteurs nationaux ne trouvassent à se
faire imprimer avec avantage en Italie. Cette heureuse rivalité serait également profitable à la typographie des deux
nations. »

NAPOLÉON, etc. Vu l'article 21 de notre décret impérial du 10
octobre 1810, portant que l'importation réciproque des objets de
librairie, dans l'empire français et le royaume d'Italie, est permise,
sous la condition que les règlemens que nous avons établis dans
l'Empire sur la librairie recevront leur exécution dans notre royaume d'Italie ;

Vu le décret du vice-roi d'Italie, sous la date de 30 novembre 1810, qui ordonne l'exécution dans ce royaume des mêmes règlemens que ceux établis dans l'Empire par notre décret du 5 février 1810 ;

Nous avons décrété et décrétons ce qui suit :

ARTICLE 1er.

Notre décret du 29 avril 1811, qui établit, à dater du jour de sa publication, dans toute l'étendue de notre Empire, un droit d'un centime par feuille d'impression, quel que soit le format du volume, sur tous les ouvrages connus en imprimerie sous le nom de *labeurs*, s'ils n'appartiennent pas à des auteurs vivans ou à leurs héritiers, est applicable, dans toutes ses dispositions, à notre royaume d'Italie, et sera également mis à exécution à compter du jour de sa publication.

ART. 2.

Les auteurs français et italiens, ainsi que les héritiers des uns et des autres, jouiront réciproquement, comme s'ils étaient nationaux, dans toute l'étendue de notre Empire et du royaume d'Italie, des droits d'auteurs assurés par l'article 39 de notre décret du 5 février 1810.

ART. 3.

Nos ministres de l'intérieur de l'Empire et du royaume d'Italie sont chargés de l'exécution du présent décret.

————

§ XXIV.

Avis du Conseil d'état portant que le décret du 5 février 1810 n'a rien innové, quant aux droits des auteurs d'ouvrages dramatiques et des compositeurs de musique. (Séance du 20 août 1811). — *Approuvé* au palais de Saint-Cloud, le 23 août 1811.

Le ministre de l'intérieur, Montalivet, à la suite d'un rapport en date du 6 août 1811, proposa le projet de décret suivant :

« Les dispositions des articles 39 et 40 de notre décret du 5 février 1810 sont applicables à tout auteur d'ouvrages représentés, ou destinés à être représentés, sur tous les théâtres de notre Empire. En conséquence, le droit de propriété sur ces ouvrages est garanti à l'auteur dramatique pendant sa vie, et à sa veuve de même pendant la vie de celle-ci, si ses conventions matrimoniales lui en donnent le droit, et à leurs enfans pendant vingt ans après le décès du mari ou de la femme, si la femme a été appelée à succéder à son mari. »

Dans le rapport qui précède ce projet, le ministre, après avoir rappelé le décret de 1810, la loi de 1793, le décret du 8 juin 1806, les articles 427 et 428 du code pénal, continue ainsi :

« Les auteurs dramatiques se croient bien fondés à demander que Votre Majesté daigne faire comprendre dans la même classe, sous le rapport du droit de propriété, et l'ouvrage que les presses livrent au public, et celui qu'on déclame sur les théâtres.

« S'il en était autrement, disent les auteurs dramatiques, les comédiens seraient plus favorisés que les libraires; et ils deviendraient, au bout de dix années seulement, possesseurs d'une propriété dont l'usufruit seul a pu faire leur fortune, sans accroître celle des auteurs. Et pourquoi, continuent-ils, les auteurs dramatiques seraient-ils traités plus défavorablement que les autres auteurs? Il est incontestable que les travaux des premiers trouvent plus difficilement la récompense qui leur est due. D'abord les libraires achètent très souvent la propriété des manuscrits, tandis qu'en suivant l'usage généralement adopté, les comédiens ne paient qu'une modique rétribution pour chaque représentation d'une pièce de théâtre. Un livre, d'ailleurs, se recommande par lui-même s'il est bon. Il n'a besoin que de paraître pour que l'auteur en retire tout le produit qu'il pouvait en attendre. Pour un ouvrage dramatique, au contraire, quel que soit son mérite, il est soumis à une foule d'évènemens qui rendent son produit incertain et quelquefois nul pour l'auteur. Les comédiens seuls forment le répertoire, et par conséquent règlent le rang où doit paraître telle ou telle pièce de théâtre. Leur goût, leur caprice, peut décider si cette pièce doit rester au théâtre ou être abandonnée. La maladie ou la mort même d'un seul acteur suffit pour suspendre et arrêter même les représentations de l'ouvrage qui aura obtenu le plus de succès. Ces causes, et beaucoup d'autres que je n'exposerai point à Votre Majesté, concourent également à détruire les plus légitimes espérances des auteurs dramatiques sur les représentations de leurs ouvrages, à rendre leur droit de propriété illusoire et ordinairement précaire; et cependant ces auteurs ne peuvent espérer d'en faire jouir leurs familles au-delà de dix ans après leur mort, tandis que Votre Majesté vient de prolonger, jusqu'à vingt ans le droit des auteurs d'ouvrages imprimés.

« Après avoir exposé les motifs sur lesquels les auteurs dramatiques appuient leurs réclamations, je ne dois pas dissimuler que les comédiens en général ont exprimé l'intention de s'opposer à l'extension que l'on voudrait donner aux lois sur les propriétés dramatiques. A la vérité, ils ne m'ont transmis aucun mémoire; mais je connais leurs principales objections.

« D'abord ils assimilent la propriété dramatique au privilège attaché à un brevet d'invention; et ils trouvent qu'une jouissance de cette espèce, qui s'étend à dix ans après la mort, est plus que suffisante pour indemniser un auteur de ses travaux. Les auteurs répondent que cette comparaison n'est pas admissible; qu'il est permis d'imiter une invention après l'expiration du brevet, mais non pas de dépouiller l'inventeur des objets qu'il a fabriqués. Or, c'est de l'ouvrage même d'un auteur dramatique que les comédiens veulent priver ses héritiers dix ans après sa mort.

« Les comédiens représentent ensuite que ce n'est que depuis la révolution que l'on a reconnu le droit de propriété des auteurs dramatiques sur leurs ouvrages ; qu'auparavant, et de tout temps, les comédiens avaient joui de ces ouvrages sans rétribution, sinon à Paris, du moins dans les provinces. Les auteurs réfutent cette objection en citant plusieurs arrêts du conseil qui accordaient aux auteurs la propriété de leurs ouvrages *pour eux et leurs hoirs à perpétuité.* Ils citent aussi des conclusions donnés par M. Séguier, avocat-général, en 1777, dans lesquelles il dit que *la propriété des auteurs sur leurs ouvrages n'a jamais été mise en problème ;... que l'on reconnut toujours ce droit dès qu'ils le réclamèrent, etc. etc.* Un arrêt du conseil, du 30 août 1777, déclarait perpétuelle la propriété littéraire ; tandis que les lois de la révolution en ont réduit la jouissance à dix années après la mort des auteurs. Ainsi, disent les auteurs qui réclament aujourd'hui, les législateurs de 1793, loin de nous être favorables, n'ont fait que dépouiller nos enfans et nos héritiers.

« Je dois observer que, dans ces dispositions, il ne s'agit point de la propriété des auteurs dramatiques : on n'y reconnaît point leur droit sur la représentation de leurs ouvrages, mais on ne le conteste pas non plus ; et tous les réclamans pensent que les droits d'un auteur sur la pièce qu'il a destinée à la représentation sont parfaitement les mêmes que ceux d'un auteur sur l'ouvrage qu'il donne au public par la voie de l'impression.

« En général, il m'a semblé que les comédiens n'opposaient que des objections peu fondées aux prétentions des auteurs dramatiques. Votre conseil examinera si ces deux propriétés sont réellement de même nature, et si les auteurs dramatiques peuvent être admis à jouir du bienfait de votre décret du 5 février 1810. »

Le conseil d'état, au rapport du comte Regnaud de Saint-Jean d'Angély, rejeta le projet du ministre, et exprima une opinion diamétralement opposée par l'avis suivant :

LE CONSEIL D'ÉTAT, qui, d'après le renvoi ordonné par Sa Majesté, a entendu le rapport de la section de l'intérieur sur celui du ministre de ce département, relativement à la question de savoir si les dispositions du décret du 5 février 1810, articles 39 et 40, sont applicables aux auteurs d'ouvrages dramatiques;

EST D'AVIS que le décret n'a rien innové quant aux droits des auteurs des ouvrages dramatiques et des compositeurs de musique, et que ces droits doivent être réglés conformément aux lois existantes antérieurement audit décret du 5 février;

Et que le présent avis sera inséré au Bulletin des lois.

§ XXV.

Décret impérial relatif aux éditions d'ouvrages imprimés en France, faites avant le 1ᵉʳ janvier 1811 dans les départemens anséatiques, et dans ceux de la Toscane et des États romains. — Au palais de Saint-Cloud, le 24 août 1811.

Ce décret est conçu dans les mêmes termes que celui du 29 décembre 1810 relatif aux éditions faites en Hollande. Il s'applique également aux éditions antérieures au 1ᵉʳ janvier 1811. Le délai pour la représentation des exemplaires et l'apposition de l'estampille est fixé au 1ᵉʳ octobre.

§ XXVI.

Décret impérial qui autorise la direction générale de l'imprimerie et de la librairie à publier un journal d'annonce de toutes les éditions d'ouvrages imprimés ou gravés. — Au palais d'Amsterdam, le 14 octobre 1811.

Un arrêté des consuls, du 27 nivose an VIII, inséré au Bulletin des lois, avait réduit à treize les journaux dont la publication était autorisée à Paris. Plusieurs de ces journaux furent supprimés à diverses époques. Dans le commencement de 1806, des pensions considérables furent assignées à un assez grand nombre de personnes sur plusieurs journaux, et notamment sur le *Journal de l'Empire;* les concessions de pensions qui eurent lieu plus tard, et à partir du milieu de 1806, portèrent sur la caisse générale des journaux. Un décret du 3 août 1810, inséré au Bulletin des lois, réduisit les journaux à un seul dans chacun des départemens autres que celui de la Seine. Ces actes n'étaient que le prélude du décret impérial du 18 février 1811, qui, par un attentat des plus violens contre la propriété privée, s'empara du *Journal de l'Empire* et en divisa la propriété en vingt-quatre actions dont le gouvernement s'appropria huit pour le service des pensions. Les seize autres actions furent distribuées à seize personnes par un décret du 24 février suivant, en imitation de ces générosités iniques qui, au déshonneur de notre histoire, ont, à tant d'époques, enrichi tant de familles par le produit des confiscations. On n'a pas publié ces deux décrets, et l'on a bien fait de les tenir cachés dans l'ombre. On n'a pas publié, non plus, un décret du 17 septembre 1811, qui a divisé en actions le *Journal de Paris* et a réuni à cette feuille plusieurs journaux supprimés.

Le *Journal général de l'imprimerie et de la librairie,* dont le premier numéro avait paru le 4 décembre 1810, et dont on a vu figurer les recettes au budget de la direction générale pour 1811 (§ XXII, p. 408) s'était trouvé compris dans les suppressions. Le ministre de l'intérieur, Montalivet, en proposa le rétablissement par le rapport suivant :

« Le journal de la librairie, dont la suppression a été ordonnée par un décret du 17 dernier, a un but d'utilité tel qu'il serait impossible de faire la police de la librairie si la suppression en était maintenue; d'ailleurs son institution a été provoquée par Son Excellence le duc de Rovigo lui-même, qui fit inviter M. le comte Portalis à lui fournir un moyen qui le mit en état de défendre aux journalistes de parler des ouvrages dont l'annonce n'aurait pas été préalablement légitimée par une indication quelconque émanée de la direction générale de la librairie.

« Ce journal, qui se borne à l'insertion du titre des livres, ne fait l'annonce que de ceux pour lesquels les éditeurs ont fait les déclarations et rempli les formalités prescrites soit par les décrets, soit par des décisions administratives ; aucun ouvrage imprimé, soit en fraude des droits des auteurs, soit en contravention des règlemens qui protègent les mœurs ou conservent l'ordre public, ne peut être mentionné dans ce journal ; et il en résulte que le libraire sait quels livres il lui est permis de vendre, quels livres il peut débiter sans péril : la bonne foi d'aucun ne peut être surprise.

« Que le journal de la librairie soit supprimé, les libraires débitans, ceux des départemens en particulier, n'auront aucune règle de conduite. Les éditeurs s'abstiendront des déclarations, du dépôt des exemplaires prescrit par les lois ; ils feront au-dehors des expéditions sans en donner connaissance à l'administration ; et les livres les plus répréhensibles, les plus défendus, ceux-là même que l'administration fera rechercher dans la capitale, se trouveront disséminés dans les départemens, sans que l'autorité puisse avoir action contre ceux qui les auront débités ; car on conçoit que les exceptions de bonne foi seront à chaque instant invoquées par les débitans ; on conçoit également qu'on ne pourra se dispenser d'y avoir égard, parce qu'on ne peut pas punir un citoyen pour avoir fait ce que les lois ou les règlemens ne lui ont pas défendu de faire.

« Ce journal, utile sous le rapport de l'ordre public, du respect des propriétés, et indispensable comme moyen de police, a encore un degré d'utilité incontestable sous le rapport du commerce. Il contient, non-seulement l'annonce des livres nouveaux, mais encore celle des livres que tous les libraires et imprimeurs ont la faculté d'imprimer en concurrence, et

27.

qu'il est convenu d'appeler *livres du domaine public*. Avant la création de ce journal, les éditeurs n'avaient connaissance de leurs entreprises réciproques qu'au moment où elles étaient terminées, souvent long-temps après, quelquefois jamais. Tel livre dont une édition devait remplir pendant dix ans les besoins des consommateurs était imprimé concurremment par trois ou quatre libraires, et comme ils avaient peu d'intérêt à faire annoncer les ouvrages du domaine public, surtout lorsqu'il ne s'y était fait aucun changement ou addition, il en résultait que les quatre éditions circulaient sur les différens points de la France sans que les intéressés en eussent connaissance. Par ce moyen, les éditions n'étaient plus en rapport avec les besoins des consommateurs, le prix des livres diminuait par l'effet de la concurrence, et les spéculations causaient la ruine de ceux qui les avaient faites. Aujourd'hui le journal annonçant les éditions du domaine public comme celles du domaine privé, la librairie n'est plus exposée à réimprimer comme n'existant pas des ouvrages dont plusieurs éditions viennent d'être terminées, ou sont entreprises; elle ne peut plus faire de ces spéculations aventureuses qui l'ont souvent désolée, et plus d'une fois déconsidérée.

« On annoncera, dit-on, les livres dans les journaux conservés.

« D'abord que Votre Majesté me permette de lui faire remarquer que le journal de la librairie, dont l'utilité littéraire est inaperçue aujourd'hui, doit finir par former la bibliographie du grand siècle, et la plus complète qu'on puisse en faire.

« Ensuite, l'insertion des livres imprimés pour la première fois, ou réimprimés, sera-t-elle obligée ou facultative? Si elle est obligée, le sera-t-elle pour tous les journaux? le sera-t-elle pour un seul? Si elle l'est pour tous les journaux, le plus pauvre débitant de livres, s'il craint de se compromettre, sera donc obligé de s'abonner à tous les journaux : l'annonce aura-t-elle lieu sans que l'éditeur soit obligé de contribuer par la remise d'un ou plusieurs exemplaires de son ouvrage? le libraire, déjà chargé par le droit de cinq francs par rame, le sera-t-il encore par des droits à payer à tous les journalistes conservés? Si l'insertion est facultative, quelle sera la règle de conduite que l'administration doit donner à l'égard des livres qu'il est permis ou défendu de publier? Et à l'égard du commerce, qui apprendra aux libraires quels sont les livres dont le besoin se fait sentir et ceux qui sont surabondans dans les magasins, quels sont ceux qu'ils peuvent réimprimer sans péril et ceux qu'ils doivent éviter de réimprimer? Au reste, ce n'est pas d'aujourd'hui qu'on a reconnu la nécessité d'assujétir les éditeurs à faire faire dans un journal spécial l'annonce de leurs ouvrages avant qu'elle ne fût insérée dans les journaux ordinaires : l'article 12 de l'arrêt du conseil du 16 avril 1785, dans la vue de prévenir plus efficacement que par le passé la publicité des ouvrages permis, défend à tous auteurs et éditeurs, directeurs et rédacteurs de gazettes, journaux, affiches, feuilles périodiques et autres papiers publics tant à Paris que dans les provinces, même de ceux étrangers dont la distribution est permise dans le royaume, d'annoncer sous tel prétexte que ce puisse être aucun ouvrage imprimé ou gravé, national ou étranger, si ce n'est après qu'il aura été annoncé par le *Journal des Savans*, ou subsidiairement par celui *de Paris,* à peine d'amende, déchéance de privilége ou permission, ou autres peines, suivant les cas.

« Le journal de la librairie est utile sous plusieurs rapports essentiels; il l'est beaucoup plus que les journaux et bulletins de la direction générale des mines, de celles des domaines, de celle de l'enregistrement, dont la suppression n'a pas été provoquée, quoiqu'ils n'intéressent pas, comme celui de la librairie, la sûreté publique, celle du commerce des livres, les mœurs et la police d'une profession qui a été et qui pourrait être encore dangereuse. Ce journal est établi : j'en sollicite la conservation. S'il n'existait pas, je serais de l'avis que Son Excellence le duc de Rovigo a exprimé il y a un an, et je demanderais qu'il fût créé.

« L'administration de la librairie a été établie sur un sys-

tème très différent de celui de la direction du temps passé;
ce sont des matériaux neufs qu'elle est chargée d'employer:
mais si chaque fois qu'il arrive de poser une pierre, une autre
autorité la renverse, l'édifice ne sera jamais construit. »

Le premier numéro du journal créé par ce décret parut le
1er novembre 1811 sous le titre de *Bibliographie de l'Empire
français ou Journal de l'imprimerie et de la librairie*, et a été
publié sans interruption depuis cette époque. Il se trouva heureusement confié, dès son origine, à un homme savant et con-
sciencieux, M. Beuchot, aujourd'hui bibliothécaire de la
Chambre des députés. Après la chute du gouvernement impérial, ce journal rentra entre les mains du propriétaire auquel
avait appartenu le journal qu'il avait remplacé; mais M. Beuchot continua à en être le rédacteur.

Les changemens survenus dans la législation de la presse
ont détruit l'obligation, que l'article 12 de l'ordonnance royale
du 24 octobre 1814 avait encore conservée, de n'annoncer
aucun ouvrage avant qu'il le fût dans ce journal; l'exactitude
de sa rédaction, et le soin avec lequel le titre de tous les ouvrages y est enregistré d'après le dépôt légal, lui a conservé,
dans la confiance publique, l'autorité que son caractère officiel
lui donnait primitivement. Sa collection est devenue la statistique complète et fidèle de tout ce qui s'est publié régulièrement en France depuis 1811; et les tables qui y sont jointes
rendent les recherches sûres et faciles.

Les ouvrages imprimés, sans y comprendre les annonces
de gravure et de musique, présentent le tableau suivant :

1811 (nov. et déc.)	1818 4837	1825 7605	1832 6478
et 1812 5442	1819 4568	1826 8273	1833 7011
1813 3749	1820 4878	1827 8198	1834 7125
1814 2547	1821 5499	1828 7616	1835 6700
1815 3357	1822 5824	1829 7823	1836 6632
1816 3763	1823 5893	1830 6739	1837 6543
1817 4237	1824 6974	1831 6180	

Ces chiffres sont supérieurs, de beaucoup, au chiffre réel
des publications de librairie; il faut en déduire les publica-

tions en plusieurs volumes, les ouvrages inachevés, des prospectus, specimen, et annonces; il faut considérer que beaucoup d'articles, le plus grand nombre peut-être, se rapportent à des ouvrages d'une chétive importance. Mais comme ces élémens entrent, chaque année, dans le compte général, pour des proportions analogues, on peut, tout en n'ayant égard à ces chiffres qu'avec réserve, en tirer une idée approximative du mouvement de fabrication de la librairie française pendant un quart de siècle; on devra remarquer toutefois, que, depuis les dernières années, un certain nombre d'annonces formant double emploi ont été supprimées, notamment en ce qui concerne les publications par livraisons et les écrits périodiques. Quant à la partie de fabrication, très importante pour l'imprimerie, qui a pour objet les ouvrages de ville, les catalogues officinaux, mémoires d'avocats, etc., et une foule d'autres impressions qui n'entrent pas dans le commerce de la librairie, elle ne figure pas dans le journal.

Le nombre de pages ou de feuilles dont chaque ouvrage se compose est toujours indiqué soigneusement à la suite du titre. Le prix vénal est indiqué pour la plupart des articles; quant au nombre d'exemplaires tirés, il n'en est fait mention que jusqu'à la fin de mars 1814: on a craint que cette révélation ne portât quelquefois préjudice à des spéculations de librairie.

Voici le texte du décret:

NAPOLÉON, etc. Voulant prévenir plus efficacement que par le passé la publicité des ouvrages prohibés ou non permis, donner aux libraires les moyens de distinguer les livres défendus de ceux dont le débit est autorisé, et empêcher qu'ils ne soient inquiétés pour raison de la vente des derniers ouvrages;

Sur le rapport de notre ministre de l'intérieur, nous avons décrété et décrétons ce qui suit:

ARTICLE 1er.

La direction générale de l'imprimerie et de la librairie est autorisée à publier, à dater du 1er novembre prochain, un journal dans lequel seront annoncées toutes les éditions d'ouvrages imprimés ou gravés qui seront faites à l'avenir, avec le nom des éditeurs et des auteurs, si ces derniers sont connus, le nombre d'exemplaires de chaque édition, et le prix de l'ouvrage.

Elle y fera aussi insérer, avant la publication des ouvrages, les déclarations qui auront été faites par les libraires pour la réimpression des livres du domaine public.

ART. 2.

Les fonds provenant des abonnemens au journal de la librairie seront affectés aux dépenses de la direction générale.

ART. 3.

Conformément aux dispositions de l'article 12 de l'arrêt du conseil du 10 avril 1785, il est défendu à tous auteurs et éditeurs, directeurs et rédacteurs des gazettes, journaux, affiches, feuilles périodiques, et autres papiers publics, tant à Paris que dans les départemens, même de ceux étrangers dont la distribution est permise dans l'empire, d'annoncer, sous tel prétexte que ce puisse être, aucun ouvrage imprimé ou gravé, national ou étranger, si ce n'est après qu'il aura été annoncé par le journal de la librairie, en se conformant, pour le prix de l'ouvrage, à celui qui aura été indiqué dans ce journal, à peine de 200 francs d'amende pour la première contravention, et d'amende arbitraire, ainsi que de déchéance de leurs permissions en cas de récidive, même de telle autre peine qu'il appartiendra s'il s'agissait d'ouvrages non permis ou prohibés.

ART. 4.

Notre ministre de l'intérieur est chargé de l'exécution du présent décret.

———————

§ XXVII.

Décret impérial sur la surveillance, l'organisation, l'administration, la comptabilité, la police et discipline du théâtre français. Au quartier impérial de Moscou, le 15 octobre 1812.

TITRE V. *Des pièces nouvelles et des auteurs.*

ART. 72.

La part d'auteur dans le produit des recettes, le tiers prélevé pour les frais, est du huitième pour une pièce en cinq où en quatre actes, du douzième pour une pièce en trois actes, et du seizième pour une pièce en un et deux actes. Cependant les auteurs et les comédiens peuvent faire toute autre convention de gré à gré.

ART. 73.

L'auteur jouit de ses entrées du moment où sa pièce est mise en répétition, et les conserve trois ans après la première représentation pour un ouvrage en cinq et en quatre actes, deux ans pour un ouvrage en trois actes, un an pour une pièce en un et deux actes. L'auteur de deux pièces en cinq ou en quatre actes, ou de trois pièces en trois actes, ou de quatre pièces en un acte, restées au théâtre, a ses entrées sa vie durant.

---

§ XXVIII.

Législation de la presse sous la Charte de 1814.

Beaucoup de lois et d'ordonnances sur la presse ont été rendues sous l'empire de la Charte de 1814, durant les règnes de Louis XVIII et de Charles X. Dans le nombre, aucune n'est spécialement et directement relative aux droits des au-

teurs; mais leurs intérêts se sont trouvés gravement engagés
dans les vicissitudes de la liberté de la presse, et dans les combats livrés à son occasion, qui occupent une place importante,
peut-être la place principale, dans l'histoire intérieure de la
France pendant toute cette période. Les luttes auxquelles nous
avons assisté, l'évidence du mauvais vouloir qui s'est mêlé à
toutes les concessions obtenues par l'opinion publique, les
efforts faits pour les rétracter, le dernier attentat essayé contre la presse par les ordonnances de juillet 1830 dont l'ex-
plosion a fait voler en éclats la royauté de 1814, tous ces faits
justifient les contemporains de se croire dispensés de reconnaissance; mais ils n'empêcheront pas que l'histoire, lorsqu'elle envisagera, dans son ensemble et dans ses résultats
généraux, toute la période du temps occupé par la restauration, ne la reconnaisse comme une époque de progrès pour
la liberté de la presse.

La Charte de 1814 a, par son article 8, reconnu la liberté
de la presse comme faisant partie du droit public des Français; l'impôt d'un centime par feuille sur les ouvrages de domaine public a été aboli; la loi du 21 octobre 1814, toute
restrictive qu'elle fût des engagemens pris par la Charte,
consacra tout au moins l'abolition de la censure en faveur
des ouvrages de plus de vingt feuilles d'impression; l'ordonnance du 20 juillet 1815 abolit la censure pour tous les écrits
autres que les journaux; la loi des finances du 25 mars 1817,
art. 76, affranchit du timbre les annonces, prospectus et catalogues de librairie, qui y étaient assujétis par une loi du
6 prairial an VII (1); la loi des finances du 15 mai 1818 étendit
cette dispense aux annonces, prospectus et catalogues d'objets relatifs aux sciences et aux arts; les lois du 17 mai et du

---

(1) La suppression de cet impôt fut provoquée par une brochure publiée
en 1816 par M. Antoine-Augustin Renouard, et qui avait pour titre: *L'impôt
du timbre sur les catalogues de librairie, ruineux pour les libraires, et arith-
métiquement onéreux au trésor public.*

26 mai 1819, dont la mémorable discussion restera toujours comme un des principaux titres de gloire de notre tribune parlementaire, posèrent largement les bases d'une bonne législation sur la presse; la loi du 9 juin 1819 consacra et régla la liberté des journaux; cette liberté, rétractée temporairement par les lois des 31 mars 1820 et 26 juillet 1821, rendue en partie par la loi du 17 mars 1822, qui laissait la faculté dont le gouvernement usa en 1824 et en 1827 de la rétracter encore, reparut dans la loi du 18 juillet 1828; la loi du 25 mars 1822 améliora sur quelques points les lois de 1819; mais en les gâtant sur un beaucoup plus grand nombre d'autres. Si l'on compare l'ensemble de cette législation à l'état de la presse sous le régime impérial, on reconnaîtra que la liberté y a fait de grands et réels progrès.

Une tentative fut faite, en 1827, pour renverser cette législation par une loi dont la Chambre des députés adopta le projet, mais dont la sagesse modératrice de la Chambre des pairs put préserver alors le pays et la royauté (1). Les bases principales de ce désastreux projet, avec une rédaction plus directe, plus franche, dégagée de ses subtilités, de ses précautions, de ses longueurs, ont servi de texte à l'une des coupables ordonnances du 25 juillet 1830. On sait ce qui en est advenu.

Il me reste à donner connaissance de plusieurs dispositions spéciales qui, accessoirement, se lient à l'objet de ce Traité.

(1) Une très vive polémique s'est engagée à ce sujet. J'ai cru pouvoir apporter mon tribut dans cette discussion, et j'ai publié alors deux écrits : 1° *Examen du projet de loi contre la presse*, in-8° de 75 pages; 2° *Observations sur le rapport de la commission de la chambre des députés*, in-8° de 40 pages, à la suite d'une Pétition de deux cent trente imprimeurs et libraires de Paris, dont les commissaires, avec le concours desquels j'ai rédigé mes Observations, étaient MM. P. Didot l'aîné, Würtz, A. Firmin Didot, Ch. Barrois, Jules Renouard, Fain et Sautelet.

§ XXIX.

Loi relative aux altérations ou suppositions de noms sur les produits fabriqués. — 28 juillet 1824.

ARTICLE 1er.

Quiconque aura, soit apposé, soit fait apparaître, par addition, retranchement, ou par une altération quelconque, sur des objets fabriqués, le nom d'un fabricant autre que celui qui en est l'auteur, ou la raison commerciale d'une fabrique autre que celle où lesdits objets auront été fabriqués, ou enfin le nom d'un lieu autre que celui de la fabrication, sera puni des peines portées en l'art. 423 du Code pénal, sans préjudice des dommages-intérêts, s'il y a lieu.

Tout marchand, commissionnaire, ou débitant quelconque, sera passible des effets de la poursuite, lorsqu'il aura sciemment exposé en vente, ou mis en circulation, les objets marqués de noms supposés ou altérés.

ART. 2.

L'infraction ci-dessus mentionnée cessera, en conséquence, et nonobstant l'art. 17 de la loi du 12 avril 1803 (22 germinal an XI), d'être assimilée à la contrefaçon des marques particulières prévue par les art. 142 et 143 du Code pénal. (1)

---

§ XXX.

Ordonnance du roi qui, sur la réclamation de manufacturiers dont les fabriques sont situées hors du ressort d'un conseil de prud'hommes, fixe le lieu du dépôt légal des dessins de leur invention. — Au château de Saint-Cloud, le 17 août 1825.

CHARLES, etc... Sur le rapport de notre ministre secrétaire d'état au département de l'intérieur (Corbière);

(1) L'article 142 prononce la réclusion; l'art. 143 prononçait la peine du carcan, qui a été changée, par la loi du 28 avril 1832, en celle de la dégradation civique.

Sur le compte qui nous a été rendu des réclamations élevées par plusieurs manufacturiers dont les fabriques sont situées hors du ressort d'un conseil de prud'hommes, pour qu'il leur fût indiqué un lieu de dépôt légal des dessins de leur invention, afin d'avoir la faculté d'en revendiquer par la suite la propriété devant le tribunal de commerce ;

Vu la loi du 18 mars 1806, titre II, section III ; la loi du 12 avril 1803 (22 germinal an XI), art. 18 ;

Notre conseil d'état entendu ; nous avons ordonné et ordonnons ce qui suit :

ARTICLE 1ᵉʳ.

Le dépôt des échantillons de dessins qui doit être fait, conformément à l'art. 15 de la loi du 18 mars 1806, aux archives des conseils de prud'hommes, pour les fabriques situées dans le ressort de ces conseils, sera reçu, pour toutes les fabriques situées hors du ressort d'un conseil de prud'hommes, au greffe du tribunal de commerce, ou au greffe du tribunal de première instance dans les arrondissemens où les tribunaux civils exerceront la juridiction des tribunaux de commerce.

ART. 2.

Ce dépôt se fera dans les formes prescrites pour le même dépôt aux archives des conseils de prud'hommes par les art. 15, 16 et 18, section III, titre II de la loi du 18 mars 1806.

Il sera reçu gratuitement, sauf le droit du greffier pour la délivrance du certificat constatant ledit dépôt.

ART. 3.

Notre garde des sceaux, ministre secrétaire d'état de la justice, et notre ministre secrétaire d'état au département de l'intérieur sont chargés de l'exécution de la présente ordonnance, qui sera insérée au Bulletin des lois.

§ XXXI.

Ordonnance du roi qui modifie celle du 24 octobre 1814 relative au dépôt des exemplaires des écrits imprimés et des épreuves des planches et estampes. — Au château des Tuileries le 9 janvier 1828.

CHARLES, etc. Sur le rapport de notre ministre secrétaire d'état au département de l'intérieur (vicomte de Martignac); vu l'ordonnance royale du 24 octobre 1814 ; nous avons ordonné et ordonnons ce qui suit :

ARTICLE. 1er.

Le nombre des exemplaires des écrits imprimés et des épreuves des planches et estampes dont le dépôt est exigé par la loi, et qui avait été fixé à cinq par les art. 4 et 8 de l'ordonnance royale du 24 octobre 1814, est réduit, outre l'exemplaire et les deux épreuves destinés à notre bibliothèque, conformément à la même ordonnance, à un seul exemplaire et une seule épreuve pour la bibliothèque du ministère de l'intérieur.

ART. 2.

Notre ministre secrétaire d'état de l'intérieur est chargé de l'exécution de la présente ordonnance.

------

§ XXXII.

Législation de la presse sous la Charte de 1830.

L'article 8 de la Charte de 1814 a été remplacé dans la Charte de 1830 par l'article 8 ainsi conçu : « Les Français ont « le droit de publier et de faire imprimer leurs opinions en « se conformant aux lois. La censure ne pourra jamais être « rétablie ». L'article 69, en déterminant les objets auxquels il devait être pourvu successivement par des lois séparées, et dans le plus court délai possible, a placé au premier rang : l'application du jury aux délits de la presse et aux délits politiques.

Loi du 8 octobre 1830 sur l'application du jury aux délits de la presse et aux délits politiques.

Loi du 29 novembre 1830 qui punit les attaques contre les droits et l'autorité du Roi et des Chambres par la voie de la presse.

Loi du 10 décembre 1830 sur les afficheurs et les crieurs publics.

Loi du 14 décembre 1830 sur le cautionnement, le droit de timbre et le port des journaux ou écrits périodiques.

Loi du 8 avril 1831 sur le cautionnement des journaux ou écrits périodiques paraissant même irrégulièrement.

Loi du 8 avril 1831 sur la procédure en matière de délits de la presse, d'affichage et de criage publics.

Loi du 16 février 1834 sur les crieurs publics.

Loi du 9 septembre 1835 sur les crimes, délits et contraventions de la presse et des autres moyens de publication.

TROISIÈME PARTIE.

—

THÉORIE DU DROIT DES AUTEURS. (1)

Dans les deux parties qui précèdent, j'ai rassemblé tous les faits anciens et modernes qu'il m'a été possible de recueillir sur les droits des auteurs, sans m'inquiéter des conséquences à tirer de tels ou tels des nombreux matériaux que j'ai placés sous les yeux des lecteurs.

L'impartialité n'est pas de l'indifférence. J'ai dû me défendre de toute préoccupation systématique, tant que ma tâche n'a été que celle de narrateur exact et de compilateur fidèle; maintenant il s'agit de conclure; nous aurions perdu notre temps en exposant les argumens et les faits, si tant d'éclaircissemens n'avaient fait naître dans notre esprit que le doute, et si, impuissans à choisir entre eux, nous ne nous trouvions

(1) Cette théorie a été l'objet d'un mémoire que l'Académie des sciences morales et politiques a bien voulu m'admettre à lire dans sa séance du 7 janvier 1837, et qui a été imprimé dans la *Revue de législation et de jurisprudence* dirigée par M. Wolowski, t. v, p. 241 à 274. Ce mémoire est reproduit ici avec quelques changemens et beaucoup d'additions, et avec une division en paragraphes, qui indique mieux l'enchaînement de l'argumentation.

pas conduits à la franche adoption d'un système. Pour plus
de clarté, je diviserai cette dissertation en autant de paragraphes qu'elle contient de propositions principales.

———————

§ Iᵉʳ.

Les auteurs ont droit à profiter du produit de leurs ouvrages.

L'équité naturelle et l'histoire s'accordent à mettre cette
proposition hors de contestation.

A toute époque, on a pensé que l'auteur d'un ouvrage a
droit à être récompensé de ses travaux. Dans les temps antérieurs à l'invention de l'imprimerie, ce droit, trop manifeste par lui-même pour n'avoir pas été, dès-lors, explicitement reconnu, ne s'est pas produit sous la forme d'un droit
privatif : de même que l'on ne contestait à aucun détenteur
d'un manuscrit ou de ses copies la faculté de les lire, de les
apprendre par cœur, de les réciter, de même on ne songeait
point à interdire d'en prendre des copies qui, ensuite, en-
traient dans le commerce comme tous les autres objets mo-
biliers. Dès cette époque les auteurs vendaient, mais non
pas seuls, des copies de leurs ouvrages ; et il fallait chercher ailleurs que dans ce chétif produit, la rémunération
qu'ils avaient méritée. Ce n'est qu'après la découverte du
moyen prompt et facile de reproduire, par l'impression, un
grand nombre de copies, que la pensée d'un droit privatif a
pu naître, et que l'on a pu commencer à croire qu'un auteur
trouverait une indemnité de ses veilles et un paiement de ses
services dans la vente de ses ouvrages. Ce droit a pris d'a-
bord la forme de privilège qui s'étendait alors sur toutes les
fabrications industrielles, ainsi que sur l'exercice de toutes
les professions, et qui, protectrice à son origine, se fit sentir

de plus en plus oppressive, à mesure que l'amélioration de l'état social la rendit plus inutile. Mais le régime des privilèges était complexe : ceux des auteurs se trouvaient mêlés inextricablement avec les privilèges des libraires, des imprimeurs, des comédiens. On a vu, dans la première partie de ce traité, quels progrès les réclamations des auteurs ont suivis ; comment, d'abord méconnus et ignorés, ils se sont fait jour quand la littérature a pris quelque puissance ; comment ils se sont agrandis avec l'influence de la presse ; comment enfin ils ont conquis une place dans les législations modernes, qui toutes, maintenant, s'en occupent, et sont tenues de compter avec eux.

On peut, et l'on doit, discuter beaucoup sur la nature et sur l'étendue du droit des auteurs. Mais nier qu'ils aient un droit à tirer profit de leurs travaux, ce serait nier la lumière. Nous ne nous arrêterons pas à démontrer une vérité si manifeste.

----

§ II.

La société acquiert, par la publication des ouvrages, un droit à en conserver l'usage.

Un ouvrage non publié n'appartient qu'à l'auteur ; c'est sa méditation parlée ou écrite, sa pensée, son être intellectuel ; c'est lui-même ; l'auteur n'en doit compte à personne, et est maître absolu de le modifier ou de le détruire. Le fruit qu'il en retire alors, c'est le bien-être de l'étude, la jouissance du travail et de l'exercice de ses facultés, c'est cette volupté de création qui s'échauffe par l'enfantement des idées.

Par la publication, l'auteur ne demeure plus seul avec sa pensée ; et son œuvre est entrée dans toutes les intelligences auxquelles il en a communiqué l'expression. C'est là un fait incontestable. Naît-il, de ce fait, un droit en faveur de la société ?

28.

On peut se demander si l'auteur qui, par la publication, est arrivé à communiquer ses idées, et qui, en échange, a recueilli l'influence, l'honneur, quelquefois le profit de cette communication, pourra, après en avoir obtenu les avantages, rompre à son gré l'association où il a fait entrer le public, et reprendre tout son apport. Méconnaîtra-t-il que si le public a gagné à connaître l'ouvrage, l'auteur, de son côté, a gagné à avoir un public? niera-t-il que l'écrivain le plus original est l'œuvre de son siècle et des siècles antérieurs autant, au moins, que de son propre génie; que le domaine général lui a fourni les élémens des idées par lui élaborées; qu'en les rendant à la civilisation à qui il les doit, il s'acquitte d'un devoir envers l'humanité, et paie à ses contemporains et à ses descendans une dette de reconnaissance dont il est chargé envers ses contemporains et ses ancêtres?

Ces considérations, toutes graves qu'elles soient, peuvent ne pas suffire pour lier l'auteur lui-même autrement que par une obligation morale, et pour créer contre sa personne un droit formel qui lui interdise de ralentir ou de supprimer, tant qu'il vit, ses communications intellectuelles avec le public.

Mais, quand l'auteur n'existe plus, il n'appartient à qui que ce puisse être de vouloir que son œuvre périsse, et de faire obstacle à la propagation à laquelle il l'a livrée. Avoir communiqué ses conceptions au public, c'est avoir clairement manifesté l'intention de leur donner la durée et la vie; or, la publicité seule assure la vie d'un ouvrage, revêt la pensée d'un corps qui peut rester immortel, et l'empêche de s'anéantir avec les organes corporels de celui qui l'a conçue. Les ayant-cause de l'auteur, qui ne peuvent tenir des droits que de lui, se mettraient en révolte contre sa volonté, s'ils nuisaient à la circulation de son œuvre. Vainement l'auteur lui-même aurait-il exprimé le désir qu'après lui le contrat consommé entre lui et le public demeurât sans exécution; les idées que, de son vivant, il a introduites parmi celles du public, le public les détient par un fait indestructible, les possède par une donation irrévocable, disons mieux, par une aliénation, dont le prix ou la peine, recueilli en partie du vivant des auteurs, s'identifiera à jamais avec leur mémoire; le public a un droit formel à les conserver dans son domaine.

---

§ III.

Une loi sur cette matière ne saurait être bonne qu'à la double condition de ne sacrifier ni le droit des auteurs à celui du public, ni le droit du public à celui des auteurs.

Cette proposition est une conséquence nécessaire des deux premières. Puisque les deux droits existent, détruire l'un pour donner force à l'autre, ce serait consacrer une usurpation, soit sur le domaine privé, soit sur le domaine public.

Cette conciliation des deux droits et des deux intérêts, loin d'avoir été négligée dans la pratique législative, apparaît au contraire comme la pensée principale qui a déterminé presque toutes les lois sur la matière.

Ce résultat, auquel on est arrivé par l'expérience et par la force du bon sens, ne suffit pas pour éclairer la théorie: aussi notre législation, toute prudente et toute juste qu'elle soit, a-t-elle été sans cesse attaquée jusque dans ses bases, et sans cesse remise en question. Il ne pourra manquer d'en être ainsi tant que la même obscurité en enveloppera les principes. Ce n'est que par l'adoption d'une théorie ferme et nette, ce n'est que par la destruction des préjugés qui règnent en cette matière, que les hésitations de l'opinion auront un terme. Pour en venir là, il ne suffit pas de dire qu'il y a deux droits à concilier; il faut aller plus avant et pénétrer jusqu'à la connaissance intime de la nature de ces droits, dont la conciliation est le problème qu'une bonne loi doit résoudre.

§ IV.

Les deux systèmes en présence sont celui d'une propriété perpétuelle et celui d'un droit temporaire.

J'ai, par la première proposition, écarté tout système qui tendrait à la négation du droit des auteurs. Je n'ai pas à examiner, quant à présent, comment ce droit s'exercera; est-il perpétuel, est-il temporaire, telle est la question fondamentale sur laquelle il faut d'abord prendre parti; il sera temps, après cette base posée, d'en venir aux questions variables et secondaires sur la forme à donner à ce droit, sur son mode, ses conditions, sa durée.

La perpétuité de ce droit compte de très nombreux partisans. Leur système est facile à formuler; c'est celui de la propriété avec tous ses caractères juridiques, la transmissibilité, la perpétuité, l'inviolabilité. La grande majorité des écrivains a embrassé cette opinion; nous l'avons vu explicitement professée par d'Héricourt (1), Diderot (2), Linguet (3), Voltaire (4), l'avocat-général Séguier (5). Elle l'a été par cent autres avec eux. L'expression de *propriété littéraire* est entrée dans la langue, et l'adoption de ces mots, qui ont prévalu dans l'usage, indique la popularité de l'opinion qu'ils expriment. Cette opinion a fini par prévaloir à tel point que ceux-là même qui ont rédigé des lois pour borner à une période de temps limité l'exercice des droits des auteurs, se sont fait un devoir de commencer par déclarer quó, de toutes les propriétés, c'est la plus sacrée, la plus légitime, la plus inattaquable (6).

(1) Mémoire de 1725. V, p. 157 et suiv.
(2) Pag. 162.
(3) Pag. 164, 173 et suiv.
(4) Pag. 164.
(5) Pag. 182 et suiv.
(6) Pag. 309 Rapport de Chapelier;—p. 326 Rapport de Lakanal; etc., etc.

La législation positive a appliqué cette théorie en France dans les règlemens de 1777 et dans la loi du 18 mars 1806 sur les dessins de fabriques. En Angleterre, la jurisprudence a déclaré que la propriété perpétuelle existait en vertu de la loi commune, avant d'avoir été restreinte par des actes législatifs. La propriété perpétuelle a existé en Hollande de 1796 à 1811 et de 1814 à 1817.

Le système d'un droit temporaire a joui de très peu de faveur auprès des écrivains; mais, en revanche, il a hautement prévalu dans la législation. C'est le droit général de tous les peuples; c'est celui de la France dans toutes ses lois, anciennes et modernes, à l'exception des deux que je viens de citer. C'est également sur cette base que sont assises toutes les législations modernes relatives aux brevets d'invention.

S'il fallait se décider d'après l'autorité, je n'hésite pas à dire que la pratique universelle des nations éclairées devrait être d'un beaucoup plus grand poids que l'accord des théoriciens, fussent-ils tous unanimes.

C'est une singularité digne de remarque que le règne, sans partage, d'une pratique qui s'attaque aux idées reçues, qui contrarie les phrases faites, qui choque la thèse favorite adoptée et prônée par la presque universalité des écrivains. A coup sûr, il y a là, de part ou d'autre, un préjugé à déraciner, une erreur dominante à détruire.

La théorie d'un droit temporaire n'est pas, comme celle d'une propriété littéraire, facile à formuler d'un mot; elle embrasse des idées complexes; elle exige une exposition et des développemens. Déjà, dans mon Traité des brevets d'invention, j'en ai essayé une démonstration que je vais reprendre et compléter, en cherchant à réfuter ou à prévenir les principales objections auxquelles elle m'a paru avoir donné lieu. Je ne connaissais point, à cette époque, la dissertation de Kant (1). Je n'en adopte ni tous les développe-

---

(1) V. p. 253 à 261. — Dans le Mémoire lu à l'Institut en 1837, j'ai une

mens, ni toutes les conséquences; et je conviens que, se
proposant surtout de fonder et de définir le droit des éditeurs, il n'a pas explicitement résolu la question qui nous
occupe. Mais, du moins, il a posé en principe qu'un livre
n'est qu'un usage des forces et des facultés de l'auteur, qu'un
instrument à l'aide duquel il adresse la parole au public.
J'espère démontrer plus tard que de cette proposition fondamentale découlent des conséquences inconciliables avec la
thèse d'une propriété perpétuelle.

Il m'est souvent arrivé, lorsque j'ai discuté cette question,
de rencontrer des partisans du droit de propriété disposés à
en faire bon marché, et qui, pour peu que l'on consentît à
ne pas le nier, étaient prêts à en abandonner toutes les conséquences et à en restreindre les effets à ceux d'une propriété
purement temporaire. C'est même là ce qui paraît s'être passé
dans toutes les discussions législatives ouvertes sur ce sujet.
Que, dans la pratique des affaires, on ait recours à de tels
expédiens pour couper court à une discussion, ou pour en
sortir, je le conçois; mais, lorsqu'il s'agit de prendre parti
sur un problème philosophique, il faut l'aborder plus résolu-
ment. La prétendue solution qui consisterait à ne reconnaître
la propriété que pour la convertir aussitôt en un droit purement temporaire, ne serait qu'un subterfuge. J'aurai à démontrer plus tard que les principes essentiels de la propriété
résistent à de tels accommodemens. C'est parce qu'on se laisse
aller à éluder la discussion des principes fondamentaux que
les questions restent confuses, que les lois, rédigées comme
au hasard et sans une pensée d'ensemble, se prêtent à toutes

seule fois parlé de l'opinion de Kant (pag. 258 de la *Revue*), et j'en ai parlé à
contresens. J'avais eu le tort de m'en rapporter à des citations incomplètes,
qui m'avaient donné une idée fausse de sa théorie. Elle repose, ainsi que le
lecteur a pu en juger, sur une argumentation dont la déduction logique ne
peut être saisie que lorsqu'on l'étudie dans son ensemble. Ces citations *de confiance* sont une source inévitable d'erreurs; j'ai pris soin, dans cet ouvrage,
de vérifier tous les textes et tous les auteurs auxquels je me suis référé.

les argumentations, que la jurisprudence flotte sans boussole. Non, de tels débats ne sont pas oiseux. L'étude de la législation resterait incomplète si l'on se contentait de copier les textes qu'elle entasse, ou même de déterminer les résultats qu'il lui est utile d'obtenir; et quelque chose manque à la satisfaction de l'intelligence et à la sûreté logique des raisonnemens, aussi bien qu'à la plénitude de la conviction, tant que l'on néglige de remonter jusqu'à la vue des principes, et de redescendre ensuite la série de leurs conséquences.

---

§ V.

La reproduction des ouvrages d'esprit n'est point un objet de propriété.

Pour reconnaître s'il existe une propriété littéraire, ou si, au contraire, les auteurs puisent dans un titre autre que celui de propriétaires leur droit à recevoir un prix de leurs travaux, on ne peut se dispenser d'arrêter d'abord ses idées sur ce qu'est la propriété en général.

C'est entreprendre une redoutable analyse, que d'essayer de montrer à découvert les fondemens sur lesquels s'appuie ce grand droit de propriété, l'une des voûtes de l'édifice social. Il n'est aucune question plus ardue ni plus haute dans la philosophie du droit.

Que l'intelligence ait empire sur les choses; que l'homme soit le maître légitime de la nature inintelligente livrée à lui pour le servir, c'est là une vérité trop évidente pour n'être pas incontestée.

Que le monde ait été donné, non à un ou plusieurs hommes, mais à l'espèce humaine; que la sociabilité soit une loi de notre organisation physique, intellectuelle et morale; que l'état de société, état nécessaire, ait créé pour les hommes un ordre de devoirs qu'il est dans leur essence de comprendre et dont la garde est confiée à chaque conscience individuelle avant même de l'être aux législations positives ; qu'au premier rang de ces devoirs se place celui de respecter dans nos semblables la personnalité, la raison, la liberté, saintes en eux comme en nous-mêmes ; que de là naisse une limite morale à notre empire sur la nature matérielle, limite qui consiste dans le respect des droits d'autrui, dans l'obligation de ne point tenter d'approprier à notre service les portions de matière déjà appropriées par un de nos semblables, ce sont là des propositions que la philosophie a trop bien démontrées pour qu'elle ait désormais besoin de s'arrêter à en établir la preuve ; elles sont acquises à la science, qui est en droit de les prendre pour point de départ, en les tenant pour avérées.

Ces principes fondamentaux sur lesquels la propriété repose ne suffisent pas à eux seuls pour établir et justifier l'origine et les conditions de ce droit.

La propriété, telle que l'usage et le consentement universel la définissent, est un droit entier et absolu sur les choses, qui s'acquiert par première occupation, par échange, contrat dans lequel la vente est comprise, par donation, par les successions naturelles que règle la volonté de la loi, par les successions testamentaires que règle la volonté de l'homme.

Toute puissance du propriétaire, inviolabilité de son droit exclusif, perpétuité de ce droit par complète transmission d'ayant-cause en ayant-cause, ce sont là les caractères que les habitudes du genre humain reconnaissent à la propriété et sur lesquels se fonde le respect qu'on lui porte.

Le droit de propriété a rencontré des adversaires ; car l'une des preuves de liberté que l'esprit humain a toujours faites a été de se révolter contre les vérités les mieux acceptées. Les uns ont réclamé une nouvelle organisation sociale fondée sur la coopération de tous les travaux et sur la communauté de tous les biens. D'autres, ne reconnaissant qu'une source légitime de possession, le travail, se sont attaqués aux transmissions héréditaires, aux loyers et fermages payés à des pro-

priétaires qui ne se livrent à aucune exploitation : ce serait à
un pouvoir suprême qu'il appartiendrait d'assigner à chacun
sa part dans la distribution des choses matérielles d'après
la capacité ou l'utilité des individus et pour le plus grand
bien général.

Je demande la permission de ne pas m'appesantir sur la
réfutation de ces paradoxes ; non sans doute qu'ils ne soulè-
vent des problèmes sociaux d'un haut intérêt, ni que leur discussion ne puisse conduire à l'établissement de vérités importantes ; mais il faut savoir se borner, et se défendre de la
tentation de tout prouver et de tout dire. Je déclare donc que
je prends pour point de départ la croyance commune du
genre humain à un droit de propriété. Je vais d'ailleurs avoir
à exposer comment et pourquoi j'accepte pleinement la sagesse et la vérité de cette croyance générale.

Non-seulement je crois au droit de propriété ; mais je suis
de ceux qui pensent que son établissement repose sur un droit
nécessaire et naturel. Je dirai pourquoi je n'accepte pas
l'opinion qui réduirait la propriété à n'être qu'une simple
création du droit civil, née de conventions variables, établies
par des lois positives en vue de la plus grande utilité sociale.

Pour les partisans assez nombreux de cette dernière opinion,
si la propriété est légitime, c'est parce qu'elle est utile ; car,
suivant eux, l'utilité est la racine de tout droit : une loi positive a créé la propriété ; une autre convention pourrait la détruire et la remplacer par une combinaison nouvelle. Pour
quiconque se range à ce système, le débat sur les droits des
auteurs de productions intellectuelles peut se borner à reconnaître si, en cette matière, il serait utile ou nuisible de
consacrer un droit destiné à s'exercer, dans toute sa plénitude, d'après les règles et avec les conséquences que la législation actuelle attribue à la propriété des objets matériels.
Restreinte à ces termes, la question serait promptement résolue ; car nous verrons plus tard que de graves considérations
d'intérêt général démontrent qu'il y aurait un grand danger

social à asservir aux liens d'un monopole perpétuel les produits de la pensée.

Mais je ne veux ni ne puis borner ainsi la question, puisque je considère la propriété comme appartenant à ce droit
nécessaire qui constitue ce qu'il faut appeler le droit naturel;
droit supérieur aux combinaisons arbitraires et accidentelles
des lois positives auxquelles il n'est pas permis de le rejeter
ou de le remplacer. Si je reconnaissais aux droits des auteurs
les caractères de la propriété, mon esprit ne serait pas libre
de leur en refuser une seule des conséquences.

Ce ne sera qu'après avoir constaté les titres et l'origine du
droit de propriété, que, pénétrant dans l'essence du droit
d'auteurs, j'examinerai si ces deux droits procèdent de la
même source et existent aux mêmes conditions.

Quel est le sujet du droit de propriété? quel en est
l'objet?

Le sujet de la propriété c'est l'homme. La nature inintelligente lui a été donnée pour qu'elle le serve, et pour qu'il l'exploite ; elle est mise en son pouvoir et subordonnée à son action. Les choses qu'un individu ou qu'une association n'a pas
faites siennes, restent un bien vacant, un bien inutile à
l'espèce humaine, ou plutôt elles ne sont pas encore un bien.

Le droit sur les choses serait illusoire s'il n'y avait, pour
celui qui les exploite, fixité, sécurité, lendemain. Elles ne
sont exploitables qu'à cette condition. Si, quand un homme
tient un fruit, chacun pouvait le lui arracher de la main ou de
la bouche, s'il s'abrite sous un toit et qu'on l'en chasse, s'il
laboure un champ et le sème mais que le premier venu mois-
sonne, qui serait assez fou pour cultiver, pour exploiter,
pour compter sur l'instant qui suivra? En livrant à l'espèce
humaine la nature matérielle, la Providence, au lieu de
lui fournir sa condition d'existence, aurait jeté au milieu
d'elle une intarissable source de discordes et de guerres;
la vie serait impossible; la sociabilité une chimère; il n'y
aurait autour des hommes que violence, que chaos. Il est

donc dans le droit des hommes que les choses soient privativement appropriées.

A qui le seront-elles? Puisque tous ont originairement un
droit sur toutes choses, celui qui le premier a marqué une
chose du sceau de son droit n'en peut plus être désinvesti sans
qu'il y ait contre lui lésion, injustice.

La nécessité de reconnaître la plénitude du droit dans la
personne du propriétaire ne permet pas de lui refuser le
droit d'échange, de vente, de donation. Il n'aurait pas toute-
puissance sur la chose dont il lui serait interdit d'user, et sur
laquelle il ne lui serait pas loisible de transmettre à autrui
tous ses droits.

Ce qui adviendrait si aucune possession n'était respectée,
arriverait également si le respect pour la possession n'avait
qu'un temps, et, par exemple, dans le cas où, le propriétaire
mort, ses biens demeureraient sans maître. Alors l'objet
abandonné périrait ou resterait inexploité, ou bien, livré à la
chance de conquête du premier occupant, il ferait, à tout instant, naître et renaître la guerre.

S'il importe que ni le temps ni la mort n'ébranlent la fixité
de la propriété, qui possédera à la mort du propriétaire? qui
deviendra propriétaire à sa place?

Ce n'est ni un pur caprice des hasards de la naissance, ni
un arbitraire irréfléchi de la loi, qui, en consacrant la légitimité des successions naturelles et testamentaires désignent le
légataire ou l'héritier comme le juste successeur destiné à
continuer la personne du défunt.

Aucun homme n'est isolé sur la terre; la sociabilité tient à
l'essence de l'espèce humaine; la société est un état naturel.
Or, la société n'existerait pas s'il n'y avait des agglomérations
d'individus; si, autour des chefs de famille et de maison, ne
se groupait pas une agrégation dont ils sont le gouvernement
et le centre. C'est par cette cohésion d'une multitude de sociétés partielles que le genre humain se tient et s'unit. Un
propriétaire ne possède qu'à la charge de certains devoirs à

remplir. Sa condition est d'élever, de nourrir ses enfans, de contribuer aux dépenses communes, aux charges de l'état. Sa femme, ses enfans, ses père et mère, ses frères et sœurs, ses domestiques, ont sur ses biens une part quelconque dont il est le dispensateur et dont il ne lui est pas permis de les priver; en certains cas la loi l'y force; en d'autres la morale. Après lui, ses biens restent affectés à ses dettes : d'abord sans doute à ses dettes civiles, mais aussi à ses dettes naturelles. Ils passeront aux personnes envers lesquelles le défunt était lié par les plus intimes devoirs, et formeront un ou plusieurs autres centres de maison ou de famille. Si le défunt désigne un de ses associés à qui ses biens passeront, c'est la succession testamentaire; si la loi, c'est la succession légale.

A travers toutes les transmigrations de la propriété, le caractère de perpétuité domine, et la continue sans interruption depuis le premier occupant jusqu'à ceux qui, par contrat, donation, testament, succession, le représentent et le remplacent.

L'occupation est la première source de la propriété; la prescription est la seconde. Ceux à qui des biens n'adviennent pas régulièrement par occupation d'objets vacans ou par les ayant-cause des premiers occupans, ceux que la conquête, la guerre ou tout autre mode de spoliation, toute autre action de la force en investissent, sont des usurpateurs, non des propriétaires. Mais, à défaut de la légitimité dérivant de la première occupation, les objets par eux possédés pourront, dans leurs mains ou dans celles de leurs successeurs, acquérir par la légitimation de la prescription le caractère de propriété. C'est là un hommage rendu au besoin de continuité de la propriété. Il y a un grand sens dans l'axiôme par lequel la prescription, fille du temps et mère de la paix, est appelée la patrone de genre humain.

Quelle que soit la source de la propriété, la jouissance exclusive, la toute-puissance, la perpétuité par transmission, en sont les caractères essentiels, qui dérivent de la nature même de l'homme et qui sont nécessaires à la plénitude du droit dont il est investi comme maître et roi de la nature.

Nous avons étudié la propriété dans son sujet, qui est l'homme. Il faut maintenant la considérer dans son objet.

Tout objet de propriété doit être une chose appropriable.

C'est pour cela que l'esclavage est illégitime; car il suppose l'appropriation d'une intelligence, tandis que toute intelligence doit demeurer libre et sienne.

Même dans la nature inintelligente, il est des choses dont l'exploitation n'exige point une appréhension privative perpétuellement transmissible.

La division des choses en appropriables et inappropriables n'est pas nouvelle. Les jurisconsultes romains l'ont reconnue et admirablement développée.

Attribuer à des propriétaires exclusifs les objets appropriables, il y a là nécessité, utilité, justice. Attribuer à des propriétaires exclusifs les objets inappropriables, c'est appauvrir l'humanité tout entière; il n'y a pas nécessité, puisque l'intérêt privé n'a nul besoin de veiller à leur garde et à leur conservation; il n'y pas utilité, puisque leur valeur ne dépérit en rien par cela que tous en profitent et les exploitent; il y a injustice, car chaque homme a droit sur ce qu'il peut s'approprier sans nul préjudice pour un droit acquis à autrui; et si un objet est tel que chaque sujet puisse en avoir la jouissance pleine et complète, sans empêcher tout autre sujet d'en jouir pleinement, complètement, l'approprier à un seul, c'est une usurpation intolérable.

Une portion de terre ne peut être cultivée ni possédée par tous. L'air, le feu sont des richesses universelles. Il est toute une vaste famille de ces biens, patrimoine commun du genre humain, et dont la libéralité de la Providence a fait largesse à chacun de ses membres.

Dans cette grande division d'objets appropriables et d'objets inappropriables, à laquelle des deux classes appartiendront les productions de l'intelligence, les travaux des sciences, de la littérature et des arts?

Ces productions, ces travaux, que sont-ils? Une nouveauté de combinaison dans les résultats de la pensée. Or, comment douter que par son essence la pensée n'échappe à toute appropriation exclusive? Lorsqu'elle passe dans les esprits qui la reçoivent, elle ne cesse pas d'appartenir à l'esprit dont elle émane; elle est comme le feu, qui se communique et s'étend sans s'affaiblir à son foyer.

De ce que la limitation de la pensée par appropriation exclusive n'est pas nécessaire, le genre humain est en droit de conclure qu'elle n'est pas permise. Qu'un champ, qu'un fruit, qu'un objet quelconque dont la nature est appropriable soit livré à tous, ou que tous veuillent à-la-fois en prendre possession, personne n'en jouira. Au contraire, la propagation de la pensée, loin de nuire à la pensée, la fortifie, l'augmente, l'agrandit; heureux que tous puissent en jouir, le genre humain y puise sa dignité et sa vie. Propager, améliorer, compléter sa diffusion, c'est pour l'humanité le premier de tous les progrès.

La perpétuité de propriété plaît à nos habitudes sociales. Une terre, une maison, un meuble, sont possédés privativement et se transmettent par succession. Un auteur se dit: J'ai créé un ouvrage qui vaut bien autant qu'un meuble, qu'une terre; pourquoi mes enfans n'en jouiraient-ils pas, comme tous les autres enfans de tous les autres biens que leurs pères leur laissent? Ces considérations sont puissantes. Nul ne peut nier que si l'auteur avait appliqué les forces de son intelligence à spéculer, à labourer, à planter, à bâtir, il aurait pu ainsi accroître le patrimoine de ses enfans pendant cette période de la vie de famille où c'est au père et non aux enfans qu'est imposé le devoir du travail, et lorsque le bas âge de ceux-ci les laisse hors d'état de se suffire à eux-mêmes. Mais que l'on y fasse attention! les meilleures vérités s'altèrent et se ruinent lorsqu'on les exagère. Il faut que le travail des pères profite aux enfans; mais il ne faut pas, en accordant un droit de propriété indéfinie sur des objets dont l'essence n'exige pas qu'ils demeurent à jamais appropriés à des détenteurs exclusifs, faire dire que le travail des pères a pour résultat de favoriser, sans terme ni limites, l'oisiveté des enfans au détriment de la société tout entière. Étendre les transmissions par voie d'hérédité au-delà des cas où l'hérédité est indispensable, c'est aller plus loin que consolider la propriété, c'est fonder la noblesse, c'est élever, sur les ruines du droit commun, des exceptions et des faveurs que notre ordre social repousse.

Concluons de tout ce qui précède, que, dans la nature des créations dues aux travaux des auteurs, n'existe pas ce caractère appropriable qui a pour condition et pour conséquence la perpétuité de transmissions indéfinies.

Ici se place une objection trop fréquemment renouvelée pour qu'elle ne mérite pas une attention sérieuse. S'agit-il réellement de la pensée elle-même : on concède facilement qu'elle est inappropriable. Mais, ajoute-t-on, il existe, outre la pensée, dans les productions de l'intelligence, une autre création de l'auteur. Quand un manuscrit, un tableau, un livre ont, en prenant un corps, marqué du sceau de leur forme une certaine portion de la matière, ce papier, cette toile, ces couleurs sont devenues Athalie ou la Transfiguration. Ce livre matériel, ce corps du tableau sont susceptibles de propriété. Pourquoi cette propriété ne réunirait-elle pas les caractères de celle de tout autre objet appropriable?

Cette objection repose sur une confusion entre le livre matériel et le contenu intellectuel du livre. Un poète crée des vers. Le papier qui en matérialisera l'émission, les cent mille exemplaires qui les reproduiront, seront susceptibles d'être la propriété d'un individu, ou de mille, ou de cent mille. Mais ce qui n'est pas appropriable, ce sont les vers eux-mêmes; c'est la faculté, pour chacun, de les identifier à son intelligence; c'est la possibilité de les reproduire, en les récitant, en les écrivant. La pensée, la faculté de l'émettre, la puissance de la

reproduire ne doivent pas être confondues avec ces portions
de matière qui sont devenues des livres et dont personne ne
vous enlèvera la propriété, alors même que tout le monde
reproduirait des livres semblables et reporterait sur d'autres
objets matériels l'émanation de la même pensée. L'intelligence qui, la première, a combiné, a créé cette pensée, ne
possède pas physiquement pour sa matérialisation une force
plus énergique, une aptitude plus spéciale que toute autre
intelligence, qui, après l'avoir appréhendée et comprise, sera
aussi pleinement maîtresse de la reproduire matériellement
que si elle en était la créatrice. Pour que j'imprime à telle
ou telle portion de la matière la forme de cette pensée dont
je ne suis pas l'auteur, mais, qui en tombant sous l'aperception
de mon intelligence, a pénétré son essence intime, je n'ai désormais besoin ni de l'auteur, ni de personne. Une loi positive, une convention particulière peuvent, à cet égard, borner
ou supprimer mon droit; mais, si une loi me lie, si une convention m'enchaîne, elles m'ôtent une faculté naturelle qui,
sans la prohibition formelle d'une loi ou d'une convention,
m'appartiendrait aussi pleinement qu'à vous.

La représentation matérielle de la pensée de l'auteur a
donné naissance à une valeur vénale et exploitable : cela est
vrai; et ce n'est pas un des moindres titres des bons écrivains
à la reconnaissance publique que cette création de nouvelles
valeurs ajoutées, par la puissance de leur intelligence, à la
masse générale des richesses. Mais est-ce à dire que l'élément
spirituel qui entre dans la composition de ces valeurs soit appropriable? Non sans doute. Il y a plus : à ne considérer les
livres que dans leur existence matérielle, et sous des rapports
purement industriels et économiques, on reconnaîtra que le
rôle essentiel et nécessaire de l'élément spirituel dans la
création de leur valeur, se borne à assurer le recouvrement des frais de fabrication et de vente; frais perdus si le
livre, rebuté du public, n'a occasioné qu'une déperdition
d'industrie, et un avilissement de matières premières par la

conversion de papier blanc en papier imprimé. Une analyse, tant soit peu sévère, de ce qu'est dans un livre la partie lucrative et vénale, en établissant cette proposition, démontrera qu'une part quelconque de bénéfice pour l'auteur ne peut entrer dans le prix d'un livre, qu'autant qu'elle y est volontairement introduite par un effet de la loi.

Pour publier un livre, il faut un matériel d'imprimerie, des caractères, des presses, de l'encre; il faut du papier; il faut des ouvriers pour mettre ce matériel en œuvre; un entrepreneur pour surveiller, loger, payer ces ouvriers; une direction pour soigner la correction du livre et la beauté typographique de son exécution; il faut assembler, plier, coudre, brocher, relier l'édition; l'emmagasiner, la faire connaître, la vendre. Chacune de ces opérations exige d'intelligence et l'habitude d'industries spéciales et des avances de fonds. La vente totale de l'édition doit donc faire rentrer les fonds employés, en rembourser les intérêts et payer aux entrepreneurs un profit, un prix pour l'emploi de leur intelligence et de leur temps, pour le service de leurs capitaux et pour les risques courus. Si un éditeur élevait au dessus de ces dépenses nécessaires le prix d'un livre que toute personne est maîtresse de réimprimer, la libre concurrence amènerait aussitôt un autre éditeur qui, en donnant le livre à un moindre prix, obtiendrait la préférence auprès des acheteurs.

Quant à la valeur intellectuelle du livre, son effet est d'assurer la rentrée des capitaux employés; mais ce qui prouve qu'elle ne figure pour rien parmi les élémens du prix, c'est que, plus le livre méritera la faveur publique et sera d'un sûr débit, plus on pourra en baisser le prix. Imprimez un Campistron et un Racine; à coup sûr, vous serez obligé de vendre Campistron plus cher; non pas qu'il ait plus de valeur littéraire, mais tout au contraire, parce qu'il en a moins. Le débit étant moins sûr et devant être plus long, il faudra que le prix, pour procurer un bénéfice égal, soit chargé d'un risque de non-vente beaucoup plus fort, d'un plus long service de capitaux, d'un plus long retard d'intérêts. Ajoutez à cela que l'excellence même de Racine, en en multipliant les éditions, oblige de se restreindre à la plus faible part possible de bénéfice pour soutenir la concurrence.

Voilà ce qui se passe lorsqu'un livre est de domaine public, ou, en d'autres termes, lorsqu'il n'y a de prix à payer à personne pour acquérir le droit de l'imprimer et de le vendre; la valeur spirituelle du livre est commercialement égale à zéro, et l'effet inévitable de la concurrence est d'effacer tous les élémens de prix autres que ceux de l'exploitation matérielle.

Pour qu'il en soit autrement, il faut qu'il s'agisse d'un livre réservé au domaine privé; car alors les dépenses et bénéfices de l'exploitation matérielle ne sont plus les seuls élémens du prix. Un autre s'y ajoute : c'est le paiement à l'auteur pour chaque exemplaire livré au public. Il faut que le public paie ce supplément du prix, tant qu'existe un droit exclusif respecté dans la personne de l'auteur ou de ses ayant-cause.

C'est une lourde erreur de croire qu'il existe sur cette question conflit d'intérêts entre les auteurs et les libraires. Lorsqu'un livre est de domaine privé, le bénéfice du droit exclusif se partage entre l'auteur et le libraire, qui a, par conséquent, intérêt à l'existence de ce droit exclusif. La dévolution d'un livre au domaine public confère, il est vrai, à tous les libraires le droit de l'imprimer; mais sous la condition de la libre concurrence, qui, de toutes les causes d'abaissement de prix, est incontestablement la plus efficace.

Si, dans l'état actuel de notre législation, on tombe dans un non-sens lorsque l'on se persuade que ne payer aucun prix ni à l'auteur ni à ses représentans c'est faire un cadeau aux libraires, il est juste de remarquer qu'il n'en a pas toujours été ainsi. C'était réellement d'un débat sérieux entre les auteurs et les libraires qu'il s'agissait, lorsque le droit d'imprimer et de vendre était, pour les commerçans qui se livraient à cette industrie, l'objet de privilèges exclusifs. Il fallait ajouter alors au prix d'exploitation matérielle, non-seulement un prix pour l'auteur, mais aussi une sorte de re-devance attribuée à une profession privilégiée et organisée en corporation. De là une charge exorbitante pour le public. Les auteurs avaient grandement raison, lorsqu'au privilège factice des libraires, fondé sur les limitations, toutes conven-tionnelles, qui entravaient le libre exercice des professions, ils opposaient les réclamations d'un droit sur leur œuvre, droit fondé sur la justice et le travail; mais leur erreur com-mençait lorsque, afin de soutenir leur thèse, ils cherchaient à assimiler leur droit sur leurs œuvres à un droit véritable de propriété. L'erreur est devenue plus saillante et plus grave depuis qu'il n'y a plus de libraires privilégiés.

Ce qui existait alors, par suite de l'organisation de la li-brairie, peut se comprendre par la comparaison avec ce qui existe aujourd'hui relativement aux ouvrages drama-tiques. Dans l'exploitation par représentation théâtrale, il ne faut pas seulement que le public, s'il veut jouir de la repré-sentation, paie les frais, risques et bénéfices de l'entreprise théâtrale. Il ne suffit pas qu'il y ajoute le prix moyennant lequel l'auteur accorde le droit de représenter son ouvrage. Il faut encore que le public paie, au nombre des élémens du prix, une somme quelconque qui corresponde, dans une certaine proportion, à la valeur du privilège du théâtre. Si la liberté des théâtres existait, ce dernier élément cesserait d'entrer dans le prix des représentations dramatiques.

La conclusion des observations qui précèdent est que la fa-culté de copie des produits intellectuels, tant qu'elle demeure libre et universelle, ne comporte aucune valeur vénale. Elle n'acquiert cette sorte de valeur qu'en devenant un droit ré-servé. De sa nature et en l'absence de lois restrictives, elle est universelle, illimitée, inappropriable comme la pensée elle-même.

La pensée publiée n'est susceptible d'être copiée et reproduite que parce qu'elle a été émise. De là les partisans d'une propriété littéraire tirent cette conséquence que, parce que l'auteur, avant d'émettre sa pensée, en était le maître absolu et pouvait ne pas la livrer au public, il peut également, en la donnant au public, faire ses conditions, donner une partie de la jouissance et s'en réserver une autre, céder à tous la jouissance intellectuelle et garder pour lui seul le droit d'exploitation commerciale, le domaine utile. C'est ainsi, ajoute-t-on, que le propriétaire d'un immeuble peut aliéner en partie et en partie retenir les droits qui lui appartiennent. Il peut, par exemple, aliéner le droit d'habitation, celui de culture, et retenir le droit de chasse.

Cette argumentation répose sur l'erreur que nous avons déjà signalée et qui consiste à confondre deux objets de droit, objets dont la dissemblance modifie la nature du droit lui-même. L'émission de la pensée ne saurait avoir lieu que par sa réalisation sous une forme matérielle quelconque, la parole, la peinture, l'écriture. Si l'auteur veut faire connaître sa pensée, il faut absolument qu'il la livre ; cette pensée, une fois livrée, pénètre les intelligences auxquelles elle parvient, non parce que l'auteur y consent, mais par cela seul qu'il l'a émise. Il n'est pas possible que d'autres conditions soient faites. Donner et retenir la pensée est une impossibilité, un non-sens; et nul n'est maître de diviser, par la puissance de sa volonté, ce qui, par nature, est indivisible. Il n'y a pas d'hypothèse de raisonnement qui puisse prévaloir contre une aussi évidente réalité.

En résumé, la pensée est, par son essence, inappropriable ; la faculté de copier et de reproduire la pensée ne l'est pas moins.

§ VI.

L'expression de propriété littéraire *doit être rejetée de la langue juridique.*

Ce n'est pas une question de faible importance que celle du bon emploi des mots ; lorsqu'ils sont confus ou mal faits, l'obscurité ou le désordre s'introduisent dans les idées dont ils sont les signes. Je ne crains pas de dire que les préjugés qui obscurcissent la matière qui nous occupe trouvent leur principale force dans le droit de bourgeoisie que les écrivains, partie intéressée dans cette querelle, ont fait prendre à l'expression de *propriété littéraire,* à la faveur de laquelle ils ont habitué les esprits à leurs prétentions.

Dans son sens primitif, propriété veut dire ce qui est *propre,* particulier à telle personne, à telle chose ; ce qui tient à leur essence ; ce qui les distingue de toute autre chose, de toute autre personne. Ainsi, le propre de l'homme est d'être libre ; le propre de l'animal est de sentir, croître et se mouvoir ; le propre de la matière est d'être étendue, divisible : en d'autres termes, la liberté est une propriété de l'homme ; le sentiment et la locomotion sont des propriétés de l'animal ; l'étendue, la divisibilité sont des propriétés de la matière. Dans ce sens, il est très vrai de dire que la pensée est la propriété de l'homme, que les pensées de chaque homme sont sa propriété.

Mais ce n'est pas suivant cette acception rigoureuse et primitive, c'est en vertu d'une extension donnée au langage par l'analogie, que notre champ, notre maison, notre vêtement, notre livre, sont appelés notre propriété. Ces objets-là ne nous sont pas *propres,* ils nous sont appropriés. L'influence de la langue a modifié à tel point la signification originaire des mots, que les seuls objets dont on dise l'homme *propriétaire* sont les objets matériels extérieurs à lui, qui ne font pas une partie de sa personne, mais se trouvent accidentellement attachés à lui par pure appropriation. On ne dit pas qu'un homme est propriétaire de sa liberté, un animal de sa locomotion; que le feu est propriétaire de la chaleur, la matière de la divisibilité. On n'est dit *propriétaire* que des objets sur lesquels c'est *par appropriation* que l'on a droit.

Si le mot de propriétaire n'a qu'un sens, celui de propriété en a retenu deux. Toutefois, quand on parle de la propriété comme d'un objet de droit, ce mot, dans le sens légal et juridique, ne désigne que le droit exclusif dérivant de l'appropriation : c'est de la propriété ainsi entendue que les lois s'occupent. L'expression *propriété*, prise comme désignation des qualités et de l'essence intime de l'être, n'a point place dans la langue du droit.

La pensée de tout homme lui est propre. Si nous sommes parvenus à démontrer que cette pensée, une fois émise au dehors, ne sera pas susceptible d'appropriation, il s'ensuit que le droit de propriété, dans l'acception légale de ce mot, pourra s'appliquer à la portion ou aux portions de la matière auxquelles la forme de la pensée aura été imprimée, et, par exemple, à tel volume, à tel tableau, mais ne s'entendra jamais de la pensée elle-même, non plus que de la faculté de la copier, de la reproduire, d'en imposer à une portion de matière le sceau et la forme.

L'expression *droit de copie,* employée par les Anglais et les Allemands, est beaucoup plus juste. Elle ne confond, ni l'émission première de la pensée avec sa reproduction, ni la propriété matérielle de chacun des exemplaires d'un ouvrage avec la possession intellectuelle de leur contenu. Elle ne fait nul obstacle à l'établissement plus ou moins étendu des droits que les lois peuvent garantir à l'auteur.

L'expression *propriété littéraire* confond toutes ces idées. Nous négligeons les justes critiques dont le mot *littéraire* serait susceptible. Nous ne nous sommes attachés qu'à démontrer le vicieux emploi du mot *propriété*, parce que c'est le mot important, et parce que la langue du droit ne saurait ici l'admettre, sans le fausser, et sans lui faire faire divorce avec les caractères essentiels de transmissibilité, de perpétuité, d'inviolabilité qui doivent toujours en demeurer inséparables.

---

§ VII.

Un livre est la prestation d'un service envers la société.

Un livre est un écrit par lequel l'auteur adresse la parole au public; un usage qu'il fait de ses facultés pour mettre en circulation les conceptions de son esprit; c'est un service qu'il rend à la société en lui communiquant ses pensées.

Cette définition est de Kant, qui prend soin d'expliquer qu'en s'exprimant ainsi il parle, non de l'exemplaire matériel du livre, muet instrument de la communication avec le public, mais du livre lui-même, mais de son contenu, mais de sa parole.

Quant à la création de nouvelles richesses par la faculté de convertir en livres certaines portions de matière dont cette conversion pourra accroître l'utilité, c'est encore là un service dont la société est redevable à l'auteur.

---

§ VIII.

L'auteur a droit à recevoir de la société un juste prix de son service.

Le respect pour la propriété est l'une des bases de l'ordre social; mais ce n'est pas la base unique sur laquelle l'ordre social repose.

Une portion quelconque de propriété matérielle est indispensable à la vie de chaque homme. Tous ont besoin d'être propriétaires d'alimens pour se nourrir, de vêtemens pour se couvrir, d'abris pour se loger.

Il est donné à quelques hommes de naître pourvus de biens; d'autres, et c'est le plus grand nombre, ne gagnent qu'à grande peine, et à mesure de leurs besoins, ce qu'il faut de propriété aux nécessités de la vie.

Cette inégale distribution des biens est un résultat de la liberté; mais la loi providentielle qui, par les conséquences médiates ou immédiates, et toujours nécessaires, de la liberté, conduit le monde à l'inégalité des biens, cette loi nous est cachée. Notre ignorance, qui la croit aveugle, l'appelle hasard. Ceux qui se confient à la bonté divine respectent la règle inconnue dont Dieu s'est réservé le secret, et en vertu de laquelle il choisit celui-ci pour naître riche, celui-là pour naître pauvre, de même qu'il fait arriver telle ou telle âme dans un corps valide ou dans un corps faible, à un pôle plutôt qu'à l'autre.

Entreprendre de créer l'égalité des biens, ce serait une témérité à laquelle la plus dure et la plus folle des tyrannies ne s'exposerait pas. Ni la terre ne peut advenir en lots parfaitement égaux à chacun des individus de l'espèce humaine; ni les richesses mobilières ne peuvent, par un perpétuel équilibre, balancer également entre tous leurs distributions et leurs mesures; l'essence finie et limitée des objets appropriables, ainsi que les accidens innombrables de leur transmission, tendent à les concentrer dans un nombre de mains infiniment petit eu égard à la population générale. Mais si les lois humaines n'ont pas la mission impossible de détruire cette inégalité, elles ont le devoir difficile, et qui nulle part n'est strictement observé, de ne pas l'encourager et l'accroître. Elles auront assez à faire en s'imposant la règle de détruire les obstacles factices qui, arrêtant l'essor de l'activité individuelle, augmentent et aggravent les inégalités naturelles, ou leur substituent le joug plus pesant des inégalités conventionnelles.

Il est une force dont la puissance vient, sinon rétablir l'équilibre parfait, du moins répandre sur les hommes assez de propriété pour assurer la subsistance de tous. Cette force naît de la liberté et de l'activité humaine : c'est le travail.

Si la propriété n'était pas respectée, le plus horrible chaos succéderait à l'ordre social. Mais le monde ne serait pas moins impossible, si, à côté de ce respect, ne venait se placer un principe, non moins sérieux, non moins fondamental, celui en vertu duquel chacun doit au travail des autres un salaire proportionné à l'utilité que lui-même en retire.

La propriété toute seule ne suffirait à la vie d'aucun homme. Ce n'est pas tout que d'avoir un champ ; il faut encore que, par soi-même ou par d'autres, on laboure, on sème, on recueille, on s'approvisionne. La propriété sans travail serait la matière inerte, improductive, morte ; ce serait le repos absolu.

Le travail à son tour ne serait rien à lui seul. Ne faut-il pas que ce soit dans le service des choses matérielles que l'homme prenne ses alimens, ses vêtemens, ses jouissances physiques. Sans la possession de la matière, sans la propriété qui est le droit de perpétuité dans cette possession, le travail n'aurait ni objet ni ordre : ce serait un tumulte, un combat, un chaos.

La propriété qui est le repos, le travail qui est le mouvement, doivent donc coexister. Sans leur harmonie, point de vie humaine. Ce que réclame le travail, c'est liberté d'abord, puis paiement ; la propriété n'a droit ni à récompense ni à salaire, mais à inviolabilité.

La loi qui veut que tout travail reçoive son salaire est corrélative à celle qui veut l'inviolabilité de la propriété : chacune d'elles sert à l'autre de garantie et de sanction. L'échange entre la propriété et le travail, s'il ne va pas jusqu'à établir l'égalité entre les hommes, doit, du moins, créer pour tous la possibilité de vivre. Une société n'est bien organisée qu'à cette condition.

A quelle classe appartiennent les auteurs? On connaît déjà notre réponse. Nous ne les comptons point parmi les privilégiés de la Providence auxquels il a été donné de détenir un peu de ces choses matérielles que quelques-uns possèdent exclusivement à tous. Leur place, et c'est là leur gloire, est à la tête de ceux qui vivent en échangeant leurs travaux et leurs services contre les objets matériels dont d'autres hommes avaient la propriété.

Il faut que ce travail, comme tout autre, reçoive son salaire, et qu'un prix matériel le récompense.

Ce sont les idées qui gouvernent le monde; c'est par elles que l'humanité s'améliore, que le sort des individus s'agrandit, que l'empire de l'intelligence s'étend sur les forces de la nature.

Récompensez les auteurs; payez-leur la dette sociale. Nous n'avons en rien infirmé la sainteté de cette dette lorsque nous avons démontré que la production des idées, que la faculté de les reproduire, n'est pas un objet de propriété. L'auteur, en émettant des pensées qui pourront marquer leur sceau sur la matière, a permis à l'industrie de fabriquer des livres et de créer ainsi des objets appropriables, destinés à accroître des richesses individuelles; en dotant l'humanité d'une nouvelle combinaison de pensées, il a fait bien plus encore; il a grossi le trésor commun des idées qui, sans être propre à tels individus déterminés, est le vaste réservoir dans lequel tous pourront puiser, et qui ne fera que s'accroître par cela même que l'on y puisera davantage. Priver un travailleur quelconque de son salaire, c'est toujours une injustice. En priver un auteur, le premier des travailleurs, l'artisan du premier des biens de l'humanité, d'une circulation des idées plus étendue, plus rapide, plus complète, ce serait une ingratitude; ce serait, par le plus imprévoyant des calculs, frapper de stérilité la mine la plus abondante des richesses, la source de toutes les richesses; ce serait un trouble social.

§ IX.

La garantie d'un droit exclusif de copie sur la reproduction de l'ouvrage est le meilleur mode de salaire de la société envers l'auteur.

Long-temps on a cru que les écrivains et les artistes devaient être payés par des pensions et des faveurs. C'étaient en quelque façon l'État et les princes qui acquittaient ainsi la dette du public, et en même temps que l'on ne se faisait nul scrupule d'accepter ces faveurs, on était facilement disposé à rougir du paiement à tirer du public par la vente de son droit de copie sur ses propres ouvrages (1). Une partie des idées a bien changé. Aucun préjugé défavorable ne s'attache à flétrir la vente qu'un auteur fait de ses œuvres. Tout au contraire, une réaction s'est opérée. L'industrie s'est mêlée à la littérature, et a trop souvent pris sa place. Les pensions et les faveurs n'ont pas cessé; mais elles ont été reléguées à un rang accessoire et secondaire. Les littérateurs n'ont plus comme autrefois une existence à part, qu'ils tiennent des princes et des grands, dont la libéralité leur faisait de paisibles loisirs, et auxquels, en échange, ils donnaient des louanges et quelquefois de la gloire. Les lettres mènent à la fortune, jettent dans les affaires et les honneurs.

L'observateur moraliste aurait à dire sur cette révolution mêlée de biens et de maux. Dans l'ordre actuel, comme dans la vie littéraire ancienne, les passions grandes ou mesquines, les instincts généreux ou cupides, le calcul et le désintéressement ont leur action et leur rôle. Mais, somme toute, les idées sont mieux à leur place. Vivre du tribut volontaire que le public s'impose ne rabaisse aucune position, ne messied à aucun génie.

D'insurmontables difficultés s'élèvent contre tout mode de

(1) V. p. 10, p. 146, etc.

paiement qui procéderait par voie de pensions, de traitement fixe, ou même, sauf quelques exceptions très rares, par prix d'achat, une fois payé, achat qui prendrait la forme d'expropriation pour cause d'utilité publique, si l'auteur n'était pas laissé maître de s'y refuser. Avec de telles formes de salaire, la justice distributive serait impossible; et il n'est pas de trésor qui pût suffire aux insatiables prétentions, aux faveurs capricieuses, aux concussions faciles auxquelles on ouvrirait une large porte. Qui donc si, par exemple, on adoptait le procédé d'expropriation pour cause d'utilité publique, déclarerait cette utilité et apprécierait les travaux ? qui calmerait les rivalités ? qui ferait justice de la médiocrité ? qui inventerait des récompenses dignes du génie, sans soulever l'envie ? qui irait au devant du mérite fier ou modeste ? Attribueriez-vous au gouvernement l'estimation des ouvrages à acheter dans l'intérêt public ? et ne voyez-vous pas à quels périlleux soupçons, à quelles intrigues subalternes, à quelles corruptions habiles, à quels profits honteux vous exposez l'administration, sans parler de toutes les erreurs auxquelles elle ne saurait échapper ? Ferez-vous évaluer les ouvrages des écrivains par leurs pairs ; et, si désintéressée, si modeste, si impartiale que soit toute la littérature, oserez-vous ne vous en rapporter qu'à elle seule dans sa propre cause ? Trouverez-vous dans des magistrats, dans des jurés, les habitudes d'esprit et la spécialité de lumières indispensables pour une si hasardeuse décision ? Pour moi, je n'aperçois de toutes parts qu'inconvéniens, qu'impossibilité. Il n'est qu'un seul juste appréciateur du salaire dû aux écrivains et aux artistes : le public. Il n'est qu'une seule appréciation juste : celle que le public, sans la formuler, mesure sur l'utilité et le plaisir qu'il tire d'un ouvrage. Un seul mode de paiement me paraît juste et possible : c'est celui qui attribue à l'auteur, sur chaque édition ou sur chaque exemplaire de son ouvrage, un droit de copie.

Ce moyen est celui que l'expérience a fait reconnaître comme le plus simple; c'est aussi le plus équitable; car, en général, l'évaluation la plus judicieusement approximative de l'utilité d'un livre consiste dans le succès qu'il obtient.

Il résulte de l'adoption de ce moyen que le salaire de l'auteur se trouve très subdivisé, et que le prix de chaque exemplaire s'augmente de la part qu'il supporte dans la valeur générale assignée à l'objet de la copie.

Sans doute, ce renchérissement est un inconvénient; car les livres à bon marché sont des propagateurs d'idées plus rapides, plus puissans, plus actifs que ceux dont le prix est élevé. Mais il n'y a pas de paiement pour les auteurs, si l'on n'a, par une voie quelconque, recours au public pour le fournir. Renchérir un livre, parce qu'il faut acquitter le droit de copie, c'est établir une sorte d'impôt. Or, un impôt, quoique offrant toujours en lui-même des inconvéniens pour le public, se légitime par sa destination, lorsqu'il rend, en dépenses générales, en sécurité individuelle, en garanties efficaces, plus que ce qu'il ôte à chaque contribuable. C'est acheter trop cher l'abaissement du prix d'un livre que de ne pas payer l'auteur, que de le sacrifier à ses travaux, que de le décourager et de le jeter dans l'avilissement par la misère. Le livre coûtera un peu plus, mais il verra le jour, mais on ne l'aura pas étouffé avant sa naissance; mais surtout on n'aura pas été injuste envers celui à qui on le doit. Dire que l'on aimerait mieux passer un pont, un canal, sans rien payer, que d'en rembourser les frais par un péage; que l'on aimerait à être gardé par une armée, sans payer les soldats; jugé par les tribunaux, sans payer de juges; instruit ou récréé par un auteur, sans payer son travail; par un libraire, sans payer les frais de vente; par un imprimeur, sans payer les frais de fabrication; par un laboureur, sans payer sa culture et son blé, ce serait la prétention étrange de tout prendre dans la société sans y rien mettre, et d'exploiter nos semblables, comme s'ils n'étaient pas égaux à nous; ce serait le renversement de toute idée sociale.

Cet impôt au profit de l'auteur sur son ouvrage peut se percevoir de deux manières. L'une consiste à interdire à tout autre qu'à l'auteur ou à ses ayant-cause, la faculté de fabriquer l'ouvrage et de le vendre ; l'autre serait de laisser à chacun pleine liberté de fabriquer et de vendre l'ouvrage, mais à la charge de payer une certaine rétribution à l'auteur. Le premier système établit un privilège, le second une redevance.

Le second système peut de prime abord séduire. Beaucoup de personnes qui ne renonceraient qu'avec peine à voir dans le droit de copie un objet de propriété, auraient volontiers recours aux redevances, pour conserver par une sorte de suzeraineté qui pourrait indéfiniment s'étendre, quelque image d'une propriété indéfiniment transmissible. Là se place à l'aise l'ordre d'idées qui, faisant deux parts de la partie spirituelle et de la partie lucrative de chaque ouvrage, livre au public la jouissance de la première, et ne retient parmi les biens vénaux et exploitables que la seconde.

Ne nous occupons pas encore des objections qu'il y aurait à faire, soit à la très longue durée, soit à la perpétuité d'une redevance. Ces argumens s'appliqueraient également à la trop grande extension que l'on essaierait de donner à la durée des privilèges. Examinons les inconvéniens inhérens au mode de redevance considéré en lui-même.

Ce qui le rend inadmissible, c'est l'impossibilité d'une fixation régulière, et l'excessive difficulté de la perception.

Peut-être, à force de soins, surmonterait-on les obstacles à la perception ; mais, quant à la fixation de la redevance, le règlement en est impossible.

Cette fixation ne peut dépendre ni de la volonté arbitraire de l'auteur, ni de l'évaluation que jugerait à propos de faire toute personne qui voudrait user du droit de copie. S'en rapporter à l'appréciation du débiteur de la redevance est une absurdité manifeste ; mais il serait absurde, au même degré, de s'en remettre au prix que demanderait l'auteur. Que serait-ce, en effet, autre chose que de lui conférer le privilège d'ex-

ploitation? Il vaudrait mieux mille fois lui attribuer franche-
ment le monopole sur son ouvrage que d'arriver au même résultat par cette voie détournée.

Demandera-t-on à la loi de déterminer une redevance fixe?
mais quoi de plus injuste qu'une mesure fixe, rendue commune à des objets essentiellement inégaux? Prendrait-on
pour base le nombre des exemplaires, l'étendue du volume,
son prix de vente? mais il est des ouvrages dont cent ou cinq
cents, ou mille exemplaires suffiront à jamais à la consommation, tandis que d'autres se débitent par dix et cent mille :
mais l'étendue du volume varie avec tous les caprices de la
fabrication : mais le prix est plus variable encore. Sans parler des hausses et des baisses dont personne n'est maître,
sans parler de l'extrême facilité des fictions dans les prix, et
de l'impossibilité de les constater, ne sait-on pas que l'on fabrique des Télémaque à vingt sous, et d'autres, qui ne seront
pas trop chers, à cent ou deux cents francs? Avec le texte qui
ne varie point, il faut parler du papier, des caractères d'impression, des soins typographiques, des ornemens accessoires de gravure ou autres, objets tous variables à l'infini. Si
votre redevance a pour base une valeur proportionnelle, chaque Télémaque de deux cents francs produira, pour le seul
droit de copie, plus que ne vaudra, dans l'autre édition, chaque exemplaire tout fabriqué; et cependant ce sera toujours
le même texte qui n'aura pas plus de valeur intrinsèque dans
un cas que dans l'autre.

Resterait un dernier mode de fixation; il consisterait, en
cas de désaccord entre le débiteur de la redevance et l'auteur,
dans un règlement par experts, variable suivant les circonstances. Mais qui ne voit tous les frais, tous les délais, tous les
procès auxquels chaque affaire donnerait lieu, pour n'être,
la plupart du temps, que très capricieusement décidée?

Le raisonnement juge cette question comme l'expérience
l'a tranchée. L'exclusion de tout autre système acceptable
conduit, par la logique, à l'adoption de privilèges destinés à

garantir le monopole d'exploitation, soit à l'auteur seulement,
soit à l'auteur et à ses ayant-cause. Toutes les législations actuellement en vigueur en adoptant ces privilèges ont voulu
qu'ils fussent temporaires. Les motifs pratiques de cette opinion ont été indiqués par la haute intelligence de Napoléon
dans une discussion du conseil d'état (1).

Privilèges, monopoles; ces mots sonnent mal : les mots de
propriété littéraire recommandent bien mieux une opinion.
Si je disais que cette différence dans les mots n'a pas été sans
influence sur le succès divers des deux systèmes, les lecteurs sérieux trouveraient cette remarque bien futile; elle est
futile en effet; mais elle est vraie, et des personnes, tenues
pour graves, s'imaginent qu'elles argumentent parce qu'elles
s'écrient : Quoi! vous attaquez la propriété au nom du
privilège et du monopole! Je n'aurais point entendu ce propos que j'y aurais cru d'avance. Que d'opinions se déterminent par des mots!

J'ai défini la propriété. Quant à la définition du privilège,
tout le monde la connaît : c'est une loi privée, *privata lex.*
Ai-je besoin d'ajouter, d'une part, qu'il existe des privilèges
parfaitement légitimes; et, d'autre part, que souscrire au
dogme de la propriété littéraire, c'est décider, d'un mot, que
le monopole des productions de l'intelligence sera concentré,
à perpétuité, entre un petit nombre de privilégiés.

---

§ X.

*Des privilèges perpétuels détruiraient les droits qui appar-
tiennent à la société.*

Accorder à l'auteur, à titre de rémunération de son travail

(1) Séance du 2 septembre 1808. V. pag. 387.

et par une concession de la loi, la perpétuité de monopole, qui existerait par elle-même si le droit qui appartient à l'auteur lui était dévolu à titre de propriétaire, ce serait arriver par une autre voie, à des effets identiques avec ceux du droit de propriété.

L'on a pu voir que, jusqu'ici, j'ai cherché à démontrer que le droit des auteurs diffère du droit de propriété, en étudiant l'un et l'autre de ces droits dans leur nature et dans leur cause.

Il est temps maintenant de considérer les effets. Ceux qui découleraient de l'adoption de la théorie d'une propriété littéraire étant absolument les mêmes que ceux que produiraient des privilèges perpétuels, je ne les séparerai pas dans ce que j'ai à en dire.

La perpétuité de transmission, soit du privilège, soit de la propriété, renchérirait les livres et les exposerait à périr.

Le renchérissement perpétuel des livres, la destruction absolue de toute concurrence, pour le présent et pour l'avenir, en ralentissant la circulation des idées, porteraient aux progrès sociaux un mortel préjudice. La société n'y perdrait pas seule ; la gloire de l'auteur et de sa mémoire en serait amoindrie ; son vœu le plus cher et le plus noble, celui de la propagation de ses idées, serait compromis et trompé. Pour payer un plus haut prix à l'auteur, on restreindrait l'influence de son service ; on diminuerait, avec l'utilité de l'ouvrage, la justice de la récompense ; on affaiblirait son titre de créance sur l'humanité, par les mesures mêmes que l'on prendrait pour en exagérer la valeur. Le renchérissement momentané qu'amènent les privilèges temporaires a ses inconvéniens, mais s'explique par la nécessité : la perpétuité du renchérissement serait un mal sans remède.

En dépassant ainsi le but, on courrait grandement le risque de le manquer et de nuire aux intérêts même que l'on aurait l'intention de servir ; les besoins de la consommation

générale et la nécessité de la diffusion des bons ouvrages mul-
tiplieraient les contrefaçons, qui deviendraient le seul cor-
rectif du monopole perpétuel; une connivence publique ex-
cuserait un délit dont le public profiterait, et qui cependant
ne peut pas plus que les autres être toléré sans péril et sans
habituer l'opinion au mépris des droits privés et des lois. Une
prime, toujours ouverte, en faveur de l'industrie étrangère,
écraserait la librairie nationale et détruirait tous les profits
attachés aux droits d'auteurs, pour n'enrichir que la fraude.
Quand le privilège n'est que temporaire, le sacrifice est
plus court, sa justice est évidente; et cependant il ne se garde
que par la plus active surveillance. Que serait-ce s'il ne devait jamais prendre fin?

Invoque-t-on, à l'appui de la perpétuité des droits d'auteurs, l'avantage qu'il y aurait à encourager puissamment les
écrivains, en leur montrant la perspective de la création d'un
bien qui se transmettrait à toujours dans leur famille et qui
ne permettrait plus que l'on eût à gémir de la pauvreté où
sont exposés à tomber les descendans des grands hommes
dont le génie a enrichi leur patrie et le monde?

Je comprends que cet argument peut un instant émouvoir,
et qu'il peut balancer, auprès de beaucoup d'esprits, le tort
grave, le mal irréparable que ferait à la mémoire de l'auteur
le renchérissement perpétuel de son livre. Mais, avant de se
rendre à cet argument, que du moins on en mesure la portée. Pour le rendre efficace, il faudrait interdire les aliénations qui feraient sortir de la famille de l'auteur le droit
sur son ouvrage, et ne les permettre aux auteurs eux-mêmes
que pour un temps limité; car ce serait là l'unique moyen
d'éviter le spectacle d'une famille d'auteur indigente à côté
d'un opulent cessionnaire. Passons sur ce qu'aurait d'étrange
cette interdiction d'aliéner et cette dérogation à la législation
commune. Le droit de l'auteur se divisera-t-il à l'infini entre
tous ses héritiers? Mais alors, pour peu que les générations
se succèdent et que la famille prenne d'extension, avec qui

traiteront les tiers? comment réunira-t-on tant de consentemens divers lorsqu'il faudra traiter? qui entreprendra de
trouver tant d'individus épars, de régler leurs intérêts respectifs, de mettre d'accord leurs volontés? Ajoutez que, par
l'augmentation successive du nombre des parties prenantes,
la part de chacun s'amoindrira par des morcellemens indéfinis
et sera réduite à rien. Essaiera-t-on, pour éviter une partie de
ces inconvéniens, d'autoriser, conformément au droit commun, les licitations et les partages? Mais que devient, dans
cette hypothèse, le rêve de mettre pour toujours à l'abri du
besoin le nom et le sang de l'homme de génie dont on veut
que les ouvrages protègent à jamais tous les héritiers? Il ne
faut pas longues années pour que, dans une même famille,
quelques branches soient ruinées à côté de branches opu-
lentes. Une partie tout au moins des descendans d'un même
père cesserait ainsi de profiter du fruit de ses travaux.

Pour arriver à un résultat et pour garantir la jouissance de
l'ouvrage à un membre de la famille, il faudrait oser davantage
et aller jusqu'à un système de franche substitution. Créez donc
hardiment un majorat intellectuel. Donnez par droit d'aî-
nesse une représentation puissante aux droits de l'auteur.

Toutes ces hypothèses sont insensées. S'il arrive qu'un nom
glorieux soit porté par des hommes condamnés à la misère,
ce sont là des maux privés qui peuvent trouver des réparations. L'État peut se montrer généreux pour ces illustrations
nationales, comme Voltaire pour la famille de Corneille. Ce
ne sont pas là des considérations qui puissent autoriser à fausser un droit dans sa nature et dans ses conséquences. Si les
droits d'auteurs étaient perpétuels, il faudrait qu'il entras-
sent dans le commerce, comme tous les autres biens, et rien
ne pourrait empêcher que ce ne fût au profit de familles étrangères qu'ils grevassent le public de charges inconciliables
avec les intérêts de la plus précieuse de toutes les consom-
mations, celle des alimens de l'intelligence.

Lorsqu'un fils hérite du champ de son père, lorsqu'un acquéreur succède à son vendeur, lorsque enfin une propriété se transmet par quelque mode que ce soit, le nouveau propriétaire acquiert, dans toute leur plénitude, les droits qui appartenaient au propriétaire précédent; maître absolu de sa chose, il peut en user ou n'en user pas, la conserver ou la détruire. Les ayant-cause qui succéderont soit à la propriété, soit au privilège de l'auteur seront donc à perpétuité les seuls propriétaires légitimes de tous les exemplaires du livre, dont pas un, à aucune époque, n'entrera dans le commerce, s'il n'est originairement sorti de leurs mains, ou de celles de leurs employés ou mandataires. Ici se manifeste la possibilité d'un immense danger; ce n'est plus seulement la perte partielle du livre par son renchérissement, c'est une perte totale qui devient à craindre. Lorsque le cours habituel des transactions humaines aura amené un ouvrage dans les mains des spéculateurs en la possession desquels tous viendront se concentrer, lorsque, si même le privilège ne sort pas de la famille, l'éloignement des générations aura affaibli ou effacé le culte pieux du nom paternel, le sort de l'ouvrage se trouvera livré à tous les calculs de l'indifférence. Que l'on ne dise plus désormais qu'une pensée émise ne peut ni ne doit se détruire, et est acquise à l'humanité. Non-seulement il deviendra loisible à l'avarice de tout héritier de paralyser la circulation de l'ouvrage, non-seulement son avidité pourra impunément en ralentir, en renchérir la propagation, mais encore, pour un peu d'argent, tout parti puissant, tout gouvernement ombrageux, tout auteur rival, toute spéculation de concurrence seront maîtres de l'anéantir. L'héritier de Pascal aura pu se vendre aux Jésuites, et frapper d'interdit les Provinciales. Que l'on ne tienne plus compte de cette dette de tous les hommes qui doivent à la circulation les idées qu'ils ont empruntées d'elle, et qui ont à payer, à restituer au public ce que les plus grands génies, ce que les esprits les plus originaux doivent à leur siècle, aux siècles antérieurs, à leur éducation, à ce qu'ils ont vu et senti dans le monde, dans les livres et dans la conversation avec les grands esprits de tous les âges! Les œuvres du génie n'appartiendront plus à l'humanité ; ils seront à jamais une marchandise que l'on pourra coter à la bourse.

Ces inévitables conséquences de la perpétuité suffisent pour faire écarter les privilèges perpétuels.

A elles seules aussi, et indépendamment de ce que révèle l'étude du droit de propriété, d'une part, et d'autre part celle du droit des auteurs, examinés et compris dans leur origine et dans leur essence, ces conséquences suffiraient pour condamner, par ses effets, le dogme d'une propriété littéraire. Si les théories entrent dans les convictions par l'examen de leurs causes, elles se jugent par leurs effets ; la pratique en est la pierre de touche, comme la théorie est la régulatrice de la pratique. Si le principe de propriété ne peut, quand on l'applique aux productions de la pensée, amener que des conséquences impossibles ou dangereuses ; il y a plus, s'il ne conduit pas à des résultats utiles à l'humanité et au bien-être social, on peut, par cela seul, affirmer hardiment qu'il n'est pas en cette matière le principe vrai ; car l'utilité, si elle n'est pas la base des systèmes, en est le contrôle ; autant il est certain qu'elle ne crée pas le droit, autant il faut croire à cette souveraine et sage harmonie qui, dans les lois par lesquelles est régie l'humanité, marie toujours le juste avec l'utile.

Considérée philosophiquement dans ses causes, la propriété littéraire serait une erreur ; envisagée pratiquement dans ses effets ce serait un mal social. Je sais bien que là se présente le souverain et bienfaisant remède des écarts de la pensée humaine et de son impuissance à saisir clairement la vérité : ce remède, c'est l'inconséquence. On ne voudra pas que les œuvres d'esprit périssent, et l'on obligera leurs propriétaires à les publier même malgré eux ; on ne voudra pas que leur prix soit inaccessible, et l'on déterminera des conditions de prix ; on ne voudra pas engager indéfiniment l'avenir, et l'on ménagera des éventualités de réversion au domaine public ; c'est-à-dire que l'on aimera mieux manquer à la logique qu'au bon sens, et pour conserver le mot de propriété on se montrera facile à sacrifier les conséquences nécessaires de ce droit.

Mieux vaut, sans doute, être illogique qu'insensé : mais il faut tâcher d'être logique, et abandonner une théorie quand ses résultats sont évidemment faux. C'est en procédant par des inconséquences que l'on répand le scepticisme sur les principes. Plus le respect pour la propriété joue un rôle important dans les sociétés humaines, plus il faut le préserver de ces extensions exagérées, qui, loin de fortifier ce grand principe conservateur, ne feraient que l'exposer au doute.

En résumé, voici une alternative de laquelle on ne sortira pas : ou bien on ébranlera le droit de propriété, en proclamant qu'il n'est inviolable et perpétuellement transmissible qu'en théorie et que l'on peut en détruire le principe par des exceptions, lorsqu'on en vient à ses applications pratiques ; ou bien on niera que la perpétuité, que l'inviolabilité soient les caractères essentiels de la propriété ; et alors sans doute on se chargera de lui trouver d'autres explications, d'autres conditions, d'autres bases, une autre nature.

Les difficultés s'évanouissent si, renonçant à confondre les idées pour agrandir les mots, on consent à reconnaître, dans la publication d'un livre, ce qu'il est si beau, si facile, si satisfaisant d'y voir : un service rendu. Les conséquences de la propriété, en affaiblissant le service, en l'exposant à périr, rendent au contraire le problème insoluble et empêchent d'obéir à la première de toutes les conditions qu'il faut poser pour la justice du paiement de l'auteur, la nécessité, en récompensant son travail, de maintenir intacts les droits de la société sur la jouissance des idées, pour la plus grande gloire de l'auteur et pour l'accomplissement même de son œuvre.

§ XI.

Le privilège doit exister pendant toute la vie de l'auteur,
et pendant un certain temps après sa mort.

En matière d'inventions industrielles, nos lois fixent à cinq, dix ou quinze ans le privilège des inventeurs.

C'est avec raison que nos lois assurent une durée plus longue au privilège des auteurs sur les productions de la littérature, des sciences, des beaux-arts.

On en peut donner un premier motif qui n'est cependant pas assez universellement vrai pour être invoqué comme décisif; c'est qu'un livre, un tableau, donnant à leur auteur des profits moindres et plus lents qu'un grand nombre d'inventions industrielles, doivent lui profiter pendant plus long-temps.

Il faut reconnaître ensuite qu'une invention industrielle peut se rencontrer par plusieurs esprits à-la-fois. Elle n'est pas aussi individuelle qu'une création littéraire. L'état de la science, ses besoins, ses travaux antérieurs peuvent conduire presque inévitablement à des inventions sur lesquelles celui qui les découvre n'a souvent, en quelque sorte, qu'un droit de priorité.

Il est un motif qui, à lui seul, prouve que le privilège doit d'abord s'étendre à toute la durée de la vie de l'auteur.

L'œuvre littéraire engage au plus haut degré la personnalité, l'individualité de l'auteur. Une responsabilité morale, et même légale, s'attache à la publication d'un livre. La plus stricte justice commande de laisser l'auteur maître de l'émission de ses idées: rien ne doit faire obstacle à ce qu'il les reprenne, les complète, les retouche, les modifie. Il faut qu'il ménage et combine, ainsi qu'il le voudra, la publication des œuvres auxquelles sa renommée et sa conscience sont

attachées, et qu'il demeure l'arbitre absolu de ses communications intellectuelles avec le public.

La justice ne s'arrête pas là ; et il ne serait pas équitable,
même à l'égard de l'auteur, de borner la durée du privilège
à celle de sa vie. Si le privilège était purement viager, et
par conséquent d'une durée tout aléatoire, l'auteur conclu-
rait difficilement les traités commerciaux nécessaires à la
publication de son ouvrage. Dans tous les cas où une avance
de fonds assez forte sera indispensable, il faudra que le spé-
culateur puisse compter sur une certaine durée de privilège,
afin que, pendant ce temps, l'ouvrage se fabrique, se termine,
s'écoule, et que les capitaux rentrent.

Ajoutons que, tout en maintenant au public une large part,
il est nécessaire aussi de se montrer généreux envers la famille
de l'auteur, et que des considérations fondées sur la plus
rigoureuse justice exigent que le privilège appartienne à ses
héritiers pendant un temps assez long pour leur être profitable. Il ne faut ni inféoder indéfiniment à une famille une
propriété sans travail, ni interdire à l'écrivain dans ses
veilles toute pensée d'avenir pour l'existence de ses enfans.
Il faut qu'un chef de famille ne soit pas glacé au milieu de ses
travaux par la pensée qu'ils demeureront inutiles à ceux dont
le bonheur lui importe plus que le sien, et sur lesquels le
plus impérieux devoir lui commande d'étendre une pré-
voyante protection après lui. La loi ne peut pas se montrer
indifférente à l'accomplissement des obligations sur le respect
desquelles l'esprit de famille repose.

En arrivant au terme de cette longue discussion, je suis
heureux d'avoir à conclure par l'approbation du système sur
lequel repose la législation de mon pays. Les esprits sont
trop facilement enclins à blâmer les lois sous lesquelles nous
vivons. Je me félicite d'être arrivé, même par trop de détours, à rendre hommage à l'une des parties de notre législation qu'il est aujourd'hui de mode d'attaquer avec le plus d'in-
sistance et de légèreté.

Notre législation sur les droits d'auteurs est imparfaite, sans doute; elle est surtout fort incomplète dans ses détails et a besoin d'être coordonnée dans une loi générale.

Mais altérer son principe qui est sage, ébranler sa base qui est solide, pour améliorer ses détails, ce serait faire plus de mal que de bien. Mieux vaudrait, cent fois, garder nos lois actuelles avec leurs imperfections.

Des travaux pour une législation nouvelle ont été entrepris à plusieurs reprises, et sont aujourd'hui annoncés officiellement. A la fin du second volume de cet ouvrage, et après avoir parcouru toutes les questions pratiques de la matière, et les difficultés de sa jurisprudence, je rendrai compte de ces divers essais, et, à mon tour, j'essaierai de dire en quoi les améliorations législatives devraient consister. Je présenterai deux projets de loi, l'un pour régler la législation française, l'autre pour fonder un droit international, de l'établissement duquel les peuples placés à la tête de la civilisation se montrent, en ce moment, vivement préoccupés.

TABLE

DES MATIÈRES DU PREMIER VOLUME.